Grenzüberschreitende Insolvenzverfahren in Südafrika

Schriften zum Verfahrensrecht

Herausgegeben von
Jens Adolphsen, Peter Gottwald und Ulrich Haas

Band 49

PL ACADEMIC RESEARCH

Silvio Kupsch

Grenzüberschreitende Insolvenzverfahren in Südafrika

PL ACADEMIC RESEARCH

Bibliografische Information der Deutschen Nationalbibliothek
Die Deutsche Nationalbibliothek verzeichnet diese Publikation in der Deutschen Nationalbibliografie; detaillierte bibliografische Daten sind im Internet über http://dnb.d-nb.de abrufbar.

Zugl.: Gießen, Univ., Diss., 2013

Die Veröffentlichung wird unterstützt von der
Deutsch-Südafrikanischen Juristenvereinigung (DSJV).

DSJV
GSLA

Gedruckt auf alterungsbeständigem,
säurefreiem Papier.

D 26
ISSN 1619-344X
ISBN 978-3-631-64805-6 (Print)
E-ISBN 978-3-653-03668-8 (E-Book)
DOI 10.3726/978-3-653-03668-8

PL Academic Research ist ein Imprint der Peter Lang GmbH.
Peter Lang – Frankfurt am Main · Bern · Bruxelles · New York ·
Oxford · Warszawa · Wien

Dieses Buch erscheint in einer Herausgeberreihe bei
PL Academic Research und wurde vor Erscheinen peer reviewed.

www.peterlang.com

Meinen lieben Eltern Annemarie und Harald Kupsch

Vorwort

Die vorliegende Arbeit wurde im Juni 2013 von der Justus-Liebig-Universität Gießen als Dissertation im Fachbereich Rechtswissenschaften angenommen. Das Manuskript wurde im Oktober 2012 abgeschlossen und bis Ende 2013 noch geringfügig überarbeitet.

Herrn Prof. Dr. Jens Adolphsen danke ich für die stets hilfreiche Betreuung als Doktorvater und die Empfehlung für die Aufnahme in die vorliegende Schriftenreihe. Herrn Prof. Dr. Christoph Benicke danke ich für die sehr zügige Erstellung des Zweitgutachtens.

Die wesentliche Materialsammlung für diese Arbeit entstand während mehrerer Forschungsaufenthalte an der University of Johannesburg und am Max-Planck-Institut für ausländisches und internationales Privatrecht in Hamburg. Ohne den unkomplizierten Zugang zu deren jeweiligen Bibliotheken wäre diese Arbeit schon im Ansatz gescheitert. Dafür sowie für die von den Mitarbeitern mir jeweils gewährte freundliche und hilfsbereite Unterstützung möchte ich mich bedanken.

Ferner bin ich meinem Bruder Mirko Kupsch, Herrn Prof. Dr. Alastair Smith, Herrn Prof. Dr. Patrick O'Brien sowie Herrn Prof. Dr. Stefan Reinhart jeweils für die wertvollen Diskussionen und Anregungen zum Dank verpflichtet. Frau Laura Erbrecht danke ich für ihre Unterstützung beim Korrekturlesen. Danken möchte ich schließlich auch den hilfsbereiten Menschen aus Südafrika, Großbritannien und den Niederlanden, die mich im Laufe der Arbeit aus diversen örtlichen Universitätsbibliotheken mit Kopien einzelner, schwer zugänglicher Quellen versorgt haben.

Der Deutsch-Südafrikanischen Juristenvereinigung e.V. danke ich schließlich für die bereitwillige Förderung dieses Promotionsvorhabens durch ein Stipendium.

Frankfurt am Main, im Dezember 2013 *Silvio Kupsch*

Inhaltsverzeichnis

Literaturverzeichnis

Adolphsen, Jens: Europäisches und Internationales Zivilprozessrecht in Patentsachen, 2. Auflage, Köln und München 2009 (zit.: *Adolphsen*, Internationales Zivilprozessrecht in Patentsachen).

–: Zivilprozessrecht, 3. Auflage, Baden-Baden 2012.

–: Europäisches Zivilprozessrecht im einheitlichen europäischen Justizraum, in Gropp/Lipp/Steiger (Hrsg.), Rechtswissenschaft im Wandel, Festschrift des Fachbereichs Rechtswissenschaft zum 400jährigen Gründungsjubiläum der Justus-Liebig-Universität Gießen, Tübingen 2007 (zit. *Adolphsen*, FS Uni Gießen).

–: Alternative Dispute Resolution – Conciliation – Mediation, Internationales Eheverfahrensrecht in der EU, Internationales Insolvenzrecht im Wettbewerb der Modelle der EU und UNCITRAL – Bericht von der Tagung der Wissenschaftlichen Vereinigung für Internationales Verfahrensrecht vom 23. bis 29.9.2001, Athen, IPRax 2002, 337 ff.

–: Das UNCITRAL-Modellgesetz über die Beschaffung von Gütern, Bau- und Dienstleistungen, Düsseldorf 1996, zugl.: Regensburg, Univ., Diss., 1994/1995 (zit. *Adolphsen*, UNCITRALModellgesetz).

Ailola, David: Recognition of foreign proceedings, orders and officials in insolvency in Southern Africa: a call for a regional convention, (1999) 32 CILSA 54 ff.

–: The UNCITRAL Model Law on Cross-Border Insolvency: Its Efficacy and Suitability as a Basis for a SADC Convention, (2000) 2 Stell LR 215 ff.

Anderson, Kent: Testing the Model Soft Law Approach to international Harmonisation: A Case-Study Examining the UNCITRAL Model Law on Cross-Border Insolvency, Australian Yearbook of International Law 23 (2004) 1 ff.

Anton, A. E.: The Introduction into English Practice of Continental Theories on the Conflict of Laws, ICLQ 5 (1956) 534 ff.

Arbeitskreis für Insolvenzwesen Köln e.V. (Hrsg.): Kölner Schrift zur Insolvenzordnung, 3. Auflage, Münster 2009 (zit.: Kölner Schrift-*Bearbeiter*).

Badenhorst, P. J./Pienaar, Juanita M./Mostert, Hanri: Silberberg and Schoeman's the law of property, 4. edition, Durban 2003.

Baetge, Dietmar: Der gewöhnliche Aufenthalt im internationalen Privatrecht, Tübingen1994, zugl.: Hamburg, Univ., Diss., 1993.

Baumbach, Adolf/Lauterbach, Wolfgang/Albers, Jan/Hartmann, Peter: Zivilprozessordnung, 70. Auflage, München 2012.

Beelen, Hans: Handel mit neuen Welten. Die VOC der Niederlande 1602–1798, Schriften der Landesbibliothek Oldenburg 2002.

Bell Somerset, W. H. (ed.): Effect of Liquidation Proceedings in England on Colonial Assets: An Undelivered Judgement, (1884) 1 CLJ 121 ff.

Benedict, Jörg: Savigny ist tot! Zum 150. Todestag von Friedrich Carl von Savigny und zu seiner Bedeutung für die heutige Rechtswissenschaft, JZ 2011, 1073 ff.

Benning, Olaf/Wehling, Axel: Das „Model Law on Cross-Border Insolvency" der Vereinten Nationen: Ein Regelungsmodell für internationale Insolvenzfälle, EuZW 1997, 618 ff.

Berends, André J.: The UNCITRAL Model Law: A Comprehensive Overview, Tulane Journal of Int'l & Comparative Law 6 (1998) 309 ff.

Bleimschein, M. F. R./Henning, J. J.: The Registrability of a Close Corporation not for Gain, 1989 (52) THRHR 251 ff.

Bodenstein, H. D. J.: English Influences on the Common Law of South Africa, (1915) 32 SALJ 337 ff.

Boraine, André: A Perspective on the Doctrine of Voidable Dispositions in South African Law, (2000) 9 IIR 65 ff.

–: Avoidance Provisions in a Local and Cross-border Context: A comparative Overview, INSOL International Technical Series Issue No. 7, December 2008.

–: Cross-Border Insolvency Law, 2008 (14) SADJ 30 ff.

–: Towards Codifying the Actio Pauliana, abgedruckt in der Manuskriptsammlung zur Conference on Reform of South African Insolvency Law, veranstaltet von der Research Unit for Banking Law, Rand Afrikaans University (jetzt University of Johannesburg), Johannesburg, 28. August 1995.

Boraine, André/Evans, Roger: The Law of Insolvency and the Bill of Rights, in Bill of Rights Compendium, Onlineausgabe unter http://www.mylexisnexis.co.za, Stand Mai 2011.

Boraine, André/O'Brien, Patrick: Cross-border insolvency and request to foreign courts for aid: A recent South African case, (2003) 3 SAILR 178 ff.

Bork, Reinhard (Hrsg.): Handbuch des Insolvenzanfechtungsrechts, Köln 2006.

Braun, Johann: Einführung in die Rechtsphilosophie: Der Gedanke des Rechts, Tübingen 2006.

Buchanan, Douglas M.: Buchanan's Decisions in Insolvency, 4. Auflage, Durban 1906.

Bucher, Eugen: Kompensation im Prozess: Zurück zum materiellen Recht, in Schütze (Hrsg.), Einheit und Vielfalt des Rechts, Festschrift für Reinhold Geimer zum 65. Geburtstag, München 2002, S. 97 ff.

Burdette, David A.: A Framework for Corporate Insolvency Law Reform in South Africa, Pretoria, Univ., Diss. 2002, veröffentlicht in der elektronischen Datenbank der University of Pretoria unter http://upetd.up.ac.za/UPeTD.htm.

–: New Developments in South Africa: The Introduction of a Unified Insolvency Act, INSOL World 4/2003, 27 ff.

Burton, William W.: Observations on the Insolvent Law of the Colony of the Cape of Good Hope, Cape Town 1829.

Buxbaum, Hannah L.: Rethinking International Insolvency: The Neglected Role of Coice-of-Law-Rules and Theorie, (2000) 36 Stanford Journal of International Law 23 ff.

Calitz, Juanitta: Some thoughts on state regulation of South African insolvency law, 2011 De Jure 290 ff.

Calitz, Juanitta C./Burdette, David A.: The appointment of insolvency practitioners in South Africa: time for change? 2006 TSAR 721 ff.

Cameron, Edwin/Waal, Marius de/Wunsh, Basil/Solomon, Peter/Kahn, Ellison: Honoré's South African Law of Trusts, 5. edition, Lansdowne 2002.

Carstens, Nis: Die internationale Zuständigkeit im europäischen Insolvenzrecht, Köln u.a. 2005, zugl.: Kiel, Univ., Diss., 2004.

Cheshire, Geoffrey Chevallier: Private International Law, 7. edition, London 1965.

Cilliers, H. S./Benade, M. L. (eds.): Corporate Law, 3. edition, Durban 2000.

Coester-Waltjen, Dagmar: Die Bedeutung des „gewöhnlichen Aufenthalts" im Haager Entführungsabkommen", in: Basedow/Drobnig/Ellger/Hopt/Kötz/Kulms/Mestmäcker (Hrsg.), Aufbruch nach Europa – 75 Jahre Max-Planck-Institut für Privatrecht, Tübingen 2001, S. 543 ff.

Collins, Lawrence: Comity in modern private international law, in *Fawcett* (ed), Reform and Development of Private International Law: Essays in Honour of Sir Peter North, New York 2002, S. 89 ff.

Collins, Lawrence (gen. ed.): Dicey and Morris on the Conflict of Laws, 14. edition, London 2006. Collins, Lawrence (gen. ed.): Dicey and Morris on the Conflict of Laws, First Supplement to the Fourteenth Edition, London 2007.

Corbett, M. M./Hofmeyr, Gys/Kahn, Ellison: The Law of Succession in South Africa, 2. edition, Lansdowne 2001.

Cranshaw, Friedrich L.: Das Urteil „Interedil" des EuGH – Fortentwicklung des COMI, Durchbrechung von Bindungswirkungen, Folgen? DZWiR 2012, 53 ff.

Dannenbring, Rolf: Über die Rezeption des englischen Rechts in das südafrikanische römisch-holländische Recht, in: Studi in onore di Cesare Sanfilippo, Pubblicazioni della Facoltà di Giurisprudenza/Università Catania, Band 1, Mailand 1982, 131 ff.

Davenport, Rodney/Saunders, Christopher: South Africa, A Modern History, 5. edition, New York 2000.

de Beer, E.: Notes on Private International Law, Chapter VI: Bankruptcy, (1911) 28 SALJ 188 ff.

Delport, Piet/Vorster, Quintus: Henochsberg on the Companies Act 71 of 2008, Onlineausgabe unter http://www.mylexisnexis.co.za, Stand Dezember 2011.

Doser, Torge: Gegenseitigkeit und Anerkennung ausländischer Entscheidungen (§ 328 Abs. 1 Nr. 5 ZPO): dargestellt am Beispiel Südafrika, Frankfurt am Main, 1999, zugl.: Heidelberg, Univ., Diss. 1998.

Drobnig, Ulrich: Vereinheitlichung von Zivilrecht durch soft law – neuere Erfahrungen und Einsichten in: Basedow/Drobnig/Ellger/Hopt/Kötz/Kulms/ Mestmäcker (Hrsg.), Aufbruch nach Europa – 75 Jahre Max-Planck-Institut für Privatrecht, Tübingen 2001, S. 745 ff.

Du Bois, Francois/Visser, Daniel P.: Der Einfluss des europäischen Rechts in Südafrika, JEG 2001, 47 ff.

Duursma-Kepplinger, Henriette-Christine/Duursma, Dieter/Chalupsky, Ernst: Europäische Insolvenzverordnung: Kommentar, Wien 2002.

Eckhardt, Alexander: Die Restschuldbefreiung – Probleme der Voraussetzungen und Rechtsfolgen der Restschuldbefreiung unter vergleichender Berücksichtigung des US-amerikanischen Rechts, Köln, Univ., Diss, 2000.

Edwards A. B.: Choice of Law in Delict: Rules or Approach? (1979) 78 SALJ 48 ff.

–: Some reflections on the Reception of the „Proper Law“ Doctrine into South African Law, in: Westhuizen (Hrsg.), Huldigingsbundel Paul van Warmelo Aangebied aan Paul van Warmelo by geleentheid van sy 70. verjaardag op 19 november 1984, Pretoria 1984, S. 38 ff. (zit.: *Edwards*, FS Warmelo).

–: Hughes v Wrankmore and the Doctrine of Ubiquity in Insolvency Law, in: Visser (Hrsg.), Essays in Honour of Ellison Kahn, published for the School of Law, University of Witwatersrand, Johannesburg, Cape Town 1989, S. 132 ff. (zit.: *Edwards*, FS Kahn).

Eiselen, Sieg: International Jurisdiction in Claims Sounding in Money, (2006) 18 SA Merc LJ 45 ff.

Eisenhardt, Ulrich: Gesellschaftsrecht, 14. Auflage, München 2009.

Endemann, (N.N.): Die Entwickelung des Konkursverfahrens in der gemeinrechtlichen Lehre bis zu der Deutschen Konkursordnung vom 10. Februar 1877, (1888) 12 ZZP 24 ff.

Evans, Roger Graham: Who owns the insolvent Estate? 1996 TSAR 719 ff.

–: The Abuse of the Process of the Court in Friendly Sequestration Proceedings in South Africa, (2002) 11 IIR 13 ff.

–: A critical analysis of problem areas in respect of assets of insolvent estates of individuals, Prestoria, Univ., Diss., 2008, veröffentlicht in der elektronischen Datenbank der University of Pretoria unter http://upetd.up.ac.za/UPeTD.htm.

Filippi, Stefan: Der bürgerliche Wohnsitz, Gießen, Univ., Diss., 1997.

Flaschen, Evan D./Silverman, Ronald J.: Cross-Border Insolvency Cooperation Protocols, Texas International Law Journal 33 (1998) 587 ff.

Fletcher, Ian F.: Insolvency in Private International Law: National and International Approaches, 2. Auflage, Oxford 2005 (zit. *Fletcher*, Insolvency in PIL).

–: Insolvency in Private International Law: Supplement to second Edition, New York 2007 (zit. *Fletcher*, Insolvency in PIL – Supplement).

–: The Law of Insolvency, 4. edition, London 2009.

Florian, Matthias: Das englische internationale Insolvenzrecht, Heidelberg 1989.

Forsyth, Christopher F.: Private International Law, 5. edition, Lansdowne 2012.

–: The Impact of the Domestic on the International: Some Crucial Deficiencies in the South African Law of Jurisdiction with their Regional and International Consequences, (2006) 18 SA Merc LJ 1 ff.

Frackenpohl, Hellmut: Das englische Konkurs-Verfahren mit Vergleichen aus dem amerikanischen Recht unter besonderer Berücksichtigung der Rechtsstellung des Verwalter-Treuhänders im englischen und amerikanischen Konkurs, Hamburg, Univ., Diss., 1933.

Fragistas, Ch.: Das Anfechtungsrecht der Gläubiger im Internationalen Privatrecht, RabelsZ 12 (1938/39) 452 ff.

Franco, Jane: The Cross-Border Insolvency Act: Lifting the Barriers or Creating New Ones, (2003) 15 SA Merc LJ 27 ff.

Frankfurter Kommentar zur Insolvenzordnung, Wimmer, Klaus (Hrsg.), 6. Auflage, Köln 2011 (zit.: FK-*Bearbeiter*).

Fredericks, Eesa Allie: The Proper Law of the International Contract of Employment: Interpreting the Kleinhans Decision, (2006) 18 SA Merc LJ 75 ff.

Galgut, B. A./Kunst, Jennifer A./Delport, Piet/Vorster, Quintus (eds): Henochsberg on the Companies Act 61 of 1973, Onlineausgabe unter http://www.mylexisnexis.co.za, Stand Juni 2011.

Garašić, Jasnica: Anerkennung ausländischer Insolvenzverfahren: Ein Vergleich des kroatischen, des deutschen und des schweizerischen Rechts sowie der europäischen Verordnung über Insolvenzverfahren, des Istanbuler Übereinkommens und des UNCITRAL-Modellgesetzes, Band 1, Frankfurt am Main u.a. 2005.

Geimer, Reinhold: Internationales Zivilprozessrecht, 6. Auflage, Köln 2009.

Geimer, Reinhold/Schütze, Rolf A. (Hrsg.): Internationaler Rechtsverkehr in Handels- und Zivilsachen, Lsbl-Slg., München, Band 5, Stand: 38. Ergänzungslieferung Juli 2010 (zit. Geimer/Schütze-*Bearbeiter*).

Girvin, Stephen: Law Reporting: Menzies' Reports, Precedent and Legal Sources at the Cape Colony in the Nineteenth Century (1995) 43 Tijdschrift voor rechtsgeschiedenis 103 ff.

Gitlin, Richard A./Flaschen, Evan D.: The International Void in the Law of Multinational Bankruptcies, (1987) Business Lawyer 307 ff.

Glosband, Daniel M.: SPhinX Chapter 15 Opinion Misses the Mark, Am. Bankr. Inst. J. 25 (2007) 44 ff.

Goode, Roy: Principles of Corporate Insolvency Law, 3. edition, London 2005.

Gottwald, Peter (Hrsg.): Insolvenzrechts-Handbuch, 4. Auflage, München 2010.

Graham, David: Cross-Border Insolvency, in: University College London, Law Faculty (Hrsg.), Current Legal Problems, Band 42, London 1989, S. 217 ff. (zit.: *Graham*, Current Legal Problems).

Graham, David: Discovering Jabez Henry – Cross-Border Insolvency Law in the 19th Century, (2001) 10 IIR 153 ff.

Grassmann, Günther: Inlandswirkungen des Auslandskonkurses über das Vermögen eines im Konkurseröffnungsstaat ansässigen Gemeinschuldners, KTS 1990, 157 ff.

Grotius, Hugo: Inleidinge tot de Hollandsche Rechtsgeleerdheid, erstmals erschienen 1631, hier verwendet die englische Übersetzung von Lee, The Jurisprudence of Holland by Hugo Grotius (translated), Volume 1, Oxford 1926.

Gummow, William/Farley, James/Wisitsora-At, Wisit/Heath, Paul: Manuskripte der Vorträge auf der Sixth Multinational Judicial Colloquium UNCITRAL – INSOL International, 12–13th March 2005, Sydney Australia, Evaluation Session, veröffentlicht unter http://www.uncitral.org (zit.: Sixth Multinational Judicial Colloquium-*Bearbeiter*).

Gutzwiller, Max: Geschichte des Internationalprivatrechts – Von den Anfängen bis zu den großen Privatrechtskodifikationen, Basel und Stuttgart, 1977.

Habscheid, Edgar J.: Konkursstatut und Wirkungsstatut bei der internationalen und der künftigen innereuropäischen Insolvenzanfechtung, ZZP 114 (2001) 167 ff.

–: Unterbrechung oder Aussetzung des Inlandsprozesses bei ausländischem Konkursverfahren, KTS 1990, 403 ff.

Hahlo, Hermann R./Kahn, Ellison: The Union of South Africa: The Development of its Laws and Constitution, Cape Town 1960 (zit.: *Hahlo/Kahn*, Union).

–: The South African Legal System and its Background, Wynberg 1973 (zit.: *Hahlo/Kahn*, System).

Hanisch, Hans: Bemerkungen zur Insolvenzanfechtung im grenzüberschreitenden Insolvenzfall (Art. 102 Abs. 2 EGInsO und die angestrebte EU-Regelung), in: Hohloch/Frank/Schlechtriem (Hrsg.), Festschrift für Hans Stoll zum 75. Geburtstag, Tübingen 2001, S. 503 ff. (zit.: *Hanisch*, FS Stoll).

–: Bemerkungen zur Geschichte des internationalen Insolvenzrechts, in: Gerhardt/ Henckel/Kilger/Kreft (Hrsg.), Festschrift für Franz Merz zum 65. Geburtstag am 3. Februar 1992, Berlin 1992, S. 159 ff. (zit.: *Hanisch*, FS Merz).

–: Allgemeine kollisionsrechtliche Grundsätze im internationalen Insolvenzrecht, in: Martinek/Jahr/Wadle (Hrsg.), Vestigia iuris, Festschrift Günther Jahr zum siebzigsten Geburtstag,Tübingen 1993, S. 455 ff. (zit.: *Hanisch*, FS Jahr).

–: Grenzüberschreitende Insolvenz – Drei Lösungsmodelle im Vergleich, in: Heldrich/Uchida (Hrsg.) Festschrift für Hideo Nakamura zum 70. Geburtstag am 2. März 1996, Tokyo 1996, S. 221 ff. (zit.: *Hanisch*, FS Nakamura).

–: Einheit oder Pluralität oder ein kombiniertes Modell beim grenzüberschreitenden Insolvenzverfahren? ZIP 1994, 1 ff.

–: Parallel-Insolvenzen und Kooperation im internationalen Insolvenzfall, in: Gaul/ Habscheid/ Mikat (Hrsg.), Festschrift für Friedrich Wilhelm Bosch zum 65. Geburtstag, 2. Dezember 1976, Bielefeld 1976, S. 381 ff. (zit.: *Hanisch*, FS Bosch).

Harms, L. T. C.: Civil Procedure in the Superior Courts, Onlineausgabe unter http://www.mylexisnexis.co.za, Stand April 2012.

Hartung, Wilhelm: Geschichte und Rechtsstellung der Compagnie in Europa: eine Untersuchung am Beispiel der englischen East-India Company, der niederländischen Vereenigten Oostindischen Compagnie und der preußischen Seehandlung, Bonn, Diss., Univ. 2000.

Havenga, Michele: Simplification and Unification in Corporate and Insolvency Law – Are We Making any Progress? (2001) 13 SA Merc LJ 409 ff.

Heller, Sven: Die koloniale Handelskompanie als Vorläuferin der AG – Historischer Rückblick auf das Gesellschaftsrecht in Europa, Justament 2/2006 (Gesellschaftsrecht), 16 f.

Henckel, Wolfram: Die internationalprivatrechtliche Anknüpfung der Konkursanfechtung, in: Habscheid/Schwab (Hrsg.), Beiträge zum internationalen Verfahrensrecht und zur Schiedsgerichtsbarkeit, Festschrift für Heinrich Nagel zum 75. Geburtstag, Münster 1987, S. 93 ff.

Hepting, Reinhard: Die Gegenseitigkeit im Internationalen Privatrecht und Internationalen Zivilprozessrecht, München, Univ., Diss., 1973.

Ho, Look Chan: Proving COMI: Seeking recognition under Chapter 15 US Bankruptcy Code, Aufsatz veröffentlicht online unter http://www.ssrn.com, 13.9.2007.

–: Applying foreign law under the UNCITRAL Model Law on Cross-Border Insolvency, Aufsatz veröffentlicht online unter http://www.ssrn.com, 5.1.2010 = (2009) 11 JIBFL 655 ff.

– (ed): Cross-Border Insolvency: A Commentary on the UNCITRAL Model Law, London 2006 (zit.: Ho-*Bearbeiter*).

Hosten, W. J.: Southern African Law – Movement Towards Uniformity or Diversification, 1987 TLJ 5 ff.

Hosten, W. J./Edwards, A. B./Bosman, Francis/Church, Joan: Introduction to South African Law and Legal Theory, 2. edition, Durban u.a. 1995.

Huber, Peter: Internationales Insolvenzrecht in Europa, ZZP 114 (2001) 133 ff.

Huber, Ulrich: Das für die anfechtbare Rechtshandlung maßgebende Recht, in: Lorenz/Trunk-/Eidenmüller/Wendehorst/Adolff (Hrsg.), Festschrift für Andreas Heldrich zum 70. Geburtstag, München 2005, S. 695 ff.

Hutchison, D./van Heerden, B./Visser, D. P./van der Merwe, C. G. (eds.): Wille's Principles of South African Law, 8. Auflage, Cape Town 1991.

Hutchison, D./Reid, F.: The exercise of contractual rights or powers against an insolvent estate, (2003) 120 SALJ 776 ff.

Israël, Jona: European Cross-Border Insolvency Regulation – A Study of Regulation 1346/2000 on Insolvency Proceedings in the Light of a Paradigm of Cooperation and a *Comitas Europea*, Antwerpen, Oxford 2005.

Jabez, Henry/Livermore, Samuel: The judgment of the court of Demerara, in the case of Odwin v. Forbes (Jabez Henry); Dissertations on the questions which arise from the contrariety of the positive laws of different states and nations (Samuel Livermore), Nachdruck der Ausgaben London 1823 und New Orleans 1828, Stockstadt am Main 2006.

Jarass/Pieroth: Grundgesetz für die Bundesrepublik Deutschland: GG, 11. Auflage, München 2011.

Jansen, Nils/Michaels, Ralf: Private Law and the State – Comparative Perceptions and Historical Observations, RabelsZ 71 (2007) 345 ff.

Jeremias, Christoph: Internationale Insolvenzaufrechnung, Tübingen 2005, zugl.: Berlin, Freie-Univ., Diss, 2005.

Johnston, William/Werlen, Thomas (eds.): Set-off Law and Practice – An International Handbook, New York 2006.

Joubert, W. A. (ed.): The Law of South Africa Volume 2, Part 2, Conflict of Laws, 2. edition, Durban u.a. 2003.

Jud, Brigitta: Die Aufrechnung im internationalen Privatrecht, IPRax 2005, 104 ff.

Kahn, Ellison: Conflict of Laws, 1991 ASSAL 580 ff.

–: Conflict of Laws, 1992 ASSAL 673 ff.

–: The "Territorial and Comity School" of the Conflict of Law of the Roman-Dutch Era, in: Beinhart u.a. (Hrsg.), Huldigingsbundel Aangebied Aan Professor Daniel Pont Op Sy Vyf-En- Sewentigste Verjaardag, Kapstaad 1970, S. 219 ff. (zit.: *Kahn*, FS Pont).

–: The South African Law of Domicile of Natural Persons, Cape Town 1972 (zit.: *Kahn*, Domicile).

Kaser, Max: Das römische Recht in Südafrika, SavZ/Rom 81 (1964) 1 ff.

Kaser, Max/Hackl, Karl: Das römische Zivilprozessrecht, 2. Auflage, München 1997.

Kegel, Gerhard: Wohnsitz und Belegenheit bei Story und Savigny, RabelsZ 52 (1988) 431 ff.

Kegel, Gerhard: Joseph Story, RabelsZ 43 (1979) 609 ff.

Kegel, Gerhardt/Schurig, Klaus: Internationales Privatrecht, 9. Auflage 2004.

Khumalo, Sandile: International Response to the UNCITRAL Model Law on Cross-Border Insolvency, Amsterdam, Vrije-Univ., LL.M.-Diss., 2004, veröffentlicht online unter http://www.iiiglobal.org.

Kilgus, Stefan: Keine Zahlungspflicht unter internationalen Derivaten bei Insolvenz des Vertragspartners? ZIP 2010, 613 ff.

Kitchin, S. B./Davis, R. P. B. (eds.): Conflict in Insolvency Laws, (1915) 32 SALJ 255 f.

Knof, Béla: Europäisches Insolvenzrecht und Schuldbefreiungstourismus – Zugleich Anmerkung AG Celle, Beschl. v. 18.4.2005 – 29 IN 11/05, ZInsO 2005, 895, ZInsO 2005, 1017 ff.

Kolmann, Stephan: Werkstatt-Bericht zu international-insolvenzrechtlichen Fragestellungen im BenQ- Fall, in: Wachter (Hrsg.), Festschrift für Sebastian Spiegelberger zum 70. Geburtstag – Vertragsgestaltung im Zivil- und Steuerrecht, Bonn 2009, S. 796 ff. (zit. *Kolmann*, FS Spiegelberger).

Kolmann, Stephan: Kooperationsmodelle im internationalen Insolvenzrecht – Empfiehlt sich für das deutsche internationale Insolvenzrecht eine Neuorientierung? Bielefeld 2001, zugl.: Regensburg, Univ., Diss., 1999/2001.

Kreuzer, Karl: Zu Stand und Perspektiven des Europäischen Internationalen Privatrechts – Wie europäisch soll das Europäische Internationale Privatrecht sein? RabelsZ 70 (2006) 1 ff.

Kübler, Bruno/Prütting, Hanns/Bork, Reinhard (Hrsg.): InsO, Kommentar zur Insolvenzordnung, Lsblt-Slg., Köln (Stand Mai 2010) (zit. KPB-*Bearbeiter*).

Landsberg, Ernst: Savigny, Allgemeine Deutsche Biographie 30 (1890) 425 ff.

Leon, P. S. G.: Roma non locuta est: the recognition and enforcement of foreign judgments in South Africa, (1983) 16 CILSA 325 ff.

Levenson, David Costa: Proposal for Reform of Choice of Avoidance Law in the Context of International Bankruptcies from a U.S. Perspective, ABI Law Review 10 (2002) 291 ff.

Levinthal, Louis Edward: The Early History of Bankruptcy Law, UPaLRev 66 (1918) 223 ff.

Lorenzen, Ernest G.: Huber's De Conflictu Legum, in: Lorenzen, Selected Articles on the Conflict of Laws, New Haven 1947, S. 136 ff.

Mallon, Chris: Insolvency: Bankruptcy Blunder, Legal Week v. 28.9.2006.

Mandela, Nelson: Long Walk to Freedom, Boston u.a., 1994.

Mankowski, Peter: Grenzüberschreitender Umzug und das center of main interests im europäischen Internationalen Insolvenzrecht, NZI 2005, 368 ff.

–: Mittelpunkt der hauptsächlichen Interessen bei Verlegung nach Antragsstellung, Anm. zu EuGH, Urt. v. 17.1.2006 – C-1/04 Susanne Staubitz-Schreiber, NZI 2006, 154 f.

Mars, Walter Herbert (fdr.): The law of insolvency in South Africa

- 8. edition, Cape Town 1988, De la Rey, E. M. (ed.) (zit.: *Mars*, 8. edn.).
- 9. edition, Cape Town 2008, Nagel, Chris (ed.)

Martinek, Michael G.: Look back before you leap? Fateful tendencies of materialization and of parallelism in modern private international law theory, 2007 TSAR 277 ff.

Mc Kerron, R. G.: The Union Statutes 1910–1947, Classified and Annotated, Volume 3 "Courts", Durban 1950.

Meili, Friedrich: Die geschichtliche Entwicklung des internationalen Konkursrechtes, Festschrift dem Ludwig von Bar gewidmet von der Rechts- und staatswissenschaftlichen Fakultät der Universität Zürich, Zürich 1908.

Meskin, P. M./Galgut, B./ Magid, P. A. M./Kunst, J. A./Boraine, A./Burdette, D. A.: Insolvency Law and its Operation in the Winding-up of Companies, Onlineausgabe unter http://www.mylexisnexis.co.za, Stand Dezember 2011 (zit.: *Meskin*, Insolvency Law).

Mooney, Charles W.: Insolvency Law as Credit Enhancement: Insolvency-related Provisions of the Cape Town Convention and the Aircraft Equipment Protocol, IIR 13 (2004) 27 ff.

Morice, George T.: English and Roman-Dutch Law – Being a Statement of the Differences between the Law of England and Roman-Dutch Law, 2. edition, Grahamstown, London, 1905.

Morse, C. G. J.: Making English Private International Law, in: Fawcett (ed), Reform and development of private international law – Essays in honour of Sir Peter North, Oxford 2002, S. 273 ff.

Müller-Freienfels, Wolfram: Auslandskonkurs und Inlandsfolgen, in: von Caemmerer/Nikisch/- Zweigert (Hrsg.), Vom Deutschen zum Europäischen Recht, Festschrift für Hans Dölle, Band II: Internationales Recht, Kollisionsrecht und Internationales Zivilprozessrecht, Europäisches Recht, Tübingen 1963, S. 359 ff.

Münchener Kommentar zur Insolvenzordnung, Kirchhof, Hans-Peter/Lwowski, Hans-Jürgen/Stürner, Rolf (Hrsg.)

- Band 1, §§ 1–102, InsVV, 2. Auflage, München 2007
- Band 2, §§ 103–269, 2. Auflage, München 2008
- Band 3: §§ 270–335, Internationales Insolvenzrecht, Insolvenzsteuerrecht, 1. Auflage, München 2003
- Band 3, §§ 270–359, Internationales Insolvenzrecht, Insolvenzsteuerrecht, 2. Auflage, München 2008 (zit.: MünchKommInsO-*Bearbeiter*, Bd.).

Nadelmann, K. H.: Solomons v Ross and International Bankruptcy Law, MLR 9 (1946) 154 ff.

Nadelmann, Kurt: Bankruptcy Treaties, UPaLRev 93 (1944) 58 ff.

Nagel, Heinrich/Gottwald, Peter: Internationales Zivilprozessrecht, 6. Auflage, Köln 2007.

Nathan, Manfred: South African Insolvency Law

- 2. edition (A commentary on the Insolvency Acts No. 32, 1916 and No. 29, 1926), Johannesburg 1926 (zit.: *Nathan*, SA Insolvency Law 1926).
- 4. edition (A commentary on the Insolvency Act No. 24, 1936), Johannesburg 1936 (zit.: *Nathan*, SA Insolvency Law 1936).

Neels, Jan L.: Falconbridge in Africa – *Via media* classification (characterisation) and liberative (extinctive) prescription (limitation of actions) in private international law – a Canadian doctrine on safari in Southern Africa (*hic sunt leones!*); or: *semper aliquid novi Africam adferre*, (2008) 4 Journal of Private Int'l Law 167 ff.

O'Brien, Patrick H.: Setting aside of the Payment of the Dept of another as a Disposition without Value in Terms of Section 26 of the Insolvency Act of 1936, 2008 TSAR 309 ff.

–: Transnational Aspects in South African Insolvency Law, unveröffentlichtes Vortragsmanuskript, enthalten in der Manuskriptsammlung zur "Conference on Reform of South African Insolvency Law", Research Unit for Banking Law, Rand Afrikaans University, Johannesburg, 28. August 1995.

Obank, Richard: Cross-Border Harmonisation of Insolvency Proceedings and the Quest for Comity, Part 3, (2002) 4 JIBFL 169 ff.

–: Cross-Border Harmonisation of Insolvency Proceedings and the Quest for Comity, Part 2, (2002) 4 JIBFL 126 ff.

Oberhammer, Paul: Europäisches Insolvenzrecht: EuGH Seagon/Deko Marty Belgium, in: Apathy/Bollenberger/Bydlinski/Iro/Karner/Karollus (Hrsg.), Festschrift für Helmut Koziol zum 70. Geburtstag, Wien 2010, S. 1239 ff.

–: Zur internationalen Anfechtungsbefugnis des Sekundärinsolvenzverwalters nach Europäischem Insolvenzrecht, KTS 2008, 271 ff.

Olivier, Michèle/Boraine, André: Some aspects of international law in South African cross-border insolvency law, (2005) 38 CILSA 373 ff.

Omar, Paul J. (ed.): International Insolvency Law: Themes and Perspective, Aldershot 2008 (zit.: Omar-*Bearbeiter*, International Insolvency Law).

Oppong, Richard Frimpong: Roman-Dutch Law meets the common law on jurisdiction in international matters, (2008) 4 Journal of Private International Law 311 ff.

Pain, J. H.: The reception of English and Roman-Dutch Law in Africa with reference to Botswana, Lesotho and Swaziland, 1978 CILSA 137 ff.

Palandt, Otto (Begr.): Bürgerliches Gesetzbuch, 71. Auflage, München 2012.

Palmer, Vernon Valentine (ed.): Mixed Jurisdictions Worldwide: The Third Legal Family, Cambridge 2001.

Pannen, Klaus (Hrsg.): Europäische Insolvenzverordnung – Kommentar, Berlin 2007 (zit.: Pannen-*Bearbeiter*).

Pape, Gerhard: Entwicklung der Rechtsprechung zur Eröffnung des Regelinsolvenzverfahrens im Jahre 2007/2008 ZInsO 2008, 1041 ff.

Paulus, Christoph G.: Die Weltbank und das Insolvenzrecht, in: Kind/Kießner/Frank (Hrsg.), Unternehmenskrisen – Der Jurist als Notarzt, Festschrift für Eberhard Braun zum 60. Geburtstag, München 2007, S. 447 ff. (zit.: *Paulus*, FS Braun).

–: Rechtsvergleichung im nationalen wie internationalen Insolvenzrecht: eine Erfolgsgeschichte, in: Schütze (Hrsg.), Einheit und Vielfalt des Rechts: Festschrift für Reinhold Geimer zum 65. Geburtstag, München 2002, S. 795 ff. (zit.: *Paulus*, FS Geimer).

–: Entwicklungslinien des Insolvenzrechts, KTS 2000, 239 ff.

–: Verbindungslinien des modernen Insolvenzrechts, ZIP 2000, 2189 ff.

–: Die EuInsVO – wo geht die Reise hin? NZI 2008, 1 ff.

–: Ein Kaleidoskop aus der Geschichte des Insolvenzrechts, JZ 2009, 1148 ff.

Petersenn, Morten: Das Recht des Grundstückskaufs in Südafrika, Frankfurt am Main 2000, zugl.: Göttingen, Univ., Diss., 2000.

Pike, Andrew: South African Implications for Aviation Liquidations, Vortragsmanuskript "IBA Conference 2002" Durban, 20–25 October 2002, abrufbar unter http://www.wylie.co.za (letzter Zugriff: 14.6.2006).

Pistorius, David/Pollak, Walter (fdr.): Pollak on Jurisdiction, 2. edition, Cape Town 1993.

Pogacar, Barbara: Grenzüberschreitende Insolvenzverfahren – Ein Vergleich des österreichischen, deutschen und schweizerischen Insolvenzrechts mit dem UNCITRAL Mustergesetz über grenzüberschreitende Insolvenzen, ZfRV 2008, 258 ff.

Pollak, Walter: The South African Law of Jurisdiction, Johannesburg 1937.

Pollak, Walter: Domicile, (1933) 50 SALJ 449 ff.

Rajak, Harry: The European Union Bankruptcy Convention – Useful Lessons for South Africa, Vortragsmanuskript, Manuskriptsammlung zur Conference on Reform of South African Insolvency Law, veranstaltet von der Research Unit for Banking Law der Rand Afrikaans University (jetzt University of Johannesburg), Johannesburg, 28. August 1995.

Ranchod, Bhadra G.: The Concept of Domicile in South African Law, 1970 Acta Juridica 53 ff.

Reinhart, Stefan: Die Bedeutung der EuInsVO im Insolvenzeröffnungsverfahren – Verfahren bei internationaler Zuständigkeit nach Art. 102 EGInsO, NZI 2009, 73 ff.

–: Die Bedeutung der EuInsVO im Insolvenzeröffnungsverfahren – Besonderheiten paralleler Er- öffnungsverfahren, NZI 2009, 201 ff.

Renzikowski, Joachim (Hrsg.): Die EMRK im Privat-, Straf- und Öffentlichen Recht – Grundlagen einer europäischen Rechtskultur, Genf 2004 (zit. Renzikowski-*Bearbeiter*).

Resnick, Alan N./Sommer Henry J. (gen. eds): *Glosband. Daniel M./Broude, Richard E./Rogoff, Adam C.* (Collier eds-in-chief): Collier International Business Insolvency Guide, Volume 3: Insolvency Laws of Selected Nations, Lsbl.-Slg., New York 2001, Stand: 2005 (zit.: Collier-*Bearbeiter*).

Richard, Dagmar: Das englische Konkursrecht im Vergleich zum deutschen Recht, Münster (Westf.), Univ., Diss., 1983.

Rudolph, Bernd: Die internationale Finanzkrise: Ursachen, Treiber, Veränderungsbedarf und Reformansätze, ZGR 2010, 1 ff.

Rüfner, Thomas: Neues internationales Insolvenzrecht in den USA, ZIP 2005, 1859 ff.

Sampson, Victor: Sources of Cape Law, (1887) 4 CLJ 109 ff.

Scherer, Gabriele: Das internationale Privatrecht als globales System, Berlin, Humboldt-Univ., Diss., 2005.

Schmerbach, Ulrich/Staufenbiel, Peter: Die übertragene Sanierung im Insolvenzverfahren, ZInsO 2009, 458 ff.

Schmid, Eefje Diana: Die Grundrechtsjudikatur des Verfassungsgerichts der Republik Südafrika, Baden-Baden, 2000, zugl.: Potsdam, Univ., Diss, 1999.

Schmidt, Holger: Die Absichtspauliana nach Schweizer Recht – Zur gerichtlichen Aufarbeitung der Swissair-Insolvenz, ZInsO 2010, 1214 ff.

Schmidt, Jessica: Eurofood – Eine Leitentscheidung und ihre Rezeption in Europa und den USA, ZIP 2007, 405 ff.

Schnitzer, Adolf F.: Handbuch des Internationalen Privatrechts, Band 1, Basel 1957.

Schoeman, Elsabe: South Africa, in: Verschraegen (ed), Private International Law, Lsbl.-Ausg. (Mai 2001), The Hague u.a. 2001, in: Blanpain (general ed), International Encyclopaedia of Laws, Deventer u.a. 1994.

Schoeman, Elsabe/Roodt, Christa: South Africa, in: Verschraegen (ed), Private International Law, Lsbl.-Ausg., Suppl. 13 (November 2007), The Hague u.a. 2001, in: Blanpain (general ed), International Encyclopaedia of Laws, Deventer u.a. 1994.

Schütze, Rolf: Zur Verbürgung der Gegenseitigkeit im Verhältnis zu Südafrika, IPRax 2010, 428 ff.

Schulze, Christian: International Jurisdiction in Claims Sounding in Money: Is Richman v Ben-Tovim the Last Word? (2008) 20 SA Merc LJ 61 ff.

Sharrock, Robert/van der Linde, Kathleen/Smith, Alastair: Hockly's Insolvency Law, 8. Auflage, Cape Town, 2006.

Smith, Alastair: Some Aspects of Comity and the Protection of Local Creditors in Cross-Border Insolvency Law: South Africa and the United States Compared, (2002) 14 SA Merc LJ 17 ff.

Smith, Alastair/Ailola, David: Cross-Border Insolvencies: An Overview of Some Recent Legal Developments, (1999) 11 SA Merc LJ 192 ff.

Smith, Alastair/Boraine, André: Crossing Borders into South African Insolvency Law: From the Roman-Dutch Jurists to the UNCITRAL Model Law, ABI Law Review 10 (2002), 135 ff.

Smith, Alastair/Boraine, André: Cross-border Insolvency Law and the Local Creditor's Risks of Receiving Payment from A Foreign Company Registered as an External Company in South Africa, (2004) 16 SA Merc LJ 495 ff.

South African Law Commission: Project 63, Interim Report on Review of the Law of Insolvency: The Enactment in South Africa of UNCITRAL's Model Law on Cross-Border Insolvency, Juni 1999, abrufbar auch im Internet unter http://salawreform.justice.gov.za/reports.htm (zit.: SALC, Interim Report).

Sparks, Allister: Tomorrow is Another Country, London 1995.

Stander, Anita Leonie: Die Invloed van Sekwestrasie op Onuitgevoerde Kontrakte, Potchefstroom, Univ., LL.M.-Diss, 1994.

–: Die Eienaar van die bates van die insolvente boedel, 1996 (59) THRHR 388 ff.
–: Cross-border insolvencies as a global economic problem, (2002) 27 (2) TR 72 ff.
–: Geskiedenis van die Insolvensiereg, 1996 TSAR 371 ff.
Stevens, Richard: Hockly's Insolvency Law by Robert Sharrock, Kathleen van der Linde & Alastair Smith, Seventh Edition Juta Law Wetton 2002, (2003) 3 Stell LR 451 f.
Steinmeyer, Roland: Real Rights in Movables and Immovables in South African and German Conflict of Laws – A Comparative Study, Cape Town, Univ., LL.M.-Diss., 1981.
Steyn, Lee: Reform of South African Insolvency Law, IIR 10 (2001) 141 ff.
–: Treatment of Secured Creditors of an Insolvent Estate: Changing Perspectives in South African Law, IIR 11 (2002) 35 ff.
Stoll, Hans (Hrsg.): Vorschläge und Gutachten zur Umsetzung des EU-Übereinkommens über Insolvenzverfahren im deutschen Recht, Tübingen 1997.
Süß, Rembert/Wachter, Thomas (Hrsg.): Handbuch des internationalen GmbH-Rechts, 2. Auflage, Angelbachtal 2011.
Thomas, Ph. J./van der Merwe, C.G./Stoop, B.C.: Historical Foundations of South African Private Law, Durban 1998.
Thomashausen, André E. A. M., Reflections on "domicile" as a connecting factor, in: Strauss (ed), Huldigingsbundel vir W. A. Joubert aan hom aangebied by geleentheid van sy sewentigste verjaarsdag op 27 Oktober 1988, Durban 1988, S. 164 ff.
Trunk, Alexander: Internationales Insolvenzrecht – Systematische Darstellung des deutschen Rechts mit rechtsvergleichenden Bezügen, Tübingen 1998, zugl. München, Univ., Habil. 1996/1997.
Uhlenbruck, Wilhelm: Zur Geschichte des Konkurses, DZWIR 2007, 1 ff.
University of Johannesburg (Hrsg): ABLU: Annual Banking Law Update 2002 (zit.: *Bearbeiter* in ABLU 2002).
Vallender, Heinz: Gefahren für den Insolvenzstandort Deutschland, NZI 2007, 129 ff.
–: Gerichtliche Kommunikation und Kooperation bei grenzüberschreitenden Insolvenzverfahren im Anwendungsbereich der EuInsVO – eine neue Herausforderung für Insolvenzgerichte, KTS 2008, 59 ff.
–: Gesetz zur weiteren Erleichterung der Sanierung von Unternehmen (ESUG) – Das reformierte Plan- und Eigenverwaltungsverfahren, MDR 2012, 125 ff.
van der Merwe, C. G./du Plessis, Jacques C.: Introduction to the Law of South Africa, The Hague 2004 (zit: Van der Merwe/Du Plessis-*Bearbeiter*, Introduction).
van Loggerenberg, Clinton/Barnett, Shawn: South Africa: Post-Insolvency Set-Off: South Africa Moves Towards International Best Practice, 01 December

2003, abrufbar ter http://www.mondaq.com (letzter Zugriff 20.3.2009) = Journal of Int'l Banking Law and Regulation, Vol 18, Issue 11 (Nov 2003).

van Leeuwen, Simon: Het Rooms-Hollands-Regt, erstmals erschienen 1664, hier verwendet die überarbeitete englische Übersetzung von C. W. Decker, Simon van Leeuwen's Commentaries on Roman-Dutch Law, Revised and edited with notes in two Volumes, Vol. 2, 2. edition, London 1923.

Voet, Johannes: Commentarius ad Pandectas, erstmals erschienen 1698, hier verwendet die siebenbändige englische Übersetzung von Gane, The selective Voet: being the commentary on the pandects [Paris edition of 1829] / by Johannes Voet; and the supplement to the work by Johannes van der Linden; translated with explanatory notes and notes of all South African reported cases:

- Volume 1 [Books 1–4], Durban 1955 (zit.: *Voet* (Gane Vol 1))
- Volume 2 [Books 5–12], Durban 1955 (zit.: *Voet* (Gane Vol 2))
- Volume 3 [Books 13–22], Durban 1956 (zit.: *Voet* (Gane Vol 3))
- Volume 5 [Books 29–38], Durban 1956 (zit.: *Voet* (Gane Vol 5))
- Volume 6 [Books 39–45], Durban 1957 (zit.: *Voet* (Gane Vol 6)).

Voet, Paulus/Edwards, A. Basil: The selective Paulus Voet: being a translation of those sections regarded as relevant to modern conflict of laws, of the De statutis eorumque concorsu liber singularis (Amstelodami, 1661) by Paulus Voet (1619–1667), as a single book on statutes and their concurrence: an abridgment by A.B. Edwards in collaboration with D.M. Kriel and incorporating annotations in historical perspective with particular reference to the rise and fall of statutism in Western Europe, Great Britain, the United States of America and South Africa by A.B. Edwards, Pretoria 2007 (zit.: P. Voet/Edwards-*Bearbeiter*).

von Bar, Carl Ludwig: Theorie und Praxis des Internationalen Privatrechts, Band I, 2. Auflage 1889, (Nachdruck Aalen 1966).

von Bar, Christian: Die Entwicklung des südafrikanischen Zivilrechts – dargestellt an Fragen des Haftungsrechts, RabelsZ 42 (1978) 87 ff.

von Bar, Christian/Mankowski, Peter: Internationales Privatrecht, Band I, 2. Auflage, München 2003.

von Boehmer, Ilka Annette: (Deutsches) Internationales Insolvenzrecht im Umbruch: Grundfragen grenzüberschreitender Insolvenzen, unter Berücksichtigung der UNCITRAL Modellbestimmungen über grenzüberschreitende Insolvenzverfahren, Bonn, Univ., Diss., 2006.

von Savigny, Friedrich Carl: System des heutigen römischen Rechts, Band VIII, 1849, unveränderter Nachdruck, Darmstadt, 1961.

Wehrle, Gerhard: Ohne Wahrheit keine Versöhnung! Der südafrikanische Rechtsstaat und die Apartheidvergangenheit, HFR 1996, 35 ff.

Weller, Marc-Philippe: Inländische Gläubigerinteressen bei internationalen Konzerninsolvenzen, ZHR 169 (2005) 570 ff.

Wessels, Bob: Current Topics of International Insolvency Law, Deventer 2004 (zit.: *Wessels*, Current Topics).

–: International Insolvency Law, Deventer 2006.

–: Moving House: Which Court Can Open Insolvency Proceedings? Aufsatz abrufbar ter http://www.iiiglobal.org (zit.: *Wessels*, Moving House).

Wessels, Johannes Wilhelmus: History of the Roman-Dutch Law, Grahamstown 1908.

Westbrook, Jay Lawrence: Locating the Eye of the Financial Storm, Brooklyn Journal of International Law 17 (1991) 499 ff.

–: Choice of Avoidance Law in Global Insolvencies, Brook J Int'l L 32 (2007) 1019 ff.

Westpfahl, Lars/Goetker, Uwe/Wilkens, Jochen: Grenzüberschreitende Insolvenzen, Köln 2008.

Wimmer, Klaus: Die UNCITRAL-Modellbestimmungen über grenzüberschreitende Insolvenzverfahren, ZIP 1997, 2220 ff.

Wolfaardt, Lize: Cross-border insolvencies, Potchefstroom, Univ., LL.M.-Diss., 2002.

Yntema, Hessel E.: Die historischen Grundlagen des internationalen Privatrechts, in: Dölle/Rheinstein/ Zweigert (Hrsg.), Festschrift für Ernst Rabel, Band I: Rechtsvergleichung und Internationales Privatrecht, Tübingen 1954, S. 513 ff. (zit.: *Yntema*, FS Rabel).

–: The Comity Doctrine, in: Von Caemmerer, Nikisch, Zweigert (Hrsg.), Vom Deutschen zum Europäischen Recht, Festschrift für Hans Dölle, Band II: Internationales Recht, Kollisionsrecht und Internationales Zivilprozessrecht, Europäisches Recht, Tübingen 1963, S. 65 ff. (zit.: *Yntema*, FS Dölle).

–: Basic Issues in Conflict Laws, AJCL 12 (1963) 474 ff.

Zimmermann, Reinhard: Die Verfassungen von Transkei und Bophutatswana, der Verfassungsentwurf für die Republik Südafrika und das Konzept des „separate development", JöR 27 (1978) 631 ff.

–: Das römisch-holländische Recht in Südafrika: Einführung in die Grundlagen und usus hodiernus, Darmstadt 1983 (zit.: *Zimmermann*).

–: Das römisch-holländische Recht und seine Bedeutung für Europa, JZ 1990, 825 ff.

–: Das römisch-holländische Recht in Zimbabwe, RabelsZ 55 (1991) 505 ff.

Zimmermann, Reinhard/Visser, Daniel (Hrsg.): Southern cross – Civil law and common law in South Africa, Oxford 1996 (zit.: Zimmermann/Visser-*Bearbeiter*).

Zipperer, Helmut: Vorbild Rom – eine Studie, KTS 2007, 21 ff.

Zöller, Richard (Begr.): ZPO – Zivilprozessordnung, 29. Auflage, Köln 2012.

Zulman, Ralph Hirsch: First Interim Report on Trans-National Insolvency, Unveröffentlichter Zwischenbericht aus dem Jahre 1995 im Auftrag der Rand Afrikaans University (jetzt: University of Johannesburg), Research Unit for Banking Law (zit.: *Zulman*, Interim Report).

–: Final Report on Trans-National Insolvency, Unveröffentlichter Abschlussbericht aus dem Jahre 1998 im Auftrag der Rand Afrikaans University (jetzt: University of Johannesburg), Research Unit for Banking Law (zit.: *Zulman*, Final Report).

Abkürzungsverzeichnis

Soweit hier nicht gesondert aufgeführt, wurden Wörter des allgemeinen Sprachgebrauchs nach den Regeln des Duden abgekürzt. Hier nicht aufgeführte Abkürzungen für Wörter aus dem juristischen Sprachgebrauch orientieren sich an Palandt, Bürgerliches Gesetzbuch.

(A)	South African Supreme Court of Appeal (bis 3.2.1997 Appellate Division)
(C)	Western Cape High Court, Cape Town (bis 3.2.1997 Cape Provincial Division)
(CA)	Court of Appeal (England)
(CC)	Constitutional Court of South Africa
(Ch)	Chancery Division (England)
(D)	KwaZulu-Natal High Court, Durban (bis 3.2.1997 Durban an Coast Local Division)
(E)	Eastern Cape High Court, Grahamstown (bis 3.2.1997 Eastern Cape Provincial Division)
(HL)	House of Lords (England)
(N)	KwaZulu-Natal High Court, Pietermaritzburg (bis 3.2.1997 Natal Provincial Division)
(Nm)	High Court of Namibia
(O)	Free State High Court, Bloemfontain (bis 3.2.1997 Orange Free State Provincial Division) (PC) The Privy Council
(R)	High Court of Rhodesia (ab 1980 High Court of Zimbabwe)
(SE)	Eastern Cape High Court, Port Elisabeth (bis 3.2.1997 South Eastern Cape Local Division)
(SWA)	High Court of South West Africa (bis zum Inkraftreten des Supreme Court Act 59 of 1959, danach als "Provincial Division" des South African Supreme Court unter dem Namen South West Africa Division, ab 1.1.1982 unabhängiger Supreme Court of South West Africa bis zur Unabhängigkeit Namibias am 21.3.1990)

(T)	North Gauteng High Court, Pretoria (bis 3.2.1997 Transvaal Provincial Division)
(W)	South Gauteng High Court, Johannesburg (bis 3.2.1997 Witwatersrand Local Division)
ABI Law Review	American Bankruptcy Institute Law Review
AC	Appeal Cases (England)
AD	Reports of the Appellate Division of the Supreme Court of South Africa (1910–1946)
AJCL	American Journal of Comparative Law
All ER	All English Law Reports (England)
All SA	All South African Law Reports
ASSAL	Annual Survey of South African Law
Buch	Buchanan's Reports (Cape Supreme Court, 1868–1869, 1873–1879)
Brook J Int'l L	Brooklyn Journal of International Law
CILSA	The Comparative and International Law Journal of Southern Africa
CLJ	Cape Law Journal (ab 1910: SALJ)
CPD	Reports of the Cape Provincial Division (1910–1946)
CTR	Cape Times Report (1891–1910)
Co Rep	Sir Edward Coke King's Bench Reports (1572–1616)
Cowp	Cowper King's Bench Reports (England, 1774–1778)
EDL	Reports of the Eastern District Local Division (1910–1946)
EDC	Reports of the Eastern Districts Court of the Cape (1880–1909)
ER	English Reports
HCG	Reports of the High Court of Griqualand (1882–1910)
HFR	Humboldt-Forum Recht
IIR	INSOL International Insolvency Review
ICLQ	International and Comparative Law Quarterly
JEG	Jahrbuch für Europäische Geschichte
JIBFL	Butterworths Journal of International Banking and Financial Law

JOL	Butterworths Judgements Online
juris	Juris Onlinedatenbank, http://www.juris.de
Kotzé	Kotzé's Reports (High Court of the Transvaal, 1877–1881)
Menz	Menzies' Reports (Cape Supreme Court, 1829–1849)
MLR	Michigan Law Review
NLR	Natal Law Reports (1879–1932)
NPD	Reports of the Natal Provincial Division (1933–1946)
OR	Report of the Orange Free State Provincial Division (1910–1946)
ORC	Orange River Colony Reports (1903–1909)
OPD	Official Reports of the High Court of the South African Republic (1893–1898)
SA	South African Law Reports
SADJ	South African Deeds Journal
saflii	Southern African Legal Information Institute, Onlinedatenbank, http://www.saflii.org
SAILR	South African Insolvency Law Review
SALJ	The South African Law Journal (vor 1910: CLJ)
SA Merc LJ	South African Mercantile Law Journal
SAR TS	Reports of the High Court of the South African Republic (Transvaal, 1881–1892)
SC	Cape Supreme Court Reports (1880–1910)
Searle	Searle's Reports (Cape Supreme Court, 1850–1867)
Stell LR	Stellenbosch Law Review
SR	Reports of the High Court of Southern Rhodesia (1899, 1911–1955)
SWA	Reports of the High Court of South-West Africa (1920–1945)
Taitz	Juta's Privy Council Reports
TH	Reports of the Witwatersrand High Court (1902–1909)
THRHR	Tydskrif vir hedendaagse Romeins-Hollandse reg

TLJ	Transkei Law Journal
TLR	Times Law Reports (England)
TPD	Reports of the Transvaal Provincial Division (1910–1946)
TR	Tydskrif vir Regswetenskap
TS	Reports of the Supreme Court of the Transvaal (1902–1909)
UPaLRev	University of Pennsylvania Law Review
WLR	Witwatersrand Local Division Reports (1910–1946)
WLR	Weekly Law Reports (England)
Yale LJ	The Yale Law Journal

Einleitung

"I believe that one can hardly expect foreign investors and persons who wish to do business with South Africa to be left with a situation where there is some uncertainty and indeed, in some cases, gaps in regard to a situation where a cross-border insolvency occurs."

Mit diesem Plädoyer setzte sich *Ralph H. Zulman*, Richter am südafrikanischen Supreme Court of Appeal, in seinem Abschlussbericht über grenzüberschreitende Insolvenzverfahren im Jahre 1998 für die Übernahme des UNCITRAL Modellgesetzes über grenzüberschreitende Insolvenzverfahren in das südafrikanische Recht ein.[1] Das Zitat enthält drei Kernaussagen, die als Ausgangspunkt für die vorliegende Arbeit dienen.

Mit der ersten Kernaussage rückt *Zulman* das Internationale Insolvenzrecht, das die verfahrens- und kollisionsrechtlichen Vorschriften zur Regelung grenzüberschreitender Insolvenzverfahren umfasst,[2] in den Kontext des internationalen Handelsverkehrs. Tatsächlich haben im Zuge der fortschreitenden Globalisierung in den letzten Jahrzehnten auch Insolvenzverfahren mit internationalen Bezügen drastisch zugenommen.[3] Als wohl größte Insolvenz in der Geschichte des Internationalen Insolvenzrechts beschäftigt noch immer die Pleite der US-amerikanischen Investmentbank *Lehman Brothers* die Weltöffentlichkeit und die Gerichte.[4] Auf

---

1 *Zulman*, Final Report, S. 82, Rn. 20.2.

2 Zu Definitionsversuchen vgl. KPB-*Adolphsen*, Bd. 2, § 147, Anh. II A, Rn. 4; Kölner Schrift-*Paulus*, Kap. 46, Rn. 2 f.; MünchKommInsO-*Reinhart*, Bd. 3, Vor §§ 335 ff., Rn. 1.

3 Dazu etwa KPB-*Adolphsen*, Bd. 2, § 147, Anh. II A, Rn. 13 ff. („Insolvenzrecht und Globalisierung"); *Paulus*, FS Geimer, S. 795, 797 ff.; ferner (mit rechtshistorischen Bezügen) *Paulus* JZ 2009, 1148, 1153 ff. Das Problem grenzüberschreitender Insolvenzverfahren existierte freilich bereits im Mittelalter, insoweit häufig zitiert *Nadelmann* UPaLRev 93 (1944) 58 ff., der den Zusammenbruch der Ammanati Bank von Pistoia im Jahre 1302 an den Anfang seiner Abhandlung über zwischenstaatliche Insolvenzabkommen stellte.

4 Siehe unter den unzähligen Urteilen und internationalen Presseberichten etwa BGH, Urt. v. 16.10.2012 – XI ZR 267/11; The Wall Street Journal, Online-Ausgabe v. 27.5.2010, "Lehman's Bankruptcy Estate Sues J.P. Morgan", http://www.wsj.com.

diese Entwicklung haben weltweit zahlreiche nationale und supranationale Gesetzgeber mit einer Reform des Insolvenzrechts und der Kodifikation des Internationalen Insolvenzrechts reagiert.[5]

Die beiden anderen Kernaussagen betreffen den Zustand des südafrikanischen Internationalen Insolvenzrechts. *Zulman* beschreibt zum einen den Istzustand des südafrikanischen Internationalen Insolvenzrechts im Jahre 1998, als es noch keine gesetzliche Regelung dieser Materie gab, als unsicher und lückenhaft. Dabei stützt er sich auf die größtenteils bereits in seinem ersten Zwischenbericht von 1995 veröffentlichte Auswertung der südafrikanischen Rechtsprechung und des verfügbaren Schrifttums,[6] die durch einen rechtsvergleichenden Überblick und Berichte über internationale Konferenzen zur Problematik des Internationalen Insolvenzrechts ergänzt werden.[7] Zum anderen schwingt in dem Eingangszitat *Zulmans* Vorstellung von einem Sollzustand der Rechtssicherheit und Lückenlosigkeit mit, der durch die Übernahme des UNCITRAL Modellgesetzes eintreten würde.

Mittlerweile sind mehr als 10 Jahre vergangen, seit das südafrikanische Parlament mit dem *Cross-Border Insolvency Act 42 of 2000* das UNCITRAL Modellgesetz in nationales Recht übernommen hat. Dennoch hat sich im Vergleich zu der in *Zulmans* Abschlussbericht geschilderten Situation augenscheinlich nicht viel verändert. Der *Cross-Border Insolvency Act* findet aufgrund einer komplizierten Gegenseitigkeitsklausel bis dato keine praktische Anwendung, sodass der Rechtsanwender auch weiterhin ausschließlich mit dem *common law* vorliebnehmen muss. Für den ausländischen Investor – um bei dem Eingangszitat zu bleiben – kommt erschwerend hinzu, dass sich auch die Rechtswissenschaft bisher kaum vertieft mit der Thematik auseinandergesetzt hat. Die zahlreichen Aufsätze, mit denen die Übernahme des UNCITRAL Modellgesetzes zunächst euphorisch begleitet wurde,

---

Danach handelt es sich um die größte Insolvenz der US-Geschichte. Der Insolvenzantrag der Lehman Brothers am 15.9.2008 wirkte wie ein Brandbeschleuniger für die bereits seit 2007 schwelende Finanzmarktkrise. Mit ihr kollabierte der weltweite Interbankenhandel und in der Folge die Weltwirtschaft, siehe dazu *Rudolph* ZGR 2010, 1 ff., insb. 17 ff.

5 Als Beispiele seien hier nur das UNCITRAL Modellgesetz über grenzüberschreitende Insolvenzverfahren von 1997 und die 2002 in Kraft getretene Europäische Insolvenzverordnung genannt, dazu *Adolphsen* IPRax 2002, 337, 339 f.; KPB-*Adolphsen*, Bd. 2, § 147, Anh. II B, Rn. 1 ff. Zum UNCITRAL Modellgesetz siehe auch unten, Kap. 1 A.III.2.

6 *Zulman*, Interim Report, S. 31 ff. Ergänzend dazu fasst der Abschlussbericht die Entwicklung der Rechtsprechung in den Jahren 1995–1998 zusammen, vgl. *Zulman*, Final Report, S. 7 ff.

7 Siehe insbesondere *Zulman*, Final Report, S. 31 ff.

beschränken sich im Wesentlichen auf die Wiedergabe des Gesetzeswortlauts und eine weitgehend unkritische, unsystematische Darstellung der Rechtsprechung zum *common law*. Sie sind daher für ein tiefergehendes Studium des südafrikanischen Internationalen Insolvenzrechts nur bedingt geeignet. Innovative Ansätze, die zur Rechtsentwicklung beitragen, sind selten.[8] Selbst der jüngste Versuch einer systematischen Darstellung in der aktuellen Auflage des von *Mars* begründeten Insolvenzrechtslehrbuchs ist noch weitgehend deskriptiv.[9] Von einer wissenschaftlichen Begleitung oder gar Richtungsweisung im südafrikanischen Internationalen Insolvenzrecht kann also insgesamt kaum gesprochen werden.

Mit der vorliegenden Arbeit soll dieser Missstand behoben werden. Im Rahmen einer grundlegenden und systematischen Untersuchung soll geklärt werden, inwieweit das geltende südafrikanische Internationale Insolvenzrecht sach- und interessengerechte Antworten auf die Probleme bereithält, die typischerweise in grenzüberschreitenden Insolvenzverfahren auftreten. Soweit aufgrund unzureichender Regelungen erforderlich, sollen Lösungsvorschläge entwickelt werden, die sich in das bestehende System einfügen und daher auch ohne Tätigwerden des Gesetzgebers unmittelbar in die Rechtspraxis einfließen können. Dabei wird im Sinne *Zulmans* auch der rechtsvergleichende Blick nach Deutschland und zur Europäische Union behilflich sein, die zu den wichtigsten Handelspartnern Südafrikas gehören.[10] Beide haben vor wenigen Jahren ihr Internationales Insolvenzrecht umfassend neu geregelt, auf europäischer Ebene mit der 2002 in Kraft getretenen Europäischen Insolvenzverordnung (EuInsVO)[11] und im deutschen autonomen Recht mit den 2003 in die Insolvenzordnung eingefügten §§ 335 ff. InsO.[12]

Die Untersuchung konzentriert sich auf das Insolvenzverfahren als Liquidationsverfahren. Auf grenzüberschreitende Unternehmenssanierungen wird deshalb

---

8 Als positive Ausnahme wäre hier etwa eine Entscheidungsbesprechung zu nennen von *Smith/Boraine* (2004) 16 SA Merc LJ 495, 513 ff.

9 Vgl. *Mars*, Ch. 30. *O'Brien* hatte mit seinem Vortrag im Jahre 1995 (Transnational Aspekts) den ersten ernsthaften Versuch unternommen, das bis dahin veröffentlichte südafrikanische Fallrecht thematisch zu ordnen. Mittlerweile enthält auch *Meskin*, Insolvency Law ein eigenes Kapitel mit einer thematisch geordneten Abhandlung.

10 Siehe die Länderinformationen des Auswärtigen Amts zu Südafrika unter http://www.auswaertiges-amt.de.

11 Verordnung (EG) Nr. 1346/2000 des Rates über Insolvenzverfahren vom 29. Mai 2000, ABl. EU L 160 S. 1.

12 Eingefügt durch das Gesetz zur Neuregelung des Internationalen Insolvenzrechts vom 14. März 2003, BGBl. I S. 345. Dazu KPB-*Adolphsen*, Bd. 2, § 147, Anh. II C, Rn. 1 ff.; MünchKommInsO-*Reinhart*, Bd. 3, Vor §§ 335 ff. InsO, Rn. 16 ff.

nur vereinzelt eingegangen werden können. Grenzüberschreitende Unternehmenssanierungsverfahren werfen zahlreiche Sonderfragen auf, deren Klärung zunächst die vorliegend bezweckte gründliche Aufarbeitung des südafrikanischen Internationalen Insolvenzrechts voraussetzt. Beides zusammen würde den hier vorgegebenen Rahmen sprengen.[13]

Die Arbeit gliedert sich in sieben Kapitel. Im ersten Kapitel werden wichtige Grundlagen geklärt, die für die weitere Untersuchung benötigt werden. Das zweite Kapitel widmet sich der Frage, wo das südafrikanische Recht die internationale Zuständigkeit für Insolvenzsachen verortet. Gegenstand des dritten Kapitels ist der Umgang mit Auslandsbezügen in südafrikanischen Insolvenzverfahren. Im vierten und fünften Kapitel wird dann einmal aus Sicht des *common law* und dann aus Sicht des *Cross-Border Insolvency Act* die Rechtshilfe näher beleuchtet, die südafrikanische Gerichte ausländischen Insolvenzverwaltern in Südafrika gewähren. Insbesondere sollen die Voraussetzungen geklärt werden, unter denen ein ausländisches Insolvenzverfahren in Südafrika anerkannt wird. Außerdem wird untersucht, inwieweit damit eine effiziente grenzüberschreitende Verfahrensdurchführung gewährleistet wird. Das sechste Kapitel widmet sich den besonderen Problemen, die bei der Koordination von miteinander konkurrierenden, in mehreren Ländern parallel laufenden Insolvenzverfahren über ein und dasselbe Schuldnervermögen auftreten. Im siebten Kapitel wird schließlich die Funktionsfähigkeit des südafrikanischen Insolvenzkollisionsrechts bei der Bestimmung des auf einen konkreten Sachverhalt im Insolvenzverfahren anwendbaren Rechts untersucht.

---

13 Allein die Untersuchung von Sanierungsverfahren im internationalen Insolvenzrecht gibt Stoff für eine eigene Monographie, siehe etwa *Reinhart*, Sanierungsverfahren im internationalen Insolvenzrecht – Eine rechtsvergleichende Untersuchung über die besonderen internationalrechtlichen Probleme liquidationsabwendender Insolvenzverfahren, Berlin 1995 (zugl.: Frankfurt (Main), Univ., Diss., 1994).

Kapitel 1: Grundlagen des südafrikanischen Internationalen Insolvenzrechts

A. Geschichtlicher Überblick

Rechtswissenschaftliche Untersuchungen, insbesondere solche zum südafrikanischen Recht, beginnen häufig mit einem historischen Überblick.

Carl Friedrich von Savigny vertrat dazu allgemein die These, die Rechtsordnung sei eine der kulturellen Errungenschaften einer Gesellschaft und sei wie die Gesellschaft selbst durch ihre Geschichte geformt. Die Gesellschaft und ihre Rechtsordnung seien durch die gleichen politischen, religiösen und wirtschaftlichen Faktoren geprägt worden. Rechtsgeschichte war für ihn, so fasst es sein späterer Biograph zusammen, „mehr denn bloße elegante Zuthat zur Rechtsgelehrsamkeit“, sondern ein „wesentliches Hülfsmittel zur Erkenntniß des geltenden Rechtes“.[14]

Das *Savigny*sche Verständnis von Rechtsgeschichte bildet auch den Ausgangspunkt für die vorliegende Arbeit. Kaum ein anderes Land römisch-rechtlicher Prägung kann eine derartige Kontinuität der Rechtsentwicklung aufzeigen wie Südafrika.[15] Rechtsgeschichte ist hier ein täglicher Begleiter der Rechtspraxis, gerade auch im Internationalen Insolvenzrecht. Ein typisches Beispiel ist eine neuere Entscheidung des *South Gauteng High Court*. Auf der Suche nach Orientierung bei der Entscheidung über die grenzüberschreitenden Wirkungen einer südafrikanischen Restschuldbefreiung fand das Gericht lediglich einen vereinzelten Hinweis im südafrikanischen Schrifttum. Zwar gebe es englische Rechtsprechung zu dieser Frage, diese dürfe allerdings nur eingeschränkt konsultiert werden:

> "*Since the origins of our insolvency law are Roman-Dutch, reference to English bankruptcy cases must necessarily be very circumspect indeed.*"[16]

---

14 *Landsberg* Allgemeine Deutsche Biographie 30 (1890) 425, 439. Kritisch zu dieser These neuerdings *Benedict* JZ 2011, 1073, 1076 f.

15 *Kaser* SavZ/Rom 81 (1964) 1 f.; *v. Bar* RabelsZ 42 (1978), 87, 89.

16 *North American Bank Ltd (in Liquidation) v Granit* 1998 (3) SA 557 (W) 566B.

Im Anschluss daran analysierte das Gericht zunächst die Entwicklung der Restschuldbefreiung im holländischen und englischen Recht des 18. Jahrhunderts, um sich schließlich einem englischen Urteil aus dem Jahre 1871 anzuschließen.[17]

Die Entscheidung des *South Gauteng High Court* ist keineswegs ein Einzelfall. So liefert die von niederländischen Juristen entwickelte *comitas*-Lehre nach fast 400 Jahren noch immer das theoretische Rüstzeug für die Rechtshilfe in internationalen Insolvenzverfahren.[18] Als weiteres Beispiel mag ein Urteil aus dem Jahre 2003 dienen, in dem der *Supreme Court of Appeal* hinsichtlich der grenzüberschreitenden Wirkungen insolvenzrechtlicher Entscheidungen auf zwei Präjudize aus den Jahren 1902 beziehungsweise 1907 verweist, als Südafrika noch in vier britische Kolonien unterteilt war.[19] Von dort aus wird der Leser direkt zu den holländischen Juristen des 17. Jahrhunderts weitergeleitet, die sich ihrerseits am römischen Recht orientierten.[20]

Diese Rechtsprechung muss im Zusammenhang mit der südafrikanischen Rechtsordnung insgesamt gesehen werden, die heute als Mischrechtsordnung charakterisiert wird und weder der römisch-germanischen Rechtsfamilie noch der des englischen *common law* eindeutig zugeordnet werden kann.[21] Ihren Kern bildet noch immer das von holländischen Siedlern im 17. Jahrhundert ans Kap transferierte römische Recht in dem unkodifzierten Zustand, in dem es sich nach der Rezeption in Holland befunden hat. Darüber hinaus haben auch die britische Kolonialzeit und das englische Recht ihre Spuren hinterlassen.[22]

Anders als auf vielen anderen Gebieten des südafrikanischen Rechts hat für das südafrikanische Internationale Insolvenzrecht bisher noch niemand den Versuch unternommen, dessen Genetik und seine grundsätzliche Funktionsweise historisch aufzuarbeiten. Diese Lücke soll nunmehr geschlossen werden, um – ganz im *Savignys*chen Sinne – damit die Grundlagen für die weitere Untersuchung zu schaffen.

---

17 Vgl. *North American Bank Ltd (in Liquidation) v Granit* 1998 (3) SA 557 (W) 566B–567B.

18 Siehe nur *Ward v Smit: In re Gurr v Zambia Airways Coporation Ltd* 1998 (3) SA 175 (A) 179F–G. Ferner *Smith/Boraine* ABI Law Review 10 (2002) 135, 177 f.

19 Siehe *Sackstein NO v Proudfoot SA (Pty) Ltd* 2003 (4) SA 348 (A) 357C–E, rekurrierend auf *Ex Parte BZ Stegmann* 1902 TS 40 und *Re Estate Morris* 1907 TS 657.

20 Siehe *Ex Parte BZ Stegmann* 1902 TS 40, 50 ff., mit einer Analyse der Meinungen von *Andreas Gail* (1526–1587), *Antonius Matthaeus* (1601–1654), *Paulus Voet* (1619–1677) und *Johannes Voet* (1647–1714).

21 *v. Bar* RabelsZ 42 (1978), 87; *Dannenbring*, FS Sanfilippo, S. 131, 134; Zimmermann/Visser-*Zimmermann/Visser*, S. 9 f.; *du Bois/Visser* JEG 2001, 47.

22 Dazu im Einzelnen *Zimmermann/Visser*, passim; *du Bois/Visser* JEG 2001, 47 ff., jeweils m.w.N.

I. Anfänge niederländischer und britischer Kolonialzeit

1. Transplantation des römisch-holländischen Rechts

Die Geschichte des heutigen südafrikanischen Rechts beginnt im Jahre 1652, als die niederländische Ostindien-Kompanie (VOC)[23] am später Kapstadt genannten westlichen Zipfel Südafrikas einen Versorgungsstützpunkt für ihren Seehandelsweg nach Indien errichtete.[24] Dieser entwickelte sich bald zu einer lebhaften Kolonie, in der sich zahlreiche Niederländer und andere Europäer ansiedelten.[25] Als Arbeitskräfte wurden Sklaven aus Indien und Ostafrika importiert. Das Völkergemisch am Kap begann zu entstehen.[26]

Mit zunehmender Größe der Siedlung wurde auch die Streitschlichtung immer wichtiger. Bereits 1656 tagten die ersten Gerichte in Kapstadt[27] und wandten – da ein einheitliches Recht der Niederlande nicht bestand – das Recht der Provinz Holland an.[28] Dort war zu jenem Zeitpunkt die Rezeption des römischen Rechts weit fortgeschritten. Holländische Rechtswissenschaftler hatten es sich zur Aufgabe gemacht, das weitgehend unkodifizierte römisch-holländische Recht in umfassenden Werken erstmals systematisch zu erfassen. Diese juristischen Schriften waren fortan maßgeblich für die Auslegung des *Corpus Juris Civilis* in Holland.[29]

Insbesondere in den Werken von *Paulus* und *Johannes Voet* finden sich zahlreiche Stellungnahmen zur Behandlung von grenzüberschreitenden Insolvenzverfahren.[30] Diese dürften indes unter der Regentschaft der VOC am Kap keine Rolle gespielt haben. Die *Buren*, wie sich die europäischen Siedler bald nannten, hatten sich den wirtschaftlichen Interessen der VOC unterzuordnen und für deren Bedürfnisse zu festgelegten

---

23 VOC steht als Abkürzung für *Vereenigde Geoctroyeerde Oost-Indische Compagnie*. Dazu *Beelen*, Rn. 2 f. Zur kolonialen Handelskompanie als europäische Urform der heutigen Aktiengesellschaft *Heller*, Justament 2/2006, 16–17. Siehe auch *Hartung*, passim.

24 *Zimmermann*, S. 1; Siehe auch Zimmermann/Visser-*Fagan*, S. 33 ff., zur Situation vor der europäischen Besiedlung.

25 *Hahlo/Kahn*, Union, S. 3; *Zimmermann*, S. 1. Neben hugenottischen Flüchtlingen waren hierunter auch zahlreiche Deutsche. Laut *Davenport/Saunders*, S. 22, kamen im 18. Jahrhundert sogar mehr deutschsprachige als holländische Siedler ans Kap.

26 *Hahlo/Kahn*, Union, S. 3; *Zimmermann*, S. 1, m.w.N.

27 *Zimmermann*, S. 2.

28 Zu den Hintergründen *Zimmermann* JZ 1990, 825, 826; Zimmermann/Visser-*Fagan*, S. 39; *Zimmermann*, S. 4, jeweils m.w.N.

29 *v. Bar* RabelsZ 42 (1978) 87, 90 f., m.w.N. Zur Rezeption des römischen Rechts in den Niederlanden siehe *Hosten/Edwards/Church/Bosman*, 3.5.2.

30 Vgl. *Hanisch*, FS Merz, S. 159, 166; Jabez/Livermore-*Jabez*, passim; *Meili*, S. 26 ff.

Preisen Landwirtschaft zu betreiben.[31] Obgleich wohl durchaus Insolvenzen vorgekommen sind,[32] dürften dabei aufgrund der Handelsrestriktionen durch die VOC bis Ende des 18. Jahrhunderts kaum internationale Rechtsfragen aufgetreten sein.[33]

2. Britische Kolonialisierung

Dies änderte sich erst mit der Insolvenz der VOC selbst. Die einst mächtigste Handelsunternehmung der Welt[34] hatte im vierten Englisch-Niederländischen Seekrieg (1780–1784) einen Großteil ihrer Flotte verloren und wurde im Jahre 1794 zahlungsunfähig.[35] Parallel dazu verschob sich auch das Machtgefüge in Europa und das Kap geriet in britische Hände. Die neuen Kolonialherren nahmen das Kap zwischen 1795 und 1802 zunächst vorübergehend und nach einem kurzen „batavischen Zwischenspiel"[36] im Jahre 1806 dauerhaft in ihren Besitz.[37]

---

31 Vgl. *Davenport/Saunders*, S. 28; Zimmermann/Visser-*Milton*, S. 658. Die Bezeichnung „Bure" ist aus dem Afrikaans „Boer" abgeleitet und bedeutet Bauer.

32 Siehe *Mars*, S. 9 f., mit Hinweis auf entsprechende Belege in den Cape Archives. Vgl. auch *Edwards*, FS Kahn, S. 148.

33 P. Voet/Edwards-*Edwards*, S. 478 f. Internationaler Handel wurde den *Buren* in beschränktem Umfange erst kurz vor Ende der VOC-Herrschaft im Jahre 1783 gestattet, *Davenport/Saunders*, S. 39. Siehe insgesamt zur Rechtsentwicklung am Kap der Guten Hoffnung unter der VOC auch *Hahlo/Kahn*, Union, S. 10 ff.; *Hahlo/Kahn*, System, S. 566 ff.; *Hosten/Edwards/Church/Bosman*, S. 337 ff.; P. Voet/Edwards-*Edwards*, S. 474 ff.; Zimmermann/Visser-*Fagan*, S. 35 ff., jeweils m.w.N.

34 Aus der ersten Flotte von 14 Schiffen wuchs über die Jahrzehnte eine Seemacht von ca. 4.700 Schiffen, die in der 200-jährigen Geschichte der VOC rund 1 Million Menschen transportierten. Die VOC kontrollierte bis zu Ihrem Niedergang in der zweiten Hälfte des 18. Jahrhunderts den gesamten Welthandel auf der Seeroute zwischen zwischen Hinterindien und Europa. Sie hatte neben ihrem Hauptquartier in Batavia weitere Nie-derlassungen u.a. auf den Molukken, Java, Formosa (heute Taiwan), in Persien (heute Iran), Bengalen (heute Bangladesch), Ceylon (heute Sri Lanka), Indien, Malaga und Japan. Ausführlich zur VOC *Hahlo/Kahn*, Union, S. 2, 11 ff. *Hahlo/Kahn*, System, S. 566 ff.; *Beelen*, Rn. 1 ff.

35 Nachdem ein anschließender Sanierungsversuch fehlgeschlagen war, wurde die VOC am 17. März 1798 nationalisiert. Ihr verbliebenes Vermögen und ihre Schulden in Höhe von 140 Millionen Gulden übernahm der niederländische Staat, vgl. *Beelen*, Rn. 22.

36 So wird die Zeit am Kap zwischen 1802 und 1806 in Anspielung auf die kurzlebige Machtübernahme der unter französischem Einfluss in Batavische Republik umbenannten Niederlande häufig bezeichnet, vgl. etwa *Zimmermann*, S. 7.

37 In der Londoner Konvention vom 13.8.1814 gab Großbritannien den Niederlanden die seit 1806 besetzten Kolonien zurück, kaufte aber das Kap der Guten Hoffnung

Nach bewährter Kolonialpraxis[38] behielten die Briten das geltende unkodifizierte römisch-holländische Recht in ihrer neuen *Cape Colony* bei.[39] Hieraus resultierten schon bald kollisionsrechtliche Probleme im Rechtsverkehr mit der neuen Kolonialherrin, wie das Beispiel der Insolvenz des aus England stammenden *Cape*-Kaufmanns *Charles Hughes* belegt.[40] *Hughes* hatte im Jahre 1810 den Verlust zweier voll beladener Handelsschiffe zu beklagen, die in kurzer Folge auf dem Weg nach *Mauritius* und *Table Bay* gesunken waren. In der Folge geriet er in Kapstadt unter erheblichen Druck seiner Gläubiger und machte sich daher persönlich auf den Weg nach London, um dort den Schaden über seine Versicherung zu regulieren. Der Versicherer zahlte jedoch nicht und *Hughes* beantragte noch in England die Eröffnung eines Insolvenzverfahrens. Nachdem er im englischen Insolvenzverfahren die Restschuldbefreiung erlangt hatte, kehrte er im November 1812 nach Kapstadt zurück. Bei seiner Ankunft wartete schon einer seiner südafrikanischen Gläubiger, der ihn auf Zahlung seiner vorinsolvenzlichen Forderung verklagte.[41]

Der Rechtsstreit ging über drei Instanzen und betraf im Kern die Frage, ob eine englische Restschuldbefreiung weltweite und damit auch in der *Cape Colony* Wirkung entfalten konnte. Sowohl auf Kläger- als auch auf Beklagtenseite waren Anwälte tätig, die das römisch-holländische Recht noch aus ihrer eigenen Praxis unter niederländischer Kolonialherrschaft kannten.[42] Neben Gerichtsentscheidungen, die die wechselseitige Anerkennung insolvenzrechtlicher Entscheidungen in

---

und die Niederlassungen in Guayana zum Preis von £ 5.000.000 ab, vgl. *Zimmermann*, S. 8, Fn.

38 Vgl. *Campbell v Hall* (1774) 1 Cowp 204, 209 = 98 ER 1045, 1046, 1048: „(T)he laws of a conquered country continue in force until they are altered by the conqueror. (…) (T)he King (…) has a power to alter the old and to introduce new laws in a conquered country (…)".

39 *du Bois/Visser* JEG 2001, 47, 65; *Hosten/Edwards/Church/Bosman*, 4.2.4.1; *Zimmermann*, S. 7.

40 Ausführlich zu dem Fall *Edwards*, FS Kahn, S. 132 ff. Vgl. auch Jabez/Livermore-*Jabez*, *passim*, zu einem ähnlichen Fall im südamerikanischen Demerara (heute zu Guiana gehörig), bis 1814 niederländische Kolonie und im Zuge der Londoner Konvention an Großbritannien verkauft. Dazu auch *Graham* (2001) 10 IIR, 153 ff.

41 Ausführlich zusammengetragen von *Edwards*, FS Kahn, S. 132 ff.

42 Der Klägeranwalt *Rink van Burmania* war ab 1803 Richter in Kapstadt, siehe *Edwards*, FS Kahn, S. 132, 136 und Fn. 27. Der Beklagtenanwalt *Neethling* war einer der wenigen Advocates, die sowohl vor den VOC-Gerichten als auch vor sämtlichen Nachfolgerichten einschließlich des 1828 etablierten Cape Supreme Court als Prozessanwalt am Kap tätig waren, vgl. *Edwards*, FS Kahn, S. 132, 134 Fn. 18. Sogar der Vorsitzende

England und Holland einschließlich ihrer jeweiligen Kolonien belegten[43], wurden auch die Meinungen römisch-holländischer Juristen wie *Johannes Voet* und *Hugo Grotius* zur Entscheidungsfindung herangezogen.[44]

Dennoch wäre es verfrüht, schon in dieser Zeit die Anfänge des heutigen südafrikanischen Internationalen Insolvenzrechts zu vermuten.[45] In späteren Entscheidungen tauchen Fälle vor 1828 genauso wenig auf, wie in der einschlägigen Literatur. Abgesehen davon, dass die *Cape Colony* nur eingeschränkte Souveränität genoss, befand sich auch das Rechtswesen noch immer in dem von der VOC überlieferten schlechten Zustand.[46] Nach wie vor war der Juristenstand unterentwickelt, eine südafrikanische Rechtswissenschaft existierte nicht.[47] Auch fehlte es an Entscheidungssammlungen, aufgrund derer sich die Rechtsprechung kontinuierlich hätte fortentwickeln können,[48] wobei Entscheidungsgründe im heutigen Sinne ohnehin nicht gegeben wurden.[49] Zu eng war schließlich auch noch die Anbindung der Gerichtsbarkeit an den politischen Willen der Exekutive: Richter – ohnehin oft nur teilzeitbeschäftigt und neben dem Richterberuf noch weitere

---

Richter in der Ausgangsinstanz, *P. J. Trüter*, war schon Richter unter niederländischer Kolonialherrschaft, siehe P. Voet/Edwards-*Edwards*, S. 478 und Fn. 865.

43 Vgl. *Edwards*, FS Kahn, S. 132, 142 ff., mit Nachweisen. Siehe auch Jabez/Livermore-*Jabez*, S. 100 ff., zur wechselseitigen Anerkennung holländischer schottischer und englischer insolvenzrechtlicher Entscheidungen ab Mitte des 18. Jahrhunderts.

44 Vgl. *Edwards*, FS Kahn, S. 132, 140 f. Vgl. auch *Zimmermann*, S. 10, m.w.N., wonach die Bibliothek des Raad van Justitie unter der VOC gut ausgestattet war mit römisch-holländischem Schrifttum, obwohl zur Zeit der VOC kein Richter und die wenigsten Anwälte Fachjuristen waren.

45 Vgl. auch *Edwards*, FS Kahn, S. 132, 148: "(I)t would be quite unhistorical, in the context of an analysis of Hughes v Wrankmore, to continue with an exposition of the subsequent developments in international bankruptcy law as they concern South Africa."

46 Die Richterschaft setzte sich unter der VOC aus der lokalen Kolonialadministration zusammen. Die Gerichte tagten hinter verschlossenen Türen und Entscheidungsgründe wurden nicht gegeben. Ansehen und Status der Parteien beeinflussten erheblich die Entscheidungsfindung. Die Richter waren nicht als solche ausgebildet und oft korrupt, vgl. Zimmermann/Visser-*Fagan*, S. 49 m.w.N.

47 *Zimmermann*, S. 10 f.

48 Zur Bedeutung der Law Reports bei der Entwicklung des südafrikanischen Rechts Zimmermann/Visser-*Zimmermann/Visser*, S. 10 f.

49 Bis zum Inkrafttreten der ersten Charter of Justice im Jahre 1828 galt noch eine angepasste Version der Zivilprozessordnung von Philip II. aus dem Jahre 1580, siehe *Hosten/Edwards/Church/Bosman*, 4.2.4.1.; Zimmermann-Visser-*Erasmus*, S. 145. Siehe auch *Girvin* (1995) 43 Tijdschrift voor Rechtsgeschiedenis, 103 f.

Berufe ausübend – wurden nach freiem Ermessen des britischen Gouverneurs bestellt und abberufen, letzterer saß außerdem dem Appellationsgericht vor.[50]

II. Blütezeit ab Mitte des 19. Jahrhunderts

1. Veränderung der Rahmenbedingungen

Seine südafrikanische Taufe erhielt das römisch-holländische Internationale Insolvenzrecht erst Mitte des 19. Jahrhunderts. Die Rahmenbedingungen hierfür schuf ein komplexer Mechanismus aus britischer Besiedlungspolitik, Reformen der Justiz und öffentlicher Verwaltung sowie einer rapiden Ausdehnung des europäischen Einflusses auf das gesamte südliche Afrika.

Ausgangspunkt waren grundlegenden Reformen des Justizwesens, nachdem sich die Bevölkerungsstruktur in den 20er Jahren des 19. Jahrhunderts durch den massenhaften Zustrom britischer Siedler radikal verändert hatte.[51] Auf Empfehlung einer Untersuchungskommission setzte die britischen Regierung im Jahre 1828 die erste *Charter of Justice* für die *Cape Colony* in Kraft, mit der das Gerichtswesen nach englischem Vorbild reformiert wurde. Der *Cape Supreme Court* löste die bisherige Obergerichtsbarkeit ab und war fortan mit unabhängigen Berufsrichtern besetzt. Die bisherige Gerichtssprache Holländisch wurde endgültig durch Englisch abgelöst.[52] Auch das neue Zivilprozessrecht wurde an das englische Recht angelehnt.[53] 1830 wurde das englische Beweisrecht eingeführt.[54] Weitere Änderungen folgten mit Inkrafttreten der zweiten

---

50 Vgl. *Edwards*, FS Kahn, S. 132, 150; *Hosten/Edwards/Church/Bosman*, 4.2.4.1.; *Zimmermann*, S. 11.

51 Allgemein dazu: *du Bois/Visser* JEG 2001, 47, 65 ff.; *Hahlo/Kahn*, Union, S. 17 ff.; *Wessels*, History of the Roman-Dutch Law, S. 362 ff.; Zimmermann/Visser-*Fagan*, S. 49 ff. Um 1819 lebten gut 41.000 Weiße am Kap. Angetrieben von innerbritischen sozialen Unruhen und ein Förderprogramm der britischen Regierung für Emmigrationswillige beantragten innerhalb kürzester Zeit 90.000 Briten die Auswanderung, von denen die ersten 4.000 bereits 1820 in Kapstadt landeten, vgl. *Davenport/Saunders*, S. 44; *Hosten/Edwards/Church/Bosman*, 4.2.4. Um die Bedeutung der britischen Besiedlung richtig einschätzen zu können, muss man zusätzlich wissen, dass bereits zu jener Zeit Nichteuropäer vom politischen Leben weitgehend ausgeschlossen waren.

52 Hosten/Edwards/Church/Bosman, 4.3.1.; Zimmermann, S. 14.

53 *Hosten/Edwards/Church/Bosman*, 4.3.1.; Zimmermann/Visser-*Erasmus*, S. 146 ff. Später im 19. Jahrhundert wurde das englische Prozessrecht allerdings umfassend reformiert, während das südafrikanische Prozessrecht eine eigene Entwicklung nahm, vgl. *Erasmus*, a.a.O., S. 148 f., m.w.N.

54 *Zimmermann*, S. 11.

Charter of Justice im Jahre 1834.[55] Die Rechtsprechung wurde ab 1857 in Entscheidungssammlungen veröffentlicht, zunächst in Einzelbänden und seit 1880 regelmäßig.[56]

Damit einher ging eine massive Abwanderung der holländischsprachigen weißen Kapbevölkerung. Die zunehmende Anglisierung des öffentlichen Lebens und mehrere vergleichsweise liberale Maßnahmen, wie die Abschaffung der Sklaverei und die Gewährung von ehemals exklusiv den Europäern vorbehaltenen zivilen Rechten an die nichtweiße Bevölkerung, sorgte für großen Unmut unter den konservativen Buren.[57] Um sich dem britischen Einflussbereich zu entziehen, stießen die Buren ab 1836 massiv nach Osten und in das Landesinnere vor.[58] Bereits 1838 gründeten sie mit *Natalia* (*Natal*) ihre erste Republik, die allerdings schon 1843 von den Briten erobert wurde. Wenig später kamen die *Zuid-Afrikaanse Republiek* (*Transvaal*, 1849) und *Oranjevrijstaat* (*Orange Free State*, 1854) sowie weitere, meist kurzlebige Burenrepubliken hinzu. Mit den Buren breitete sich auch das römisch-holländische Recht aus.[59] Der *Supreme Court of Natal* nahm im Jahre 1858 seine Arbeit auf,[60] während mit den *High*

55 Siehe *Hosten/Edwards/Church/Bosman*, 4.2.4.2. m.w.N., und 4.3.1.; Zimmermann/Visser-*Erasmus*, S. 146 ff. Auch die niederen Gerichte (landrost en heemraden) wurden – sehr zum Unwillen der Buren – durch umfassend reformierte Magistrate Courts ersetzt, *Zimmermann*, S. 11.

56 Die erste Entscheidungssammlung (Watermeyer's Reports“) erschien als Einzelband im Jahre 1857. Menzies‘ Reports, die auf Mitschriften des Cape Judge *Mr. Justice William Menzies* beruhten und die Jahre 1828 bis 1849 abdeckten, erschienen erst 1870, dazu *Girvin* (1995) 43 Tijdschrift voor Rechtsgeschiedenis, 103 ff. Andere Sammlungen früherer Entscheidungen folgten. Einigermaßen aktuell und regelmäßig wurden die Law Reports erst ab 1880 veröffentlicht, vgl. Zimmermann-Visser-*Zimmermann/Visser*, S. 15 ff., m.w.N.

57 *v. Bar* RabelsZ 42 (1978), 87, 92; Zimmermann/Visser-*Fagan*, S. 54 m.w.N.

58 Zu den beiden großen Bevölkerungswanderungen des 19. Jahrhunderts, der „schwarzen“ („Mfecane“) und der „weißen“ („Großer Trek“), siehe *Davenport/Saunders*, S. 49 ff., 77 ff.; Zimmermann/Visser-*Fagan*, S. 51 ff. Hieraus gingen nicht nur die Burenrepubliken und späteren britischen Kolonien Natal, Transvaal und Orange Free State hervor, sondern auch spätere „schwarze“ Staaten wie Lesotho, Swasiland und Botswana, vgl. *Davenport/Saunders*, S. 75. Als die Briten um 1795 erstmals das Kap besetzten, umfasste das Gebiet lediglich die heutige Provinz Western Cape und einen Großteil der heutigen Provinz Northern Cape, im Osten begrenzt durch den Great Fish River, im Norden begrenzt durch den Orange River, vgl. Karte bei *Davenport/Saunders*, S. 15; *Hahlo/Kahn*, Union, S. 3.

59 Dazu P. Voet/Edwards-*Edwards*, S. 488 ff.; *Zimmermann*, S. 20 ff.; Zimmermann/Visser-*Fagan*, S. 54 f., jeweils m.w.N.

60 Vgl. Zimmermann/Visser-*Girvin*, S. 109 ff., m.w.N.

Courts in *Orange Free State* (1875) und in Transvaal (1877) erst relativ spät Gerichte mit Berufsrichtern besetzt wurden.[61]

Auf die Entdeckung reicher Gold und Diamantenvorkommen im Inneren des Landes um 1870 und den Goldrausch in Witwatersrand ab 1886 folgte die schrittweise britische Eroberung, die im Burenkrieg (1899–1902) und der endgültigen Annexion von *Transvaal*[62] und *Orange Free State* durch die Briten gipfelte.[63] Trotz Eingliederung in das britische Kolonialreich behielten *Natal*, *Transvaal* und *Orange Free State* jedoch bis zur Gründung der *Union of South Africa* im Jahre 1910 ihre administrative Eigenständigkeit.[64]

Ab Mitte des 19. Jahrhunderts etablierten sich also in Südafrika teilsouverän regierte Gebietskörperschaften,[65] die zwar eine gemeinsame Rechtstradition und ein weitgehend homogenes Recht teilten, aber dennoch jeweils eigene Rechtsordnungen (*rechtskringen*[66]) hatten. Von Anfang an herrschte reger grenzüberschreitender Handel, der sich nach den ersten Gold- und Diamantenfunden noch intensivierte. Unternehmen hatten regelmäßig Niederlassungen und Vermögen in ganz Südafrika verteilt. Permanent verkehrten Menschen aus beruflichen und privaten Gründen zwischen den einzelnen Kolonien und Burenrepubliken.[67]

2. Auswirkungen auf die Entwicklung des Internationalen Insolvenzrechts

(a) Übernahme des römisch-holländischen Rechts

In der Folge dieser veränderten Rahmenbedingungen entstand bald ein großer praktischer Bedarf an Quellen zum römisch-holländischen Internationalen Insolvenzrecht.

---

61 Dazu im Einzelnen *Girvin*, S. 113 ff., m.w.N.

62 Transvaal war bereits 1877 handstreichartig von Großbritannien annektiert worden, wurde aber wegen massiven Widerstands der Buren schon 1881 wieder in die Unabhängigkeit entlassen, dazu *Davenport/Saunders*, S. 203 ff.

63 Zimmermann/Visser-*Fagan*, S. 57 f., m.w.N. Der Entdeckung riesiger Goldvorkommen in der Witwatersrandregion haben Johannesburg seine heutige wirtschaftliche Bedeutung als Wirtschaftszentrum Südafrikas und die Provinz Gauteng („Goldgebiet") ihren Namen zu verdanken.

64 Die neuen Kolonien Transvaal und Orange River erhielten 1906 bzw. 1907 administrative Souveränität innerhalb des British Empire, vgl. *Davenport/Saunders*, S. 255.

65 Auch die Kolonien Cape of the Good Hope und Natal hatten 1853 bzw. 1892 administrative Souveränität innerhalb des British Empire erlangt, vgl. *Davenport/Saunders*, S. 101 ff., 118 ff.

66 P. Voet/Edwards-*Edwards*, S. 490.

67 P. Voet/Edwards-*Edwards*, S. 491 f.

Zunächst hatten die südafrikanische Gerichte vor allem über internationalinsolvenzrechtliche Sachverhalte zu entscheiden, die sich aus dem Handelsverkehr mit Großbritannien[68] oder der britischen Besiedlungspolitik[69] ergaben. In der zweiten Hälfte des 19. Jahrhunderts kam es jedoch zunehmend zu regionalen grenzüberschreitenden Insolvenzverfahren. Bereits im Jahre 1867 lag dem *Cape Supreme Court* der Antrag eines Insolvenzverwalters auf einstweiligen Rechtsschutz in einem Insolvenzverfahren der *Colony of Natal* vor.[70] In den Folgejahren erlebte das Internationale Insolvenzrecht eine regelrechte Blütezeit. Von den über 130 bis heute veröffentlichten und hier untersuchten Fällen mit internationalinsolvenzrechtlichen Bezügen stammen mehr als 80 aus dem Zeitraum 1867 bis zum Inkrafttreten des ersten einheitlichen Insolvenzgesetzes für Südafrika im Jahre 1916, die meisten aufgrund regionaler Verfahren.[71]

Für die Entwicklung des südafrikanischen Internationalen Insolvenzrechts waren regionale Verfahren schon deshalb wichtig, weil der englische *Bankruptcy Act* ab 1849 eine Amtshilfevorschrift für alle Gerichte unter britischer Herrschaft enthielt und südafrikanische Gerichte ihre Unterstützung englischer Verfahren häufig mit dieser Amtshilfe begründeten.[72] Für die Rechtshilfe gegenüber Insolvenzverwaltern benachbarter Kolonien griffen die Gerichte stattdessen auf

---

68 Siehe etwa *In re Justitia: Norden v Charke* (1846) 3 Menz 178 und die Fortsetzung der Streitigkeit in *Norden v Solomon, Q.Q. The Assignees of Charke* (1847) 2 Menz 393.

69 Siehe *Paterson's Marriage Settlement Trustees v Paterson's Trustees in Insolvency* (1869) 2 Buch 95 (C); *The Colonial Government v Thomas Howells, and E.P. Lamport* 1869 NLR 78; *Lamport v Colonial Government* 1877 NLR 13.

70 Vgl. *In re Zederberg* (1867) 5 Searle 307.

71 Siehe etwa *Alexander & Co v Lioni* (1875) 5 Buch 79 (Cape/Griqualand West); *de Hart v Steyn* (1879) Kotze 132 (Orange Free State/Transvaal); *Midgley's Trustees v Ballance&Letchford* (1884) 5 NLR 309 (Natal/Kokstad); *In re Percy Hope* (1885) 2 SAR TS 25 (Transvaal/Natal); *Mitchell & Dore v Lamjee Dharsey&Co.* (1890) 7 CLJ 263 (Natal/Orange Free State); *In re Clark's Zoutpansberg Exploration* (1892) 9 SC 197 (Cape/Transvaal); *Max Heilbut & Co v JC Mitchell N.O.* (1894) 1 OR 168 (Transvaal/Natal); *Liddle & Leask v Pooley and Leinberger* (1899) 6 Off Rep 109 (Transvaal/Cape).

72 Vgl. section 220 Bankruptcy Act of 1849, *Graham*, Current Legal Problems, S. 217, 225. Zu den Nachfolgenormen vgl. *Ross, Priest, and Page v Saber Brothers* (1883) 2 HCG 1; *Reynolds v Howse and Early* (1883) 3 EDC 304 (jeweils zu section 74 Bankruptcy Act of 1869); *Ex Parte Hands; In re Mackie Young and Co* (1904) 21 SC 359; *In re Whittaker; Ex Parte Muirhead* (1905) 22 SC 142 (zu section 118 Bankruptcy Act of 1883); *Chaplin NO v Gregory (or Wyld)* 1950 (3) SA 555 (CPD) (zu section 122 Bankruptcy Act of 1914).

ihr römisch-holländisches *common law* zurück, das in den Werken der römisch-holländischen Juristen des 17. Jahrhunderts überliefert worden war.[73]

Erleichtert wurde dies für die zumeist an englischen Universitäten ausgebildeten und häufig englischsprachigen Richter durch die wachsende Zahl englischsprachiger Rechtsquellen zum römisch-holländischen Internationalen Insolvenzrecht. Auch in England begann sich nämlich gerade erst ein Internationales Insolvenzrecht herauszubilden.[74] Die englische Rechtsprechung orientierte sich ihrerseits mangels Alternativen vor allem an der kontinentaleuropäischen Rechtswissenschaft und den darauf beruhenden Werken des englischsprachigen Schrifttums.[75] Aus dem englischsprachigen Schrifttum besonders hervorzuheben sind *Joseph Storys Commentaries on the Conflict of Laws* (*Boston* 1834) und *William Burges Commentaries on Colonial and Foreign Laws* (*London* 1838).[76] Beide Werke wurden wegen ihrer umfassenden Behandlung der Meinungen römisch-holländischer Juristen wie *Rodenburg*, *Huber* und der beiden *Voet*s auch von südafrikanischen Gerichten besonders häufig konsultiert.[77]

---

73 Siehe z.B. *Paterson's Marriage Settlement Trustees v Paterson's Trustees in Insolvency* (1869) Buch 95 (P. und J. Voet betreffend das anwendbare Recht auf dingliche Rechte an Immobiliarvermögen); *In re Free State Colliery Company; Ex Parte Cullinan* (1895) 12 CLJ 309; *Ex Parte BZ Stegmann* 1902 TS 40, 50 ff. (jeweils P. und J. Voet sowie Antonius Matthaeus, De Auctionibus, Utrecht 1653, in Bezug auf die Inlandswirkungen eines ausländischen Insolvenzverfahrens auf inländisches Immobiliarvermögen). Weitere Beispiele bei P. Voet/Edwards-*Edwards*, S. 496 ff.

74 Siehe *Fletcher*, Insolvency in PIL, Rn. 1.20 ff. Ferner zum englischen Internationalen Privatrecht allgemein P. Voet/Edwards-*Edwards*, S. 425 ff.; *Morse*, FS North, 273, 276 ff.; *Scherer*, S. 35 ff.

75 Vgl. P. Voet/Edwards-*Edwards*, S. 432 ff. Zum Einfluss des römisch-holländischen Internationalen Privatrechts auf das englische Recht nach der Union mit Schottland (1707) siehe *Anton* ICLQ 5 (1956) 534 ff.; P. Voet/Edwards-*Edwards*, S. 408 ff. Vgl. auch *Collins*, FS North, S. 89 ff., der die Rolle von comity im modernen angloamerikanischen Internationalen Privatrecht beleuchtet.

76 P. Voet/Edwards-*Edwards*, S. 485 f. Zu Story *Forsyth*, S. 58 f.; P. Voet/Edwards-*Edwards*, S. 448 ff.; *v. Bar/Mankowski*, § 6 Rn. 38. *Kegel* RabelsZ 43 (1979) 609 ff. Zu Burge P. Voet/Edwards-*Edwards*, S. 433 f.

77 Siehe etwa *Alexander & Co v Lioni* (1875) 5 Buch 79; *Perrin v Turton* (1878) Kotze 25; *De Hart v Steyn* (1879) Kotze 132; *Midgley's Trustees v Ballance & Letchford* (1884) 5 NLR 309; *Ex Parte Celliers, NO* (1884) 1 SAR TS 102; *Eaton v Registrar of Deeds* (1890) 7 SC 249. Neben Story und Burge wurden zahlreiche andere Internationalprivatrechtler des 19. Jahrhunderts entweder von den Gerichten zitiert oder aber zumindest von den Anwälten argumentativ zu Hilfe genommen. Siehe diesbezüglich

Inhaltlich konzentrierten sich die Entscheidungen im Wesentlichen auf vier Problembereiche:[78] Eröffnung eines lokalen Verfahrens über lokales Vermögen einer Person mit ausländischem Domizil/Liquidation einer juristischen Person mit Sitz im Ausland; Wirkungserstreckung eines ausländischen Eröffnungsbeschlusses im Inland; Anerkennung ausländischer Insolvenzverfahren in Südafrika und schließlich anwendbares Recht in Bezug auf die Verwaltung, Verwertung und Verteilung des inländischen Vermögens nach Anerkennung eines ausländischen Verfahrens.

(b) Fortschritte in der Rechtsentwicklung

Der Fortschritt in dieser Rechtsentwicklung bestand zunächst vor allem darin, dass die Meinungen der römisch-holländischen Juristen nunmehr nach und nach in die südafrikanischen Entscheidungssammlungen einflossen und damit offiziell als südafrikanisches Recht bestätigt wurden. In dieser Zeit ergingen zahlreiche Grundsatzentscheidungen, die das Fundament des heutigen südafrikanischen Internationalen Insolvenzrechts bilden.

Darüber hinaus rief die praktische Bedeutung dieses Rechtsgebiets zu Beginn des 20. Jahrhunderts auch den Gesetzgeber auf den Plan.[79] Als erstes verabschiedete das Parlament der Kolonie *Transvaal* ein Gesetz betreffend grenz-überschreitende Insolvenzverfahren, die *Cape Colony* und *Orange River Colony* (*Orange Free State*) zogen wenig später nach.[80] Alle drei Gesetze hatten gemeinsam, dass sie lediglich auf britische Kolonien anwendbar waren, wobei das *Cape*-Gesetz sogar auf Südafrika beschränkt war.[81] Außerdem wurde der persönliche Anwendungsbereich der Gesetze generell davon abhängig gemacht, dass in dem betreffenden Staat eine adäquate Anerkennung verbürgt sei. Dieses musste in Form einer Anzeige im jeweiligen Staatsanzeiger (*Gazette*) förmlich festgestellt sein.[82]

---

auch P. Vo-et/Edwards-*Edwards*, S. 493 ff. mit zahlreichen Nachweisen für das Internationale Privatrecht insgesamt.

78 Vgl. auch *O'Brien*, Transnational Aspects, S. 3 f.

79 Zuvor waren bereits gewichtige Richterstimmen laut geworden, die ein Tätigwerden des Gesetzgebers forderten, siehe *Innes CJ* in *Ex Parte BZ Stegmann* 1902 TS 40, 55; *Bale CJ* in *Ex Parte Singer; In re Insolvent Estate Skeen* (1905) 26 NLR 536, 546.

80 Foreign Trustees and Liquidators Act No. 7 of 1907 (Transvaal); The Non-Cape Trustees and Liquidators Act No. 7 of 1907 (Cape); Foreign Trustees and Liquidators Act No. 4 of 1908 (Orange Free State).

81 Siehe section 1 Act 7/1907 (Transvaal); section 1 Act 7/1907 (Cape); section 1 Act 4/1908 (Orange Free State).

82 Siehe section 2 Act 7/1907 (Transvaal); section2 Act 7/1907 (Cape); section 2 Act 4/1908 (Orange Free State).

Auch im Übrigen ähnelten sich die Gesetze inhaltlich stark und kodifizierten im Wesentlichen das bis dahin existierende Fallrecht.[83]

Schließlich blieb auch das römisch-holländische Internationale Insolvenzrecht nicht von Veränderungen durch englische Einflüsse verschont, wenn auch eher schleichend und zunächst weitgehend unbemerkt.[84] Offen zutage treten englische Einflüsse vor allem im Zusammenhang mit grenzüberschreitenden Insolvenzverfahren über das Vermögen von juristischen Personen und Gesellschaften. Diese Rechtsträger erlangten erst im Zuge der Industrialisierung im 19. Jahrhundert ihre heutige Bedeutung als Massenvehikel im Wirtschaftsverkehr. Aufgrund der Vorreiterrolle, die das englische *Company Law* einschließlich spezieller insolvenzrechtlicher Vorschriften hier einnahm, wurde dieses bald nahezu wortgleich auch ins südafrikanische Recht übernommen.[85] Darüber hin-aus kam es zu schleichenden Veränderungen durch die teils bewusste, teils unbewusste Übernahme des englischen Verständnisses römisch-holländischer Rechtsinstitute und Kollisionsregeln. Hierauf wird an relevanter Stelle noch näher einzugehen sein.

Kaum nennenswerte Impulse kamen hingegen aus der zeitgenössischen Rechtswissenschaft. Hierzu fehlte es in Südafrika schlicht an Substanz, denn eine nennenswerte südafrikanische Rechtswissenschaft begann sich erst mit der Gründung zahlreicher Universitäten zu Beginn des 20. Jahrhunderts herauszubilden.[86] Auch die traditionell besonders gerichtshörige englische Rechtswissenschaft verstand sich seinerzeit weniger als Innovator denn als Multiplikator des bestehenden Rechts, wie es insbesondere in der Rechtsprechung Niederschlag

---

83 Siehe dazu auch unten, Kap. 7 C.I.1. nebst Fußnoten.

84 Hierbei handelte es sich um ein generelles Phänomen des südafrikanischen Rechts, *Hahlo/Kahn*, Union, S. 18; *Zimmermann*, S. 13 ff. Zu Einzelheiten siehe *Zimmermann/Visser*, passim, m.w.N. Mit P. Voet/Edwards-*Edwards*, S. 483 ff. hat sich vor kurzem erstmals ein Autor einer umfassenden Analyse der Entwicklung des südafrikanischen Internationalen Privatrechts ab dem 19. Jahrhundert gewidmet.

85 Im Einzelnen dazu *Burdette*, S. 34 sowie S. 42 ff. Siehe auch *Gradel* RIW 1997, 998 ff., allgemein zum Einfluss des englischen Rechts auf das südafrikanische Gesellschaftsrecht.

86 Zur Entwicklung der südafrikanischen Rechtswissenschaft Zimmermann/Visser-*Zimmermann/Visser*, S. 19 ff. Noch Anfang des 20. Jh. konstatierte *Bodenstein* (1915) 32 SALJ 337, 346 f.: "We have a University, it is true, (…) but there is no opportunity for scientific training. Lectures are given at the University Colleges in Roman Dutch and English Law, but this is done by practising barristers who therefore cannot give all their time to teaching, and often have not had the advantage of a proper scientific training. Our system of examination, too, does not encourage the development of our young men into persons who can think for themselves.".

gefunden hat.[87] So blieb es bei einigen wenigen Praxisberichten in der seit 1884 erscheinenden und lange Zeit einzigen juristischen Zeitschrift *Cape Law Journal*.[88]

III. Südafrikanische Union und Entstehung des neuen Südafrikas

1. Bedeutungsverlust durch Rechtsvereinheitlichung

Die rasante Entwicklung des Internationalen Insolvenzrechts in Südafrika seit Mitte des 19. Jahrhunderts kam vorläufig zum Erliegen, nachdem die vier südafrikanischen Kolonien *Cape of the Good Hope*, *Natal*, *Transvaal* und *Orange River* am 31. Mai 1910 zur Südafrikanischen Union vereinigt hatten.[89]

Damit fiel der praktische Hauptanwendungsbereich im grenzüberschreitenden Rechtsverkehr zwischen diesen Kolonien weg. Zunächst wandten die Gerichte die zuvor entwickelten Grundsätze und gesetzlichen Regelungen auch innerhalb der Union noch auf Insolvenzverfahren an, die mehrere der als Provinzen fortbestehenden ehemals autonomen Kolonien betrafen.[90] Mit der Vereinheitlichung des Insolvenzrechts im *Insolvency Act 32 of 1916* und des Gesellschaftsinsolvenzrechts im *Companies Act 46 of 1926* bestand aber auch insoweit kein Bedarf mehr.[91]

---

87 In diesem Sinne auch *Morse*, FS North, S. 273 ff., generell zum Selbstverständnis des englischen internationalprivatrechtlichen Schrifttums im 19. Jahrhundert. Gemäß der damals noch vorherrschenden „declaratory-theory“ wurde lediglich bestehendes Recht erklärt, nicht eigenes Recht entwickelt, vgl. *Hosten* 1987 TLJ 5, 9.

88 Siehe die Redaktionsbeiträge von *Bell Somerset* (Hrsg.) (1884) 1 CLJ 121 ff. und *Kitchin/Davis* (Hrsg.) (1915) 32 SALJ 255 f. Ferner *de Beer* (1911) 28 SALJ 188 ff. Das Cape Law Journal wurde nach Gründung der Union of South Africa im Jahr 1910 in South African Law Journal umbenannt.

89 Zur Gründung der Südafrikanischen Union *Davenport/Saunders*, S. 260 ff.; *Hosten/Edwards/Church/Bosman*, 4.5.1.

90 Siehe z.B. *Anglia & Co v Assigned Estate of Haffajee* (1913) 34 NPD 218 (Natal/Cape); *Montagu Wine Co., Ltd. v Rabie* 1915 TPD 483 (Transvaal/Cape).

91 Der Insolvency Act 32 of 1916 beruhte auf dem Transvaal Act, der seinerseits weitgehend identisch mit der Cape Insolvency Ordinance 6 of 1843 war, *Mars*, The Law of Insolvency. S. 11 f. Der Companies Act 46 of 1926 war am *Transvaal Companies Act 31 of 1909* ausgerichtet. Der Transvaal Act beruhte seinerseits unmittelbar auf dem English Companies (Consolidation) Act of 1908, *Burdette*, S. 65. *Paulus* beschreibt die inner- und überstaatliche Rechtsvereinheitlichung auf dem Gebiet des Insolvenzrechts als das seit Jahrhunderten international zu beobachtende Phänomen der

In der Folge wurden grenzüberschreitende Insolvenzverfahren in Südafrika immer seltener. Neben der schieren geografischen Entfernung Südafrikas von den Weltwirtschaftszentren trug nach der Machtübernahme der Nationalisten im Jahre 1948[92] und dem mit der Änderung der Staatsform zur Republik einhergehenden Ausscheiden aus dem *British Commonwealth* im Jahre 1961[93] später auch die zunehmende wirtschaftliche Isolation Südafrikas wegen der Apartheidpolitik[94] das Ihrige dazu bei.[95]

Auf dem Höhepunkt dieses Bedeutungsverlusts des Internationalen Insolvenzrechts wurden schließlich die kolonialen Gesetze betreffend internationale Insolvenzverfahren im Jahre 1976 ersatzlos abgeschafft.[96]

2. Übernahme des UNCITRAL Modellgesetzes

Es bedurfte daher erst einer erneuten Veränderung der wirtschaftlichen und politischen Situation, um das Internationale Insolvenzrecht wieder in den Fokus des

---

„expandierenden Territorialität", das zwangläufig mit einer zunehmenden wirtschaftlichen Verflechtung einhergehe, Kölner Schrift-*Paulus*, Kap. 46, Rn. 6. Zur Rechtsvereinheitlichung innerhalb der Union of South Africa allgemein *Zimmermann*, S. 23 ff.

92 Die Niederlage der Buren wird heute als eine der wesentlichen Ursachen des Erstarkens der nationalistischen Strömung unter den afrikaansprachigen weißen Südafrikanern angesehen, die 1948 in dem folgenschweren Wahlsieg der Nationalen Partei kulminierte, vgl. Zimmermann/Visser-*Fagan*, S. 61: „Nothing concentrates the nationalist mind better than war". Siehe auch *Zimmermann*, S. 26: „Die Engländer gewannen den Krieg, die Buren den Frieden". Im Einzelnen *Davenport/Saunders*, Chapter 10.

93 Vgl. *Davenport/Saunders*, S. 417.

94 Zur Apartheidpolitik siehe *Davenport/Saunders*, Chapter 10. Zur Apartheidgesetzgebung *Schmid*, S. 25 ff.; *Wehrle* HFR 1996, 35 ff.

95 In diesem Sinne auch *O'Brien*, Transnational Aspects, S. 2, wobei dies nicht übergewichtet werden sollte, weil das Gros der Wirtschaftssanktionen erst zwischen 1977 und 1985 einsetzte und z.B. Großbritannien als wichtigster Handelspartner Südafrikas sowie der britische Commonwealth erst Mitte der 80er Jahre Sanktionen im großen Umfang beschlossen. Die wenigen bis 1990 veröffentlichten Entscheidungen lassen betreffen mindestens drei grenzüberschreitende Insolvenzverfahren in den sogenannten *Independent Homelands*, vgl. Bophuthatswana: *Viljoen v Venter NO* 1981 (2) SA 152 (W); auch noch *Wiseman v Ace Table Soccer (Pty) Ltd* 1991 (4) SA 171 (W); Transkei: *Moolman v Builders & Developers (Pty) Ltd (in provisional Liquidation) (Jooste Intervening)* 1990 (1) SA 954 (A).

96 Siehe Pre-Union Statute Law Revision Act 36 of 1976. Die Gesetze betreffend internationale Insolvenzverfahren galten für Verfahren mit Drittstaaten außerhalb der Union fort, siehe Preliminary, section 1 i.V.m. First Schedule Insolvency Act 32 of 1916. Siehe dazu auch *Nathan*, South African Insolvency Law, 2. Auflage 1926. Vgl. in dem Zusammenhang auch *Ex Parte Steyn* 1979 (2) SA 309 (O); *Kahn* (1979) ASSAL 489, 509.

Gesetzgebers und der Rechtswissenschaft zu rücken. Dies war die Geburt des „neuen" Südafrikas unmittelbar nach dem Fall der Berliner Mauer, nach der Perestroika folgte die Pretoriastroika:[97] Mit der Aufhebung des Verbots des *African National Congress* (ANC) und seiner Verbündeten am 2. Februar 1990 nach der berühmten Parlamentsrede des damaligen südafrikanischen Präsidenten, *F.W. de Klerk*, der Freilassung *Nelson Mandelas* wenig später, der Beendigung sämtlicher Wirtschaftssanktionen gegen das Land und den ersten demo-kratischen Wahlen im Jahre 1994 kehrte Südafrika in die Weltgemeinschaft zurück.[98]

Parallel dazu erlebte das Insolvenzrecht weltweit eine Renaissance. Vor dem Hintergrund einer Serie spektakulärer Großinsolvenzen sowie der Wirtschaftskrisen in Ostasien und Südamerika Mitte der 90er Jahre erkannten die verantwortlichen politischen Entscheidungsträger, dass ein zentrales Desiderat zur Verhinderung entsprechender Krisen die Existenz eines effektiven Insolvenzrechts ist.[99] Globale Organisationen wie Internationaler Währungsfonds und Weltbank machten die Implementierung ordentlicher und effektiver Insolvenzgesetze zur Bedingung für ihr finanzielles Engagement.[100]

Auch die bis dahin wenig erfolgreich verlaufenden Arbeiten an einem Modellgesetz betreffend grenzüberschreitende Insolvenzverfahren zur weltweiten Übernahme erhielten so neuen Auftrieb.[101] Der Zweck eines Modellgesetzes ist die internationale Rechtsvereinheitlichung.[102] Im Gegensatz zu Verträgen oder Konventionen ist kein Staat verpflichtet, das Modellgesetz in die nationale Gesetzgebung zu implementieren oder von Änderungen bei der späteren Übernahme abzusehen. Die Entwicklung erfolgt daher nach dem Prinzip einer

97 In Anspielung auf den Sitz der südafrikanischen Regierung in Pretoria *Sparks*, S. 12 und 98, auch zum Einfluss der Reformen Gorbatschows auf das Ende des Apartheidregimes.

98 *Sparks*, S. 91 ff.; *Davenport/Saunders*, S. 559 ff.

99 *Paulus*, FS Geimer, S. 795, 799; *ders.*, FS Braun, S. 447, 448 f.

100 *Paulus*, FS Geimer, S. 795, 800. Vgl. auch *ders.*, FS Braun, S. 447 ff., zum Einfluss des Internationalen Währungsfonds und der Weltbank auf das weltweite Insolvenzrecht.

101 *Fletcher*, Insolvency in PIL, S. 447, 8.08. Viel zitiert in der südafrikanischen Literatur wird auch *Sir Donald Nicholls VC* in *In re Paramount Airways Ltd. (in Administration)* [1993] Ch 223 (CA), 239 A–D: „(There is) a crying need for an international insolvency convention … Trade takes place increasingly on an international basis. So does fraud. Money is transferred quickly and easily". Vgl. *Zulman*, Final Report, S. 80, 20.1.; *Smith/Boraine* ABI Law Review 10 (2002) 135, 172.

102 Zum Begriff „Rechtsvereinheitlichung", zu den Quellen internationalen Einheitsrechts und zur systematischen Einordnung eines Modellgesetzes *Adolphsen*, UNCITRAL Modellgesetz, S. 29 ff., m.w.N.

möglichst breiten internationalen Akzeptanz unter Einbeziehung möglichst vieler Staaten. Damit soll die Verwirklichung einer internationalen Rechtsvereinheitlichung durch freiwillige, möglichst unveränderte Übernahme des Gesetzes in die nationalen Rechtsordnungen gewährleistet werden.[103] Unter diesen Vorzeichen entwickelten die *United Nations Commission on International Trade Law* (UNCITRAL)[104] und INSOL International[105] gemeinsam mit Insolvenzrechtsexperten vieler Nationen den Entwurf eines Modellgesetzes betreffend grenzüberschreitende Insolvenzverfahren.[106] Am 15. Dezember 1997 wurde das UNCITRAL-Modellgesetz den Mitgliedsstaaten von der UN-Vollversammlung zur Übernahme empfohlen.[107]

In Südafrika, wo die Arbeiten an einer umfassenden Insolvenzrechtsreform bereits seit Mitte der 80er Jahre andauerten,[108] unterstützte *Ralph H. Zulman* im Auftrag der Regierung den Entwurf des UNCITRAL-Modellgesetzes.[109] *Zulman*

---

103 Zur rechtlichen Einordnung eines Modellgesetzes *Adolphsen*, UNCITRAL Modellgesetz, S. 33 f. Speziell zum Internationalen Insolvenzrecht *Fletcher*, Insolvency in PIL, Rn. 8.14 f., zu weiteren Einzelheiten. Generell zur internationalen Rechtsvereinheitlichung durch sogenanntes soft law, zu dem auch Modellgesetze gezählt werden, *Drobnig*, FS MPI, S. 745 ff. Siehe auch *Anderson* Australian Yearbook of International Law 23 (2004) 1 ff.

104 UNCITRAL wurde am 17.12.1966 durch die Resolution Nr. 2205 (XXI) von der Generalversammlung der Vereinten Nationen ins Leben gerufen. Ihre Aufgabe besteht gem. Art. 13 der Charta der Vereinten Nationen in der Förderung der Harmonisierung und Vereinheitlichung des internationalen Handelsrechts. Zu UNCITRAL und ihren Ergebnissen *Adolphsen*, UNCITRAL Modellgesetz, S. 20 f., m.w.N:

105 International Association of Insolvency Professionals.

106 *Zulman*, Final Report, S. 21, 7.1. ff. Zu Hintergründen und Entwicklung des Modellgesetzes allgemein *Fletcher*, Insolvency in PIL, S. 446, 8.07. ff. Im deutschen Schrifttum etwa *Kolmann*, S. 413 ff.; MünchKommInsO-*Reinhart*, Bd. 3, Vor §§ 335 ff., Rn. 79 ff., jeweils m.w.N.

107 Das Modellgesetz und der erläuternde Leitfaden (Guide to Enactment) ist abrufbar auf der Website von UNCITRAL unter http://www.uncitral.org. Eine deutsche Übersetzung findet sich z.B. in *Wimmer*, FK zur InsO.

108 Dazu *Burdette* INSOL World 4/2003, 27 f.; *Havenga* (2001) 13 SA Merc LJ 409 ff.; *Steyn* IIR 10 (2001) 141 ff.

109 *Zulman*, Final Report, S. 21, 7.1. ff. *Zulman* ist Richter am obersten Zivilgericht Südafrikas, dem Supreme Court of Appeal. Er wurde 1994 von der Research Unit for Banking Law der Rand Afrikaans University (nunmehr University of Johannesburg) mit einer umfassenden Untersuchung des internationalen Insolvenzrechts betraut. Der Report bildete die Basis für den Gesetzesentwurf der South African Law Reform Commission.

erstellte außerdem für die Reformkommission (SALC)[110] ein Gutachten über den Zustand und die Reformbedürftigkeit des Internationalen Insolvenzrechts. Seine abschließende Empfehlung, das Modellgesetz in das südafrikanische Recht zu übernehmen, begründete er insbesondere mit der Rückkehr Südafrikas in die Weltgemeinschaft und den Erfordernisses des internationalen Handels.[111] *Zulman* schlug vor, das Modellgesetz als Teil der Insolvenzrechtsreform in ein eigenes Kapitel des konsolidierten *Insolvency Act* zu übernehmen.[112] Da er die Reform des Internationalen Insolvenzrechts in Südafrika als besonders dringend ansah, sollte das geltende Insolvenzgesetz übergangsweise einen Paragrafen ähnlich § 426 des britischen *Insolvency Act 1986* erhalten.[113] Dagegen wurde im akademischen Schrifttum vorgeschlagen, das Modellgesetz gleich selbst auf den Weg der Gesetzgebung zu bringen.[114]

Auch das *Insolvency Project Committee* der Reformkommission empfahl die unmittelbare Übernahme.[115] Der Gesetzgeber reagierte bemerkenswert schnell. Schon im Dezember 2000, nur knapp eineinhalb Jahre nachdem die Reformkommission ihren Gesetzesentwurf präsentiert hatte, wurde das Modellgesetz als *Cross-Border Insolvency Act 42 of 2000* (CBIA) vom südafrikanischen Parlament in nahezu unveränderter Form verabschiedet.[116] Damit gehörte Südafrika zu den ersten Ländern, die der Empfehlung der UN-Vollversammlung folgten.[117]

Leider findet der CBIA aufgrund einer komplizierten Gegenseitigkeitsklausel bis heute keine praktische Anwendung. Der südafrikanische Gesetzgeber hat auf politischen Druck im Zuge des parlamentarischen Verfahrens eine Klausel eingefügt, mit der die Gegenseitigkeit der Rechtshilfe bei internationalen

---

110 Damals noch South African Law Commission, jetzt South African Law Reform Commission.

111 *Zulman*, Final Report, S. 81 f.: „Now that South Africa has entered the world of nations as it were and with increasing commerce and the incidence, magnitude and complexity of cross-border insolvencies which has increased in recent years (…), it seems to me to be essential for South Africa to be in step with the rest of the world.“

112 *Zulman*, Final Report, S. 85, 20.7.

113 *Zulman*, Final Report, S. 86, 20.8.

114 Diesen Vorschlag machten insbesondere *Smith/Ailola* (1999) 11 SA Merc LJ 192, 206 f.

115 SALC, Interim Report, Anm. 6.1 f.

116 Letzte Änderung durch den Judicial Matters Second Amendment Act 44 of 2003.

117 Die weiteren Staaten (mit Übernahmejahr): Eritrea (2000), Japan (2000), Mexiko (2000), Montenegro (2002), Polen (2003), Rumänien (2003), Serbien (2004); Britische Jungfraueninseln (2005), USA (2005) und Großbritannien (2006). Dazu *Khumalo*, International Response to the UNCITRAL Model Law on Cross-Border Insolvency, passim.

Insolvenzverfahren sichergestellt werden soll.[118] Nach einer ähnlichen Regelung, wie sie bereits in den kolonialen internationalinsolvenzrechtlichen Kodifikationen zu finden ist, ist der *Cross-Border Insolvency Act* nur auf sogenannte *designated states* anwendbar.[119] In einem aufwändigen Verfahren müssen diese Staaten zunächst vom Justizminister benannt und vom Parlament bestätigt werden und sind hiernach in der *Government Gazette* bekanntzumachen.[120] Voraussetzung für die Benennung ist, dass die Anerkennung südafrikanischer Insolvenzverfahren nach dem Recht des betreffenden Staates die Anwendung des CBIA in Bezug auf diesen Staat rechtfertigt.[121] Nach dem gleichen Verfahren kann die Benennung als *designated states* auch wieder rückgängig gemacht werden.[122] Bis dato hat der Justizminister von seinen Befugnissen noch keinen Gebrauch gemacht, sodass der CBIA in der Rechtspraxis noch nicht angewandt werden kann.

Dies sowie die Tatsache, dass auch in der Folgezeit Insolvenzverfahren mit internationalen Bezügen in Südafrika selten blieben, führte dazu, dass auch das gerade wieder aufgeflammte Interesse der Rechtswissenschaft am Internationalen Insolvenzrecht schnell erlosch. Im Ergebnis befindet sich das südafrikanische Internationale Insolvenzrecht heute daher immer noch weitgehend auf dem Entwicklungsstand, den es zum Zeitpunkt der Gründung der Union hatte.

IV. Zusammenfassung

Die Geschichte des modernen Internationalen Insolvenzrechts begann Mitte des 17. Jahrhunderts mit der Kolonialisierung Südafrikas durch die niederländische VOC und der damit einhergehenden Transplantation des römisch-holländischen Rechts. Bis zum Übergang in die britische Kolonialherrschaft zu Beginn des 19. Jahrhunderts nahm das römisch-holländische Recht in Südafrika keine eigenständige Entwicklung. Die neuen Kolonialherren behielten das römisch-holländische Recht

118 U.a. plädierten die einflussreichen Gewerkschaften für eine solche Klausel, siehe z.B. COSATU Memorandum on the Cross Border Insolvency Bill, Presented to the Portfolio Committee on Justice and Constitutional Development, 19. April 2000, abrufbar unter http://www.cosatu.org.za/docs/2000/cbinsolv.htm (letzter Zugriff 10.3.2006), Punkt 4. Bedenken wurden aber auch schon im Rahmen der Diskussion des ersten Entwurfes der Reformkommission aus der Anwaltschaft laut, siehe SALC, Interim Report, Anm. 4.16.

119 Vgl. oben, II.2. (b).

120 Section 2 (2) CBIA. Dazu auch *Smith/Boraine* ABI Law Review 10 (2002) 135, 190 ff.

121 Section 2 (2) (b) CBIA.

122 Section 2 (3) CBIA.

bei. Nach einer grundlegenden Reform des Justizwesens und der Ausdehnung der europäischen Siedlungsgebiete mit der Gründung neuer Burenrepubliken erlebte das südafrikanischen Internationale Insolvenzrecht in Südafrika eine Blütezeit, an deren Ende erste Kodifikationen standen. Diese Entwicklung gelangte im Zuge der Gründung der südafrikanischen Union im Jahre 1910, der Vereinheitlichung des kolonialen Insolvenzrechts und der Apartheidpolitik nahezu zum Stillstand. Nach dem Ende des Apartheidregimes und der Rückkehr Südafrikas in die Weltgemeinschaft Anfang der 1990er Jahre beteiligte sich Südafrika aktiv an der Entwicklung des UNCITRAL Modellgesetzes über grenzüberschreitende Insolvenzverfahren und gehörte im Jahre 2000 zu den ersten Staaten, die mit dem CBIA das Modellgesetz in die nationale Gesetzgebung übernahmen. In der Praxis allerdings findet der CBIA aufgrund einer komplizierten Gegenseitigkeitsklausel bis heute keine Anwendung. Das südafrikanische Internationale Insolvenzrecht befindet sich daher im Wesentlichen immer noch auf dem Entwicklungsstand zum Zeitpunkt der Gründung der Union.

B. Rechtsquellen und deren Verhältnis untereinander

Die vorangegangene Untersuchung hat gezeigt, dass die Kontinuität des südafrikanischen Internationalen Insolvenzrechts bis ins 17. Jahrhundert zurückreicht, dass es im 19. Jahrhundert in Südafrika eine Blütezeit erlebte und dabei einigen Veränderungen durch äußere Einflüsse ausgesetzt war.

Das so geformte südafrikanische Internationale Insolvenzrecht wurde bis heute nicht umfassenden kodifiziert. Selbst wenn der CBIA eines Tages praktische Anwendung findet, bleiben weite Teile dieses Rechtsgebiets gesetzlich ungeregelt. Vor diesem Hintergrund fällt es gerade auch dem ausländischen Betrachter nicht immer leicht, die zur Beantwortung einer konkreten Rechtsfrage relevanten Rechtsquellen zu identifizieren und auszuwerten. Das betrifft nicht nur den Erkenntnisgewinn als solchen, der für viele aktuelle Probleme in grenzüberschreitenden Insolvenzverfahren unbefriedigend ist. Unsicherheit besteht auch über das Verhältnis der Rechtsquellen untereinander: Ist etwa die Meinung *Johannes Voets* oder ein gegenteiliges Diktum des *Cape Supreme Court* in der Praxis maßgeblich? Inwieweit kann englisches und sonstiges ausländisches Recht zu Rate gezogen werden? Wo ist ein Abweichen vom *common law* zulässig oder gar geboten und nach welchen Kriterien ist eine Weiterentwicklung möglich?

Für die weitere Untersuchung erscheint es deshalb notwendig, vorab noch einmal überblickartig auf die Rechtsquellen des südafrikanischen Internationalen Insolvenzrechts einzugehen und deren Verhältnis untereinander zu klären.

I. Gesetze

Neben dem CBIA gibt es kein kodifiziertes Internationales Insolvenzrecht in Südafrika. Südafrika hat bisher auch keine internationalinsolvenzrechtlichen Abkommen geschlossen,[123] obgleich eine Konvention für die SADC-Staaten diskutiert wird.[124]

Das kodifizierte Insolvenzrecht ist derzeit im Wesentlichen unterteilt in den für natürliche Personen maßgeblichen *Insolvency Act 24 of 1936* (IA)[125] den *Companies Act 61 of 1973*,[126] der das Insolvenzrecht für Gesellschaften und juristische Personen regelt.[127] In den Insolvenzgesetzen sind kaum Regelungen für internationalinsolvenzrechtliche Sachverhalte enthalten.[128] Trotzdem erlangen einzelne Normen, insbesondere solche über die Eröffnungswirkungen des Insolvenzverfahrens und zur Gerichtszuständigkeit regelmäßig auch in internationalinsolvenzrechtlichen Zusammenhängen Bedeutung.

---

123 *Olivier/Boraine* (2005) 38 CILSA 373, 377; *Meskin*, Insolvency Law, Anm. 17.1.

124 Vgl. *Ailola* (1999) 32 CILSA 54 ff.; *Olivier/Boraine* (2005) 38 CILSA 373, 390. Vgl. auch Omar-*Eck/Boraine*, International Insolvency Law, S. 267 ff. Die Diskussion über eine regionale Insolvenzrechtskonvention wurde bereits auf der Reform of South African Insolvency Law Conference angeregt, die im Jahre 1995 an der Rand Afrikaans University in Johannesburg (heute University of Johannesburg) abgehalten wurde, vgl. *Rajak*, The European Union Bankruptcy Convention – Useful Lessons for South Africa, S. 18 ff.

125 Im Folgenden „IA“, zuletzt geändert durch Notice No. 1478, Government Gazette No. 32691, 6 November 2009.

126 Im Folgenden „CA 1973“, zuletzt geändert durch Notice No. 1171, Government Gazette No. 33848, 6 December 2010.

127 Siehe dazu und zu weiteren Spezialgesetzen den Überblick in MünchKommInsO-*Kupsch*, Bd. 3, Anhang, Länderbericht Südafrika, Rn. 5 und passim. Zur genauen Abgrenzung der Anwendungsbereiche des IA und des CA 1973 siehe unten, Kap. 2 C.I.1.

128 Einzige Ausnahme ist der im Zuge der Übernahme des Modellgesetzes geänderte section 149 (2) IA, dazu unten, Kap. 6 A.I.3.

Zum 1. Mai 2011 trat der neue *Companies Act 71 of 2008* in Kraft.[129] Er enthält ein von Grund auf reformiertes Unternehmenssanierungsrecht.[130] Bedauerlicherweise steht das neue Unternehmenssanierungsverfahren ausländischen juristischen Personen und Gesellschaften nicht zur Verfügung.[131] Für Liquidationsverfahren gilt das bisher für juristische Personen und Gesellschaften anwendbare Insolvenzrecht des CA 1973 bis zu einem vom zuständigen Minister bestimmten und im offiziellen Anzeigeblatt zu veröffentlichenden Datum fort.[132] Hintergrund dieser komplizierten Regelung ist ein weiteres Gesetzesvorhaben. Die Zersplitterung des südafrikanischen Insolvenzrechts soll zukünftig durch ein einheitliches Insolvenzgesetz behoben werden, mit dem CBIA in einem eigenen Kapitel.[133] Im März 2003 hat das Regierungskabinett einen entsprechenden Gesetzesentwurf gebilligt.[134] Das Gesetzgebungsverfahren ist noch immer nicht abgeschlossen.[135]

Mittlerweile gibt es auch einige Kodifikationen auf dem Gebiet des Internationalen Privatrechts. Für das Internationale Insolvenzrecht von Belang ist insbesondere der am 1. August 1992 in Kraft getretene *Domicile Act 3 of 1992*. Damit

---

129 Siehe Government Gazette No. 32121 vom 9.4.2009, Notice 421. Das Datum des Inkrafttretens wurde gem. section 225 CA 2008 vom Präsidenten festgelegt und gemeinsam mit den Ausführungsbestimmungen (Regulations) am 26.4.2011 veröffentlicht, siehe Government Gazette 34239, R 32 für das Datum des Inkrafttretens und R 351 für die Regulations. Das Gesetz wurde zuletzt durch den Companies Amendment Act 3 of 2011 geändert. Im Folgenden „CA 2008“.

130 Siehe CA 2008, Chapter 6: Business rescue and compromise with creditors.

131 *Delport/Vorster*, Henochsberg CA 2008, section 129, „company“.

132 Siehe schedule 5, item 9 CA 2008. Zuständiger Minister ist der für companies zuständige Minister, vgl. Definition “Minister” in section 1 CA 2008. Derzeit ist dies der Minister for Trade and Industries.

133 Umfassend dazu *Burdette*. Vgl. auch *Burdette* INSOL World 4/2003, 27 f.; *Steyn* IIR 10 (2001) 141 ff.

134 *Loubser* (2003) 15 SA Merc LJ 396, 397.

135 Zum Stand der Reform *Calitz* 2011 De Jure 290, 304 ff. Die Reformkommission hatte im Jahre 2000 einen umfassenden Gesetzesentwurf vorgelegt, der auch die Integration des CBIA in ein eigenes Kapitel vorsah. (SALRC Project 63: Report on Review of the Law of Insolvency (April 2000)). Dieser Entwurf wurde von *Burdette*, Professor an der University of Pretoria, zu einem einheitlichen Gesetzesentwurf über Insolvenz- und Sanierungsverfahren überarbeitet, siehe *Burdette*, „Annexure E“. Der Vorschlag *Burdettes* wurde im März 2003 vom südafrikanischen Regierungskabinett gebilligt. Aufgrund der bisherigen Diskussionen scheint noch nicht abschließend geklärt, ob auch das neue Sanierungsrecht des CA 2008 in das neue Insolvenzgesetz eingegliedert wird.

wurde zum ersten Mal das für das gesamte südafrikanische Internationale Privatrecht zentrale Konzept *domicile* gesetzlich definiert.[136]

II. *Common law*

1. Fortwährende Bedeutung des *common law*

Neben den eben genannten gesetzlichen Regelungen bleibt das *common law* von zentraler Bedeutung für das südafrikanische Internationale Insolvenzrecht.

Das gilt selbst dann, wenn der CBIA eines Tages praktische Wirkung entfaltet. Hintergrund ist zum einen, dass im CBIA nur einige Teilbereiche des Internationalen Insolvenzrechts kodifiziert sind. Der CBIA konzentriert sich im Wesentlichen darauf, die Anerkennung ausländischer Insolvenzverfahren zu regeln, den Zugang des ausländischen Insolvenzverwalters zu den inländischen Gerichten zu erleichtern und die grenzüberschreitende Zusammenarbeit der Insolvenzgerichte und Insolvenzverwalter zu erleichtern. Dagegen lässt der CBIA verfahrensrechtliche Fragen wie die internationale Eröffnungszuständigkeit südafrikanischer Gerichte offen und klammert sämtliche kollisionsrechtliche Fragen wie die des anwendbaren Rechts auf Kreditsicherheiten, Gläubigerrechte, Aufrechnung, Insolvenzanfechtung, Arbeitsverhältnisse *et cetera* gänzlich aus.[137]

Zum anderen gilt auch im Anwendungsbereich des CBIA eines der Grundprinzipien des südafrikanischen Rechts, wonach das *common law* so lange und

---

136 Dazu *Kahn* 1992 ASSAL 673 ff.

137 Die genannten Regelungslücken haben dem UNCITRAL-Modellgesetz harsche Kritik eingebracht, vgl. etwa MünchKommInsO-*Reinhart*, Bd. 3, Vor §§ 335 ff. Rn. 80 f. Das bei dem Ziel einer möglichst breiten Akzeptanz und der unterschiedlichen involvierten Interessen (vgl. *Adolphsen*, UNCITRAL Modellgesetz, S. 33 f.) nur ein Minimalkonsenz erreicht wurde, darf aber – bei aller Berechtigung im Detail – nicht den Blick auf das Wesentliche verstellen. Gerade in vielen *common law* Ländern hat es bisher keine oder nur eine sehr lückenhafte Kodifikation des Internationalen Insolvenzrechts gegeben. Das Modellgesetz liefert einen einheitlichen internationalen Minimalstandard und birgt somit das Potential für mehr Rechtssicherheit im internationalen Handel. Selbst in einem relativ homogenen Rechtsraum wie der EU hat es 30 Jahre gedauert, bis die ursprünglich gescheiterte Konvention schließlich im Verordnungswege durchgesetzt wurde. Siehe zur Geschichte der EuInsVO etwa KPB-*Adolphsen*, Bd. 2, § 147, Anh. II B, Rn. 7 ff.; Gottwald-*Gottwald/Kolmann*, Insolvenzrechts-Handbuch, § 130 Rn. 1 ff.

insoweit in Kraft bleibt, als es vom Gesetzgeber nicht ausdrücklich abgeschafft wurde und mit bestehenden gesetzlichen Regelungen nicht konfligiert.[138]

Das *common law* besteht aus den Entscheidungen der Obergerichte und dem römisch-holländischen Recht des 17. und 18. Jahrhunderts und – zu einem geringen Teil – auch dem englischen *common law*.[139]

2. Entscheidungen der Obergerichte

Wichtigste Quellen des *common law* sind heute die Entscheidungen der Obergerichte.[140] Hierzu gehört zunächst die umfangreiche Rechtsprechung der kolonialen *Supreme* und *High Courts* aus den Jahren 1828 bis 1910. Deren Rechtsnachfolge trat nach der Vereinigung der Kolonien zur Südafrikanischen Union der *Supreme Court of South Africa* an, mit den vier ehemaligen kolonialen *Supreme Courts* als *Provincial Divisions*, den ehemaligen *High Courts* in der niedrigeren Instanz als *Local Divisions* sowie einer neuen, einheitlichen Revisionsinstanz (*Appellate Division*).[141] Die *Appellate Division* war ab 1920 bzw. 1931 außerdem auch Revisionsinstanz für die vormals deutsche Kolonie Südwestafrika (das spätere Namibia)[142] und die englische Kolonie Südrhodesien (das spätere Simbabwe),[143]

---

138 Vgl. allgemein zum Insolvenzrecht *Du Plessis NNO v Rolfes Ltd* (Supreme Court of Appeal, Case No 500/94, 29 March 1996), saflii, S. 26, m.w.N.; *O'Brien* 2008 TSAR 309; *Smith/Boraine* ABI Law Review (2002) 135, 176 f.

139 van der Merwe/du Plessis-*du Bois*, S. 40.

140 van der Merwe/du Plessis-*du Bois*, S. 40 f.

141 Vgl. Zimmermann/Visser-*Girvin*, S. 119; *Mc Kerron*, S. 857. Bei *Mc Kerron*, S. 873 ff., sind auch die entsprechenden Passagen des Union of South Africa Act abgedruckt.

142 Appellate Division Act No 12 of 1920. Deutsch-Südwestafrika wurde auf Bitten der britischen Regierung während des 1. Weltkriegs von südafrikanischen Truppen besetzt, dazu *Davenport/Saunders*, S. 283 ff. Nach dem ersten Weltkrieg erhielt Südafrika von den Alliierten und vom Völkerbund das Mandat für die Verwaltung Südwestafrikas, vgl. Mandate for South-West Africa, abgedruckt in *Rosenow* (Hrsg.), Laws of South- West Africa, Vol I (1915–1922), Part I, S. 2 ff.

143 Rhodesia Appeals Act No 18 of 1931, abgedruckt in *Mc Kerron*, S. 957 ff. Im Jahre 1956 erhielt Südrhodesien jedoch ein eigenes Appellationsgericht. In Südrhodesien galt aufgrund einer Proklamation des britischen Hochkommissars vom 10.6.1891 das Recht der Cape Colony, wie es bis zu diesem Tag in Kraft war, soweit nicht durch spätere Gesetze geändert. Zum römisch-holländischen Recht in Simbabwe *Zimmermann*, RabelsZ 55 (1991), 505 ff.; *Kahn*, (1982) 99 SALJ 295 ff. Auch in den ehemaligen britischen Protektoraten Basutoland (später Lesotho), Swasiland und Bechuanaland (später Botswana) wurde Ende des 19. Jh. bzw. Anfang des 20. Jh. das römisch-holländische Recht eingeführt, dazu *Pain* 1978 CILSA 137 ff. Siehe auch *Hosten*

sodass Entscheidungen der Gerichte aus diesen beiden Kolonien zum römisch-holländischen Recht noch immer einen ähnlichen Stellenwert haben, wie die Entscheidungen der südafrikanischen Obergerichte. Mit dem Inkrafttreten der neuen Verfassung im Jahre 1996 entstanden aus den *Provincial* und *Local Divisions* des *Supreme Court of South Africa* jeweils *High Courts* und aus der *Appellate Division* der *Supreme Court of Appeal*. Die Ende der 70er und Anfang der 80er Jahre des letzten Jahrhunderts in den vier *Independent Homelands*[144] geschaffenen *Supreme Courts* wurden 1996 ebenfalls zu *High Courts*. Dabei sind die jeweiligen Gerichtsbezirke in ihrer historisch entwickelten Ausformung unverändert geblieben.[145]

Die Rechtsanwendung richtet sich noch immer grundsätzlich nach der aus dem englischen Recht übernommenen *doctrine of stare decisis*, wobei die Verbindlichkeit nunmehr zusätzlich von der Verfassungskonformität des Präjudizes abhängt.[146] Im Rahmen dieser Doktrin wird zwischen Entscheidungen mit *binding* (verbindlichem) und solchen mit *persuasive* (überzeugendem) Charakter differenziert. Die *stare decisis*-Doktrin funktioniert sowohl vertikal zwischen über- und untergeordneten Gerichten als auch horizontal dahingehend, dass Gerichte grundsätzlich an eigene frühere Entscheidungen gebunden sind.[147]

Verbindlich sind danach für alle Gerichte die Entscheidungen des *Constitutional Court*. Darüber hinaus sind die *High Courts* an die Entscheidungen des

---

1987 TLJ 5 ff. Vgl. auch *Mars*, S. 15 f., zum Einfluss des südafrikanischen Insolvenzrecht in den südafrikanischen Nachbarstaaten.

144 Dabei handelte es sich um Kunststaaten innerhalb der Republik, die vom Apartheidregime im Rahmen ihrer sogenannten Politik des „*separate development*" bzw. Homelandpolitik geschaffen wurden. Dadurch sollten Schwarze und andere Rassen langfristig ihre südafrikanische Staatsbürgerschaft verlieren und so die weiße Herrschaft in Südafrika auf Ewigkeit zementiert werden. Die Independent Homelands wurden international nur von Südafrika als souveräne Staaten anerkannt. Vgl. dazu *Zimmermann*, JöR 27 (1978) 631 ff.; *Davenport/Saunders*, S. 478 ff.

145 Vgl. Article 241 i.V.m. Schedule 6, section 16 (3) (a) und (4) (a) Constitution. Zum 1. März 2009 wurde die Bezeichnung aller 13 High Courts per Gesetz festgelegt, nachdem in der Praxis über die Jahre Unsicherheiten aufgekommen sind, siehe section 1 Renaming of High Courts Act 30 of 2008, Government Gazette Vol. 521, No. 31636, 30. November 2008, No. 1261.

146 van der Merwe/du Plessis-*du Bois*, S. 45, m.w.N. Vgl. auch *Ex Parte Minister of Safety and Security: In re S v Walters* (Constitutional Court, Case No CCT 28/01, 21 May 2001), saflii, Rn. 57 ff.

147 Im Einzelnen siehe *Hosten/Edwards/Church/Bosman*, S. 411 ff.; *Hutchison/van Heerden/Visser/van der Merwe*, S. 5 ff.; van der Merwe/du Plessis-*du Bois*, S. 43 ff.; *Zimmermann*, S. 54 ff.; jeweils m.w.N.

Supreme Court of Appeal beziehungsweise dessen Vorgängers, der *Appellate Division*, gebunden. Die Entscheidungen des englischen *Privy Council* werden wie Entscheidungen der *Appellate Division* behandelt, soweit dieser noch bis 1950 als nächste Revisionsinstanz zur Verfügung stand.[148] Bei konfligierenden Entscheidungen desselben Gerichts gilt immer die jeweils jüngere Entscheidung. Unter den *High Courts* selbst gibt es keine weitere Hierarchie, auch nicht zwischen den früheren *Provincial* und *Local Divisions*. Die genannten Hierarchien gelten absolut, das heißt, das nachgeordnete Gericht hat keine Wahl, ob es der Entscheidung des übergeordneten Gerichts folgen will oder nicht. Verbindlich ist dabei nur die *ratio decidendi*. Das sind die Gründe, die für die Entscheidung letztlich maßgeblich sind, im Gegensatz zu *obiter dicta*, die als beiläufige Bemerkungen für die Entscheidungsfindung letztlich nicht ausschlaggebend sind.[149]

Die absolute Verbindlichkeit gilt auch horizontal für eigene frühere Entscheidungen des mit der Sache befassten Gerichts im Verhältnis von Entscheidungen des Gerichts mit voller Besetzung ("*full bench decision*") zu Einzelrichterentscheidungen. Auch im Übrigen ist das Gericht an die jeweils eigene frühere Rechtsprechung gebunden, es sei denn, das Gericht erkennt seine frühere Rechtsprechung als grundlegend falsch. Insoweit besteht also eine *prima facie*-Verbindlichkeit.[150]

Lediglich überzeugenden Charakter haben hingegen auf vertikaler Ebene *obiter dicta* anderer Gerichte. Überzeugenden Charakter haben auch frühere Entscheidungen anderer *High Courts* auf die aktuelle Entscheidungsfindung eines *High Courts*, wobei Entscheidungen in voller Besetzung ("*full bench decision*") besonderes Gewicht haben. „Überzeugend" in diesem Sinne bedeutet ein abgeschwächtes Gewicht des Präzedenzfalles für die Entscheidungsfindung der Gerichte. Ein Gericht darf seine Urteilsfindung nicht allein mit einer „überzeugenden" Präzedenzentscheidung begründen, sondern muss darüber hinaus weitere Gründe anführen, warum es in einem bestimmten Sinne entschieden hat.

Dieses Präzedenzsystem soll letztlich die Rechtssicherheit schaffen, die sonst durch Gesetze bestehen würde.

---

148 Der Privy Council hatte sich nur selten mit dem römisch-holländischen Internationalen Privatrecht respektive Insolvenzrecht befasst. Für das Internationale Insolvenzrecht ist nur eine Entscheidung aus dem Jahre 1871 bekannt *Thurburn v Steward* Taitz 520 (PC) 570 = (1871) LR 3 PC 478 (PC). Vgl. dazu auch *Zimmermann*, S. 36, der anhand eines Beispiels in Fn. 60 darauf hinweist, dass der Privy Council in der Anwendung und Fortentwicklung des römisch-holländischen Rechts „nicht immer eine glückliche Hand" hatte.

149 *Zimmermann*, S. 57.

150 *Zimmermann*, S. 55 f.

Nachteil eines weitgehend auf Präzedenzen basierenden Rechtssystems – gerade in einer verhältnismäßig kleinen Jurisdiktion wie Südafrika – ist seine Lückenhaftigkeit. Insoweit konsultiert die Rechtspraxis daher noch heute immer wieder die Werke der alten römisch-holländischen Juristen des 17. und 18. Jahrhunderts. Diesen kommt als Nachweis des römisch-holländischen Rechts zur Zeit seiner Übertragung nach Südafrika erhebliche Überzeugungskraft zu.[151] In geringerem Umfange, nämlich insoweit, als bestimmte Rechtsinstitute ihren Ursprung im englischen Recht haben, wird auch auf die englische Rechtsprechung zurückgegriffen.

III. Anpassung und Weiterentwicklung des geltenden Rechts

1. Generelle Auffassung der südafrikanischen Rechtsprechung

Angesichts der Stagnation der Rechtsentwicklung des südafrikanischen *common law* zum Internationalen Insolvenzrecht seit Beginn des letzten Jahrhunderts liegt die Frage nach einer möglichen Weiterentwicklung auf der Hand.

Die Rechtsprechung hat immer wieder betont, dass das *common law* mit der Zeit gehen müsse. Maßstab seien moderne Rechtssysteme, denn ein lebendiges Rechtssystem müsse sich – ohne dabei seine fundamentalen Prinzipien aufzugeben – an sich mit der Zeit verändernde Lebensbedingungen anpassen.[152] Für das Internationale Privatrecht insgesamt fasst die *Witwatersrand Local Division* die moderne Attitüde südafrikanischer Gerichte wie folgt zusammen:

> "*We may not dare to let our law stand still (...). (P)rivate international law is a developing institution internationally and our own South African private international law cannot be allowed to languish in a straightjacket.*"[153]

---

151 Joubert-*Edwards/Kahn*, Anm. 283; *Schoeman/Roodt*, Anm. 4; van der Merwe/du Plessis-*du Bois*, S. 47. Unter den jüngsten Entscheidungen zu comity etwa *Society of Lloyd's v Romahn* 2006 (4) SA 23 (C) 63H–64D, mit Bezugnahme auf die Digeste 49.15.7.1 und *Paulus Voet*, De Statutis, Eorumque Concursu, Liber Singularis (1661), 4.2.17.

152 *O'Callaghan NO v Chaplin* 1927 AD 310, 327; *Blower v van Noorden* 1909 TS 890, 905.

153 So *Schutz J* in *Laurens NO v von Höhne* [1993] 3 All SA 322 (W) 336.

Das trifft erst Recht für das Internationale Insolvenzrecht zu. Aufgrund der Seltenheit internationalinsolvenzrechtlicher Sachverhalte in der Gerichtspraxis der letzten Jahrzehnte hatte die südafrikanische Rechtsprechung bisher kaum Gelegenheit, an den internationalen Entwicklungen auf diesem Rechtsgebiet zu partizipieren.

Darüber hinaus besteht aber nicht nur das Problem der teilweisen Überalterung der seit hunderten von Jahren bestehenden Lösungsansätze. Auf viele Rechtsfragen bietet das *common law* bisher überhaupt keine Antwort, weil sie bisher in der Praxis nicht aufgetaucht sind. Gerade die Instanzgerichte entfalten mitunter wenig Kreativität, diese Lücken durch richterliche Rechtsfortbildung zu schließen. So lehnte die *South Eastern Cape Local Division* die Anerkennung eines ausländischen Insolvenzverfahrens allein deshalb ab, weil sich kein Vermögen in Südafrika befand und weil sie zu dieser Frage weder im Gesetz[154] noch im *common law* eine Antwort fand. Dabei hätten auch nach Ansicht des Gerichts im konkreten Fall viele sachliche Gründe für eine Anerkennung des Verfahrens auf der Basis von *comity* gesprochen:

> "*There may be sound arguments in favour of granting an application such as the present one, but there must be some authority therefor. Such authority is not to be found either in our statute law, or in our common law either directly or as an extension of recognition orders which have been granted in the past.*"[155]

Vor diesem Hintergrund bietet der vergleichende Blick auf ausländische Lösungsansätze und in die Rechtswissenschaft erhebliches Potential – gerade auch für die Prozessanwälte.[156]

2. Ausländisches Recht

Das moderne südafrikanische Recht zeichnet sich generell durch seine große Offenheit gegenüber ausländischem Recht aus.[157] Diese Offenheit rührt zum einen aus der – historisch bedingten – kulturellen Vielfalt der Bevölkerungsstruktur Südafrikas, die

154 Das Gericht konsultierte in diesem Zusammenhang auch die oben erwähnten, zu jener Zeit bereits außer Kraft getretenen, internationalinsolvenzrechtlichen Kolonialgesetze.

155 *Ex Parte Moolman NO: In re Builders and Developers (Pty) Ltd (in provisional Liquidation) (Jooste intervening)* 1989 (4) SA 253 (SE), 260H–262A. Die Entscheidung wurde in der Rechtsmittelinstanz von der Appellate Division zugunsten einer Anerkennung abgeändert. Siehe zu diesem Fall auch unten, Kap. 4 A.VI.1. (b).

156 In der Praxis sind es häufig die Prozessvertreter, die ihre Argumentation mangels inländischer Gerichtsentscheidungen auf Literaturmeinungen und ausländische Lösungsansätze stützen.

157 Generell für das Internationale Privatrecht Joubert-*Edwards/Kahn*, Anm. 283; *Schoeman/Roodt*, Anm. 4.

ihr den Beinahmen „Regenbogennation“ eingebracht hat.[158] Zum anderen resultiert sie unmittelbar aus der historischen Verbindung kontinentaleuropäisch-römischer und englischer Einflüsse, die sich bis in die heutige Zeit fortgesetzt haben.[159]

Der Einfluss ausländischer Gerichtsentscheidungen hängt vom jeweiligen Rechtsgebiet ab.[160] So wurde oben bereits der Einfluss der englischen Rechtsprechung auf die Auslegung der bestehenden gesellschaftsinsolvenzrechtlichen Gesetzgebung angedeutet, die ihre Wurzeln weitgehend im englischen Recht hat.[161] Auch in anderen Bereichen des Internationalen Insolvenzrechts untersuchen die Gerichte noch heute in Zweifelsfragen die historischen Einflüsse, um sich hiernach entsprechend an ausländischer Rechtsprechung zu orientieren.[162]

Abseits von historischen Einflüssen betreiben südafrikanische Gerichte aber auch bei neuen Fragen oder in Zweifelsfällen gerade des Internationalen Privatrechts und des Internationalen Insolvenzrechts seit jeher routinemäßig internationale Rechtsvergleichung. Im Internationalen Privatrecht und Insolvenzrecht dominieren wegen der rechtshistorisch bedingten Ähnlichkeiten neben englischen auch Entscheidungen der unmittelbaren Nachbarstaaten Südafrikas. Englischsprachige Entscheidungen haben dabei den Vorteil der leichteren Zugänglichkeit,[163] besitzen aber abseits der oben beschriebenen historischen Verbindungen grundsätzlich keine höhere Überzeugungskraft als kontinentaleuropäische Entscheidungen.[164]

---

158 Nach der berühmten Amtseinführungsrede *Nelson Mandelas* als erster demokratisch gewählter Präsident Südafrikas, am 10. Mai 1994 in Pretoria: “We enter into a covenant that we shall build a society in which all South Africans, both black and white, will be able to walk tall, without and fear in their hearts, assured of their inalienable right to human dignity – a *rainbow nation* at peace with itself and the world.”

159 Dazu insbesondere *du Bois/Visser* JEG 2001, 47 ff. passim.

160 van der Merwe/du Plessis-*du Bois*, S. 50 f.; Hosten/Edwards/Bosman/Church-*Edwards*, S. 431 ff.

161 Siehe dazu z.B. *Ward v Smit and others: In re Gurr v Zambia Airways Corp Ltd* 1998 (3) SA 175 (A) 182F–G, mit Rekurs auf das englische Recht hinsichtlich der Frage der Voraussetzungen für die Eröffnung eines Insolvenzverfahrens über die südafrikanische Niederlassung einer insolventen ausländischen Gesellschaft.

162 Siehe nur die eingangs zitierten Entscheidung des South Gauteng High Court in *North American Bank Ltd (in Liquidation) v Granit* 1998 (3) SA 557 (W) 566 E.

163 Siehe z.B. *Priestley v Clegg*, wo es um die Anerkennungsfähigkeit eines englischen Insolvenzverfahrens ging, an dem im Wesentlichen nur der englische Fiskus als Hauptgläubiger teilnahm. Hier wurden u.a. auch die australische und irische Rechtsprechung konsultiert.

164 Für die vorliegenden Zwecke des internationalen Insolvenzrechts siehe etwa die rechtsvergleichenden Betrachtungen in *Trustee of Howse, Sons & Co v Trustees of Howse, Sons&Co.; Jocelyne v Shearer & Hine* (1884) 3 SC 14, 20 ff. (Holland,

Aus der traditionellen Internationalität des südafrikanischen Rechts hat sich in den letzten Jahren auch beim Gesetzgeber ein Trend entwickelt, den Gerichten ausdrücklich die internationale Rechtsvergleichung als Option anzubieten. So erlaubt etwa die südafrikanische Verfassung explizit die Konsultation ausländischen Rechts bei der Auslegung des Grundrechtskatalogs.[165] Der neue CA 2008 ermutigt die Gerichte generell, in geeigneten Fällen für die Auslegung und Anwendung des Gesetzes auch ausländisches Gesellschaftsrecht heranzuziehen.[166] Darüber hinaus dürfte wegen der einschlägigen Interpretationsnorm im CBIA[167] die internationale Rechtsprechung zum UNCITRAL-Modellgesetz und zur EuInsVO erhebliche Überzeugungskraft erlangen, insbesondere soweit beide Regelwerke ein einheitliches Vokabular verwenden.[168] Im Februar 2012 hat UNCITRAL eine offizielle Auslegungshilfe zum Modellgesetz anhand der Materialien und der dazu bisher ergangenen Rechtsprechung veröffentlicht.[169] Deren erklärtes Ziel ist es, die Gerichte bei der Anwendung des Modellgesetzes zu unterstützen, ohne in die richterliche Unabhängigkeit einzugreifen oder den Besonderheiten in der jeweiligen nationalen Übernahmegesetzgebung vorzugreifen.[170]

England, Frankreich, Schottland). Vgl. dazu auch den nicht ausgefertigte Urteilsentwurf von *Laurence J* in dem Verfahren *Ross, Priest, and Page v Saber Brothers* (1883) 2 HCG 1, abgedruckt in N.N. (1884) 1 CLJ 121, 125 ff. (USA, Belgien, Niederlande). Ferner *Cape of Good Hope Bank v Mellé* (1893) 10 SC 280, 287 f. (Demerara, vormals niederländische, später britische Kolonie, heute Teil Guyanas).

165 Siehe Article 39 (1) (c) Constitution. In Article 39 (1) (b) Constitution werden die Gerichte zudem ausdrücklich verpflichtet, bei der Auslegung der Grundrechte internationales Recht zu berücksichtigen.

166 Section 5 (2) CA 2008.

167 Section 8 CBIA schreibt ausdrücklich vor, dass bei der Auslegung dieses Gesetzes sein internationaler Ursprung, die Notwendigkeit seiner international einheitlichen Anwendung und der Gutglaubensschutz zu beachten ist.

168 Man denke hier vor allem an Länder wie das Vereinigte Königreich, in denen sowohl das Modellgesetz als auch die EuInsVO gilt.

169 UNCITRAL Model Law on Cross-Border Insolvency: The Judicial Perspective, abrufbar unter http://www.uncitral.org (hiernach: UNCITRAL Judicial Perspective). Die Kommentierung beruht auf Vorarbeiten von Justice Paul Heath (High Court of New Zealand) und anschließender Konsultation von anderen Richtern, Regierungen und Insolvenzrechtlern auf der Ninth UNCITRAL/INSOL International/World Bank Multinational Judicial Colloquium in Singapur im März 2011. Sie wurde durch die Resolution A/RES/66/96 am 9.12.2011 von der UN-Versammlung verabschiedet, siehe UNCITRAL Judicial Perspective, S. iii.

170 UNCITRAL Judicial Perspective, S. 1.

Die Internationalität des südafrikanischen Rechts wird auch im Rahmen der vorliegenden Untersuchung fruchtbar gemacht, insbesondere wenn es um die Lösung von Zweifelsfragen und noch nicht entschiedener Rechtsfragen geht.[171]

3. Bedeutung des juristischen Schrifttums

Die seit dem letzten Jahrhundert stetig gewachsene Bedeutung der südafrikanischen Rechtswissenschaft für die Entwicklung des Rechts in Südafrika insgesamt und insbesondere für das Internationale Privatrecht wurde bereits hervorgehoben.[172] Dies trifft prinzipiell auch auf das sich erst allmählich als eigenständiges Rechtsgebiet emanzipierende Internationale Insolvenzrecht zu. Allerdings wurde diese Thematik bisher kaum behandelt, sodass – von ganz wenigen Beispielen abgesehen- in Südafrika derzeit nur sehr bedingt von einer wissenschaftlichen Begleitung der Rechtsentwicklung auf dem Gebiet des Internationalen Insolvenzrechts gesprochen werden kann.[173]

Umso wichtiger wird für die nachfolgende Untersuchung auch hier die Offenheit südafrikanischer Gerichte gegenüber ausländischen rechtswissenschaftlichen Abhandlungen sein. Das gilt aus den bereits genannten Gründen wiederum vor allem für englischsprachige Werke. Besonders hervorzuheben sind in diesem Zusammenhang *Dicey's* und *Chesire's* Gesamtabhandlungen zum Internationalen Privatrecht, die die südafrikanischen Gerichte seit der jeweils ersten Auflage

---

171 Der hier verfolgte rechtsvergleichende Ansatz prägt das gesamte südafrikanische Schrifttum zum Internationalen Privatrecht. Besonders deutlich neuerdings *Schoeman/Roodt*, Anm. 8, sich explizit diesen Ansatz zu eigen machend. Siehe auch *Forsyth*, passim; Joubert-*Edwards/Kahn*, passim.

172 Für ein aktuelles Beispiel siehe auch *Society of Lloyd's v Price; Society of Lloyd's v Lee* (Supreme Court of Appeal, Case No 327/05, 1 June 2006), saflii, wo der Supreme Court of Appeal sich nach ausführlicher Analyse diverser (südafrikanischer) Aufsätze hinsichtlich der Frage der Qualifikationsmethode der langjährigen herrschenden Meinung im Schrifttum anschloss. Zur *Society of Lloyd's*-Entscheidung *Neels* (2008) 4 Journal of Private Int'l Law 167, 184 ff.; *Schoeman/Roodt*, Anm. 62.

173 Hervorzuheben sind hier insbesondere die Beiträge von *Smith* (2002) 14 SA Merc LJ 17 ff. und *Smith/Boraine* ABI Law Review 10 (2002) 135 ff.; *dies.* (2004) 16 SA Merc LJ 495 ff. Der letztgenannte Beitrag zum internationalen Insolvenzanfechtungsrecht ist dann auch prompt ausgiebig in eine Entscheidung des South Gauteng High Court eingeflossen, siehe *Sackstein NO v Proudfood SA (Pty) Ltd* [2005] LOL 14088 (W) Rn. 16 ff. Richter *Blieden J* bedankt sich a.a.O., Rn. 32, bei den beiden Autoren ausdrücklich dafür, dass sie ihm den noch unveröffentlichten Aufsatz vorab überlassen haben. Der Aufsatz sei ihm von großem Nutzen gewesen.

regelmäßig konsultieren.[174] Darüber hinaus hat ein südafrikanischer Autor schon im Jahre 1887 festgestellt:

> *"To say that there is not a book of law in the whole civilised world which may not possibly be an authority in the [South African] Courts, is not to go beyond the truth (...). (W)e shall find references in the [South African] Law Reports to Roman, Dutch, English, American, Scotch, French, German and other authorities (...)".*[175]

Dieser Satz hat auch für die aktuelle Rechtsprechung prinzipiell nichts an Wahrheit eingebüßt, auch wenn der Zugang zu nichtenglischen Schriften häufig durch sprachliche Barrieren behindert wird.[176]

4. Vorgaben der neuen südafrikanischen Verfassung

Einen erheblichen Einfluss auf die Entwicklung des Internationalen Insolvenzrecht Südafrikas wird schließlich die zum 4. Februar 1997 in Kraft getretene südafrikanische Verfassung mit dem erstmals darin enthaltenen Grundrechtskatalog ausüben.[177] Gemäß *section 1 Constitution* ist Südafrika ein souveräner, demokratischer Rechtsstaat mit der südafrikanischen Verfassung als oberstes Gesetz, dem sich sämtliches Recht und staatliches Handeln unterzuordnen hat.[178] Recht oder staatliches Handeln, das gegen die Verfassung verstößt, ist unwirksam.[179] Über die Einhaltung der Verfassung wacht der neu eingerichtete *Constitutional Court*.[180]

Section 165 (2) *Constitution* gewährleistet die Unabhängigkeit der Gerichte und verpflichtet sie zur Einhaltung der Verfassung und des Rechts, das sie unparteiisch und ohne Angst, Begünstigung und Benachteiligung anzuwenden haben.

---

174 *Dicey's* The Conflict of Laws erscheint seit 1896 und wird nunmehr in 14. Auflage 2006 mit First Supplement 2007 von *Collins* als Dicey, Morris and Collins on The Conflict of Laws bearbeitet. Cheshire's Private International Law erscheint seit 1935 und wird nunmehr in der 14. Auflage 2008 von *Fawcett* und *Carruthers* als Cheshire, North & Fawcett on private international law bearbeitet.

175 *Sampson* (1887) 4 CLJ 109 f. Statt der von *Sampson* verwendeten Formulierung „Colonial" Courts bzw. „Colonial" Law Reports wurde hier zur besseren Deutlichkeit vom Verfasser jeweils in eckigen Klammern die Bezeichnung „South African" eingefügt.

176 *du Bois/Visser* JEG 2001, 47. Siehe auch *Zimmermann*, S. 70 ff.

177 Constitution of the Republic of South Africa 108 of 1996. Zuvor galt bereits die Übergangsverfassung aus dem Jahre 1993, die ebenfalls bereits den Grundrechtskatalog enthielt. Zur Geschichte der südafrikanischen Verfassung *Schmid*, S. 38 ff.; ferner im Kontext mit der Apartheidvergangenheit *Wehrle* HFR 1996, 35 ff.

178 Section 1 Constitution.

179 Section 2 Constitution.

180 Section 167 Constitution.

Gemäß *Section* 173 *Constitution* haben der *Constitutional Court*, der *Supreme Court of Appeal* und die *High Courts* die inhärente Kompetenz, das *common law* im Interesse der Gerechtigkeit fortzuentwickeln. Die Gerichte haben dabei die Grundrechte zu berücksichtigen und das bestehende Recht gegebenenfalls in Einklang mit den Grundrechten zu bringen.[181]

Verfassungsrechtliche Fragen stellen sich im Internationalen Insolvenzrecht zum Beispiel im Zusammenhang mit der Gläubigergleichbehandlung. Die Frage der Gleichbehandlung in- und ausländischer Gläubiger berührt den Schutzbereich des Gleichheitsgrundsatzes.[182] Das rechtsstaatliche Willkürverbot erlaubt dem Staat und seinen Institutionen gegenüber dem Individuum nur sachlich begründete Differenzierungen.[183] Darüber hinaus gehören Rechtssicherheit und das daraus fließende Vertrauensschutzprinzip zu den wesentlichen Elementen des Rechtsstaatsprinzips.[184] Das schützt zwar nicht generell vor einer Änderung höchstrichterlicher Rechtsprechung. Jedoch muss die Änderung hinreichend begründet sein und sich im Rahmen der vorhersehbaren Entwicklung verhalten.[185] Diese Grundsätze werden die Rechtssicherheit beispielsweise bei der Anerkennung ausländischer Insolvenzverfahren in Südafrika erhöhen, die nach der Rechtsprechung ermessensabhängig ist.[186] Ferner wird die Freiheit der Berufsausübung tangiert, soweit das Handeln des ausländischen Insolvenzverwalters im Inland eingeschränkt wird.[187] Die Nichtanerkennung der Wirkungen ausländischer Insolvenzverfahren in Südafrika könnte zudem das aus dem Gewaltmonopol des Staates fließende Gebot effektiven Rechtsschutzes berühren.[188]

---

181 Vgl. sections 8 (3) und 39 (2) Constitution; *Carmichele v Minister of Safety and Security* (Constitutional Court, Case CCT 48/00, 16 August 2001), saflii, Rn. 33 ff.

182 Vgl. section 9 Constitution; *Boraine/Evans*, The Law of Insolvency and the Bill of Rights, 4A8 (a).

183 *S v Lawrence; S v Negal; S v Solberg* (Constitutional Court, Cases CCT 38/96, 39/96, 40/96, 6 October 1997), saflii, Rn. 41; *van der Merwe v The Road Accident Fund* (Constitutional Court, Case CCT 48/05, 30 March 2006), saflii, Rn. 48 f.; *Boraine/Evans*, The Law of Insolvency and the Bill of Rights, 4A3; vgl. auch MünchKommInsO-Stürner, Bd. 1, Einleitung, Rn. 77.

184 BVerfG, Nichtannahmebeschl. v. 26.9.2011 – 2 BvR 2216/06, 2 BvR 469/07, juris, Rn. 3a, m.w.N.

185 BVerfG, Nichtannahmebeschl. v. 6.5.2008 – 2 BvR 1926/07, juris, Rn. 29; BVerfG, Beschl. v. 15.1.2009 – 2 BvR 2044/07, juris, Rn. 85.

186 Dazu unten, Kap. 4 A.III.

187 Vgl. section 22 Constitution.

188 In diesem Sinne bereits *Re Saber Bros: Ex Parte Ross, Priest and Page* (undelivered judgment) (1884) 1 CLJ 121, 128 („denial of justice"). Vgl. zum Gewaltmonopol

Wie das deutsche Grundgesetz reguliert die südafrikanische Verfassung nicht nur das Verhältnis zwischen staatlicher Gewalt und subjektiven Schutzrechten des Einzelnen, sondern konstituiert darüber hinaus ein objektiv-normatives Wertesystem als Leitmotiv für das Handeln des Gesetzgebers, der Exekutive und der Rechtsprechung.[189] Daraus folgt, dass neben den vorgenannten verfassungsrechtlichen Prinzipien zum Beispiel auch der Schutz des Eigentums[190] und die Gewährleistung des freien Handelsverkehrs[191] das staatliche Handeln prägen müssen. Beides wird durch Einschränkungen im grenzüberschreitenden Rechtsverkehr und Rechtsunsicherheit bei Insolvenz des Schuldners beeinträchtigt.[192]

Die südafrikanischen Gerichte haben von Anfang an ein hohes Maß an Sensibilität hinsichtlich ihrer verfassungsrechtlichen Pflichten gezeigt.[193] Das hat sich insbesondere auch schon im Insolvenzsachrecht[194] und im *common law* zum Internationalen Privatrecht[195] bemerkbar gemacht. Eingedenk der langen Rechtstradition Südafrikas steht eine Überprüfung des geltenden Rechts an den Maßstäben der jungen Verfassung weitgehend noch aus. Das wird auch im Rahmen dieser Arbeit zu berücksichtigen sein.

---

des Staates *Lesapo v North West Agricultural Bank* (Constitutional Court, Case CCT 23/99, 16 November 1999), saflii, Rn. 22; BVerfGE 35, 348, 361, st. Rspr. Wie hier auch zum Insolvenzsachrecht *Boraine/Evans*, The Law of Insolvency and the Bill of Rights, 4A3; MünchKommInsO-*Stürner*, Bd. 1, Einleitung, Rn. 77.

189 *Carmichele v Minister of Safety and Security* (Constitutional Court, Case CCT 48/00, 16 August 2001), saflii, Rn. 54, unter wörtlicher Bezugnahme auf die Rechtsprechung des Bundesverfassungsgerichts. Zum Einfluss des deutschen Grundgesetzes auf den Entwurf der südafrikanischen Verfassung siehe *Fedtke*, Die Rezeption von Verfassungsrecht – Südafrika 1993 – 1996, Baden-Baden 2000.

190 Section 25 (1) Constitution.

191 Section 22 Constitution.

192 Vgl. zu den negativen Auswirkungen von Rechtsunsicherheit und Verteilungsungerechtigkeit in grenzüberschreitenden Insolvenzverfahren *Müller-Freienfels*, FS Dölle, 359, 382 ff.

193 van der Merwe/du Plessis-*du Bois*, S. 41.

194 Siehe dazu die zusammenfassende Darstellung von *Boraine/Evans*, The Law of Insolvency and the Bill of Rights, 4A4 ff.

195 Siehe nur die jüngste die Entscheidung *Bid Industrial Holdings (Pty) Ltd v Strang* (Supreme Court of Appeal, Case No 615/06, 23 November 2007), saflii, Rn. 20 ff., wo das Gericht nach rechtshistorischen Rekurs in das römisch-holländische Recht den nunmehr in section 19 (1) (c) Supreme Court Act 59 of 1959 geregelten persönlichen Arrest von Ausländern zur Begründung der Zuständigkeit für verfassungswidrig erklärt. Dazu *Oppong* (2008) 4 Journal of Private International Law 311 ff.

IV. Zusammenfassung

Die historische Prägung des südafrikanischen Rechts macht sich insbesondere auch in der Rechtsquellenlehre bemerkbar. Da neben dem CBIA kaum spezialgesetzliche Regelungen des Internationalen Insolvenzrechts existieren, ist in der ganz überwiegenden Zahl der Fälle allein das *common law* maßgeblich. Rechtsquellen des *common law* sind vor allem die Entscheidungen der Obergerichte und des *Supreme Court of Appeal*, wobei die Gerichte nach der aus dem englischen Recht übernommenen *stare decisis*-Doktrin an eigene frühere Entscheidungen und solche höherer Gerichte grundsätzlich gebunden sind. Insbesondere bei noch nicht entschiedenen Fragen werden aber auch heute noch die Werke der römisch-holländischen Juristen des 17. und 18. Jahrhunderts und subsidiär auch die englische Rechtsprechung konsultiert. Verbleibende Lücken und Zweifelsfragen schließt die südafrikanische Rechtspraxis im Wege der internationalen Rechtsvergleichung und konsultiert dazu bereitwillig das in- und ausländische Schrifttum. Von besonderer Bedeutung für die weitere Entwicklung des südafrikanischen Internationalen Insolvenzrecht ist die im Jahr 1996 in Kraft getretene südafrikanische Verfassung mit dem darin enthaltenen Grundrechtskatalog. Das *common law* muss sich als nachrangiges Recht in den verfassungsrechtlichen Rahmen einpassen und sich auf dem Boden der Verfassung weiterentwickeln.

C. Systematik

I. Schnittstellen und Dependenzen zu anderen Rechtsgebieten

Anders, als es seine lange Geschichte vermuten lässt, wird das Internationale Insolvenzrecht in Südafrika erst seit Beginn der Arbeiten am UNCITRAL Modellgesetz zunehmend als eigenständige Materie wahrgenommen.[196] Dabei gibt

196 So war der Aufsatz von *de Beer* (1911) 28 SALJ 188 ff. noch überschrieben mit „Notes on Private International Law". Anders dann *O'Brien*, der seinem Vortrag auf der Conference on Reform of South African Insolvency Law an der Rands Afrikaans University in Johannesburg am 28. August 1995 den Titel „Transnational Aspects in South African Insolvency Law" verlieh. Wenige Monate zuvor hatte bereits *Zulman* seinen First Interim Report on Trans-National Insolvency einem ausgewählten Zirkel von Rechtswissenschaftlern zugänglich gemacht. Das bis vor kurzem einzige aktuelle Lehrbuch zum Insolvenzrecht, *Sharrock/van der Linde/Smith*, Hockly's Insolvency

es wichtige Schnittstellen und Dependenzen zu anderen Rechtsgebieten. Diese haben sich asymmetrisch zum römisch-holländischen Internationalen Insolvenzrecht entwickelt, was teilweise zu Widersprüchlichkeiten und Unstimmigkeiten geführt hat.

1. Internationales Privatrecht

Das Internationale Insolvenzrecht ist ein Teilgebiet des Internationalen Privatrechts im weiteren Sinne[197] und behandelt als solches den Ausgleich kollidierender (Insolvenz-)Rechtsordnungen.[198] Beide Rechtsgebiete teilten in Südafrika bis zu Beginn des 20. Jahrhunderts die gleiche Geschichte.[199] Grundsätzlich sind daher die allgemeinen Prinzipien des Internationalen Privatrechts auch im Internationalen Insolvenzrecht anwendbar.[200]

Law, enthält erst seit der 7. Auflage 2002 ein eigenes, sehr kurzes Kapitel zum Internationalen Insolvenzrecht (in Anlehnung an das Modellgesetz unter der Überschrift „Cross-border insolvency"). Dazu auch die Kurzrezension von *Stevens* (2003) 3 Stell LR 451 f., der die Kürze der Abhandlung mit dem „embryonic stage" dieses Rechtsgebietes rechtfertigt. Die von *Mars* begründete wichtigste Insolvenzrechtsmonographie enthält erst seit der 9. Auflage 2008 ein eigenständiges Chapter 30 „Cross-Border Insolvency Law".

197 Dazu gehört nach hiesigem Verständnis auch das entsprechende Prozessrecht als Instrument zur Durchsetzung subjektiver Rechte. Wie hier auch *Kreuzer* RabelsZ 70 (2006) 1, 5. Auch das südafrikanische Recht trennt nicht zwischen Internationalem Privatrecht und Internationalen Prozessrecht. In Deutschland und Portugal wird dagegen zwischen Internationalem Privat- und Prozessrecht differenziert, während sich auf EU- Ebene eine Annäherung an einen einheitlichen Begriff "Conflict of Laws" andeutet, vgl. KPB-*Adolphsen*, Bd. 2, § 147, Anh. II A, Rn. 11 und Fn. 16; Bork-*Adolphsen*, Kap. 19 Rn. 11 und Fn. 17. Nicht zuletzt wegen der Überschneidung beider Rechtsgebiete im Internationalen Insolvenzrecht erscheint eine Abgrenzung für die vorliegende Untersuchung weder notwendig noch zweckmäßig.

198 Vgl. *Fletcher*, Insolvency in PIL, passim (für die englische Sicht); MünchKommInsO-*Reinhart*, Bd. 3, Vor §§ 335 ff., Rn. 23, m.w.N. („Bestandteil des Internationalen Privat- und Prozessrechts"). Dass dies auch der südafrikanischen Sicht entspricht, ergibt sich aus der systematischen Einordnung diesbezüglicher Abhandlungen, vgl. bereits *de Beer*, (1911) 28 SALJ 188 ff.; ferner *Forsyth*, S. 272 ff., 410 ff.; Joubert-*Edwards/Kahn*, Anm. 326 f. Zur Verbindung zwischen Insolvenzrecht und Internationalem Privatrecht Omar-*Mason*, International Insolvency Law, S. 27 ff.

199 Ausführlich zur Entwicklung des römisch-holländischen Internationalen Privatrechts P. Voet/Edwards-*Edwards*, S. 26 ff. und S. 310 ff.

200 So auch für das deutsche autonome Internationale Insolvenzrecht MünchKommInsO-*Reinhart*, Bd. 3, Vor §§ 335 ff., Rn. 36, m.w.N.

Anders als das Internationale Insolvenzrecht profitierte jedoch das Internationale Privatrecht insgesamt im letzten Drittel des 20. Jahrhundert von der aufblühenden südafrikanischen Rechtswissenschaft und schloss zu den Entwicklungen in der europäischen und angloamerikanischen Rechtswissenschaft auf diesem Gebiet auf.[201] So spielt insbesondere die für das Internationale Insolvenzrecht bis heute maßgebliche *comitas*-Doktrin im allgemeinen Internationalen Privatrecht kaum noch eine Rolle. Vielmehr bestimmt auch das südafrikanische Internationale Privatrecht das anwendbare Recht heute ausschließlich mit Hilfe von – in der Regel allseitigen – Kollisionsnormen.[202] Auch die Anerkennung und Vollstreckung ausländischer Gerichtsentscheidungen folgt heute anderen Regeln.[203] Bei der Bestimmung des *domicile*, des auch für das Internationale Insolvenzrecht noch immer zentralen Anknüpfungspunkts, haben sich die südafrikanische Literatur und Rechtsprechung mehrheitlich dem vom römisch-holländischen Recht abweichenden englischen Verständnis angeschlossen.[204]

Bei der Anwendung von allgemeinen Prinzipien des Internationalen Privatrechts im Internationalen Insolvenzrecht wird daher neben den insolvenzrechtlichen Besonderheiten auch der unterschiedliche Entwicklungsstand beider Rechtsgebiete zu berücksichtigen sein.

2. Insolvenzsachrecht

Das Internationale Insolvenzrecht soll die Regelungsziele des Insolvenzsachrechts in Insolvenzverfahren mit Auslandsbezug durchzusetzen. Die Normbildung im Internationalen Insolvenzrecht steht daher immer in einem engen Zusammenhang mit dem jeweils gültigen (nationalen) Insolvenzsachrecht.[205]

---

201 Siehe nur *Edwin Spiro*, The Conflict of Laws, 1973; *C.W.H. Schmidt*, mit seinem 1977 erschienenen Beitrag Conflicts of Laws in der mehrbändigen Enzyclopädie zum südafrikanischen Recht von Joubert (Hrsg.), The Law of South Africa, Volume 2, später von *A.B. Edwards* und *Ellison Kahn* fortgeführt und im Jahre 2003 in 2. Neuauflage erschienen; *Ellison Kahn* mit seinem Appendix zum Internationalen Privatrecht in Corbett/Hofmeyer/Kahn, The Law of Succession in South Africa, 1980, im Jahre 2001 in 2. Auflage erschienen; *Forsyth*, Private International Law, The modern Roman-Dutch law including the jurisdiction of the Supreme Court, 1981, im Jahre 2012 in 5. Auflage erschienen.

202 Vgl. *Forsyth*, S. 7; Joubert-*Edwards/Kahn*, Anm. 282; *Schoeman/Roodt*, Anm. 14.

203 Dazu *Doser*, S. 288 ff.; Geimer/Schütze-*Doser*, Länderbericht Südafrika; *Forsyth*, S. 415 ff.

204 Näher dazu unten, Kap. 2 B.I.

205 Vgl. *Trunk*, S. 12. Allgemein zum Einfluss des Sachrechts auf die Normbildung im Internationalen Privatrecht *Martinek* 2007 TSAR 277, 280 ff.

Daraus folgt, dass die sachrechtliche Umgebung, in der sich das römisch-holländische Internationale Insolvenzrecht entwickelt hat, für die vorliegende Arbeit zu berücksichtigen ist. Bis heute unverändert ist noch das Ziel des römisch-holländischen und später südafrikanischen Insolvenzsachrechts, in einem geordneten Verfahren das Vermögen des Schuldners vollständig zu verwerten und die Gesamtheit seiner Gläubiger in einem *concursus creditorum* zusammenzubringen, um eine gleichmäßige, möglichst vollständige Befriedigung der Gläubiger nach der Rangordnung des Insolvenzrechts sicherzustellen.[206]

Allerdings hat sich die Funktionsweise verändert. Das römisch-holländische Insolvenzrecht bestand noch aus einem unkodifizierten, in der Praxis überwiegend durch die *cessio bonorum* eingeleiteten Verfahren, das dann im Verwertungsteil weitgehend mit dem allgemeinen Zwangsvollstreckungsrecht gleichlief.[207] Obwohl das südafrikanische Insolvenzsachrecht in der Tradition des römisch-holländischen Insolvenzrechts steht, war es im Zuge der Kodifikation unter englischem Einfluss wichtigen Veränderungen ausgesetzt.[208] Bedeutsam in diesem Zusammenhang ist insbesondere die Einführung besonderer insolvenzrechtlicher Vorschriften für körperschaftlich organisierte Rechtsträger ab Mitte des 19. Jahrhunderts, die auf das Internationale Insolvenzrecht ausstrahlte. Auch im Zuständigkeitsrecht hat das südafrikanische Insolvenzsachrecht Entwicklungen genommen, für die das römisch-holländische Internationale Insolvenzrecht noch keine Antwort kennen musste. Das römisch-holländische Insolvenzrecht kennt traditionell nur die Konkurszuständigkeit des Domizilgerichts des Schuldners, während es im südafrikanischen Insolvenzsachrecht neben dem *domicile* weitere möglichen Zuständigkeitsanknüpfungspunkte gibt.[209] Zudem ist auch die

206 *Walker v Syfret* 1911 AD 141, 166; *Mars*, S. 2, m.w.N.

207 Zur römisch-holländischen cessio bonorum *Grotius*, 3.51.3.; *J. Voet*, 42.3.6 ff. (Gane Vol 6); *van Leeuwen*, S. 332 ff.; ferner *Burton*, S. 3 ff.; *Burdette*, S. 26 f.; *Calitz/Burdette* 2006 TSAR 721, 723 f. *Mars*, S. 8 f.; *Stander*, Die Invloed van Sekwestrasie, 2.3.1.; *dies*. TSAR 1996, 371, 374 f.; *Wessels*, History of the Roman-Dutch Law, S. 664 ff.

208 Die Cape Ordinance 64 of 1829, die als Vorbild für darauf folgende Insolvenzgesetze Südafrikas gilt, war weitgehend an die Amsterdamer Ordonnanz von 1777 angelehnt. Diese wiederum war an Stelle der zuvor anwendbaren römisch-rechtlichen Verfahren missio in bona und cessio bonorum getreten. Zur Geschichte des römisch-holländischen Insolvenzrechts bis zur Cape Ordinance 1829 siehe die Ausführungen von *Burton*, S. 7–30, auch unter rechtsvergleichenden Aspekten zum seinerzeit geltenden englischen Recht lesenswert. Zur Geschichte des südafrikanischen Insolvenzrechts insgesamt siehe *Mars*, S. 6 ff., m.w.N.

209 Im allgemeinen Insolvenzrecht dienen gem. section 149 Insolvency Act 24 of 1936 neben dem domicile auch der gewöhnliche Aufenthalt („ordinary residence"),

internationale insolvenzsachrechtliche Umgebung zu berücksichtigen.[210] Südafrikanische Gerichte haben beispielsweise für die Frage nach der Insolvenzfähigkeit eines Schuldners oder der persönlichen und fachlichen Eignung einer Person für die Bestellung als Insolvenzverwalter die jeweils einschlägige (ausländische) *lex fori concursus* für maßgeblich erklärt.[211] Die internationalsachrechtliche Situation war indes im 17. Jahrhundert und zu Beginn des 20. Jahrhunderts noch eine andere als heute. Auf viele kollisionsrechtliche Fragen wie zum Beispiel die nach der Ermittlung des Anfechtungs- und Aufrechnungsstatut hat das römisch-holländische Internationale Insolvenzrecht keine Antwort, weil diese Fragen im insolvenzrechtlich weitgehend einheitlich römisch geprägten Europa der frühen Neuzeit selten entscheidungserheblich wurden.[212] Auch in der Blütezeit des südafrikanischen Internationalen Insolvenzrechts kamen fast ausschließlich Insolvenzverfahren mit Bezügen zum Vereinigten Königreich oder anderen südafrikanischen Kolonien vor, die allesamt sehr ähnliche (Insolvenz-)Rechtsordnungen hatten. Statt einer aufwendigen Suche nach einer sach- und interessengerechten allseitigen Kollisionsnorm genügte es daher regelmäßig den Anforderungen der Praxis, wenn das mit der Anerkennung eines ausländischen Insolvenzverfahrens befasste Gericht hinsichtlich der Verfahrensdurchführung weitgehend auf die entsprechende Anwendbarkeit südafrikanischen Insolvenzsachrechts verwies. Dies wird den Anforderungen an ein modernes Internationales Insolvenzrecht möglicherweise nicht mehr vollumfänglich gerecht.

---

geschäftliche Aktivitäten oder Vermögen in Südafrika als Anknüpfungspunkte für die örtliche Zuständigkeit des Insolvenzgerichts. Im Kapitalgesellschaftinsolvenzrecht kommt das domicile als Zuständigkeitsanknüpfungspunkt überhaupt nicht vor. Vielmehr sind der eingetragene Sitz (*registered office*) oder der Hauptgeschäftssitz (*main place of business*) der Gesellschaft entscheidend, siehe Companies Act 61 of 1973, section 12 (1) i.V.m. section 1 CA 1973 Definition "Court".

210 *Trunk*, S. 13.

211 Für die Insolvenzfähigkeit siehe *Re African Farms Ltd* 1906 TS 373, 379 ff.; *In re Greatrex & Son Ltd* 1906 TS 530, 531 ff. Für die Qualifikation des Insolvenzverwalters siehe *Ex Parte Robinson's Trustee* 1910 TPD 25 f.

212 Die cessio bonorum und andere römisch-rechtliche Konkursrechtsinstitute waren in Europa weit verbreitet. Das Werk des Spaniers *Salgado de Samoza*, labyrinthus creditorum concurrentium ad litem per debitorem communem inter illos causatam, das wesentliche Neuerungen einführte, erschien erst im Jahre 1653 und konnte bis Ende des 17. Jahrhunderts noch nicht so großen praktischen Einfluss ausgeübt haben, siehe *Endemann* (1888) 12 ZZP 24, 40 ff.; *Levinthal* UPaLRev 66 (1918), 223, 247 f.; *Uhlenbruck* DZWIR 2007, 1, 3.

II. Unterscheidung zwischen natürlichen Personen einerseits und juristischen Personen und Gesellschaften andererseits

Eines der wesentlichen Charakteristika des südafrikanische Internationalen Insolvenzrechts die Differenzierung zwischen natürlichen einerseits und juristischen Personen und Gesellschaften andererseits.[213] Vordergründig ist dafür die Einführung eines speziellen Insolvenzrechts für juristische Personen im 19. Jahrhundert ursächlich. Der wahre Grund scheint jedoch in einer Verkettung von Missverständnissen in den frühen Jahren britischer Kolonialherrschaft und bei der Interpretation des römisch-holländischen Rechts zu liegen.

1. Natürliche Personen

Das Insolvenzrecht erhielt im Jahre 1829 mit der *Cape Insolvency Ordinance 64* erstmals eine englischsprachige Gesetzesgrundlage, die weitgehend auf dem römisch-holländischen Recht aufbaute.[214] Eine für das Internationale Insolvenzrecht weitreichende Neuerung war aber die Einführung der rechtlichen Funktion des Insolvenzverwalters als *trustee* und die damit einhergehende Beschreibung des Übergangs der Rechte am Insolvenzvermögen auf den *trustee* als "*vest in*". Diese Formulierung, die sich auch im heute für natürliche Personen maßgeblichen

---

213 Die Trennlinie wird hier aus Vereinfachungsgründen zwischen natürlichen und juristischen Personen gezogen. Die genaue Trennlinie dürfte aber anhand der Anwendungsbereiche der für das südafrikanische Insolvenzsachrecht hauptsächlich maßgeblichen Gesetze, dem Insolvency Act 24 of 1936 und dem Companies Act 61 of 1973, zu ziehen sein, dazu unten, Kap. 2 C.I.1.

214 Die Insolvency Ordinance 64 geht maßgeblich auf die Arbeit von *William Burton* zurück. *Burton*, einer der ersten Richter am Cape Supreme Court, hatte sich extra vor seiner Abreise in die Cape Colony nach Holland begeben, um sich dort Recht und Sprache des Landes anzueignen, vgl. Zimmermann/Visser-*Girvin*, S. 99. Anschließend war er maßgeblich am Entwurf der Insolvency Ordinance 64 beteiligt und hat in diesem Zusammenhang umfangreiche Rechtsvergleichung zwischen dem römisch-holländischen Recht und dem englischen Recht betrieben. Das Ergebnis seiner Arbeit wurde 1829 als Buch veröffentlicht und war gleichzeitig die erste Monographie zum südafrikanischen Recht. Im Anhang ist auch eine kommentierte Version der Insolvency Ordinance 64 abgedruckt. Das Werk wurde von dem renommierten südafrikanischen Richter *Innes CJ* als „a work of high standing" gewürdigt, siehe *Webster v Ellison* 1911 AD 73, 91.

Insolvency Act 24 of 1936 wiederfindet,[215] wird von der herrschenden Meinung dahin ausgelegt, dass der *trustee* mit Verfahrenseröffnung Eigentümer des Insolvenzvermögens werde.[216] Hierin weicht das südafrikanische Recht vom römisch-holländischen Recht ab, das einen solchen wie auch immer ausgestalteten Eigentumsübergang nicht kannte.[217]

Über die Hintergründe dieser Neuerung lässt sich nur mutmaßen. Dem römisch-holländischen Recht war das englische Rechtsinstitut des *trust* fremd.[218] Auch das englische Insolvenzrecht kannte zu diesem Zeitpunkt noch keinen *trustee*, sondern nur den *assignee*,[219] der allerdings wie der später eingeführte *trustee* in seiner Funktion als Insolvenzverwalter Eigentum am Insolvenzvermögen erlangte.[220] Wahrscheinlich haben die Verfasser des Gesetzes den römisch-holländischen *curator* einfach mit

---

215 Siehe Insolvency Act 24 of 1936, section 20 (1) (a) und section 21 (1).

216 So bereits *Re Greatrex & Son Ltd* 1907 TS 538, 545. *Harksen v Lane NO* (Constitutional Court of South Africa, Case CCT 9/97, 7 October 1997), saflii, Rn. 30; *de Villiers NO v Delta Cables (Pty) Ltd* (Supreme Court of Appeal, Case No 56/1990, 23 September 1991), saflii, Rn. 17; *Mars*, S. 207; *Smith* (2002) 14 SA Merc LJ 17, 26. Kritisch dazu *Stander* 1996 (59) THRHR 388 ff.; *Evans* 1996 TSAR 719, 724, diese Auslegung als zu weitgehend ablehnend, weil der damit verfolgte Zweck durch bloßen Übergang der Ver fügungsbefugnis ebenfalls erreicht werde; *ders*. Critical analysis, S. 42, 207 ff.

217 Vgl. *J. Voet*, 42.3.1 (Gane Vol 6), der insoweit *Simon van Leeuwen*, Censura Forensis theoretico-practica (1678), I.4.46.9, bestätigt; ferner *Stander*, Die Invloed van Sekwestrasie, S. 13 f.; *dies*. 1996 (59) THRHR 388, 390; *dies*. 1996 TSAR 371, 374 f., jeweils m.w.N.; A.A.: *Wessels*, History of the Roman-Dutch Law, S. 397. Außerdem sich lediglich auf *Wessels* beziehend *Hahlo/Kahn*, Union, S. 20; Palmer-*Farlam/Zimmermann*, S. 83, 112. *Wessels* behauptet dies jedoch ohne nähere Erläuterung und ohne Bezugnahme auf zeitgenössische Stellungnahmen. Sein Werk wurde später vielfach als unzuverlässig und unvollständig kritisiert und er selbst hielt diese Kritik für berechtigt, Zimmermann/Visser-*Girvin*, S. 124 Fn. 158.

218 Zwar gibt es auch im römischen-holländischen Recht ähnliche Institute wie z.B. das fideicommissum. Diese unterscheiden sich aber allesamt mehr oder weniger deutlich vom trust, vgl. *Cameron/De Waal/Wunsh/Solomon/Kahn*, S. 31 ff.; Zimmermann/Visser-*Honoré*, S. 849 ff.

219 Vgl. *Burton*, S. 16 ff.

220 Vgl. *Fletcher*, The Law of Insolvency, Rn. 8–048, der auch darauf hinweist, dass das Eigentum des assignee oder trustee im englischen Insolvenzrecht durch *equity* begrenzt ist. Das englische Rechtsinstitut *equity* wurde wiederum nie in Südafrika übernommen, vgl. Hutchison/van Heerden/Visser/van der Merwe-*Hutchison*, S. 16 ff.; Zimmermann/Visser-*Zimmermann*, S. 217 ff. Abgesehen davon unterscheidet sich der englische Eigentumsbegriff wesentlich von dem des römisch-holländischen Rechts, dazu *Morice*, S. 32 ff. Ferner Zimmermann/Visser-*Milton*, S. 692 ff., zur Entwicklung des südafrikanischen Eigentumsbegriffs aus dem römisch-holländischen Recht.

trustee übersetzt in der Annahme, es handele sich um gleiche Rechtsinstitute.[221] Eine solche Übersetzung römisch-holländischer Rechtsbegriffe mit ähnlichen englischen Begriffen war im 19. Jahrhundert ein verbreitetes Phänomen bei der vornehmlich englischsprachigen und im englischen Rechtssystem ausgebildeten Richterschaft.[222]

Dieses Missverständnis setzte sich im Internationalen Insolvenzrecht fort. Die englische Rechtsprechung hatte die von den niederländischen Juristen übernommene Regel *mobilia personam sequuntur* unter den Bedingungen des englischen Insolvenzsachrechts für Individualinsolvenzverfahren dahingehend ausgelegt, dass die Eröffnung eines Insolvenzverfahrens über das Vermögen einer natürlichen Person den weltweiten Übergang des Eigentums an dem Mobiliarvermögen des Schuldners auf den Insolvenzverwalter bewirke (*universal assignment*).[223] Begünstigt durch die oben beschriebene ungenaue Übersetzung des römisch-holländischen „*curator*" mit „*trustee*" im kodifizierten Insolvenzrecht und der damit einhergehenden Angleichung der Eröffnungswirkungen an das englische Insolvenzrecht wurde diese Sichtweise dann auch von den südafrikanischen Kolonialgerichten übernommen.[224]

2. Juristische Personen und Gesellschaften

Die Entwicklung spezieller Vorschriften für die Insolvenz von juristischen Personen und Gesellschaften setzte erst ab 19. Jahrhunderts ein. Da das römisch-holländische Recht hier wenig aufzubieten hatte, wurde insoweit das englische Recht nahezu vollständig übernommen.[225] Das Insolvenzrecht für juristische Personen und Gesellschaften ist heute primär im *Companies Act 1973* geregelt.[226]

---

221 Diese naheliegende Vermutung wird auch durch die Ausführungen von *Burton*, S. 27, bestärkt, der den curator mit dem trustee gleichsetzt.

222 Vgl. *Bodenstein* (1915) 32 SALJ 337, 345 f.; *Zimmermann*, S. 13 f., m.w.N.

223 Vgl. aus historischer Sicht Jabez/Livermore-*Jabez*, S. 100 ff.; *Nadelmann* MLR 9 (1946), 154 ff. Ferner *Collins*, Dicey, Morris and Collins on the Conflict of Laws, Vol 2, Rn. 31–024 ff.; *Fletcher*, Insolvency in PIL, Rn. 2.108, 2.116.

224 Siehe u.a. die frühen Entscheidungen in *In re "Justitia": Norden v Clarke* (1849) 3 Menz 178; *Norden v Solomon, Q.Q. The Assignees of Charke* (1849) 2 Menz 393; *Norden v Solomon, Q.Q. Assignees of Charke* (1849) 2 Menz 395. Trotz unterschiedlicher Schreibweise handelt es sich dabei ganz offensichtlich um Verhandlungen des selben Insolvenzfalls. Siehe ferner *In re The Natal Investment Company (Limited)* 1868 NLR 217; *Perrin v Turton* (1878) Kotzé 25, 27; *Trustee of Howse, Sons & Co. v Trustees of Howse, Sons & Co.; Jocelyne v Shearer & Hine* (1884) 3 SC 14, 20.

225 Im Einzelnen dazu *Burdette*, S. 34 sowie S. 42 ff. Zu den historischen Hintergründen dieser Zweiteilung siehe *Fletcher*, The Law of Insolvency, Rn. 1-022 ff.

226 Siehe oben, B. I.

Wie sein englisches Vorbild sieht das südafrikanische Insolvenzrecht für juristische Personen und Gesellschaften von jeher keinen Übergang des Eigentums am Schuldnervermögen auf den Insolvenzverwalter vor, sondern nur einen Übergang der Verwaltungs- und Verfügungsbefugnis.[227] Vor diesem Hintergrund sieht sich die südafrikanische Rechtsprechung daran gehindert, auch die Rechtswirkungen der Verfahrenseröffnung und die Anerkennung ausländischer Insolvenzverfahren über das Vermögen von juristischen Personen wie bei natürlichen Personen nach der Kollisionsregel *mobilia personam sequuntur* zu bestimmen. Diese Kollisionsregel kann nach Auffassung der südafrikanischen Rechtsprechung vorliegend deshalb nicht greifen, weil die Eröffnung eines Insolvenzverfahrens über das Vermögen juristischer Personen keinen Eigentumsübergang und damit kein „*universal assignment*" bewirkt. In seiner Grundsatzentscheidung *Re Greatrex & Son Ltd* schloss sich der *Transvaal Supreme Court* deshalb der englischen Rechtsprechung zu den weltweiten Wirkungen eines *receivership*-Verfahrens an. Der Insolvenzverwalter einer juristischen Person befinde sich in einer vergleichbaren Position und werde im Gegensatz zum Insolvenzverwalter im Individualinsolvenzverfahren nicht Eigentümer des Schuldnervermögens. Folglich umfasse die Eröffnung des Insolvenzverfahrens über das Vermögen einer juristischen Person nicht automatisch auch ihr weltweites Mobiliarvermögen.[228]

III. Zusammenfassung

Das Internationale Insolvenzrecht weist verschiedene Schnittstellen und Dependenzen zu anderen Rechtsgebieten auf. Als Teilgebiet des Internationalen Privatrechts gelten dessen allgemeinen Grundsätze auch im Internationalen Insolvenzrecht. Für das südafrikanische Recht muss hier jedoch neben den insolvenzrechtlichen Besonderheiten zusätzlich berücksichtigt werden, dass das Internationale Privatrecht deutlich weiter entwickelt ist. Ferner ist zu beachten, dass das derzeit gültige

---

227 Vgl. MünchKommInsO-*Kupsch*, Bd. 3, Anhang, Länderbericht Südafrika, Rn. 29, 35. Die Unterscheidung ist vermutlich darauf zurückzuführen, dass der Insolvenzverwalter bei companies in die Position der Geschäftsleitung tritt, die mit Verfahrenseröffnung ihre Befugnisse verliert. Sachlich notwendig ist die Unterscheidung aber auch unter diesem Gesichtspunkt nicht, vgl. *Evans* 1996 TSAR 719, 724. Zu dieser Unterscheidung auch *Burdette*, S. 313 ff.

228 *Re Greatrex & Son Ltd* 1907 TS 538, 544 ff. Die südafrikanische Rechtsprechung löst diese Fälle, indem sie die Befugnisse des ausländischen Insolvenzverwalters mit seiner formellen Anerkennung auf der Basis von comity, convenience und equity auf das inländische Vermögen ausdehnt, dazu im Einzelnen unten, Kap. 4 B.II.

Internationale Insolvenzrecht auf Basis des römisch-holländischen Insolvenzsachrechts entwickelt wurde, das in Teilen vom heutigen südafrikanischen Recht abweicht. Ein weiteres systemisches Merkmal des südafrikanischen Internationalen Insolvenzrechts ist die historisch bedingte Differenzierung zwischen natürlichen und juristischen Personen bei den Rechtswirkungen der Verfahrenseröffnung und bei der Verfahrensanerkennung.

D. Grundprinzipien

I. *Comity*

Wie bereits mehrfach angedeutet beruht das südafrikanische Internationale Insolvenzrecht noch immer im Wesentlichen auf der römisch-holländischen *comitas*-Doktrin.[229]

Insbesondere die Anerkennung ausländischer Insolvenzverfahren wird in ständiger Rechtsprechung mit *comity* begründet.[230] *Comity* ist darüber hinaus auch im südafrikanischen Insolvenzkollisionsrecht von Bedeutung.[231] Dabei bildet *comitas* selbst keine Kollisionsnorm. Vielmehr handelt es sich dabei um einen rechtsphilosophischen Begründungsansatz für die Anwendung ausländischen Rechts unter Wahrung der Souveränität des jeweiligen Anwendungsstaats. Dieser lässt sich nur schwer konkretisieren. Auch die südafrikanische Rechtsprechung verwendet ihn weitgehend als Leerformel, nicht selten mit dem relativierenden Zusatz, dass ausländische Insolvenzverfahren „*sometimes*" auf der Basis von *comity* anerkannt werden und dass die Anerkennung im absoluten Ermessen der Gerichte stehe.[232] Diese Praxis ist heute für einen Teil der Rechtsunsicherheit verantwortlich, die *Zulman* in dem Eingangszitat kritisiert. Vor diesem Hintergrund soll hier noch

---

229 Generell zur comitas *Kahn*, FS Pont, S. 219 ff.; *Scherer*, S. 28 ff.; *v. Bar/Mankowski*, § 6 Rn. 30 ff.; *Yntema*, FS Dölle, S. 65 ff. Neben zahlreichen Gemeinsamkeiten weisen die Ansätze zur comitas auch einige Unterschiede auf, weshalb es faktisch zwei comitas-Lehren gibt, vgl. *Kahn*, FS Pont, S. 219, 226; *Yntema* AJCL 12 (1963) 474, 480.

230 Dazu unten, Kap. 4 A.I.

231 Dazu unten, Kap. 7.

232 Siehe etwa *Ward v Smit: In re Gurr v Zambia Airways Corporation Ltd* 1998 (3) SA 175 (A) 179E–F; *Ex Parte BZ Stegmann* 1902 TS 40, 52 f., 55 („entirely own discretion"); *Re African Farms Ltd* 1906 TS 373, 381; *Re Estate Morris* 1907 TS 657, 667 („absolute discretion"); *Herman NO v Tebb* 1929 CPD 65, 73; *Ex Parte Palmer NO: In re Hahn* 1993 (3) SA 359 (C) 362F, I („absolute discretion", „grant of recognition no formality", „exercise in favour only in special circumstances").

einmal kurz skizziert werden, was seine geistigen Väter darunter verstanden und welche Schlussfolgerungen daraus für die heutige Rechtspraxis zu ziehen sind.

1. Ursprung

Die *comitas*-Doktrin entstand im 17. Jahrhundert, als die nordniederländischen Provinzen sich bereits vom spanischen Königreich losgesagt hatten und ein enormer kultureller und wirtschaftlicher Aufschwung das goldene Zeitalter der sich zur Union von Utrecht verbündeten Provinzen Niederlande einläutete.[233] In der westeuropäischen Rechtswissenschaft versuchten die Statutentheoretiker seit Jahrhunderten, durch Einteilung in Personal- und Realstatuten die Frage des anwendbaren Rechts bei konfligierenden Rechtsverhältnissen im Rechtsverkehr unter den Völkern zu beantworten.[234]

In den nordniederländischen Provinzen hatte nach der Lossagung von Spanien verständlicherweise die Souveränitätslehre des Franzosen *Boudin* großen Anklang gefunden, wonach kein Souverän einem anderem Souverän Gehorsam schuldet.[235] Holland und die anderen Provinzen achteten daher sehr auf die Respektierung ihrer jeweiligen Souveränität. Gleichzeitig bestand jedoch aufgrund des florierenden internationalen Handels in den aufstrebenden Nordniederlanden ein großer praktischer Bedarf, sich mit kollisionsrechtlichen Fragen auseinanderzusetzen.[236]

Einige römisch-holländische Rechtswissenschaftler unternahmen daher den Versuch, die Praxis mit dem Souveränitätsgedanken in Einklang zu bringen. Erstmals begründete der Utrechter *Christiaan Rodenburg* die Anwendung ausländischen

---

233 Zur Entstehungsgeschichte der unabhängigen Niederlande vgl. *Thomas/van der Merwe/Stoop*, S. 61 ff.; *Hosten/Edwards/Church/Bosman*, S. 321 ff.

234 Ausführlich zur Statutenlehre P. Voet/Edwards-*Edwards*, S. 31 ff.; *Scherer*, S. 16 ff.; *v. Bar/Mankowski*, § 6 Rn. 10 ff., jeweils m.w.N.

235 Vgl. *Yntema*, FS Rabel, S. 513, 523; *Forsyth*, S. 41 m.w.N. Die von *Jean Bodin* 1576 in seinem berühmten „Six livres de la République" begründete Lehre von der Souveränität des Staates besagt, Souveränität sei die absolute und ewige Macht des Staates innerhalb seiner Grenzen. Knapp 50 Jahre danach erschien das Meisterwerk des großen holländischen Völkerrechtlers *Hugo Grotius*, De jure belli ac pacis, der an den Souveränitätsgedanken *Bodins* anknüpfte. Zum Souveränitätsbegriff *Scherer*, S. 31 ff.; P. Voet/Edwards-*Edwards*, S. 50 ff.

236 Vgl. *Kahn*, FS Pont, S. 219; *Yntema*, FS Dölle, S. 65, 72 f.; *ders.* AJCL 12 (1963), 474, 477 f., der in diesem Zusammenhang auch Art. 17 des Vertrags der Utrechter Union zitiert, wonach – um Kriege mit ausländischen Mächten zu vermeiden – Ausländern wie Bewohnern der Provinzen gleichermaßen *goet recht ende Justitie* zuteilwerden sollte.

Rechts damit, dass dies im Einzelfall aus der Natur der Sache heraus schlicht („*ex ipso rei natura ac necessitas*") notwendig sei.[237] Ihm folgte *Paulus Voet*, der im Ausgangspunkt nun grundsätzlich zunächst sämtlichen Statuten die Wirkung außerhalb des territorialen Machtbereichs ihres Schöpfers absprach.[238] Im Anschluss daran erläuterte *Paulus Voet* zahlreiche Ausnahmen und kommt, gestützt auf eine Digestenstelle,[239] zu dem Schluss: Bisweilen, wenn ein Volk *comiter* – entgegenkommenderweise – die Gebräuche seiner Nachbarn zu respektieren wünsche und dabei nicht viel Wohlbestelltes nach den eigenen Gebräuchen gestört werde, werden diese Statuten nach erfolgter Einsicht in ihre Wirkungen über den territorialen Machtbereich ihres Schöpfers erweitert.[240] Damit hatte die Theorie ihren Namen.[241] *Paulus Voet* führte als Synonyme für *comitas* die lateinischen Begriffe *humanitas* und *aequitas*, zu Deutsch etwa Mitmenschlichkeit und Billigkeit. Kein Staat sei rechtlich verpflichtet, ausländisches Recht anzuwenden. Vielmehr basiere eine solche Anwendung ausschließlich auf einem freiwilligen nachbarlichen Entgegenkommen.[242]

Der Dritte, der sich mit dieser Frage auseinandersetzte, war der Friese *Ulrich Huber*.[243] Auch nach *Huber* galten die Gesetze eines Souveräns nur innerhalb seines Herrschaftsbereichs und zwar für jeden, der sich in dem Herrschaftsbereich

---

237 Tractatus de jure conjugum, Utrecht 1653, S. 23 (zit. nach P. Voet/Edwards-*Edwards*, S. 331 Fn. 109, dort auch ins Englische übersetzt. *J. Voet* meinte dazu später, ihm habe sich "noch nie erschlossen, was die Natur der Sache sei und welche Notwendigkeit so sehr drängte", siehe *J. Voet*, 1.2.App. 8 (Gane Vol 1).

238 P. Voet/Edwards-*P. Voet*, S. 91 (De Statutis 4.2.7.). Siehe auch P. Voet/Edwards- *Edwards*, S. 334. Für *P. Voet* waren Statuten Gesetzgebungsakte unterhalb der legislativen Autorität des Souveräns, also des Kaisers des Heiligen Römischen Reiches, weil dieser während seiner Herrschaft über die Niederlande nie Statuten geschrieben hat, vgl. P. Voet/Edwards-*Edwards*, S. 310 ff. Deshalb wird hier die allgemeinere Formulierung "Schöpfer des Statuts" verwendet.

239 D 49.15.7.1. (Proculus): „... ut is popolus alterius populi maiestatem comiter conservaret", vgl. *Hepting*, S. 152 und Fn. 35; *Yntema* AJCL 12 (1963) 474, 479.

240 P. Voet/Edwards-*P. Voet*, S. 100 (De Statutis 4.2.17.): "Deniqe nonnunquam, dum populus vicinus vicini mores comiter vult observare, & ne multa bene gesta turbarentur, de moribus, statuta territorium statuentis, inspecto effectu, solent egredi." Ins Englische übersetzt von P. Voet/Edwards-*Edwards/Kriel*, S. 101. Die vorliegende deutsche Übersetzung ist angelehnt an *Gutzwiller*, S. 312.

241 *Kahn*, FS Pont, S. 219, 222; *Scherer*, S. 29.

242 Siehe für eine ausführliche Darstellung mit Nachweisen P. Voet/Edwards-*Edwards*, S. 335 ff.; ferner *Kahn*, FS Pont, 219, 222, Fn. 48.

243 *Ulrich Hubers*, Praelectiones juris Romani et hodierni, Franeker 1689, vgl. *Yntema*, FS Dölle, S. 65, 80, m.w.N.

aufhält.[244] Allerdings kamen seiner Ansicht nach die Lenker der Reiche einander darin entgegen, dass die Rechte eines jeden Volkes, die innerhalb seiner Grenzen ausgeübt werden, überall ihre Wirkung behalten, „sofern der Hoheitsgewalt oder dem Recht des anderen Herrschers und seiner Bürger in nichts vorgegriffen wird“.[245] *Huber* schränkte die Anwendbarkeit ausländischen Rechts also lediglich durch den *ordre public* des Anwenderstaates ein.[246] Hieraus zog *Huber* den Schluss, dass eine Lösung des Problems konfligierender Rechte sich nicht ausschließlich aus dem römischen Recht ableite, sondern aus Zweckmäßigkeitserwägungen, insbesondere bezüglich des internationalen Handels und Verkehrs, und einem stillschweigenden Konsens der Völker untereinander.[247]

Der für die südafrikanische Rechtswissenschaft insgesamt noch heute bedeutende *Johannes Voet*[248] erhob die Lehre seines Vaters *Paulus Voet* zum allgemeinen Prinzip,[249] fügte ihr im Kern aber nichts Neues hinzu.[250] Auch nach Ansicht *Johannes Voets* bedeutete *comitas* keine Rechtspflicht, ausländische Rechtsakte anzuerkennen. Gegenseitige *comitas* werde zwischen den Nationen aus Billigkeits- und Nützlichkeitserwägungen heraus geübt, um die erheblichen Schwierigkeiten und Unannehmlichkeiten, den Mangel an Rechtssicherheit und die Zweifel zu vermeiden, welche entstünden, würden etwa Statusfragen, die Geschäftsfähigkeit, die

---

244 So die ersten beiden Axiome seiner mit “De Conflictu Legum Diversum in Diversis Imperiis” überschriebenen Ausführungen zum Kollisionsrecht in Band 2, Buch 1, Titel 3 seines Buches, vgl. *Lorenzen*, Selected Articles, S. 136, 164 (lateinischer Originaltext mit englischer Übersetzung); *Kegel/Schurig*, IPR, S. 176 (deutsche Übersetzung).

245 Übersetzung des dritten Axioms von *Kegel/Schurig*, IPR, S. 176. Vgl. auch *Lorenzen*, Selected Articles, S. 136, 164 (lateinischer Originaltext mit englischer Übersetzung).

246 *v. Bar/Mankowski*, § 6 Rn. 34; *Scherer*, S. 29.

247 *Lorenzen*, Selected Articles, S. 136, 164 (lateinischer Originaltext mit englischer Übersetzung).

248 Vgl. nur *Kahn*, FS Pont, S. 219, 224: „Johannes Voet (…), who needs no further introduction to South African lawyers“; *Hosten/Edwards/Church/Bosman*, S. 332: “(Johannes) Voets influence (…) on South African practice can hardly be overrated”; *Hutchison/van Heerden/Visser/van der Merwe*, S. 24: “(Johannes) Voet is regarded by the South African courts as the supreme authority on the Roman-Dutch law”.

249 Commentarius ad Pandectas, Leiden 1698, Lib. 1, Titel 4 „De Constitutionibus Principum“, Appendix: „De Statutis“.

250 *Kahn*, FS Pont, S. 219, 224 f. Siehe aber *v. Bar/Mankowski*, § 6 Rn. 33, wonach J. Voet anders als sein Vater bereits erkannt hat, dass derselbe Sachverhalt im Konfliktfalle von zwei oder mehr Rechtsordnungen unterschiedlich behandelt werden könne.

rechtliche Einordnung von Mobiliarvermögen und Formvorschriften stets nach lokal geltendem Recht beurteilt.[251]

Johannes Voet beleuchtete dies mit zahlreichen Praxisbeispielen.[252] An vorderster Stelle verwies er auf die alte Kollisionsregel „*mobilia personam sequuntur*".[253] Danach werden bewegliche Sachen fiktiv so behandelt, als hätte sie ihr Eigentümer ständig bei sich.[254] Bewegliche Sachen, so die Argumentation, hätten keinen festen und endgültigen Belegenheitsort und könnten vom Eigentümer jederzeit an sich genommen oder an einen anderen Ort transferiert werden. Auf Basis von *comitas* habe sich deshalb in weltweiter Praxis durchgesetzt, dass bewegliche Sachen im Zweifel als am *domicilium* des Eigentümers belegen fingiert werden und sie deshalb der *lex domicilii*, gleichzeitig Personalstatut des Eigentümers, unterliegen. Das bedeute jedoch nicht, dass Mobilien der *lex rei sitae* gänzlich entzogen seien. Beispielsweise könne der Souverän ihren Export in bestimmten Fällen auch unterbinden oder diese Gegenstände beschlagnahmen. Auch die Qualifikation als Mobiliar- oder Immobiliarvermögen sei nach der *lex rei sitae* vorzunehmen.[255]

2. Bewertung und Schlussfolgerungen

Alle vier Autoren führten mehr oder weniger deutlich Zweckmäßigkeitserwägungen und insbesondere die praktischen Erfordernisse des internationalen Handels und Verkehrs als Gründe an. Diese Einsicht lag nahe zu einer Zeit, in der sich die Niederlande gerade zur Welthandelsmacht entwickelten. Auch spielten die Gesichtspunkte des gerechten Interessenausgleichs, der Rechtssicherheit und des Vertrauensschutzes eine große Rolle. Beide *Voets* betonten, dass nach inländischem

---

251 Vgl. *J. Voet*, 1.4.App. 12, 13 (Gane Vol 1).

252 Siehe *J. Voet*, 1.4.App. 12–22 (Gane Vol 1) und die nachfolgenden Bände (Gane Vol 1–8), passim. Siehe auch *Hepting*, S. 156; *Kahn*, FS Pont, S. 219, 224; *Scherer*, S. 29.

253 Vgl. *J. Voet*, 1.4.App. 12 (Gane Vol 1). Ähnlich, allerdings deutlich knapper und nicht in unmittelbarem Zusammenhang mit comitas auch schon P. Voet/Edwards-*P. Voet*, S. 92 (De Statutis 4.2.8), mit englischer Übersetzung von P. Voet/Edwards-*Edwards/Kriel*, S. 93.

254 In diesem Zusammenhang zitiert *J. Voets* den französischen Statutisten *Dumoulin* (1500–1566). *Dumoulin* qualifizierte Regelungen betreffend Mobiliarvermögen als Realstatuten, die nur aufgrund einer rechtlichen Fiktion als am domicilium ihres Eigentü- mers belegen galten. Anders z.B. *d'Argentre*, nach dessen Ansicht Mobiliarvermögen Personalstatuten unterlagen, vgl. *Lorenzen*, Selected Articles, S. 136, 144 f. Der Ursprung der Kollisionsregel, die später auch von den südafrikanischen Gerichten übernommen wurde, geht auf die Glossatoren zurück, siehe *Forsyth*, S. 40 Fn. 82.

255 *J. Voet* 1.4.App. 11 ff. (Gane Vol 1).

Recht „Wohlbestelltes" nicht „gestört" werden dürfe. Andererseits schwingt in der Begründung von *Johannes Voet* für die Kollisionsregel *mobilia personam sequuntur* unausgesprochen das Argument mit, dass niemand ein schützenswertes Vertrauen in den Bestand von nach der *lex rei sitae* begründeten Rechten haben kann, wenn er sich ständig der Gefahr ausgesetzt sieht, dass der Eigentümer die Sache an sich nimmt und in den Herrschaftsbereich eines anderen Souveräns verbringt. Ähnliches hatte scheinbar *Huber* mit seinem *ordre public*-Vorbehalt im Sinn, der die letzte Entscheidung über den Bestand inländischer Rechte dem Souverän zusprach. Wie noch zu zeigen sein wird, finden sich all diese Erwägungen in der heutigen südafrikanischen Rechtsprechung unter den Schlagworten *comity*, *convenience* und *equity* wieder. Sie geben zwar *comitas* nicht den Charakter einer Kollisionsnorm. Als abstrakter Wertekanon bieten sie aber auch ein Gerüst für die Lösung bisher nicht geklärter Fälle.

Schwieriger ist es mit der Frage, ob mit *comitas* eine verbindliche Anerkennung ausländischen Rechts einhergeht oder ob dies im Einzelfallermessen des mit der Sache befassten Gerichts liegt. Zeitgenossen haben die Wortwahl *Rodenburgs* so verstanden, dass er eine Rechtspflicht zur Anerkennung von ausländischem Recht in bestimmten Fällen annahm.[256] Auch *Hubers* Bezug auf einen stillschweigenden Konsens der Völker untereinander wird verbreitet so gedeutet, dass er eine Rechtspflicht zur Anerkennung ausländischen Rechts aus dem Völkerrecht, einem "stillschweigenden Konsens" der Staaten, ableitete.[257] Lediglich die beiden *Voets* verneinten eine wie auch immer geartete Anerkennungspflicht. Diese Haltung *Voets* wird (nicht nur) in Südafrika bis heute dahin gedeutet, dass *comitas* die Anerkennung ausländischen Rechts letztlich ins Einzelfallermessen des jeweils mit der Sache befassten Gerichts stellt.[258]

Bei genauerer Analyse kommen jedoch Zweifel an diesem Verständnis auf. *Paulus Voet* erkannte bereits das öffentliche Interesse, das jeder Staat an der Anerkennung ausländischen Rechts hat, im Hinblick auf Rechtssicherheit, Billigkeit und eine florierende Wirtschaft.[259] Folglich war für ihn dieses Entgegenkommen auch kein bloßer Akt der Großherzigkeit, sondern resultierte unmittelbar aus den

---

256 So auch *Kahn*, FS Pont, S. 219, 221, der insoweit *Wesel, Paulus* und *Johannes Voet* und *van der Keessel* zitiert. Siehe auch P. Voet/Edwards-*Edwards*, S. 333 m.w.N.

257 *Forsyth*, S. 43; *Kahn*, FS Pont, S. 219, 226; P. Voet/Edwards-*Edwards*, S. 400; *Yntema* AJCL 12 (1963) 474, 480 f.; ders., FS Dölle, S. 65, 80 f. A.A. etwa *Schnitzer*, S. 13; *v. Bar*, Theorie und Praxis des IPR, S. 53. Unentschieden *v. Bar/Mankowski*, § 6 Rn. 36.

258 Siehe Nachweise bei *Kahn*, FS Pont, S. 219, 223 sowie unten, Kap. 4 A.III.

259 Zum Einfluss staatlicher Interessen auf die Bildung des (Internationalen) Privatrechts vgl. *Jansen/Michaels* RabelsZ 71 (2007) 345, 351, 353 ff.

Erfordernissen des internationalen Verkehrs und Handels, *humanitas* und *aequitas*, den Irritationen, der Unsicherheit und Ungerechtigkeiten, welche anderenfalls auf Rechtsbeziehungen und Verträgen im Land- und Seehandel lasteten.[260] Er und später auch sein Sohn *Johannes* begründeten *comitas* also mit faktischen Notwendigkeiten, nicht wie *Huber* und *Rodenburg* mit rechtlichen.[261]

Nachbarschaftliches Miteinander kann außerdem schwerlich zwischen den Gerichten verschiedener Staaten existieren. Die zahlreichen, von den *Voets* festgestellten, anerkannten Regeln, die sich in der Praxis bereits über Jahrhunderte entwickelt hatten, stehen nach ihrem Verständnis nicht zur Disposition der Gerichte. Besonders deutlich wird dies an der jahrhundertealten Kollisionsregel *mobilia personam sequuntur* die von allen vier *comitas*-Vertretern aufgrund der jahrhundertealten Praxis als Anordnung des Souveräns verstanden wurde. Die Gerichte sind im Kollisionsrecht genauso wie auch in den anderen Rechtsbereichen an Recht und Gesetz gebunden.

Schließlich darf der Vernunftsgedanke, der in der Argumentation der beiden *Voets* unausgesprochen mitschwingt, nicht unbeachtet bleiben. Bereits in der Antike galt die menschliche Vernunft als eine unmittelbare Rechtsquelle neben dem positiven Recht. Einer der wohl bekanntesten und einflussreichsten Juristen der Niederlande des 17. Jahrhunderts, *Hugo Grotius*, hat diesen Gedanken wieder aufgegriffen und das Gebot der Vernunft als unmittelbare Rechtsquelle neben dem vom Souverän geschaffenen positiven Recht in den Vordergrund gerückt.[262]

Die überzeugende Ansicht verweist daher darauf, dass *Paulus* und *Johannes Voet* vor allem deswegen immer wieder die Freiwilligkeit hervorhoben, weil sie dem Kollisionsrecht einen wie auch immer gearteten supranationalen Charakter absprechen wollten.[263] Für sie beruhte *comitas* auf der Einsicht des Souveräns selbst, die zwar im Verhältnis zu anderen Herrschern rechtlich unverbindlich war, aber innerhalb seines Herrschaftsbereichs sehr wohl Beachtung verlangte. Nur dort, wo eine neue Rechtsfrage zu entscheiden ist, für die der Souverän noch nichts vorgegeben hat, oder bei der Frage, ob die Anerkennung ausländischen

---

260 Vgl. P. Voet/Edwards-*Edwards*, S. 335 ff., der seine Ausführungen anhand einer dezidierten Analyse zahlreicher Textstellen in den Werken von *P. Voet* belegt. So auch schon *Kahn*, FS Pont, S. 219, 222 f. Vgl. auch *v. Bar/Mankowski*, § 6 Rn. 31.

261 Vgl. P. Voet/Edwards-*Edwards*, S. 349, zu *P. Voet*. Die Argumentationslinie der beiden *Voets* hat sich im Kern nicht nur im südafrikanischen Recht, sondern auch im deutschen und europäischen Recht bis heute gehalten, vgl. *Adolphsen*, FS Uni Gießen, S. 87, 93 m.w.N.

262 Dazu *Braun*, S. 268 f.

263 *Kahn*, FS Pont, S. 219, 223, m.w.N.

Rechts gegen die Außenpolitik des Staates verstoßen würde, wird dem Richter ein in den Grenzen des geltenden Rechts auszuübendes Ermessen eingeräumt.[264] Dabei dürften im Sinne des Souveräns insbesondere auch die oben beschriebenen allgemeinen Erwägungen für *comitas* zu berücksichtigen sein.

II. Universalität und Einheit des Insolvenzverfahrens

1. Grundsatz

Auf dem *comitas*-Gedanken beruht auch das Leitbild des südafrikanischen *common law*, wonach ein Insolvenzverfahren grundsätzlich universal, d.h. unter Einbeziehung des weltweiten Vermögens, und einheitlich durchgeführt werden sollte.

Bereits das römisch-holländische Insolvenzrecht sah ein Insolvenzverfahren unter Einbeziehung des weltweiten Vermögens vor,[265] was in der Praxis offenbar immer wieder zu Kompetenzkonflikten mit ausländischen Gerichten führte. Den daraus resultierenden Problemen für die Gläubigergleichbehandlung und für eine effiziente Verfahrensdurchführung wurde teilweise durch bilaterale Verträge begegnet.[266] Analog zu den bilateralen Regelungen traten die beiden *Voets* auch im autonomen römisch-holländischen Internationalen Insolvenzrecht für

---

264 Vgl. *Kahn*, FS Pont, S. 219, 223, 225, mit Hinweis auf *P. Voet*, De Mobilium et Immobilium Natura, Modo Academico et Forensi ad Edidentiorem Juris Statuarii Intellectum Strictum Proposita (Utrecht 1666), 12.2. und *J. Voet*, 1.4.App. 12, 15. Wie *Kahn* auch P. Voet/Edwards-*Edwards*, S. 349 f.; *Forsyth*, S. 44.

265 Vgl. *van Leeuwen*, S. 332 („Cession of estate is a voluntary surrender of *all* one's property ..."); *J. Voet*, 42.3.7 (Gane Vol 6), insoweit ausdrücklich das römische Recht und *Grotius*, 3.51.4. und *van Leeuwen*, Censura Forensis (1685), 1.4.46.10 a.E. bestätigend. Ferner Jabez/Livermore-*Jabez*, S. 155.

266 So weist *Johannes Voet* an verschiedenen Stellen auf ein Abkommen hin, das am 18. April 1689 von den niederländischen Provinzen Holland und Utrecht unterzeichnet wurde Vgl. *J. Voet*, 20.4.12. (Gane Vol 3); Jabez/Livermore-*Jabez*, S. 155 f., der allerdings ein anderes Datum (31.10.1687) für das Abkommen nennt. Gemeint ist aber wohl dasselbe, da der dort zitierte Inhalt mit dem bei *J. Voet* identisch ist und auch auf die zitierte Stelle bei *J. Voet* verwiesen wird. Das Abkommen wurde später von südafrikanischen Gerichten rechtsvergleichend herangezogen, siehe *Trustee of Howse, Sons & Co. v Trustees of Howse, Sons & Co* (1884) 3 SC 14, 22; *Ex Parte BZ Stegmann* 1902 TS 40, 54 f. Zu dem Abkommen auch *Nadelmann* UPaLRev 93 (1944) 58, 62. Siehe ferner *Israël*, S. 42 f., zu einem entsprechenden Abkommen zwischen der südholländischen Stadt Dordrecht und Schottland aus dem Jahre 1668.

ein weltweit einheitliches *concursus creditorum* ein.[267] Getreu dem *comitas*-Gedanken galt es einen Wettlauf der Gläubiger um das im Ausland belegene Vermögen zu verhindern und die Gläubigergleichbehandlung unter Einbeziehung des gesamten in- und ausländischen Vermögens des Schuldners zu gewährleisten. Die Schwierigkeiten und das Chaos, denen sonst die Gläubiger in der Insolvenz ihres Schuldners ausgesetzt gewesen wären, hätten dem nationalen und internationalen Handel geschadet.[268]

Die südafrikanische Rechtsprechung hat diesen Ansatz übernommen und führt *comity*, Zweckmäßigkeit (*convenience*) sowie Billigkeit (*equity*) als maßgebliche Kriterien für die Anerkennung ausländischer Insolvenzverfahren an.[269] Im Interesse des internationalen Handelsverkehrs bekennt sich die südafrikanische Rechtsprechung seit jeher zum Grundsatz der Einheit des Insolvenzverfahrens über die Grenzen souveräner Staaten hinaus.[270] Es gehe um die Verwirklichung des insolvenzrechtlichen Prinzips der Gläubigergleichbehandlung auf internationaler Ebene. Hierzu wird es grundsätzlich für geboten gehalten, in Bezug auf ein und denselben Schuldner ein einheitliches *concursus creditorum* weltweit durchzuführen.[271] Einen außerhalb des ausländischen Insolvenzverfahrens drohenden Wettlauf der Gläubiger um das in Südafrika belegene Schuldnervermögen gelte es zu verhindern. Es sei ungerecht, dass einzelne Gläubiger, die zufällig schneller als andere einen Vollstreckungstitel erwirkt haben, zulasten der anderen Gläubiger

---

267 *J. Voet*, 42.7.2. (Gane Vol 6); 20.4.12 (Gane Vol 3); P. Voet/Edwards-*P. Voet*, S. 196, 198, (De Statutis 9.2.18), mit englischer Übersetzung von P. Voet/Edwards-*Edwards/Kriel*, S. 197, 199, jeweils m.w.N.; *Rodenburg*, Tractatus de jure conjugum, Utrecht 1653, 2.5.16. (zit. nach *Meili*, S. 29). Wie die beiden *Voets* z.B. auch *Antonius Matthaeus*, De Auctionibus, 1.21.38 (zit. nach Jabez/Livermore-*Jabez*, S. 128 f.). Diese Auffassung lässt sich im Ansatz auch bei *Rodenburg* nachweisen, vgl. allgemein dazu *Hanisch*, FS Merz, S. 159, 166; *Meili*, S. 26–31.

268 Vgl. auch Jabez/Livermore-*Jabez*, S. 127 ff. Generell zu den negativen Begleiterscheinungen eines uneinheitlichen Insolvenzverfahrens *Müller-Freienfels*, FS Dölle, 359, 383 f.

269 Vgl. *Perrin v Turton* 1878 Kotzè 25, 27, im Anschluss an ein Diktum des schottischen Court of Session.

270 *Ward v Smit: In re Gurr v Zambia Airways Corporation Ltd* 1998 (3) SA 175 (A) 179G–I; *Trustee of Howse, Sons & Co v Trustees of Howse, Sons & Co; Jocelyne v Shearer & Hine* (1884) 3 SC 14, 20.

271 *Ward v Smit: In re Gurr v Zambia Airways Corporation Ltd* 1998 (3) SA 175 (A) 179G–I; *Ex Parte Palmer NO: In re Hahn* 1993 (3) SA 359 (C) 365D–F; *Trustee of Howse, Sons & Co v Trustees of Howse, Sons & Co; Jocelyne v Shearer & Hine* (1884) 3 SC 14, 20.

volle Befriedigung an dem Vermögen erlangten, das fairerweise gleichmäßig unter allen Gläubiger hätte aufgeteilt werden sollen.[272]

2. Einschränkungen

Zu diesem Grundsatz gibt es wichtige Einschränkungen. Schon die römisch-holländischen Juristen machten Inlandswirkungen ausländischer Insolvenzverfahren davon abhängig, dass nicht viel „Wohlbestelltes“ nach inländischem Recht gestört werde. Im Anschluss daran trifft auch die südafrikanische Rechtsprechung regelmäßig umfangreiche Anordnungen zum Schutz inländischer Gläubigerrechte, insbesondere zur Anwendbarkeit inländischen Insolvenzrechts. Hierauf wird an anderer Stelle noch zurückzukommen sein.

Auch waren zumindest im alten römisch-holländischen Recht Partikularinsolvenzverfahren denkbar, die sich auf das inländische Vermögen beschränkten. Die *cessio bonorum* wurde nämlich auch Ausländern gewährt, unabhängig davon, ob der betreffende Schuldner zum Zeitpunkt der Antragstellung in Holland lebte.[273] In diesen Fällen muss es also möglich gewesen sein, dass ein holländisches Gericht (nicht das Gericht am *domicilium* des Schuldners) über den Antrag entscheidet, dort der *curator* bestellt wird und dieser das inländische Vermögen verwertet. Die Wirkungen eines solchen inländischen Verfahrens erstreckten sich jedoch nicht auch auf ausländisches – bewegliches oder unbewegliches – Vermögen, da nach der *comitas*-Doktrin nur das Insolvenzverfahren am *domicilium* des Schuldners grenzüberschreitende Wirkung haben konnte.[274]

Für das südafrikanische Recht gibt es noch keine entsprechenden Stellungnahmen. Allein der CBIA sieht solche Partikularinsolvenzverfahren bei vorhandenem inländischen Vermögen vor.[275]

III. Zusammenfassung

Auch die tragenden Prinzipien des südafrikanischen Internationalen Insolvenzrechts sind geschichtlich tief verwurzelt. Sein rechtstheoretisches Fundament bildet

---

272 *Re African Farms Ltd* 1906 TS 373, 387 f.

273 Vgl. *J. Voet*, 42.3.1 (Gane Vol 6); generell zur Gleichberechtigung von In- und Ausländern auch *Grotius*, 1.13.3. Streitig war lediglich, ob hierfür die Gegenseitigkeit verbürgt sein musste, siehe insoweit auch Jabez/Livermore-*Jabez*, S. 159 f.

274 Vgl. oben, I.

275 Siehe section 28 CBIA.

noch immer die *comitas*-Lehre, die im 17. Jahrhundert von römisch-holländischen Juristen entwickelt wurde. Deren Grundgedanken fließen über die von der südafrikanischen Rechtsprechung der Rechtshilfe in grenzüberschreitenden Insolvenzsachen regelmäßig zugrunde gelegten Maßstäbe *comity*, *convenience* und *equity* in die Entscheidungsfindung ein. Auf der *comitas*-Lehre beruht insbesondere der von der südafrikanischen Rechtsprechung aus dem römisch-holländischen Recht übernommene Grundsatz der Universalität und Einheit des Insolvenzverfahrens. Danach umfassen Insolvenzverfahren grundsätzlich das weltweite Vermögen des Schuldners und sind weltweit einheitlich durchzuführen. Wichtige Einschränkungen gelten insoweit zugunsten inländischer Gläubigerrechte. Auch Partikularinsolvenzverfahren scheinen zulässig zu sein, obwohl es hierzu bisher keine expliziten Stellungnahmen gibt.

Kapitel 2: Internationale Zuständigkeit

A. Kriterien für die Zuständigkeitsbestimmung

Es wurde oben schon darauf hingewiesen, dass das südafrikanische Internationale Privatrecht deutlich weiter entwickelt ist, als das Internationale Insolvenzrecht. Das macht sich auch bei der Frage der Internationalen Zuständigkeit bemerkbar.

Unter internationaler Zuständigkeit versteht man im Internationalen Insolvenzrecht die Zuweisung der Kompetenz für die Eröffnung und Durchführung eines Insolvenzverfahrens an einen Staat als solchen. Durch die Ausgestaltung der internationalen Zuständigkeit konkretisiert ein Staat die inländischen Bezugspunkte, bei deren Vorliegen die eigenen Gerichte eine Sachentscheidung über die Eröffnung eines (inländischen) Insolvenzverfahrens treffen dürfen und müssen (Eröffnungszuständigkeit). Umgekehrt ergibt sich aus den Regeln über die internationale Zuständigkeit auch, unter welchen Voraussetzungen ein Staat den Gerichten eines anderen Staates von der Warte des eigenen Rechts die Sachentscheidung über die Eröffnung eines (ausländischen) Insolvenzverfahrens zubilligt und sich seinen eigenen Gerichte deshalb zu enthalten haben (Anerkennungszuständigkeit).[276] Gleichzeitig wird damit einer aus inländischer Sicht überbordenden Zuständigkeitsanknüpfung ausländischer Staaten Einhalt geboten.[277] Die internationale Zuständigkeit dient also aus Sicht des regelnden Staates der Abgrenzung zu den Souveränitätsrechten anderer Staaten.[278]

Anders als im südafrikanischen Internationalen Privatrecht, wo die internationale Zuständigkeit (*international jurisdiction*) mittlerweile fest verwurzelt ist,[279] wird dieser Terminus im Internationalen Insolvenzrecht bisher nicht verwendet. Das bedeutet indes nicht, dass die internationale Zuständigkeit hier irrelevant wäre.

---

276 *Carstens*, Die internationale Zuständigkeit, S. 13; KPB-*Adolphsen*, Bd. 2, § 147, Anh. II A, Rn. 34. Man spricht deshalb auch von staatlicher Zuständigkeit, *Geimer*, IZPR, Rn. 845.

277 Zu diesem Regelungszweck der internationalen Zuständigkeit allgemein *Adolphsen*, Internationales Zivilprozessrecht in Patentsachen, § 7 Rn. 193 ff.

278 KPB-*Adolphsen*, Bd. 2, § 147, Anh. II A, Rn. 35, mit Hinweis auf die BGH-Rechtsprechung.

279 Siehe nur *Forsyth* (2006) 18 SA Merc LJ 1, m.w.N.

So werden nach dem *common law* regelmäßig nur solche ausländische Insolvenzverfahren in Südafrika mit Wirkung auf das inländische Vermögen anerkannt, die vom Domizilgericht eröffnet wurden. Nach dem CBIA können grundsätzlich nur solche ausländischen Insolvenzverfahren das inländische Vermögen erfassen, die am Mittelpunkt der hauptsächlichen Interessen des Schuldners eröffnet wurden. Beides impliziert eine Zuständigkeitsprüfung des Eröffnungsstaates, auch wenn dies nicht ausdrücklich so erwähnt wird.

Da die internationale Zuständigkeit für Insolvenzverfahren im südafrikanischen Recht bisher noch nicht theoretisch analysiert wurde, wird auch im Übrigen neben den allgemeinen Regeln zum südafrikanischen Internationalen Zuständigkeitsrecht auf die weltweiten Erkenntnisse zum Internationalen Insolvenzrecht zurückzugreifen sein.

I. Hauptinsolvenzverfahren *versus* Partikularinsolvenzverfahren

1. Unterscheidung auch im südafrikanischen Recht

Im Internationalen Insolvenzrecht wird heute grundsätzlich zwischen Hauptinsolvenzverfahren und Partikularinsolvenzverfahren unterschieden. Diese Unterscheidung findet sich sowohl in der EuInsVO als auch im UNCITRAL Modellgesetz. Hauptinsolvenzverfahren sind solche mit universalen Wirkungen („Universalverfahren"), die also das weltweite Schuldnervermögen umfassen. Dagegen handelt es sich bei Partikularinsolvenzverfahren um solche mit territorial begrenzten Wirkungen („Territorialverfahren").[280] Ein Partikularinsolvenzverfahren, das zusätzlich zu einem Hauptinsolvenzverfahren eröffnet wird, wird auch als Sekundärinsolvenzverfahren bezeichnet.[281]

Auch das südafrikanische Recht ordnet grenzüberschreitende Insolvenzverfahren prinzipiell in Haupt- und Partikularinsolvenzverfahren. Für das *common law*

---

280 Zur Terminologie vgl. *Hanisch*, FS Nakamura, S. 221, 225 ff.; MünchKommInsO-*Reinhart*, Bd. 3, Vor §§ 335 ff. Rn. 19 ff., Rn. 27 ff.; *Weller* ZHR 169 (2005), 570, 574 ff., jeweils m.w.N. Zu den beiden Grundprinzipien Universalität und Territorialität, die jahrzehntelang die Diskussion im Internationalen Insolvenzrecht dominiert haben, siehe Kölner Schrift-*Paulus*, Kap. 46, Rn. 5 ff.; MünchKommInsO-*Reinhart*, Bd. 3, Vor §§ 335 ff., Rn. 19 ff., jeweils m.w.N.

281 Vgl. Erwägungsgrund 17 S. 3 EuInsVO i.V.m. Art. 3 Abs. 3 S. 1 i.V.m. Art. 3 Abs. 2 EuInsVO; §§ 354, 356 InsO.

sei an dieser Stelle *Innes CJ* mit seinem auch in anderer Hinsicht wegweisenden Dictum zitiert:

> „*The general rule is that the court of the domicile should direct the main sequestration, and that all other decrees should be ancillary or subsidiary to the main degree of sequestration.*"[282]

Mit der Übernahme des UNCITRAL Modellgesetzes in den CBIA hat die Unterscheidung zwischen Haupt- und Partikularinsolvenzverfahren auch Eingang in die südafrikanische Gesetzgebung gefunden.

2. Bedeutung bei der internationalen Zuständigkeitsbestimmung

Die Ermittlung der Kriterien für die internationale Zuständigkeit lässt sich im Internationalen Insolvenzrecht nicht sinnvoll von der Frage trennen, ob es sich bei dem zu eröffnenden Verfahren um ein Haupt- oder Partikularinsolvenzverfahren handeln soll. Der Grund ist die enge Verknüpfung zwischen Verfahrensrecht und materiellem Recht im Insolvenzrecht.[283] Wie oben festgestellt leitet nämlich die Eröffnungsentscheidung ein *concursus creditorum* ein. Dessen Wirkungsweise hat die *Appellate Division* in einem frühen Dictum wie folgt beschrieben:

> „*The sequestration order crystallizes the insolvent's position; the hand of the law is laid upon the estate, and once the rights of the general body of creditors have to be taken into consideration. No transaction can thereafter be entered into with regard to estate matters by a single creditor to the prejudice of the general body. The claim of each creditor must be dealt with as it existed at the issue of the order.*"[284]

Das *concursus creditorum* geht also mit einer unmittelbaren Beschlagswirkung für das Vermögen des Schuldners einher und unterwirft sämtliche Gläubiger mit ihren Rechten am Schuldnervermögen einheitlich dem Regime des Insolvenzrechts. Aus Gründen der Rechtssicherheit muss deshalb sowohl für den Schuldner als auch für die Gläubiger vorhersehbar sein, ob die Gerichte des einen oder anderen Staates

---

282 *Re Estate Morris* 1907 TS 657, 668. Explizit auch *Smit v Abrahams* [1992] 4 All SA 238 (C) 259 (5): „(O)nly the Court of the debtor's domicile can in general make an order with international effect for the sequestration of his estate, although other Courts can make sequestration orders which have operation in their own areas of jurisdiction."

283 Vgl. *Boraine/Evans*, The Law of Insolvency and the Bill of Rights, 4A1; Kölner Schrift-*Paulus*, Kap. 46 Rn. 37; MünchKommInsO-*Reinhart*, Bd. 3, Vor §§ 335 ff., Rn. 32.

284 *Innes CJ* in *Walker v Syfret* 1911 AD 141, 166.

über ein universales oder territoriales *concursus creditorum* entscheiden können. Vor diesem Hintergrund wird auch in den Zuständigkeitsnormen der EuInsVO zwischen der internationalen Zuständigkeit für Hauptinsolvenzverfahren und der internationalen Zuständigkeit für Partikularinsolvenzverfahren differenziert.[285]

3. Ausschließlichkeit des Hauptinsolvenzverfahrens

Aus dem oben bereits beschriebenen Grundprinzip der Universalität und Einheit des Insolvenzverfahrens folgt auch für das südafrikanische Recht, dass die internationale Zuständigkeit für die Eröffnung eines Hauptinsolvenzverfahrens grundsätzlich nur einem Staat zustehen sollte.[286] Bei mehreren parallel stattfindenden Hauptinsolvenzverfahren droht ansonsten ein Wettlauf der Insolvenzverwalter um die weltweite Masse, was einer geordneten weltweiten Verfahrensabwicklung und damit den Interessen der Gläubigergesamtheit entgegenstehen würde. An sonstigen noch vorgesehenen Gerichtständen sollten daher allenfalls territorial begrenzte Partikularinsolvenzverfahren zulässig sein.[287]

Dies gilt es vorliegend mit Blick auf die oben beschriebene asynchrone Entwicklung des Internationalen Insolvenzrechts, des Insolvenzsachrechts und des Internationalen Privatrechts in Südafrika besonders zu beachten. Im Gegensatz zum römisch-holländischen Insolvenzsachrecht hält die kodifizierte, südafrikanische Fassung mehrere gleichrangige örtliche Gerichtsstände bereit. Diese sind im Zweifel auch für die internationale Zuständigkeit maßgeblich.[288] Bei konsequenter Anwendung des Grundsatzes der Singularität kann an maximal einem der vom Insolvenzsachrecht vorgesehenen Gerichtsstände ein Hauptinsolvenzverfahren eröffnet werden, während die übrigen Gerichtsstände nur für die Eröffnung von Partikularinsolvenzverfahren in Betracht kommen.

---

285 Vgl. Erwägungsgrund 12 EuInsVO sowie für Hauptinsolvenzverfahren Art. 3 Abs. 1 i.V.m. mit Art. 27 S. 1 EuInsVO und für Partikularinsolvenzverfahren Art. 3 Abs. 2, Abs. 4 EuInsVO. Vgl. auch §§ 354, 356 InsO, die die inländische Zuständigkeit für Partikular- bzw. Sekundärinsolvenzverfahren bei ausländischer Zuständigkeit für Hauptinsolvenzverfahren regeln.

286 Siehe auch *Müller-Freienfels*, FS Dölle, 359, 384.

287 So bereits das oben zitierte Dictum von *Innes CJ* in *Re Estate Morris* 1907 TS 657, 668. Allgemein dazu auch *Hanisch*, ZIP 1994, 1 ff.

288 Vgl. *Forsyth*, S. 272 ff.; *Schoeman/Roodt*, Anm. 237 ff. Siehe dazu auch *Bisonbord Ltd v K Braun Woodworking Machinery (Pty) Ltd* (Supreme Court of Appeal, Case No 384/88, 10 September 1990), saflii, passim; *Ex parte LaMonica v In re Eastwind Development SA (Baltic Reefers Management Ltd intervening)* [2010] JOL 24783 (C) Rn. 19.

II. Doctrine of effectiveness

Bei der Auswahl des internationalen Gerichtsstands für das Hauptinsolvenzverfahren gelten die allgemeinen Grundsätze des südafrikanischen Zuständigkeitsrechts.

Dieses wurzelt in den beiden römischen Maximen *extra territorium ius dicenti impune non paretur* und *actor sequitur forum rei.*[289] Nach der zivilprozessualen Maxime *actor sequitur forum rei* hatte der Kläger den Beklagten grundsätzlich an dessen allgemeinen Gerichtstand zu verklagen.[290] Gemäß dem Grundsatz *extra territorium ius dicenti impune non paretur* war zudem die Gerichtsgewalt der römischen Stadtgemeinden auf deren Gebiet beschränkt. Dort erwirkte Urteile konnten auch nur dort durchgesetzt werden.[291]

Diese beiden Grundsätze bilden die Eckpfeiler der für das südafrikanische Zuständigkeitsrecht maßgeblichen Effektivitätsdoktrin (*doctrine of effectiveness*).[292] Die Effektivitätsdoktrin richtet die Zuständigkeit der Gerichte an deren tatsächlichen Befähigung aus, über einen Antrag nicht nur entscheiden zu können, sondern die Entscheidung auch im Wege der Zwangsvollstreckung wirksam durchzusetzen.[293] In Fällen, in denen das Urteil möglicherweise im Ausland vollstreckt werden muss, bedarf auch dieser Gesichtspunkt besonderer Berücksichtigung.[294] Die Auswahl und Auslegung der Zuständigkeitsanknüpfungspunkte muss stets vor dem gedanklichen Hintergrund der Effektivitätsdoktrin erfolgen.[295]

Für die Zuständigkeitsbestimmung im Internationalen Insolvenzrecht ist deshalb die Ausgangsüberlegung, ob das Gericht hinreichende (nicht notwendigerweise territoriale oder physische) Kontrolle über den Insolvenzschuldner selbst oder dessen Vermögen ausübt.[296] Ferner muss berücksichtigt werden, dass es

---

289 *Eiselen* (2006) 18 SA Merc LJ 45, 46; *Forsyth*, S. 169 f.; *Schoeman/Roodt*, Anm. 238.

290 *Kaser/Hackl*, S. 246; *v. Savigny*, S. 72.

291 *Kaser/Hackl*, S. 243. Ab etwa dem 2. Jahrhundert war fast das gesamte römische Reich verfassungsrechtlich in Stadtgemeinden aufgeteilt. Eine Stadtgemeinde umfasste nicht nur das Stadtgebiet selbst, sondern auch die zugehörigen Dörfer und Einzelhöfe, vgl. *v. Savigny*, S. 45, 59. Die Stadtgemeinden bildeten somit die zentrale Gebietskörperschaft der römischen Staatsorganisation.

292 *Eiselen* (2006) 18 SA Merc LJ 45, 46; *Forsyth*, S. 170; *SchoemanRoodt*, Anm. 239. Siehe auch *J. Voet*, 2.1.1 (Gane Vol 1).

293 *Moodley v Nedcor Bank Ltd* (Supreme Court of Appeal, Case No 85/06, 27 March 2007), saflii, Rn. 9; *Estate Agents Board v Lek* 1979 (3) SA 1048 (A) 1063H.

294 *Schoeman/Roodt*, Anm. 242.

295 Vgl. *SchoemanRoodt*, Anm. 246; *Harms*, Civil Procedure, A4.8.

296 Vgl. allgemein zum Internationalen Zivilprozessrecht *Schoeman/Roodt*, Anm. 239; *Forsyth*, S. 171; *Eiselen* (2006) 18 SA Merc LJ 45, 46.

sich bei dem Insolvenzverfahren um ein Gesamtvollstreckungsverfahren unter Beteiligung aller Gläubiger handelt. Anhand der Effektivitätsdoktrin muss also gemessen werden, ob das Gericht über hinreichende Wirkungsmacht verfügt, um ein weltweites *concursus creditorum* praktisch durchzuführen und die Ziele des Insolvenzverfahrens zu erreichen.[297]

Überdies besteht heute Einigkeit, dass Durchsetzungseffizienz nicht als allein maßgebliches Kriterium für die Begründung der internationalen Zuständigkeit taugt.[298] Die Effektivitätsdoktrin wird daher um weitere Faktoren ergänzt, insbesondere Zweckmäßigkeits- (*convenience*), Vernunfts- (*common sense*) und Billigkeitserwägungen.[299] Im Insolvenzrecht sollte mit diesen Instrumenten der Ort bestimmt werden, an dem die teilweise gegenläufigen Interessen der Gläubiger, des Schuldners und der Allgemeinheit optimal in Einklang mit den o.g. Zielen des Insolvenzverfahrens gebracht werden können.[300] Das schließt wiederum die Entscheidung ein, unter welchen Voraussetzungen an welchem Ort ein Partikularinsolvenzverfahren oder parallel zu einem bereits eröffneten Hauptinsolvenzverfahren ein Sekundärinsolvenzverfahren zulässig sein soll.[301]

III. Spiegelbildprinzip

1. Bedeutung im vorliegenden Zusammenhang

Im Gegensatz zum umgekehrten Fall der Anerkennung ausländischer Insolvenzverfahren in Südafrika sind die mit der Eröffnung eines südafrikanischen Insolvenzverfahrens einhergehenden weltweiten Wirkungen bis heute kaum geklärt.

Die Frage, in welchem Staat aus südafrikanischer Sicht ein internationales *concursus creditorum* stattfinden soll, stellt sich jedoch gleichermaßen für inländische wie ausländische Insolvenzverfahren. Insbesondere reicht es für inländische

---

297 Vgl. insoweit die Erwägungen zur Zuständigkeit in grenzüberschreitenden Zivilsachen *Jamieson v Sabingo* (Supreme Court of Appeal, Case No 329/2000, 27 March 2002), saflii, Rn. 21 ff.

298 Vgl. *Tsung v Industrial Development Corp of SA Ltd* (Supreme Court of Appeal, Case No 79/05, 23 March 2006), saflii, Rn. 6; *Eiselen*, (2006) 18 SA Merc LJ 45, 46; *Forsyth*, S. 171; *Harms*, Civil Procedure, A4.8.

299 Vgl. *Cameron/De Waal/Wunsh/Solomon/Kahn*, S. 648 f.; Corbett/Hofmeyr/Kahn-*Kahn*, S. 587 f.; *Schoeman/Roodt*, Anm. 241 ff.

300 Zu den Interessen, die bei der Entwicklung von Zuständigkeitsnormen Berücksichtigung finden sollten, siehe *Carstens*, Die internationale Zuständigkeit, S. 14 ff.

301 *Carstens*, Die internationale Zuständigkeit, S. 16.

Insolvenzverfahren nicht aus, dass am Ende der jeweilige Anerkennungsstaat nach seinem eigenen souveränen Recht über die Universalität oder Territorialität des inländischen Insolvenzverfahrens entscheiden wird. Es folgt bereits begrifflich, dass nur die tatsächlich beanspruchte weltweite Geltung des inländischen Insolvenzverfahrens anerkannt werden kann. Insoweit kommt es also sowohl auf die Sicht des anerkennenden Staates als auch auf die Sicht des Staates an, in dem (wie vorliegend in Südafrika) das Verfahren eröffnet wurde.[302] Darüber hinaus muss aber auch aus Gründen der Rechtssicherheit für die Beteiligten klar sein, ob das inländische Insolvenzrecht weltweite Wirkungen beansprucht.

Das gilt insbesondere bei Anfechtungsklagen zur Rückführung von Gegenständen, die kurz vor oder nach Verfahrenseröffnung aus dem Inland ins Ausland verbracht wurden.[303] Bei parallel stattfindenden in- und ausländischen Verfahren drohen kostspielige Kompetenzkonflikte zwischen den jeweiligen Insolvenzverwaltern, die letztlich zu Lasten der Gläubigergesamtheit gehen. Insoweit bedarf es einer Abgrenzung der Aktivlegitimation anhand der Massezugehörigkeit des Anfechtungsgegenstandes.[304] Schließlich ist mit der Frage der Massezugehörigkeit auch die Frage des anwendbaren Insolvenzanfechtungsrechts verknüpft. Der Anfechtungsgegner hat ein schutzwürdiges Interesse an einer klaren Zuordnung. Es darf ihm nicht zum Nachteil gereichen, dass die Insolvenz in parallelen Verfahren abgewickelt wird und er deshalb der Rechtsverfolgung mehrerer konkurrierender Insolvenzverwalter nach unterschiedlichen Insolvenzanfechtungsstatuten ausgesetzt ist.[305]

Sachliche Gründe, die eine Differenzierung zwischen den Kriterien für die internationale Eröffnungs- und Anerkennungszuständigkeit erforderlich machten, sind nicht ersichtlich. Es liegt daher nahe, dass für die internationale Zuständigkeit inländischer und ausländischer Gerichte spiegelbildlich die gleichen Kriterien gelten. Dennoch ist diese, aus deutscher Sicht selbstverständlich scheinende, Schlussfolgerung im internationalen Vergleich keineswegs die Regel. Gerade in angloamerikanisch geprägten Jurisdiktionen werden die Inlandswirkungen ausländischer

---

302 Vgl. *Fletcher*, Insolvency in PIL, Rn. 2.62; Kölner Schrift-*Paulus*, Kap. 46 Rn. 7 i.V.m. Rn. 33; MünchKommInsO-*Reinhart* (1. Auflage), Bd. 3, vor Art. 102 EGInsO Rn. 25. In diesem Sinne wohl auch *Van Heerden's Trustee v Glatt* (1909) 26 SC 592, 597.

303 Ein sehr anschauliches Beispiel hierfür ist der vor wenigen Jahren über mehrere Instanzen geführte Prozess *Sackstein NO v Proudfoot SA (Ltd)*, dazu ausführlich unten, Kap. 7 C.V.2. Siehe auch *Van Heerden's Trustee v Glatt* (1909) 26 SC 592, 597; ferner *Kolmann*, FS Spiegelberger, S. 796, 804 ff., zur BenQ-Insolvenz.

304 *Kolmann*, FS Spiegelberger, S. 796, 804.

305 *Kolmann*, FS Spiegelberger, S. 796, 804; dazu noch unten, Kap. 7 C.V.3. und 4.

Verfahren regelmäßig restriktiver beurteilt, als die Auslandswirkungen inländischer Verfahren.[306] Auch im allgemeinen südafrikanischen Internationalen Privatrecht gelten unterschiedliche Regeln für die Internationale Anerkennungs- und Entscheidungszuständigkeit.[307]

Die Gültigkeit des Spiegelbildprinzips bedarf daher für das südafrikanische Internationale Insolvenzrecht einer genaueren Betrachtung.

2. Gesetzliche Regelungen

Unterschiede könnten sich vorliegend einmal mehr aus dem Nebeneinander und dem unterschiedlichen Entwicklungsstand des südafrikanischen *common law* zum Internationalen Insolvenzrecht und dem kodifizierten Insolvenzsachrecht ergeben. Sowohl nach dem *Insolvency Act* als auch nach dem *Companies Act* kommen nämlich für die Eröffnung eines Insolvenzverfahrens mehrere gleichberechtigte Gerichtsstände in Betracht, die teilweise vom *common law* abweichen. Fraglich ist, ob der Gesetzgeber damit auch die internationale Zuständigkeit südafrikanischer Gerichte für Universalinsolvenzverfahren geregelt hat.

(a) Insolvency Act

Zu den Wirkungen des Eröffnungsbeschluss nach dem *Insolvency Act* heißt es in *section* 20 (1) (a) IA:

> „*The effect of the sequestration of the estate of an insolvent shall be to divest the insolvent of his estate and to vest it in the Master until a trustee has been appointed, and, upon the appointment of a trustee, to vest the estate in him.*“

Die *sequestration order* bewirkt also, dass der Schuldner das Eigentum an seinem „*estate*“ verliert, das zunächst auf den *Master* und nach Bestellung des

306 Siehe z.B. zum englischen Recht *Fletcher*, Insolvency in PIL, Rn. 2.63 ff., 3.62, mit kritischen Anmerkungen unter Rn. 2.108 ff., 3.95 f. Ähnliche Widersprüche bestehen rechtshistorisch bedingt auch in anderen common law-Jurisdiktionen.

307 Die Durchbrechung des Spiegelbildprinzips, wonach die Regeln über die örtliche Zuständigkeit auch für die internationale Zuständigkeit der eigenen und bei bei der Anerkennung ausländischer Gerichtsentscheidungen spiegelbildlich für die internationale Zuständigkeit ausländischer Gerichte maßgeblich sind, hat in Deutschland zu Diskussionen um die Verbürgung der Gegenseitigkeit in Südafrika geführt. Siehe dazu BGH, Urt. v. 9.7.1969 – VIII ZR 185/7, MDR 1969, 922 ff.; *Schütze* IPRax 2010, 428, 429. Die Durchbrechung des Spiegelbildprinzips wird auch in Südafrika zunehmend als sachlich nicht gerechtfertigt kritisiert, vgl. *Forsyth* (2006) 18 SA Merc LJ 1; ferner *ders.*, S. 391 f.

Insolvenzverwalters auf diesen übergeht.[308] Die Regelung in *section* 20 (1) (a) IA muss im Zusammenhang mit der Legaldefinition des Begriffes „*estate*“ gesehen werden. Nach der Legaldefinition ist damit das gesamte Vermögen des Schuldners gemeint, wo auch immer es sich innerhalb Südafrikas befindet (“*wherever situated within the Republic*”).[309]

Dieser Wortlaut könnte dahingehend verstanden werden, dass die Eröffnung des Insolvenzverfahrens nach dem *Insolvency Act* nur das in Südafrika belegene Vermögen umfasse. Zwingend ist dieses Verständnis indes nicht, weil die Legaldefinition zwar positiv das gesamte Vermögen in Südafrika umfasst, nicht aber negativ das ausländische Vermögen ausschließt. Gegen eine solche Auslegung hin zu einer territorial begrenzten Wirkung einer *sequestration order* könnten die historischen Umstände sprechen, unter denen die Legaldefinition geschaffen wurde. Der Gesetzgeber hat die Legaldefinition des *Insolvency Act* weitgehend unverändert aus dem *Insolvency Act 32 of 1916* übernommen.[310] Der *Insolvency Act 32 of 1916* wiederum war die erste einheitliche Insolvenzrechtskodifikation für alle vier englischen Kolonien, die sich 1910 zur Südafrikanischen Union zusammengeschlossen haben. Bis zu dieser Rechtsvereinheitlichung hatte jede der aus den Kolonialgerichten hervorgegangenen Provinz- und Lokalabteilungen des *South African Supreme Court* nur territorial begrenzte Eröffnungszuständigkeit unter den fortgeltenden kolonialen Insolvenzgesetzen.[311]

Vor diesem Hintergrund wollte der Gesetzgeber die Wirkungen des Eröffnungsbeschlusses wohl nicht einschränken, sondern lediglich über den eigentlichen Zuständigkeitsbereich des mit der Sache befassten Gerichts hinaus ausdehnen. Zum Internationalen Insolvenzrecht hat sich der Gesetzgeber nicht explizit geäußert. Mangels anderweitiger gesetzlicher Vorgaben sind die Auslandswirkungen eines Eröffnungsbeschlusses nach dem *Insolvency Act* daher ausschließlich nach dem *common law* zu ermitteln.[312]

---

308 Das gleiche gilt im vorläufigen Insolvenzverfahren, vgl. section 2 IA Definition „sequestration order“. Der Master of the High Court ist am ehesten vergleichbar mit dem deutschen Rechtspfleger. Zu den Funktionen des Master siehe MünchKommInsO-*Kupsch*, Bd. 3, Anhang, Länderbericht Südafrika, Rn. 11, m.w.N., und passim.

309 Vgl. section 20 (2) (a) IA i.V.m. section 2 IA, Definition „property“.

310 Vgl. section 2 Insolvency Act 32 of 1916, Definition “property”, abgedruckt in *Nathan*, SA Insolvency Law 1926, S. 7.

311 Vgl. oben, Kap. 1 C.III.1.

312 Mit dieser Begründung auch *Sackstein NO v Proudfoot SA (Pty) Ltd* 2003 (4) SA 348 (A) 358H–J; *Viljoen v Venter NO* 1981 (2) SA 152 (W) 154G; *Mars*, S. 662 (§ 30.4). Siehe auch *Samsudin v Berrange NO and others* 2005 (3) SA 529 (N) 535D–F; *Fey*

(b) Companies Act 1973

Anders als im *Insolvency Act* ist der Wortlaut der entsprechenden Regelungen im *Companies Act* von vornherein weit genug gefasst, um auch ausländisches Vermögen zu erfassen. *Section* 361 (1) CA 1973, der den Übergang der Verfü- gungsbefugnis mit Eröffnung des *winding-up*-Verfahrens regelt, bezieht sich ausdrücklich auf das gesamte Vermögen der Gesellschaft.[313]

Nach der *comitas*-Lehre der beiden *Voets* sind jedoch grundsätzlich alle Gesetze eines Souveräns territorial beschränkt. Dieser Ansatz findet sich auch in der südafrikanische Rechtsprechung wieder, wonach generell eine Vermutung gegen einen extraterritorialen Geltungsanspruch südafrikanischer Gesetze spricht.[314] Speziell für das Insolvenzrecht hat sich die *Appellate Division* bereits früh entsprechend positioniert:

> "*An insolvency or bankruptcy statute is only of force in the State where it is enacted, though by the comity of nations assignments in bankruptcy in one State are sometimes recognised as effective in another.*"[315]

Der Fall betraf zwar nicht die Auslandswirkungen eines südafrikanischen Insolvenzverfahrens. Vielmehr hatte die *Appellate Division* als damals noch zuständige Revisionsinstanz für die britische Kolonie Südrhodesien über die Anwendbarkeit südrhodesischen Insolvenzstrafrechts auf Personen zu entscheiden, über deren Vermögen kein südrhodesisches, sondern ein ausländisches (südafrikanisches) Insolvenzverfahren eröffnet wurde.[316] Nicht zuletzt durch den Hinweis auf die "*comity of nations*" macht das höchste südafrikanische Zivilgericht aber deutlich, dass sich nach seiner Ansicht die extraterritorialen Wirkungen eines Insolvenzverfahrens weiterhin allein nach *common law* richten.[317]

NO v Mackay (Western Cape High Court, Case No 9142/2002, 30 April 2002), saflii, Rn. 8, 10. Siehe auch *Olivier/Boraine* (2005) 38 CILSA 373, 379.

313 Vgl. section 361 (1) CA 1973: "In any winding-up by the Court *all the property* of the company concerned shall be deemed to be in the custody and under the control (…)"

314 *Bishop v Conrath* [1947] 2 All SA 485 (T) 488; *Viljoen v Venter NO* 1981 (2) SA 152 (W) 154H.

315 *Re v Etberg* 1932 AD 142, 145. Zitiert etwa in *Mars*, S. 170, 661. Siehe auch *Viljoen v Venter NO* 1981 (2) SA 152 (W) 154H; *Hymore Agencies Durban (Pty) Ltd v Gin Nih Weaving Factory* 1959 (1) SA 180 (D) 182H.

316 Siehe zur früheren Revisionszuständigkeit der südafrikanischen Appellate Division für südrhodesische Gerichtsentscheidungen oben, Kap. 1 B.II.2.

317 In diesem Sinne zuletzt auch *Sackstein NO v Proudfoot SA (Pty) Ltd* 2003 (4) SA 348 (A) 358H–359B.

IV. Zusammenfassung

Bei der Frage der internationalen Zuständigkeit für die Durchführung von grenzüberschreitenden Insolvenzverfahren wird auch im südafrikanischen Recht zwischen weltweit wirkenden Hauptinsolvenzverfahren und territorial begrenzten Partikularinsolvenzverfahren unterschieden. Dabei kommt jeweils nur ein einziger Gerichtsstand für die Durchführung des Hauptinsolvenzverfahrens in Betracht. An allen anderen Gerichtsständen ist daneben nur die Eröffnung eines Partikularinsolvenzverfahrens möglich. Bei der Bestimmung der Gerichtsstände für Haupt- und Partikularinsolvenzverfahren gelten die allgemeinen Grundsätze des südafrikanischen Gerichtszuständigkeitsrechts. Berücksichtigung finden insbesondere die Effektivitätsdoktrin und die Interessen der Beteiligten. Im Rahmen des internationalen Zuständigkeitsrechts gelten nach hier vertretener Auffassung spiegelbildlich die gleichen Regeln für ausländische und inländische Insolvenzverfahren.

B. Hauptinsolvenzverfahren

I. Zuständigkeit im *common law*

Die Regeln des südafrikanischen *common law* über die internationale Zuständigkeit für die Eröffnung von Hauptinsolvenzverfahren entsprechen rein äußerlich noch heute weitgehend denen, die die römisch-holländischen Juristen im 16. und 17. Jahrhundert aus dem römischen Recht entwickelt haben. Sie wurden von der südafrikanischen Rechtsprechung lediglich um besondere Regeln für juristische Personen ergänzt, für die es im römisch-holländischen Recht noch keinen Bedarf gab. Allerdings ist die argumentative Stärke der Rechtskontinuität, auf die sich das *common law* stützt, gleichzeitig auch ihre größte Angriffsfläche. Um dies zu verdeutlichen, muss zunächst die Entwicklungslinie noch einmal nachgezogen werden.

1. Traditionelle Rechtsauffassung

(a) Natürliche Personen

Bei natürlichen Personen ist im südafrikanischen Recht seit jeher das Domizilgericht für die Eröffnung des Hauptinsolvenzverfahrens zuständig.

Bereits bei den Römern, den Erfindern des heutigen Insolvenzrechts,[318] war das Gericht am Wohnsitz („*domicilium*" oder „Domizil") des Schuldners für die Verfahrenseröffnung zuständig.[319] Der römischrechtliche Wohnsitzbegriff beschrieb die Zugehörigkeit des Einzelnen zu einer römischen Stadtgemeinde und deren Gerichtsgewalt. Als Wohnsitz bzw. *domicilium* wurde der Ort betrachtet, den der Einzelne zum bleibenden Aufenthalt und dadurch zum Mittelpunkt seiner Rechtsverhältnisse und Geschäfte frei gewählt hat.[320] Typischerweise hatte sich eine Person am Wohnsitz häuslich eingerichtet und dort den überwiegenden Teil ihres Hab und Guts angehäuft.[321] Die Gerichtsgewalt, der ein römischer Bürger an seinem Wohnsitz unterworfen war, war örtlich beschränkt. Nach dem Grundsatz *extra territorium ius dicenti impune non paretur* konnten Urteile der Gerichte einer römischen Stadtgemeinde nur innerhalb der Grenzen des Stadtgebiets durchgesetzt werden.[322] Um gegen seinen Schuldner wirksam vollstrecken zu können, musste ein Gläubiger seine Ansprüche also am Wohnsitz des Schuldners einklagen (*actor sequitur forum rei*).[323] Nichts anderes konnte für das Gesamtvollstreckungsverfahren im Falle der Insolvenz des Schuldners gelten.[324]

Nachdem die Stadtgemeinden im Mittelalter von Flächenstaaten als maßgebliche Gebietskörperschaften verdrängt worden waren, verband die europäische Rechtswissenschaft mit dem Wohnsitzbegriff die Zugehörigkeit zu einer bestimmten

---

318 Das Insolvenzverfahren als *concursus creditorum* und Gesamtvollstreckungsverfahren zur geregelten, gleichmäßigen Befriedigung aller Gläubiger, ist erstmals im römischen Recht nachgewiesen, siehe *Burdette*, S. 22 ff.; MünchKommInsO-*Stürner*, Bd. 1, Einleitung, Rn. 25 ff.; *Paulus* KTS 2000, 239 ff.; *Sharrock/van der Linde/Smith*, S. 10 f. Siehe auch *Zipperer* KTS 2007, 21 ff. Besondere Vollstreckungsverfahren bei Insolvenz oder Verschuldung finden sich allerdings schon im Codex Hammurabi, vgl. *Levinthal* UPaLRev 66 (1918) 223, 235 ff.; *Uhlenbruck* DZWiR 2007, 1 f.

319 Vgl. *Kaser/Hackl*, S. 391; *v. Savigny*, S. 72 ff.

320 *V. Savigny*, S. 58. Daneben gab es noch die *origo* als weiteren Anknüpfungspunkt, siehe im Einzelnen *v. Savigny*, S. 46 ff. Die *origo* war nach dem Untergang des römischen Reiches nicht mehr gebräuchlich und wurde mit der Rezeption des römischen Rechts ab dem 11. Jahrhundert nicht wiederbelebt, siehe *J. Voet*, 5.1.91 (Gane Vol 2); *Pollak*, S. 29.

321 C 10.40.7, wörtlich zitiert mit englischer Übersetzung in *Kahn*, Domicile, S. 41 ff. und Fn. 279; m.w.N.; *Ranchod* 1970 Acta Juridica 53, 54. Siehe auch *Filippi*, S. 17.

322 *Kaser/Hackl*, S. 243.

323 Vgl. *Kaser/Hackl*, S. 246; *Pollak*, S. 28 f.; *v. Savigny*, S. 74 f.

324 Vgl. insoweit auch die Ausführungen *v. Savignys*, S. 282 ff., zum Internationalen Insolvenzrecht auf Basis des römischen Rechts.

rechtlichen Gemeinschaft, in der sich eine Person dauerhaft aufhielt.[325] Das *domicilium* war nicht nur für den Gerichtsstand, sondern für das gesamte Personalstatut einer Person maßgeblich. Die römisch-holländischen Juristen des 16. und 17. Jahrhunderts übertrugen daher auch in grenzüberschreitenden Sachverhalten die Konkurszuständigkeit auf das Domizilgericht.[326] Auch hier dürften wiederum Gründe der Zweckmäßigkeit und der Vorhersehbarkeit ausschlaggebend gewesen sein. Am *domicilium* unterhielt der Schuldner seinen festen Wohnsitz, er hielt sich also dort dauerhaft für gewöhnlich auf.[327] Das Domizilgericht war nach römisch-holländischem Insolvenzsachrecht ohnehin auch örtlich zuständig.[328] Nach der bereits seit dem Mittelalter im römischrechtlich geprägten Europa verbreiteten Kollisionsregel *mobilia sequuntur personam* wurde das gesamte Mobiliarvermögen des Schuldners als an dessen *domicilium* belegen fingiert. Mithin konnte dort die Masse der Rechtsverhältnisse des Schuldners, seines Vermögens und seiner Gläubiger, sprich der Mittelpunkt seiner rechtlichen Interessen, vermutet werden. Auch wenn dies tatsächlich nicht zwangsläufig der Fall war,[329] mussten die Gläubiger aber jedenfalls nach der römischen Rechtsformel *actor sequitur forum rei* schon bei Vertragsschluss damit rechnen, sich zur Durchsetzung ihrer Forderung gegen den Schuldner letztlich an dessen Domizilgerichtsstand wiederzufinden.[330]

---

325 Siehe P. Voet/Edwards-*Edwards*, S. 42 ff., der hier insbesondere die französischen Statutisten *Charles Dumoulin* (1500–1566) und *Bertrand d'Argentré* (1519–1590) hervorhebt.

326 *J. Voet*, 42.7.2. (Gane Vol 6); 20.4.12. (Gane Vol 3); P. Voet/Edwards-*P. Voet*, S. 196 (De Statutis 9.2.18), mit englischer Übersetzung von P. Voet/Edwards-*Edwards/Kriel*, S. 197, jeweils m.w.N.; *Rodenburg*, Tractatus de jure conjugum, Utrecht 1653, 2.5.16. (zit. nach *Meili*, S. 29).

327 Vgl. *Edwards*, FS Kahn, S. 132, 141, der insoweit die von *Fockema Andreae* und *van Apeldoorn* überarbeitete dritte Auflage von *Grotius*, Inleidinge Tot de Hollandsche Rechts-Geleerdheid, zitiert. Zum niederländischen Domizilverständnis im 17. Jahrhundert insgesamt siehe ausführlich Jabez/Livermore-*Jabez*, S. 181 ff.; sowie im Kontext mit den späteren Entwicklungen im südafrikanischen Recht *Kahn*, Domicile, passim.

328 *J. Voet* erwähnt an mehreren Stellen eine entsprechende Verordnung des holländischen Parlaments vom 10.7.1677, die das Domizilgericht des Schuldners als Konkursforum bestimmte, siehe *etwa J. Voet*, 20.4.12 (Gane Vol 3).

329 Vgl. *J. Voet*, 20.4.12 (Gane Vol 3), der anmerkt, man habe sich in dem Holländisch-Utrechter Konkursvertrag von 1689 erst nach langen Diskussionen auf die Domizilzuständigkeit geeinigt und es könne durchaus sein, dass sich der größte Teil der Gläubiger und des Vermögens an einem anderem Ort befinden.

330 Vgl. insoweit auch *v. Savigny*, S. 282 ff., zum Internationalen Insolvenzrecht auf Basis des römischen Rechts.

Als Bestandteil des römisch-holländischen Rechts wurde diese Sichtweise schließlich von den südafrikanischen Gerichten übernommen.[331] Sie ist bislang einhellige Meinung,[332] eine höchstrichterliche Bestätigung steht aber noch aus.[333]

(b) Juristische Personen und Gesellschaften

Weniger eindeutig ist die Rechtslage bei juristischen Personen und Gesellschaften.

Für diese wird analog zu natürlichen Personen der Ort als *domicile* angesehen, an dem sie gegründet wurden und damit eine eigene Rechtspersönlichkeit erlangt haben (*place of incorporation*).[334] Jedoch hat hier der Begriff „*domicile*"

---

331 Grundlegend die full bench-Entscheidung des Transvaal Supreme Courts in *Re Estate Morris* 1907 TS 657, 666 f. Siehe bereits *In re Zederberg* (1867) 5 Searle 307 (zusammen mit *Trustees of the Natal Estate of Zeederberg v Trustees of the Cape Town Estate of Zederberg* (1871) 2 SC 3); *Perrin v Turton* 1878 Kotzè 25, 27 f.; *Ex Parte Celliers NO* (1884) 1 SAR TS 102, 104; *Trustee of Howse, Sons & Co v Trustees of Howse, Sons & Co* (1884) 3 SC 14, 19 ff.; *Richards v Doveton's Trustees* (1884) 3 SC 123, 125 f.; *Midgley's Trustees v Ballance & Letchford* (1884) 5 NLR 309, 313 f.; *Liddle & Leask v Pooley and Leinberger* (1899) 6 Off Rep 109, 112; *Ex Parte BZ Stegmann* 1902 TS 40, 52; *Ex Parte Singer: In re Insolvent Estate Skeen* (1905) 26 NLR 536, 544, wo diese Regel jeweils angewandt, aber nicht zum Grundsatz erhoben wurde.

332 Aus der aktuelleren Rechtsprechung siehe *Smit v Abrahams* [1992] 4 All SA 238 (C) 259 (5); *Ex Parte Palmer NO: In re Hahn* 1993 (3) SA 359 (C) 365G–J. Siehe auch *Lawclaims (Pty) Ltd v Rea Shipping Co SA: Schiffscommerz Aussenhandelsbetrieb der VVB Schiffbau Intervening* 1979 (4) SA 745 (N) 756H. Aus dem Schrifttum Joubert-*Edwards/Kahn*, S. 350; *Meskin*, Insolvency Law, Anm. 17.3.2.1; *Nathan*, SA Insolvency Law 1936, S. 440; *O'Brien*, Transnational Aspects, S. 6 f., 18 f.; *Smith* (2002) 14 SA Merc LJ 17, 26; *Smith/Ailola* (1999) 11 SA Merc LJ 192, 193; *Smith/Boraine* ABI Law Review 10 (2002) 135, 179.

333 Es gibt hierzu lediglich ein obiter dictum, in dem der Supreme Court of Appeal die traditionelle Sichtweise scheinbar akzeptiert, siehe *Sackstein NO v Proudfoot SA (Pty) Ltd* 2003 (4) SA 348 (A) 359D–E. Gelegentlich wird zusätzlich noch die freiwillige Unterwerfung unter einen Gerichtsstand (submission) als möglicher internationaler Gerichtsstand erwogen, ohne dass dieser Gedanke jemals vertieft worden wäre. Ein solcher Gerichtsstand ist für ein weltweites concursus creditorum mit einer Vielzahl von beteiligten Gläubigern gänzlich ungeeignet und deshalb abzulehnen. Ablehnend auch *Forsyth*, S. 457.

334 Einhellige Meinung, siehe *Bisonbord Ltd v K Braun Woodworking Machinery (Pty) Ltd* (Supreme Court of Appeal, Case No 384/88, 10 September 1990), saflii, S. 66; *Ex parte Palmer NO: In re Hahn* 1993 (3) SA 359 (C) 364E („the company was 'domiciled', i e incorporated"); *Gardener v Walters and another NNO (In re ex parte Walters and another NNO)* 2002 (5) SA 796 (C) 810C–G (dem englischen Schrifttum folgend); *Beck* 1985 MB 90; *Forsyth*, S. 211 f. Joubert-*Edwards/Kahn*, Anm. 304;

als solcher – trotz anfänglicher Analogiebemühungen[335] – für die insolvenzrechtliche internationale Zuständigkeit nie die gleiche Bedeutung erlangt, wie bei natürlichen Personen.

Einige der – regelmäßig nur als knappe Zusammenfassung – veröffentlichten älteren Entscheidungen deuten vielmehr darauf hin, dass eine Gesamtbetrachtung vorgenommen wurde. Berücksichtigt wurden insbesondere der Satzungssitz („*registered office*"), die *residence* der Gesellschafter, der Ort des *head office* (Sitz der Geschäfts-, Vertriebs- und Personalleitung[336]), der Gesellschafter- und der Gläubigerversammlung.[337]

In anderen Fällen scheint die Rechtsprechung allein auf den Ort der Eintragung abgestellt zu haben,[338] wobei unklar ist, ob damit der Gründungsort gemeint ist. Im Fall *Leydsdorp & Pietersburg* war der *Transvaal Supreme Court* ganz offensichtlich geneigt, das in England eröffnete Insolvenzverfahren über eine in der Kolonie *Transvaal* gegründete, aber (auch) in England eingetragene

---

Kahn 1991 ASSAL 580, 581 f. (zu *Bisonbord*); *Schoeman/Roodt*, Anm. 84; *Smith/Boraine* (2004) 16 SA Merc LJ 495, 506 f. Süß/Wachter-*Sutherland/Wicke*, Länderbericht Südafrika, Rn. 346. Vgl. auch *Collins*, Dicey, Morris and Collins on the Conflict of Laws, Vol 2, Rn. 30–002; *Fletcher*, Insolvency in PIL, Rn. 3.08 (jeweils zum englischen Recht), siehe aber *ders.*, The Law of Insolvency, Rn. 30–054, wonach das domicile „wohl widerleglich" zugunsten des Gründungsorts vermutet wird.

335 Siehe *Re African Farms Ltd* 1906 TS 373, 377 f.: "(The company) is a distinct legal entity, (…) duly constituted by the law of its domicile, (…). (T)he law under which this company, was brought into being, and subject to the terms of which it continues to exist, has directed that its business is to be wound up, (…)". In diesem Sinne auch *Re Greatrex & Son Ltd* 1907 TS 538, 542; *Ex Parte Liquidator, Atkey (London) Ltd* 1921 CPD 692, 694.

336 Vgl. *Weller* ZHR 169 (2005) 570, 579.

337 *The Gordon Diamond Mining Company v Shepherd* (1891) 6 HCG 52, 53 f.; The *National Bank v Deutsche Farmgesellschaft* 1924 SWA 106, 109. Wohl auch *Re African Farms Ltd* 1906 TS 373, 375; *Re Greatrex & Son Ltd* 1907 TS 538, 542; wo jeweils anhand des Ortes der Eintragung zuzüglich weiterer Faktoren das domicile bestimmt wurde.

338 *In re Clark's Zoutpansberg Exploration Co* (1892) 9 SC 197; *In re Free State Colliery Company: Ex Parte Gilchrist and Cullinan* (1895) 12 CLJ 309; *In re Natal Collieries and Durban Coaling Station* (1899) 20 NLR 153; *In re the Leydsdorp & Pietersburg (Transvaal) Estates Limited (in Liquidation)* 1903 TS 254, 259; *Donaldson v British South African Asphalte and Manufacturing Co Ltd* 1905 TS 753, 754; *Allan and Shaw Limited (in Liquidation) v King* 1912 CPD 115; *Deutsche Africa Bank (in Liquidation) v The National Bank of South Africa Ltd and the Registrar of Deeds* 1923 SWA 19, 20.

company anzuerkennen.[339] Die *Natal Provincial Division* vertrat die Auffassung, dass „*prima facie*" die Gerichte des Staates zuständig seien, in dem sich der eingetragene Sitz befinde.[340] Auch hierbei handelt es sich nicht notwendigerweise um den Gründungsort, da in vielen Jurisdiktionen die nationale Gesetzgebung auch für eine inländische Niederlassung die Pflicht zur Eintragung des inländischen Sitzes vorsieht.[341]

Die jüngere Rechtsprechung stellt indes wie das englische *common law* mehrheitlich auf den Gründungsort ab und sorgt somit für einen Gleichlauf der Zuständigkeitsregeln für natürliche Personen und juristische Personen und Gesellschaften.[342] Dem scheint auch die *Appellate Division* beziehungsweise der *Supreme Court of Appeal* zu folgen.[343]

---

339 *In re the Leydsdorp & Pietersburg (Transvaal) Estates Limited (in Liquidation)* 1903 TS 254, 259. In dem Fall war auf ex Parte-Antrag bereits ein Insolvenzverfahren in Transvaal eröffnet worden. Der Antragsteller hatte dabei bewusst nicht offengelegt, dass zuvor bereits ein englisches Verfahren eröffnet worden war. Das Gericht hob das lokale Insolvenzverfahren auf, nachdem es von der Eröffnung des englischen Verfahrens erfahren hatte. Der Aufhebungsgrund war eigentlich prozessual, weil ein ex Parte-Antrag zur Offenlegung aller relevanten Fakten verpflichtet. Das Gericht äußerte sich aber explizit, dass es dem Antrag der englischen liquidators auf Anerkennung in der Kolonie stattgegeben bzw. ein lokales Verfahren zugunsten des englischen Verfahrens nicht angeordnet hätte.

340 *Lawclaims (Pty) Ltd v Rea Shipping Co SA: Schiffscommerz Aussenhandelsbetrieb der VVB Schiffbau Intervening* 1979 (4) SA 745 (N) 756H.

341 Zum südafrikanischen Recht siehe section 170 (1) (b) CA 1973. Zum deutschen Recht §§ 13 ff. HGB.

342 *In re Federal Supply and Cold Storage Co of South Africa Ltd (in Liquidation)* (1910) 27 SC 206; *Liquidator Rhodesian Plastics (Pvt) Ltd v Elvinco Plastic Products (Pty) Ltd* 1959 (1) SA 868 (C); *Ex Parte Haslam NO: In re Shell Co of SA Ltd* 1961 (3) SA 904 (T) 907; *Ex Parte Gettlife and another NNO: In re Dominion Reefs (Klerksdorp) Ltd (in Liquidation)* 1965 (4) SA 75 (T) 75G. Aus dem Schrifttum Joubert-*Edwards/Kahn*, Anm. 304; *Smith/Boraine* (2004) 16 SA Merc LJ 495, 506 f. Zum englischen common law vgl. *In re Bank of Credit and Commerce International SA (No 10)* [1997] Ch 213, 220G–221A; *Fletcher*, Insolvency in PIL, Rn. 3.92, m.w.N. Mittlerweile gibt es hier allerdings eine starke Auffassung, die diese Regelung nicht mehr für unumstößlich hält, siehe *Collins*, Dicey, Morris and Collins on the Conflict of Laws, Vol 2, Rn. 30–100; *Fletcher*, The Law of Insolvency, Rn. 30–054, der auf das domicile abstellt, was „wohl widerleglich" zugunsten des Gründungsorts vermutet wird.

343 Siehe die beiden obiter dicta der Appellate Division bzw. des Supreme Court of Appeal in *Moolman v Builders & Developers (Pty) Ltd* 1990 (1) SA 954 (A) 957B; *Ward v Smit: In re Gurr v Zambia Airways Corporation Ltd* 1998 (3) SA 175 (A) 179D–I.

2. Kritik an der traditionellen Rechtsauffassung

Wie eingangs angedeutet bietet die traditionelle Rechtsauffassung erhebliche Angriffspunkte.

(a) Generelle Kritik an der Domizilzuständigkeit

Bei der Domizilzuständigkeit stützt sich die allgemeine Meinung im Wesentlichen auf die Kontinuität des römisch-holländischen Rechts.[344] Diese Begründung berücksichtigt jedoch nicht die inhaltliche Veränderung des *domicile*-Begriffs und den dadurch bedingten Bedeutungsverlust im Rahmen der Ermittlung der Gerichtszuständigkeit zugunsten anderer, heute gebräuchlicheren Anknüpfungspunkte.

Das südafrikanische Insolvenzsachrecht kennt anders als noch das römisch-holländische Insolvenzrecht neben dem *domicile* weitere Zuständigkeitsanknüpfungspunkte, die miteinander konkurrieren. Dabei hat der Domizilgerichtsstand aufgrund der Abkehr des *domicile*-Begriffs vom natürlichen Wohnsitzverständnis hin zu einer starken Verrechtlichung unter englischem Einfluss erheblich an Bedeutung verloren. Wie oben aufgezeigt war das römisch-holländische *domicilium* noch sehr eng mit physischen Gegebenheiten verbunden, die das tatsächliche Zuhause eines Menschen und den Mittelpunkt seiner rechtlichen Interessen kennzeichnen. Die Neubegründung eines *domicilium* war rechtlich vergleichsweise unproblematisch möglich. Hierfür mussten sowohl objektive als auch subjektive Kriterien erfüllt sein. Um ein neues *domicilium* zu begründen, musste sich eine Person physisch an den jeweiligen Ort begeben (*factum*-Erfordernis) und zum Zeitpunkt ihrer physischen Anwesenheit zusätzlich beabsichtigen, sich dort für eine mehr oder weniger klar definierte Dauer niederzulassen (*animus manendi*). Da eine Person auch mehrere Domizile haben konnte,[345] dürfte es für den Erwerb eines neuen Domizils jedoch nicht zusätzlich darauf angekommen sein, ob das alte Domizil endgültig aufgegeben wurde.[346] Für eine Differenzierung des Domizilkonzepts zum gewöhnlichen Aufenthalt bestand kein Bedarf.

---

344 *Ex Parte Celliers NO* (1884) 1 SAR TS 102, 104; *Trustee of Howse, Sons & Co v Trustees of Howse, Sons & Co* (1884) 3 SC 14, 19 ff.; *Ex Parte BZ Stegmann* 1902 TS 40, 47 f.

345 *v. Savigny*, S. 63 f. (zum römischen Recht); P. Voet/Edwards-*P. Voet*, S. 154 (De Statutis 9.1.9), mit englischer Übersetzung von P. Voet/Edwards-*Edwards/Kriel*, S. 155; *J. Voet*, 38.17 App 34 (Gane Vol 5); 5.1.92 (Gane Vol 2); zahlreiche weitere Nachweise bei *Kahn*, Domicile, S. 15 Fn. 100.

346 Vgl. *Kahn*, Domicile, S. 42 ff., mit einer ausführlichen Analyse des römisch-holländischen Schrifttums. Kahn bemängelt daher auch, dass das römisch-holländische Schrifttum zur Frage der Intensität der Bleibeabsicht keine klare Linie aufzeigt.

Die südafrikanische Rechtsprechung gab jedoch das römisch-holländische Domizilverständnis auf und folgte stattdessen dem englischen *domicile*- Konzept.[347] Dabei handelt es sich um eine stark verrechtlichte Adaption des römisch-holländischen *domicilium*. Vor dem Hintergrund des rasch expandierenden britischen Kolonialreichs erhöhten englische Gerichte ab Mitte des 19. Jahrhunderts zunehmend die Anforderungen für den zivilprozessualen Nachweis der Veränderung des in der Regel durch Geburt erworbenen englischen *domicile*. Die englischen Siedler, die sich massenhaft in den neuen Besitztü- mern der britischen Krone niederließen, sollten trotz ihres langjährigen Aufenthalts fern der Heimat möglichst auch weiterhin dem englischen Personalstatut unterliegen. Die von der englischen Rechtsprechung entwickelten Kriterien machten es in der Praxis außerordentlich schwer, die Aufgabe des englischen *domicile* nachzuweisen.[348] Ohne Aufgabe des englischen *domicile* war aber kein Neuerwerb möglich, weil nach dem neuen, englischen Verständnis jede Person nur ein *domicile* besitzen konnte.[349] Dadurch kann es auch heute noch vorkommen, dass das *domicile* einer Person einen Ort beschreibt, an dem sie sich seit vielen Jahren nicht mehr aufgehalten hat oder – mehr noch – an dem sie nie gewesen ist und zu dem sie deshalb keine tatsächliche Verbindung (mehr) hat.[350] Die Durchführung eines effizienten Insolvenzverfahrens im Sinne der *doctrine of effectiveness* wäre an diesem Ort kaum möglich. Daran ändert auch die Regel *mobilia personam sequuntur* nichts, bei der es sich schließlich nur um eine Fiktion zur Erleichterung

---

347 *Pollak* (1933) 50 SALJ 449, 450 Fn. 8; *ders*., S. 29 f. Siehe auch *Kahn*, Domicile, passim, ausführlich zu Einzelfragen des domicile-Konzepts des römisch-holländischen, englischen und südafrikanischen Rechts.

348 Vgl. *Forsyth*, S. 155 f., 158 ff.; *Kahn*, Domicile, S. 24, *Kahn*, a.a.O., S. 27 spricht unter wörtlicher Bezugnahme auf *Cheshire* und eine englische Entscheidung von geradezu „überbordenden Beweisanforderungen" und einem „abnormen Widerwillen" englischer Gerichte, auf einen domicile-Wechsel zu erkennen. Zu Einzelheiten des Erwerbs eines domicile siehe *Forsyth*, S. 129 ff.; *Kahn*, Domicile, passim; Schoeman/ Roodt, Anm. 25 ff., jeweils m.w.N.

349 Vordergründig auch dies mit dem Argument, dass eine Bestimmung des anwendbaren Rechts mit dem *domicile* als Anknüpfungspunkt sonst nicht möglich sei, vgl. *Forsyth*, S. 122. Auch hier dürften aber rechtspolitische Gründe mitgespielt haben, denn dass das Konzept multipler domicile durchaus praxistauglich ist, haben schon die römisch-holländischen Juristen bewiesen.

350 Das *domicile* wird daher im südafrikanischen Recht auch als permanentes rechtliches Zuhause einer Person bezeichnet, *Forsyth*, S. 131, m.w.N. Demgegenüber soll sich das tatsächliche Zuhause am gewöhnlichen Aufenthalt befinden, *Nahrungsmittel GmbH v Otto* 1993 (1) SA 639 (A) 646 f.

des Rechtsverkehrs handelt.[351] Auch die *comitas*-Doktrin und insbesondere die hinter ihr stehenden Zweckmäßigkeits- und Billigkeitsüberlegungen zugrundeliegenden Gesichtspunkte stützen die Konkurszuständigkeit an einem so definiertem *domicile* nicht mehr.[352]

Parallel zu dieser Entwicklung gelangte der Gerichtsstand des gewöhnlichen Aufenthalts (*ordinary residence*) in das südafrikanische Recht. Durch seinen Bezug zu den tatsächlichen Lebensumständen füllte der Begriff des gewöhnlichen Aufenthalts die Lücke, die die Verrechtlichung des *domicilium* hinterlassen hatte. Er beschreibt heute das faktische Zuhause eines Menschen, im Gegensatz zum *domicile* als rechtliches Zuhause.[353] Erstmals fand sich der Insolvenzgerichtsstand der *ordinary residence* in dem unter britischer Direktverwaltung nach dem Vorbild des englischen *Bankruptcy Act 1883* modellierten *Natal Insolvency Act 47 of 1884*[354] und setzte sich schließlich auch im einheitlichen südafrikanischen Insolvenzrecht durch.[355] Wegen der Ähnlichkeit zum *domicile* des römisch-holländischen Rechts

---

351 Anders aber noch *Ex Parte Celliers NO* (1884) 1 SAR TS 102, 104; *Trustee of Howse, Sons & Co v Trustees of Howse, Sons & Co* (1884) 3 SC 14, 19 ff.; *Ex Parte BZ Stegmann* 1902 TS 40, 47; *Re Estate Morris* 1907 TS 657, 666 ff.

352 Zur comitas siehe nochmals oben, Kap. 1 B.II.2. (e).

353 Siehe nur *Habib Motan v Transvaal Government* 1904 TS 404, 411: "A man's residence is where he lives, where he sleeps, where his family dwells – not necessarily where he works."; *Beedle & Co v Bowley* (1895) 12 SC 401, 403: "(I)t is obviously meant that it is his home, his place of abode, the place where he generally sleeps after the work of the day is done". Vgl. ferner *Forsyth*, S. 131 und Fn. 15. Siehe auch *Forsyth*, S. 207 f., m.w.N.: Eine Person kann an einem Ort ihr *domicile* haben, sich aber an einem anderen Ort (gewöhnlich) aufhalten.

354 Vgl. *de Beer* (1911) 28 SALJ 188, 189 f. Dagegen enthielten die eng am römisch-holländischen Recht modellierten Cape Insolvency Ordinance 64 of 1829, Cape Insolvency Ordinance 6 of 1843 und der darauf beruhende Transvaal Act 13 of 1895 noch keinen gesetzlichen Insolvenzgerichtstand. Im englischen Insolvenzrecht bildet die *ordinary residence* bis heute einen Anknüpfungspunkt für die örtliche Zuständigkeit im Insolvenzrecht, vgl. section 265 (1) (c) (i) English Insolvency Act 1986, abgedruckt auch in *Fletcher*, Insolvency in PIL, Rn. 2.13.

355 Siehe section 149 (1) Satz 1 (b) IA. Dagegen stellte das Vorgängergesetz noch auf einfache residence ab, vgl. section 150 (1) (b) Insolvency Act 32 of 1916, abgedruckt in *Nathan*, SA Insolvency Law 1926, S. 400. Die einfache residence ist heute noch Anknüpfungspunkt im allgemeinen Zivilprozessrecht, siehe section 19 (1) (a) Supreme Court Act 59 of 1959. Außerhalb des Insolvenzrechts wird „ordinary residence" auch noch im Scheidungsrecht und im Steuerrecht als Anknüpfungspunkt verwendet, vgl. section 2 (1) (b) Divorce Act 70 of 1979 und section 1 Income Tax Act of 1962. An der „habitual residence" wird gem. section 16 (3) CBIA der COMI natürlicher Personen

hat die *ordinary residence* heute faktisch auch dessen Bedeutung für die örtliche Zuständigkeit in Insolvenzsachen übernommen.[356]

Eine solche Tendenz ist auch im Internationalen Privatrecht zu beobachten. Insbesondere für Zahlungsklagen mehren sich die Stimmen, die das *domicile* allein ohne eine weitere Verbindung zum Forum nicht mehr als Zuständigkeitsanknüpfungspunkt genügen lassen wollen.[357] Auch für die Belegenheit von Forderungen knüpft die Rechtsprechung heute nicht mehr an das *domicile* des Schuldners an, sondern an den Aufenthalt, weil der Schuldner dort im Zweifel zu verklagen sei und dort ausreichend Vermögen für die Vollstreckung eines Zahlungsurteils zu vermuten sei.[358] Anders als noch zu Lebzeiten der beiden *Voets* haben also südafrikanische Gläubiger für die Durchsetzung ihrer Forderungen heute von vornherein nicht mehr das *domicile* des Schuldners als Klageort vor Augen.[359]

Vor diesem Hintergrund gibt es auch in der einschlägigen Rechtsprechung und Literatur zum Internationalen Insolvenzrecht erste Anzeichen, die auf eine allmähliche Abkehr von der Domizilzuständigkeit schließen lassen.[360]

---

vermutet. Darüber hinaus findet sich der Begriff etwa in section 3*bis* (1) (a) (ii) Wills Act 7 of 1953 (betreffend die formale Wirksamkeit testamentarischer Verfügungen).

356 Vgl. dazu auch *Pollak*, S. 29 f. und Fn. 1 (dort *Westlake* zitierend), auf die Ähnlichkeit des römisch-holländischen Domizilbegriffs zur ordinary residence hinweisend. Siehe auch *Russel J* in *Medeiros v Rebello* 1924 S. 167, 169: „It may be doubted whether Voet means by domicilium exactly what we mean by domicile".

357 Siehe *Forsyth*, S. 432 f, und Fn. 103, m.w.N.; Joubert-*Edwards/Kahn*, Anm. 346; *Leon* (1983) 16 CILSA 325, 339; *Schulze* (2008) 20 SA Merc LJ 61, 64, m.w.N.; *Thomashausen*, FS Joubert, S. 164, 187 ff.

358 Siehe *Nahrungsmittel GmbH v Otto* 1993 (1) SA 639 (A) 648D–F; *MV Snow Delta: Serva Ship Ltd v Discount Tonnage Ltd* (Supreme Court of Appeal, Case No 263/98, 31 August 2000), saflii, Rn. 9 f.

359 Anders noch *Re Saber Bros: Ex Parte Ross, Priest and Page* (undelivered judgment) (1884) 1 CLJ 121, 128, wörtlich zitierend *Westlake*, Private International Law, 1st ed 1858. Ähnlich argumentiert auch *v. Savigny*, S. 288, dem ein großer Einfluss auf *Westlake* nachgesagt wird. Die Frage, ob am domicilium oder am Aufenthaltsort des Schuldners zu klagen sei, war allerdings schon im römisch-holländischen Recht streitig, siehe *MV Snow Delta: Serva Ship Ltd v Discount Tonnage Ltd* (Supreme Court of Appeal, Case No 263/98, 31 August 2000), saflii, Rn. 9.

360 So hat die Cape Provincial Division in *Nahrungsmittel GmbH v Otto* [1991] 4 SA 860 (C) 865 f. erwogen, statt auf das domicile auf den gewöhnlichen Aufenthalt abzustellen. Zweifelnd dasselbe Gericht auch in *Ex parte LaMonica v In re Eastwind Development SA (Baltic Reefers Management Ltd intervening)* [2010] JOL 24783 (C) Rn. 17. Siehe ferner *Mars*, S. 664; *Forsyth*, S. 273 Fn. 762, darauf hinweisend, dass der Domizilgerichtsstand im Einzelfall nachteilig sein könne, weil des Schuldners

(b) Ein Plädoyer für COMI

Für den Fall der Abkehr von der Domizilzuständigkeit könnte sich auch für das südafrikanische *common law* der Mittelpunkt der hauptsächlichen Interessen des Schuldners (COMI[361]) als alternativer Konkursgerichtsstand anbieten.

Der Gerichtsstand des COMI beruht auf einem breiten Konsens von Insolvenzrechtsexperten aus den wichtigsten Wirtschaftsnationen der Welt. Es wurde von einer international besetzten Expertengruppe zunächst für die Europäische Insolvenzverordnung bzw. dessen Vorgänger, dem Entwurf eines Europäischen Insolvenzübereinkommens, speziell für die geordnete Durchführung grenz- überschreitender Insolvenzverfahren entwickelt und mit offizieller Unterstützung Südafrikas auch für das UNCITRAL Modellgesetz als Anknüpfungspunkt für die Durchführung eines Hauptinsolvenzverfahrens übernommen.[362] Über den CBIA hat der Begriff mittlerweile auch Eingang in das südafrikanische Recht gefunden.[363]

Deshalb könnte die Rechtsprechung das gesetzgeberische Versehen bei der Neufassung des *section* 149 (1) S. 2 IA als *Freud*'schen Versprecher aufnehmen und das *domicile* durch den COMI ersetzen. Mit der Übernahme des Konzepts des Mittelpunkts der hauptsächlichen Interessen für die Durchführ- ung von Hauptinsolvenzverfahren würde die traditionell auf Zweckmäßigkeits- und Billigkeitserwägungen beruhende und sich an modernen internationalen Entwicklungen

---

domicile nicht notwendigerweise der Ort sei, wo er seine Geschäfte getätigt hat und wo sich die Masse seines Vermögens befindet (S. 256 Fn. 739); *Franco* (2003) 15 SA Merc LJ 27, 29 ff., einige Widersprüchlichkeiten des common law monierend, aber keine alternativen Lö- sungsvorschläge unterbreitend. Vgl. auch *Fletcher*, Insolvency in PIL, Rn. 2.109 ff., mit seiner Kritik an der ähnlichen Rechtslage im englischen common law.

361 COMI steht für die englische Übersetzung "centre of the main interests" und hat sich auch rechtsvergleichend mittlerweile als gängige Abkürzung für das Konzept im Internationalen Insolvenzrecht durchgesetzt.

362 *Berends* Tulane Journal of Int'l & Comparative Law 6 (1998) 309, 329; *Fletcher*, Insolvency in PIL, Rn. 8.23 und Fn. 31; Ho-*Ho*, Overview Rn. 5; *ders.*, Proving COMI, S. 2. Während der Arbeiten am UNCITRAL Modellgesetz wurde die Anlehnung an den Begriff des Europäischen Insolvenzübereinkommens ausdrücklich befürwortet, weil dadurch das Modellgesetz in besonderer Weise zur Entwicklung einer standardisierten und weithin verstandenen Terminologie beitragen würde, vgl. A/CN.9/422, Anm. 90. Siehe auch Anm. 72 Guide to Enactment, wo darauf hingewiesen wird, dass der Ausdruck "Mittelpunkt der hauptsächlichen Interessen" in der EuInsVO verwendet wird.

363 Vgl. section 1 (e) und 17 (2) (a) CBIA; Art. 2 (b) und 17 (2) (a) UNCITRAL Modellgesetz.

orientierende südafrikanische Rechtsprechung konsequent fortgesetzt. Einerseits lebt im COMI-Konzept die *common law*-Zuständigkeit fort, denn bis zum Beweis des Gegenteils wird vermutet, dass der Mittelpunkt der hauptsächlichen Interessen des Schuldners sein satzungsmäßiger Sitz beziehungsweise im Falle einer natürlichen Person ihr gewöhnlicher Aufenthaltsort ist.[364] Damit wäre der Konkursgerichtsstand auch wieder in Einklang mit dem allgemeinen Gerichtsstand gebracht, den die Gläubiger letztlich von vornherein für die Durchsetzung ihrer Forderungen im Blickfeld hatten. Andererseits gewährleistet die Widerleglichkeit der Vermutungsregel zugunsten eines anderen Ortes die nötige Flexibilität, die grenzüberschreitende Insolvenzverfahren angesichts der heutigen Mobilität von Menschen und Unternehmen erfordern. Letztlich würde damit auch der aus dem römisch-holländischen Recht überlieferte Rechtsgedanke der Konkurszuständigkeit der größten Sachnähe wieder mit Leben gefüllt und für mehr Rechtssicherheit und Vorhersehbarkeit im internationalen Handel gesorgt.

Auf Einzelheiten des COMI-Konzepts wird im nachfolgenden Abschnitt einzugehen sein.

II. *Cross-Border Insolvency Act*

1. Internationale Zuständigkeit nicht explizit geregelt

Anders als in der EuInsVO wird im UNCITRAL Modellgesetz und demzufolge auch im CBIA die internationale Zuständigkeit nicht ausdrücklich als Anerkennungsvoraussetzung aufgeführt.[365]

Der CBIA unterscheidet aber bei den Rechtsfolgen der Anerkennung zwischen ausländischen Haupt- und Nebeninsolvenzverfahren, die gesetzlich definiert sind. Eingedenk der oben herausgearbeiteten Kriterien für die Zuständigkeitsbestimmung im Internationalen Insolvenzrecht lassen sich daraus gewisse Anhaltspunkte ableiten, wo der CBIA die internationale Zuständigkeit verortet.[366]

Ein Hauptinsolvenzverfahren ist nach der Legaldefinition das Verfahren, das in dem Staat stattfindet, in dem sich der Mittelpunkt der hauptsächlichen Interessen

364 Section 16 (3) CBIA. Vgl. Art. 16 (3) UNCITRAL Modellgesetz; UNCITRAL Judicial Perspective, S. 23, Anm. 77.

365 *Goode*, Rn. 14-34; *Ho*, Proving COMI, S. 10. Insoweit konnte sich die deutsche Delegation, die während der UNCITRAL-Arbeiten am Modellgesetz auf eine entsprechende Regelung bestand, nicht durchsetzen, vgl. *Wimmer* ZIP 1997, 2220, 2222.

366 Vgl. *Wimmer* ZIP 1997, 2220, 2222.

(COMI) des Schuldners befindet.[367] Bis zum Beweis des Gegenteils wird vermutet, dass sich der COMI bei juristischen Personen und Gesellschaften an deren satzungsmäßigen Sitz ("*registered office*") und bei natürlichen Personen an deren gewöhnlichen Aufenthaltsort befindet.[368] Der COMI selbst wird ansonsten nicht näher definiert.

Südafrikanische Rechtsprechung oder Lehrmeinungen dazu gibt es bisher nicht. Allerdings gebietet *section* 8 CBIA[369], bei der Auslegung des Modellgesetzes dessen internationalen Ursprung und die Notwendigkeit einer einheitlichen Anwendung zu beachten. Neben Quellen zum Modellgesetz und den darauf basierenden nationalen Gesetzgebungen können dabei aufgrund der europäischen Wurzeln des Konzepts auch Quellen zur EuInsVO herangezogen werden.

2. COMI juristischer Personen und Gesellschaften

(a) Vermutungsregel zugunsten des satzungsmäßigen Sitzes

Nach übereinstimmender europäischer und US-amerikanischer Rechtsprechung beruht die Vermutung des COMI am satzungsmäßigen Sitz auf der Überlegung, dass der Schuldner dort gewöhnlich der Verwaltung seiner Interessen nachgeht und dieser Ort für Dritte feststellbar ist.[370] Hinsichtlich der Beweiskraft der Vermutungsregel bestehen indes unterschiedliche Auffassungen.

Nach der Rechtsprechung des EuGH kann diese Vermutung nur durch den vollen Gegenbeweis widerlegt werden, dass sich der COMI abweichend vom Satzungssitz in einem anderen (Mitglieds-)Staat befindet.[371] Diese Rechtsprechung stützt sich auf den Wortlaut des Art. 3 EuInsVO, der insoweit dem des Art. 16

---

367 Vgl. section 1 (e) und 17 (2) (a) CBIA; Art. 2 (b) und 17 (2) (a) UNCITRAL Modellgesetz.

368 Section 16 (3) CBIA; Art. 16 Abs. 3 UNCITRAL Modellgesetz.

369 Art. 8 UNCITRAL Modellgesetz.

370 Unter Bezugnahme auf Erwägungsgrund 13 zur EuInsVO EuGH, Urt. v. 2.5.2006 – Rs. C-341/04 („*Eurofood*"), juris, Rn. 32; Urt. v. 20.10.2011 – Rs. C-396/09 („*Interedil*"), juris, Rn. 49; Urt. v. 15.12.2011 – Rs. C-191/10 („*Rastelli*"), juris, Rn. 33. Die US-Rechtsprechung hat sich insoweit ausdrücklich dem EuGH angeschlossen, siehe nur *In re: Bear Stearns High-Grade Structured Strategies Master Fund Ltd.* 374 B.R. 122, 129 (Bankr. S.D.N.Y. August 30, 2007) = 2007 Bankr. LEXIS 2949 = Bankr. L. Rep. (CCH) P81,010 = 48 Bankr. Ct. Dec 216.

371 EuGH, Urt. v. 2.5.2006 – Rs. C-341/04 („*Eurofood*"), juris, Rn. 29 und 34; Urt. v. 20.10.2011 – Rs. C-396/09 („*Interedil*"), juris, Rn. 51; Urt. v. 15.12.2011 – Rs. C-191/10 („*Rastelli*"), juris, Rn. 35.

Abs. 3 UNCITRAL Modellgesetz entspricht. Im Zweifel ist also der Satzungssitz ausschlaggebend, wenn der COMI nicht konkret woanders verortet werden kann.

Die US-Rechtsprechung begreift die Vermutungsregel dagegen lediglich als eine Beweiserleichterung ähnlich dem deutschen Anscheinsbeweis.[372] Hintergrund ist, dass der US-Gesetzgeber die Vermutungsregel in Art. 16 Abs. 3 UNCITRAL Modellgesetz bei der Übernahme in *Chapter* 15 *US Bankruptcy Code* bewusst abgeschwächt hat.[373] Durch die Verwendung des in der US-Rechtsterminologie eindeutigen Begriffes "*evidence*" statt "*proof*" wollte der US-Gesetzgeber klarstellen, dass die Beweislast für das COMI des Schuldners letztlich immer der ausländischen Insolvenzverwalter zu tragen hat.[374] Demgemäß gewährt der satzungsmäßige Sitz im US-Recht lediglich den Anschein, dass sich dort auch der COMI befindet. Dadurch wird der ausländische Insolvenzverwalter aber nicht von seiner Darlegungs- und Beweislast befreit. Bestehen für das Gericht Anhaltspunkte ("*evidence*"), dass der COMI in Wahrheit woanders liegt und wird dadurch der erste Anschein erschüttert, hat der ausländische Insolvenzverwalter den vollen Beweis für den COMI zu führen.[375] Im Zweifel wird also der satzungsmäßige Sitz nicht als COMI anerkannt, ohne dass der COMI konkret woanders verortet werden muss.

Der britische Gesetzgeber hat die Vermutungsregel des UNCITRAL Modellgesetzes wortgleich in die *Cross-Border Insolvency Regulations 2006* (CBIR 2006)

---

372 Zu den Regeln des Anscheinsbeweises im deutschen Recht Zöller-*Greger*, ZPO, Vor § 284 Rn. 29 ff.

373 In der entsprechenden Norm *section* 1516 (c) *US Bankruptcy Code* heißt es „*In the absence of evidence to the contrary, (...)*" statt wie im Modellgesetz „*In the absence of proof to the contrary, (...)*". Siehe auch UNCITRAL Judicial Perspective, S. 26, Anm. 87.

374 *In re: Basis Yield Alpha Fund (Master)* 381 B.R. 37, 53 (Bankr. S.D.N.Y., January 16, 2008) = 2008 Bankr. LEXIS 67 = Bankr. L. Rep. (CCH) P81,098 = 59 Collier Bankr. Cas. 2d (MB) 20 = 49 Bankr. Ct. Dec. 89; *In re: Tri-Continental Exchange Ltd.* 349 B.R. 627, 635 (Bankr. E.D. Cal. September 11, 2006) = 2006 Bankr. LEXIS 2224 = 47 Bankr. Ct. Dec. 31; *In re: Bear Stearns High-Grade Structured Strategies Master Fund Ltd.* 389 B.R. 325, 335 f. (S.D.N.Y. May 27, 2008) = 2008 U.S. Dist. LEXIS 41456 = Bankr. L. Rep. (CCH) P81,258; *Ho*, Proving COMI, S. 9 f.

375 *In re: Bear Stearns High-Grade Structured Strategies Master Fund Ltd.* 389 B.R. 325, 335 f. (S.D.N.Y. May 27, 2008) = 2008 U.S. Dist. LEXIS 41456 = Bankr. L. Rep. (CCH) P81,258; *In re: Tri-Continental Exchange Ltd.* 349 B.R. 627, 635 (Bankr. E.D. Cal. September 11, 2006) = 2006 Bankr. LEXIS 2224 = 47 Bankr. Ct. Dec. 31; *Ho*, Proving COMI, S. 9 f.; *In re: Basis Yield Alpha Fund (Master)* 381 B.R. 37, 53 (Bankr. S.D.N.Y., January 16, 2008) = 2008 Bankr. LEXIS 67 = Bankr. L. Rep. (CCH) P81,098 = 59 Collier Bankr. Cas. 2d (MB) 20 = 49 Bankr. Ct. Dec. 89;

übernommen.[376] Vor diesem Hintergrund hat sich der *High Court of Justice London* in seiner *Stanford*-Entscheidung der Auffassung des EuGH auch für den Anwendungsbereich des CBIR 2006 angeschlossen und damit gleichzeitig der früheren englischen Rechtsprechung zur EuInsVO eine Absage erteilt.[377] Die Darlegungs- und Beweislast für einen von der gesetzlichen Vermutung abweichenden COMI habe derjenige zu tragen, der die Vermutung widerlegen will.[378] Die *Stanford*-Entscheidung wurde vom *Court of Appeal* bestätigt.[379] Zudem stellte der *Court of Appeal* klar, dass gleiche Rechtsbegriffe im CBIR 2006 und in der EuInsVO einheitlich auszulegen seien.[380]

Südafrika hat wie Großbritannien die Vermutungsregel in Art. 16 (3) UNCITRAL Modellgesetz unverändert übernommen. Es ist das erklärte Ziel des südafrikanischen Gesetzgebers, mit dem CBIA für größere Rechtssicherheit zu sorgen.[381] Hierfür ist eine starke Beweisregel zugunsten des satzungsmäßigen Sitzes im Vergleich zu einer lediglich beweiserleichternden Vermutungsregel wie im US-Recht besser geeignet. Sie macht den Insolvenzfall berechenbarer und trägt somit zu einer Verringerung der Kosten des Risiko Managements der Gläubiger aber auch des Schuldners bei.[382] Berücksichtigt man zusätzlich die o.g. Klarstellung des englischen *Court of Appeal*, bestehen keine Zweifel, dass sich die südafrikanische

376 Vgl. schedule 1 Art. 16 (3) CBIR 2006.

377 Vgl. High Court of Justice London, Urt. v. 3.7.2009 – [2009] EWHC 1441 (Ch) Case Nos. 13338 and 13959 of 2009 („*Stanford*“), ZIP 2009, 1776, 1777 Rn. 60. Der High Court of Justice London lehnte es in diesem Zusammenhang ausdrücklich ab, der englischen Rechtsprechung vor EuGH-*Eurofood* etwa in Sachen *Ci4net.com* (High Court of Justice Leeds, 20.5.2004, ZIP 2004, 1769) zu folgen, wonach die Vermutungsregel nur ein Faktor von mehreren bei der Bestimmung des COMI sei.

378 High Court of Justice London, Urt. v. 3.7.2009 – [2009] EWHC 1441 (Ch) Case Nos. 13338 and 13959 of 2009 („*Stanford*“), ZIP 2009, 1776, 1777 Rn. 63 und 1778 Rn. 70.

379 Vgl. *In the Matter of Stanford International Bank* [2010] EWCA Civ 137 (Case No. A3/2009/1565 & 1643 CAO No. 13091, 25.2.2010), Rn. 36 ff., Rn. 53 ff.

380 Vgl. *In the Matter of Stanford International Bank* [2010] EWCA Civ 137 (Case No. A3/2009/1565 & 1643 CAO No. 13091, 25.2.2010), Rn. 54.

381 In der Präambel des CBIA wird der Bedarf an größerer Rechtssicherheit für Handel und Investment ausdrücklich als Erwägungsgrund genannt. Dieses Ziel wurde auch in den vorbereitenden Berichten und Gesetzesmaterialien mehrfach genannt.

382 Vgl. auch High Court of Justice London, Urt. v. 3.7.2009 – [2009] EWHC 1441 (Ch) Case Nos. 13338 and 13959 of 2009, ZIP 2009, 1776, 1777 [63], 1777 [62] („*Stanford)*: "It would impose a quite unrealistic burden on [the creditors] if every transaction had to be preceded by a set of inquiries before contract to establish where the underlying reality differed from the apparent facts".

Rechtsprechung dem EuGH und der englischen Rechtsprechung im Fall *Stanford* anschließen wird.

(b) Widerlegung der Vermutungsregel

Wie das Modellgesetz lässt auch der CBIA offen, anhand welcher Kriterien die gesetzliche Vermutung widerlegt werden kann.

Die europäische und US-amerikanische Rechtsprechung sind sich im Grundsatz darin einig, dass es sich dabei um objektive und für außenstehende Dritte feststellbare Tatsachen handeln muss, um die Zuständigkeit für die Eröffnung des Hauptinsolvenzverfahrens möglichst rechtssicher und vorhersehbar zu machen.[383] Den Erfordernissen der Objektivität und der Vorhersehbarkeit ist nach Auffassung des EuGH Genüge getan, wenn der Ort, an dem die Schuldnergesellschaft gewöhnlich ihre Interessen verwaltet, anhand bekannt gemachter konkreter Tatsachen bestimmt wird. Zumindest aber müssen die relevanten Tatsachen aber so transparent sein, dass Dritte, d.h. insbesondere die Gläubiger dieser Gesellschaft, davon Kenntnis haben konnten.[384]

Als Ort, an dem der Schuldner gewöhnlich der Verwaltung seiner Interessen nachgeht, wird übereinstimmend der Sitz der Verwaltungs- und Kontrollorgane (Hauptverwaltungssitz) angesehen.[385] Für den Fall, dass sich die Verwaltungs- und Kontrollorgane am Ort des satzungsmäßigen Sitzes der Gesellschaft oder juristischen Person befinden und deren Verwaltungsentscheidungen in für Dritte feststellbarer Weise an diesem Ort getroffen werden, scheidet deshalb eine anderweitige

---

383 EuGH, Urt. v. 2.5.2006 – Rs. C-341/04 („*Eurofood*"), juris, Rn. 34; Urt. v. 15.12.2011 – Rs. C-191/10 („*Rastelli*"), juris, Rn. 35, st. Rspr.; anders teilweise noch die frühere englische Rechtsprechung, siehe MünchKommInsO-*Reinhart*, Bd. 3, Anhang, Art. 3 EuInsVO Rn. 7 ff. Aus der US-Rechtsprechung *In re: SPhinX Ltd.* 351 B.R. 103, 118 (Bankr. S.D.N.Y. September 6, 2006) = 47 Bankr. Ct. Dec. 17; *In re: Bear Stearns High-Grade Structured Strategies Master Fund Ltd.* 374 B.R. 122, 129 (Bankr. S.D.N.Y. August 30, 2007) = 2007 Bankr. LEXIS 2949 = Bankr. L. Rep. (CCH) P81,010 = 48 Bankr. Ct. Dec 216.

384 EuGH, Urt. v. 20.10.2011 – Rs. C-396/09 („*Interedil*"), juris, Rn. 49.

385 EuGH, Urt. v. 20.10.2011 – Rs. C-396/09 („*Interedil*"), juris, Rn. 48, unter zustimmender Bezugnahme auf die Schlussanträge der EuGH GAin Kokott vom 10.3.2011, Nr. 69. Aus der US-Rechtsprechung *In re: Tri-Continental Exchange Ltd.* 349 B.R. 627, 634 (Bankr. E.D. Cal. September 11, 2006) = 2006 Bankr. LEXIS 2224 = 47 Bankr. Ct. Dec. 31; bestätigt *In re: Bear Stearns High-Grade Structured Strategies Master Fund Ltd.* 374 B.R. 122, 129 (Bankr. S.D.N.Y. August 30, 2007) = 2007 Bankr. LEXIS 2949 = Bankr. L. Rep. (CCH) P81,010 = 48 Bankr. Ct. Dec 216.

Verortung des COMI aus.[386] Befindet sich der Hauptverwaltungssitz einer Gesellschaft aus der Sicht von Dritten hingegen nicht am satzungsmäßigen Sitz, kommt es auf eine Gesamtbetrachtung unter Berücksichtigung aller für Dritte erkennbarer Umstände des Einzelfalls an. Die Vermutungsregel ist widerlegt, wenn diese Gesamtbetrachtung zeigt, dass sich der tatsächliche Mittelpunkt der Verwaltung und der Kontrolle der Gesellschaft sowie der Verwaltung ihrer Interessen in Wirklichkeit an einem anderen Ort als dem satzungsmäßigen Sitz befindet.[387]

Hierzu gibt es mittlerweile zahlreiche Beispiele aus der Rechtsprechung. In Sachen *Tri-Continental Exchange Ltd.*, eine der ersten Entscheidungen zum neuen *Chapter 15 US Bankruptcy Code*,[388] erkannte ein kalifornisches Insolvenzgericht ein Insolvenzliquidationsverfahren nach dem Recht des karibischen Inselstaats St. Vincent und die Grenadinen ("SVG") als Hauptinsolvenzverfahren an.[389] Das Verfahren betraf ein Versicherungsunternehmen mit Satzungssitz in SVG.[390] Letztlich lokalisierte der *Bankruptcy Court* den COMI der Schuldnerin in SVG, weil sich dort die einzigen Räumlichkeiten des Unternehmens befanden, dort 20 Angestellte sowie der Hauptzeichnungsbefugte arbeiteten und von dort aus die Versicherungspolicen versandt wurden. Schon aus diesem Grund wäre nach der oben zitierten EuGH-Rechtsprechung eine Widerlegung der Vermutungsregel nicht mehr möglich gewesen, da sich der Hauptverwaltungssitz am Satzungssitz befand. Auch das kalifornische Insolvenzgericht sah es als unerheblich an, dass

---

386 EuGH, Urt. v. 20.10.2011 – Rs. C-396/09 („*Interedil*"), juris, Rn. 50; Urt. v. 15.12.2011 – Rs. C-191/10 („*Rastelli*"), juris, Rn. 34.

387 EuGH, Urt. v. 20.10.2011 – Rs. C-396/09 („*Interedil*"), juris, Rn. 53; Urt. v. 15.12.2011 – Rs. C-191/10 („*Rastelli*"), juris, Rn. 35 f. und Rn. 39.

388 Siehe davor schon *In re Ephedra Products Liability Litigation et. al.*; 349 B.R. 333, 334 ff. (S.D.N.Y. August 11, 2006) = 2006 U.S. Dist. LEXIS 57595 = 56 Collier Bankr. Cas. 2d (MB) 734; *In re: Petition of Jeffrey John Lloyd, as Foreign Representative of United Kingdom Foreign Proceeding respecting United Kingdom marine insurance Account known as the MMA Account* 2005 Bankr. LEXIS 2794 (S.D.N.Y. December 7, 2005); *United States of America, etc, et ano, – against – J.A. Jones Construction Group, LLC*, 333 B.R. 637 (E.D.N.Y. November 29, 2005) = 2005 U.S. Dist. LEXIS 30386 = 45 Bankr. Ct. Dec. 203.

389 *In re: Tri-Continental Exchange Ltd.* 349 B.R. 627, 640 (Bankr. E.D. Cal. September 11, 2006) = 2006 Bankr. LEXIS 2224 = 47 Bankr. Ct. Dec. 31. Dazu auch Pannen-*Hollander/Graham*, UNCITRAL Rn. 78.

390 Ausländische Versicherungsunternehmen sind anders als bestimmte ausländische Kreditinstitute nicht vom Anwendungsbereich des Chapter 15 ausgenommen, vgl. section 1501 (c) US Bankruptcy Code; Pannen-*Hollander/Graham*, UNCITRAL Rn. 58.

sich der größte Teil des Vermögens der Schuldnerin in Irland und den USA befand und die Versicherungsnehmer fast ausschließlich in den USA und Kanada lebten.[391]

Der EuGH hatte in seiner *Eurofood*-Entscheidung das Beispiel einer sogenannte Briefkastenfirma als möglichen Fall genannt, wo der COMI vom satzungsmäßigen Sitz abweichen könnte.[392] Ein solcher Fall lag dem New Yorker Insolvenzgericht in der Sache *SPhinX Ltd.* zur Entscheidung vor, in dem das Gericht über die Anerkennung von Insolvenzverfahren nach dem Recht der *Cayman Islands* zu befinden hatte.[393] Die Schuldner, sämtlich *Hedge Fonds*, hatten ihren Satzungssitz auf den *Cayman Islands*, entfalteten dort jedoch ansonsten nur die nach dem Recht der *Cayman Islands* zwingend erforderlichen Geschäftsaktivitäten.[394] Weder hielten sich Vorstandsmitglieder oder Angestellte der *SPhinX*-Gruppe auf den *Cayman Islands* auf, noch fanden dort Vorstandssitzungen statt. Nahezu das gesamte Vermögen der Schuldner befand sich in den USA. Deren Geschäfte wurden über einen *investment management*-Vertrag ausschließlich von einem US-amerikanischen Unternehmen mit Sitz in New York betrieben, das insoweit uneingeschränkte Handlungsbefugnis besaß. Sämtliche Vertriebsaktivitäten wurden von den USA aus betrieben, obgleich die Investoren ihre Verträge formal auf den *Cayman Island* unterschreiben mussten, offenbar, um den dortigen Geldwäschevorschriften zu genügen. Die Gläubiger der *SPhinX*-Gruppe waren über die ganze Welt verteilt.[395]

Das Gericht listete eine Reihe von Kriterien auf, die nach seiner Auffassung einzeln oder kumulativ für die Lokalisierung des COMI relevant sein können. Darunter fallen der Hauptsitz des Schuldners, der Sitz derjenigen Personen, die den Schuldner tatsächlich führen und leiten (wobei es sich nach Ansicht des Gerichts durchaus um den Hauptsitz einer Holdinggesellschaft handeln kann), die Belegenheit des wesentlichen Vermögens, der Ort an dem sich die

---

391 *In re: Tri-Continental Exchange Ltd.* 349 B.R. 627, 630 f. (Bankr. E.D. Cal. September 11, 2006) = 2006 Bankr. LEXIS 2224 = 47 Bankr. Ct. Dec. 31.

392 EuGH, Urt. v. 2.5.2006 – Rs. C-341/04 („*Eurofood*"), juris, Rn. 35.

393 *In re: SPhinX Ltd.* 351 B.R. 103 (Bankr. S.D.N.Y. September 6, 2006) = 47 Bankr. Ct. Dec. 17. Dazu *Ho*, Proving COMI, S. 2 ff.; *J. Schmidt* ZIP 2007, 405, 409; *Mallon*, Insolvency: Bankruptcy Blunder; Pannen-*Hollander/Graham*, UNCITRAL Rn. 79 ff.

394 Hierunter fielen insbesondere gewisse handels- und gesellschaftsrechtliche Erfordernisse wie Aufbewahrung der Bücher und Abschlussprüfung durch einen Wirtschaftsprüfer mit Postadresse auf den Cayman Islands.

395 *In re: SPhinX Ltd.* 351 B.R. 103, 107 ff. (Bankr. S.D.N.Y. September 6, 2006) = 47 Bankr. Ct. Dec. 17.

Mehrheit der Gläubiger oder die Mehrheit der durch den Insolvenzfall beeinträchtigten Gläubiger befindet und das auf die meisten Geschäftsbeziehungen anwendbare Recht.[396] Das Urteil wurde in der Rechtsmittelinstanz vollumfänglich bestätigt.[397]

Im Fall EuGH-*Interedil* hatte die Schuldnerin, die italienische *Interedil s.r.l.*, unter Beibehaltung ihrer Rechtsform vor Antragsstellung ihren Sitz von Italien (Monopoli) nach London verlegt. Das *Tribunale di Bari* eröffnete dennoch zunächst ein italienisches Hauptinsolvenzverfahren über das Vermögen der *Interedil s.r.l.* Die von der Schuldnerin erhobene Zuständigkeitsrüge wurde auch im Rechtsmittelverfahren vor dem *Corte Suprema di Cassazione* verworfen. Die Vermutungsregel zugunsten des satzungsmäßigen Sitzes sei widerlegt, weil sich in Italien Immobilien von Interedil befänden, ein Mietvertrag über zwei Hotelkomplexe und ein Vertrag mit einem Geldinstitut bestünden und die Verlegung des satzungsmäßigen Sitzes dem Unternehmensregister in Bari nicht angezeigt worden sei. Wenig später erging dann die *Eurofood*-Entscheidung des EuGH. Das *Tribunale di Bari* bekam nunmehr Zweifel, ob die Begründung des *Corte Suprema di Cassazione* im Lichte der vom EuGH aufgestellten Grundsätze noch haltbar sei. Der EuGH äußerte sich zunächst dahin, das jeweils im selben, vom satzungsmäßigen Sitz abweichenden, Staat angemietete Immobilien und Finanzierungsverträge als objektive und von Dritten feststellbare Faktoren im Sinne von EuGH-*Eurofood* angesehen werden könnten. Gleichwohl bedürfe es für die Widerlegung der Vermutungsregel einer Gesamtbetrachtung aller relevanten, von Dritten überprüfbaren, Faktoren.[398]

Die vorgenannten Kriterien für die Widerlegung der Vermutungsregel gelten nach derzeitiger Rechtslage auch für Konzerninsolvenzen uneingeschränkt.

---

396 *In re: SPhinX Ltd.* 351 B.R. 103, 117 (Bankr. S.D.N.Y. September 6, 2006) = 47 Bankr. Ct. Dec. 17. Obwohl vor diesem Hintergrund wenig auf die *Cayman Islands* als COMI der Schuldner deutete, zeigte sich das Gericht grundsätzlich offen dafür, das *SPhinX*- Verfahren als Hauptinsolvenzverfahren anzuerkennen. Nach Auffassung des Gerichts muss – abgesehen von Missbrauchsfällen – nämlich auch berücksichtigt werden, dass die Gläubiger der Anerkennung nicht widersprochen haben und damit stillschweigend mit der Anerkennung als Hauptverfahren einverstanden seien. Da es letztlich um ihr Geld gehe, wüssten sie am besten, an welchem Ort das Insolvenzverfahren möglichst effizient durchgeführt werden kann. Vorliegend sah das Gericht allerdings missbräuchliche Absichten hinter dem Anerkennungsantrag und lehnte folglich eine Anerkennung als Hauptinsolvenzverfahren ab.

397 Siehe *In re: SPhinX Ltd* 371 B.R. 10 ff. (S.D.N.Y. July 5, 2007) = 2007 U.S. Dist. LEXIS 48962.

398 EuGH, Urt. v. 20.10.2011 – Rs. C-396/09 („*Interedil*“), juris, Rn. 53.

Insbesondere gibt es keinen Konzerngerichtsstand, etwa dergestalt, dass sich der COMI der Konzernuntergesellschaften quasi-akzessorisch von dem der Konzernobergesellschaft ableitet. Vielmehr ist der COMI eines jeden Schuldners mit eigener Rechtspersönlichkeit gesondert zu bestimmen.[399] So kann der COMI einer Zwischenholding z.B. auch am Sitz der Tochtergesellschaft liegen, wenn die Zwischenholding über das Halten der Anteile hinaus keine nennenswerten geschäftlichen Aktivitäten entfaltet und ihr Geschäftsführer ansonsten alle ihre Angelegenheiten für Dritte erkennbar vom Sitz der Tochtergesellschaft aus unter deren Adresse erledigt.[400] Auch gibt es keinen gemeinsamen Haftungsgerichtsstand, etwa für den Fall, dass nationales Insolvenzrecht bei rechtswidriger Vermischung der Vermögenssphären verschiedener Konzerngesellschaften eine personelle oder sachliche Erweiterung des Insolvenzverfahrens auf das Vermögen weiterer Konzerngesellschaften zulässt.[401]

Soweit die genannten Kriterien nicht zu einem eindeutig gegenteiligen Ergebnis führen, bleibt es bei der Vermutungsregel zugunsten des Satzungssitzes.[402]

3. COMI natürlicher Personen

(a) Kritik an Vermutungsregel zugunsten des gewöhnlichen Aufenthalts

Anders als die EuInsVO, die für natürliche Personen keine Vermutungsregel enthält, wird nach dem UNCITRAL Modellgesetz und dem folgend auch im CBIA

399 EuGH, Urt. v. 2.5.2006 – Rs. C-341/04 („*Eurofood*"), juris, Rn. 37; UNCITRAL Judicial Perspective, S. 19, Anm. 64; *Mankowski* NZI 2012, 147, 150 f. Zum Reformvorhaben des Konzerninsolvenzrechts auf EU-Ebene siehe *Bayer/Schmidt*, BB 2012, 3, 8. Siehe ferner UNCITRAL Legislative Guide on Insolvency Law, S. 276 ff.

400 So AG Mönchengladbach, Beschl. v. 11.8.2011 – 45 IN 130/10, juris, Rn. 17, mit zust. Anm. *Mankowski* EWiR 2012, 21 f.

401 EuGH, Urt. v. 15.12.2011 – Rs. C-191/10 („*Rastelli*"), juris, Rn. 37, mit zust. Anm. *Mankowski* NZI 2012, 147, 150 f. Siehe auch die krit. Anm. *Paulus* EWiR 2012, 87 f. Wie der EuGH bereits High Court of Justice London, Urt. v. 3.7.2009 – [2009] EWHC 1441 (Ch) Case Nos. 13338 and 13959 of 2009 („*Stanford*"), ZIP 2009, 1776, 1778 Rn. 68. Solche Erweiterungen bei Vermischung von Vermögenssphären sind auch im südafrikanischen Insolvenzrecht möglich, siehe *Allers v Fourie* (Supreme Court of Appeal, Case No 491/2005, 21 September 2006), Rn. 5. Siehe ferner *Janse van Rensburg v Steyn* (Supreme Court of Appeal, Case No 66/2010, 25 May 2011).

402 Vgl. AG Hamburg, Beschl. v. 19.7.2007 – 67a IE 2/07, juris, Rn. 6 = ZIP 2007, 1767; *High Court of Justice London*, Urt. v. 3.7.2009 – [2009] EWHC 1441 (Ch) Case Nos. 13338 and 13959 of 2009, ZIP 2009, 1776, 1778 f.; *Westpfahl/Goetker/Wilkens*, Rn. 150.

der Mittelpunkt der hauptsächlichen Interessen von natürlichen Personen am Ort ihres gewöhnlichen Aufenthalts (*habitual residence*) vermutet.[403]

Diese Vermutungsregel soll der prozessualen Beweiserleichterung dienen. Sie kann diesen Zweck allerdings aus mehreren Gründen nur eingeschränkt erfüllen.

Zunächst handelt es sich beim gewöhnlichen Aufenthalt um ein Konzept, dass in den nationalen Rechtsordnungen in verschiedenen Zusammenhängen verwendet und dort lange vor Verabschiedung des UNCITRAL Modellgesetzes eine gefestigte Auslegung erfahren hat.[404] Überdies gibt es unter anderem im englischen Sprachraum mit den Begriffen *habitual residence* und *ordinary residence* gleich zwei Übersetzungen des deutschen Begriffs gewöhnlicher Aufenthalt.[405] Teilweise wird dazu vertreten, dass *habitual* und *ordinary residence* dasselbe seien.[406] Teilweise wird aber auch versucht, zwischen diesen zu unterscheiden.[407] Ein international einheitliches Verständnis gibt es jedenfalls nicht, sodass trotz weitgehender

---

403 Section 16 (3) CBIA. Vgl. Art. 16 (3) UNCITRAL Modellgesetz. Siehe auch section 16 (3) CBIR 2008 und section 1516 (c) US Bankruptcy Code.

404 Siehe etwa zum südafrikanischen Recht *Nahrungsmittel GmbH v Otto* 1993 (1) SA 639 (A) 646 f. Zum englischen Recht *Fletcher*, Insolvency in PIL, S. 46, Rn. 2.27 ff. Im kanadischen Bundesstaat Manitoba ist der Begriff im Domicile and Habitual Residence Act gesetzlich definiert, siehe http://web2.gov.mb.ca/laws/statutes/ccsm/d096e.php. In Österreich ist der Begriff in § 66 Abs. 2 Jurisdiktionsnorm definiert. In Deutschland finden sich in § 30 Abs. 3 S. 2 SGB I und in § 9 AO Legaldefinitionen, wobei die steuerrechtliche Definition aufgrund der Fiktion in § 9 S. 2 AO strenger formuliert ist. Auch im deutschen IPR wird der gewöhnliche Aufenthalt als Anknüpfungspunkt verwendet, vgl. Art. 5 Abs. 2 EGBGB, dazu die Kommentierung von Palandt-*Thorn*, Rn. 10.

405 Der Begriff habitual residence wurde von der Internationalen Konferenz in Den Hague als Alternative zum weltweit sehr unterschiedlichen Domizilkonzept entwickelt, vgl. *Baetge*, S. 3 ff. Er hat erst über internationale Konventionen Eingang in die südafrikanische Gesetzgebung gefunden, erstmals mit der Übernahme des Haager Testamentsübereinkommen in den Wills Act 7 of 1953, vgl. *Forsyth*, S. 395 Fn. 201. Dagegen wird „ordinary residence" außer im Insolvenzrecht auch noch im Scheidungsrecht und im Steuerrecht als Anknüpfungspunkt verwendet, vgl. section 2 (1) (b) Divorce Act 70 of 1979 und section 1 Income Tax Act of 1962. Ähnlich wie in Südafrika ist die Situation auch in Großbritannien und in den meisten seiner ehemaligen Kolonien.

406 *R v Barnet London Borough, Ex parte Nilish Shah* [1982] 1 All ER 698, 704; *Fletcher*, Insolvency in PIL, Rn. 2.28; *ders.*, The Law of Insolvency, Rn. 29–014. Corbett/Hofmeyer/Kahn-*Kahn*, S. 622.

407 So jüngst der *High Court of Justice London* in *Stojevic v Official Receiver* [2007] BPIR 141, Rn. 59 = NZI 2007, 361, Rn. 60; dazu UNCITRAL Judicial Perspective, S. 18, Fn. 76.

Übereinstimmung im Einzelfall unterschiedliche Ergebnisse auftreten könnten – je nachdem, welches Gericht mit der Anerkennung befasst ist.[408]

Darüber hinaus kann eine natürliche Person durchaus mehrere gewöhnliche Aufenthalte haben.[409] Nach der Konzeption des UNCITRAL Modellgesetzes und den oben herausgearbeiteten Prinzipien für die Zuständigkeit im Internationalen Insolvenzrecht sollte es jedoch nur einen Mittelpunkt der hauptsächlichen Interessen des Schuldners geben.[410]

Schließlich ist der gewöhnliche Aufenthalt selbst vergleichsweise schwer bestimmbar. Anders als der satzungsmäßige Sitz lässt sich der gewöhnliche Aufenthalt regelmäßig nicht durch Vorlage von Vertragsunterlagen oder Registereintragungen nachweisen. Richterliche Definitionsversuche wie der „Lebensmittelpunkt“[411] oder “*usual or principial residence and (...) would be described more aptly than other countries as (...) real home*”[412] sind wegen ihrer Unbestimmtheit regelmäßig ihrerseits erläuterungsbedürftig.[413] Letztlich kommt es bei der Bestimmung des gewöhnlichen Aufenthalts genauso wie bei der Bestimmung des COMI immer auf eine Gesamtbetrachtung der Umstände des Einzelfalls an.[414]

Bedenkt man ferner, dass der Begriff im Rahmen des Anwendungsbereiches des UNCITRAL Modellgesetzes weltweit möglichst einheitlich und damit autonom auszulegen ist, dürfte dieser Vermutungsregel zugunsten des gewöhnlichen Aufenthalts in der Praxis jedenfalls keine „beweiserleichternde“ Bedeutung mehr zukommen.

---

408 In diesem Sinne auch MünchKommInsO-*Reinhart*, Bd. 3, Anhang, Art. 3 EuInsVO Rn. 42. Siehe auch *Coester-Waltjen*, FS MPI, S. 543, 551 ff., m.w.N.

409 Vgl. zum englischen Recht *Fletcher*, Insolvency in PIL, S. 46, Rn. 2.29, m.w.N.

410 *In re: Millennium Global Emerging Credit Master Fund Limited, et al.* (S.D.N.Y. August 26, 2011, Case No. 11–13171), S. 26 (abrufbar unter http://www.nysb.uscourts.gov). So auch zur EuInsVO: Duursma-Kepplinger/Duursma/Chalupsky-*Duursma-Kepplinger*, S. 127 f. Rn. 15; *Wessels*, Moving House, S. 4.

411 BGH, Urt. v. 13.12.2000 – XII ZR 278/98, juris, Rn. 9; ähnlich auch EuGH, Urt. v. 22.12.2010, Rs. C-497/10 PPU („*Chaffe*“), Rn. 47 ff.

412 So *Schreiner JA* in *Cohen v Commissioner for Inland Revenue* 1946 AD 174, 185, zum südafrikanischen Steuerrecht.

413 Der südafrikanische Supreme Court of Appeal hat im Zusammenhang mit der Definition des südafrikanischen Begriffs „Aufenthalt“ von einer „unmöglichen Aufgabe“ gesprochen, diesen präzise und erschöpfend zu definieren, siehe *Mayne v Main* (Supreme Court of Appeal, Case No 182/99, 23 March 2001), saflii, Rn. 3.

414 Vgl. *Mayne v Main* (Supreme Court of Appeal, Case No 182/99, 23 March 2001), saflii, Rn. 3; EuGH, Urt. v. 22.12.2010, Rs. C-497/10 PPU („*Chaffe*“), Rn. 48 ff.

(b) Kriterien für die Bestimmung des COMI natürlicher Personen

Mithin sollte von vornherein anhand einer Gesamtbetrachtung verschiedener Indizien der Mittelpunkt der hauptsächlichen Interessen bestimmt werden.[415]

Ausgangspunkt, aber nicht allein entscheidendes Kriterium ist auch hier der physische Aufenthalt des Schuldners als äußerlich für die Gläubiger unmittelbar erkennbare Tatsache.[416] Darüber hinaus sind weitere Umstände persönlicher und beruflicher Art heranzuziehen, die die dauerhafte Beziehung zu dem Aufenthaltsort des Schuldners zu seinem Lebensmittelpunkt manifestieren können.

Indizien können zum Beispiel sein der gemeldete Wohnort, der tatsächliche Aufenthaltsort, Aufenthaltsgrund und Aufenthaltsdauer, der Arbeitsort, der Ort, an dem sich die familiären und persönlichen Kontakte befinden, der Ort selbst genutzten Immobilienvermögens, nicht hingegen die Staatsangehörigkeit. Diese Indizien sind untereinander abzuwägen.[417]

Da es in Insolvenzverfahren letztlich um die effizienteste Abwicklung der wirtschaftlichen Verhältnisse des Schuldners geht, sollte hierauf besonderes Gewicht gelegt werden.[418] Bei natürlichen Personen, die keiner selbstständigen oder gewerblichen Tätigkeit nachgehen, dürfte sich so in der Praxis kaum ein Unterschied zwischen gewöhnlichem Aufenthaltsort und COMI ergeben. Anders steht es lediglich bei selbständig oder gewerblich Tätigen. Hier ist man sich in der europäischen Rechtsprechung und Literatur weitgehend einig, dass sich der COMI regelmäßig an dem Ort befindet, an dem diese ihrer selbständigen beruflichen Tätigkeit nachgehen.[419] Die Insolvenz selbständig tätiger Personen hat

415 So auch für die EuInsVO, wo eine Vermutungsregel ganz fehlt Court of Appeal (Civil Division) vom 27.7.2005 [*Vlieland-Boddy II*] NZI 2005, 410 f.; *Malcom Brian Shierson (trustee in bankruptcy of Martin Vlieland-Boddy) v Clive Vlieland-Boddy* [2004] EWHC 2752 (Ch), Rn. 27 ff.; *Knof* ZInsO 2005, 1017, 1022; MünchKommInsO-*Reinhart*, Bd. 3, Anhang, Art. 3 EuInsVO Rn. 43; *Wessels*, Moving House, S. 7.

416 *Malcom Brian Shierson (trustee in bankruptcy of Martin Vlieland-Boddy) v Clive Vlieland-Boddy* [2004] EWHC 2752 (Ch), Rn. 35, („important factor in determining where (the) centre of main interests is (though it is nothing like conclusive)"); *Knof* ZInsO 2005, 1017, 1022; MünchKommInsO-*Reinhart*, Bd. 3, Anhang, Art. 3 EuInsVO Rn. 43.

417 Vgl. *Malcom Brian Shierson (trustee in bankruptcy of Martin Vlieland-Boddy) v Clive Vlieland-Boddy* [2004] EWHC 2752 (Ch), Rn. 28 ff.; MünchKommInsO-*Reinhart*, Bd. 3, Anhang, Art. 3 EuInsVO Rn. 43, m.w.N.

418 So im Ergebnis auch *Huber* ZZP 114 (2001) 133, 140; *Knof* ZInsO 2005, 1017, 1021 ff.

419 BGH, Beschl. v. 17.9.2009 – IX ZB 51/09 = ZInsO 2009, 1955; MünchKommInsO-*Reinhart*, Bd. 3, Anhang, Art. 3 EuInsVO, Rn. 44, jeweils m.w.N.

ihre Ursache regelmäßig gerade in dieser selbständigen wirtschaftlichen Betätigung.[420] Aus Sicht der vorrangig als Dritte zu berücksichtigenden Gläubiger liegt der erkennbare Interessenmittelpunkt eines selbständigen Gewerbetreibenden am Ort seiner gewerblichen Niederlassung oder – bei Freiberuflern – am Ort ihrer beruflichen Betätigung (Kanzlei- oder Praxisort).[421] Für einen im Elsass wohnenden, aber in Freiburg arbeitenden freiberuflichen Architekten wären danach die deutschen Gerichte für die Eröffnung des Hauptinsolvenzverfahrens zuständig.[422]

Erstreckt sich die Tätigkeit über mehrere Staaten, wäre der Schwerpunkt der Tätigkeit anhand derselben Kriterien wie für die Bestimmung des COMI juristischer Personen zu bestimmen.

Bei sowohl einer selbstständigen als auch einer unselbständigen Beschäftigung nachgehenden Personen kommt es darauf an, welche der Beschäftigungen schwerpunktmäßig ausgeübt wird. Ein Arbeitnehmer, der nebenberuflich gelegentlich noch einer selbstständigen Tätigkeit nachgeht, wäre daher weiterhin nach den Kriterien für unselbständig Beschäftigte zu beurteilen.[423]

III. Zusammenfassung

Die herrschende Auffassung zum *common law* knüpft die internationale Zuständigkeit für Hauptinsolvenzverfahren bei natürlichen Personen an deren *domicile* und bei juristischen Person und Gesellschaften an den satzungsmäßigen Sitz der Gesellschaft. Höchstrichterlich ist die Frage jedoch bislang ungeklärt. Nach hier vertretener Auffassung wäre stattdessen einheitlich an den COMI des Schuldners anzuknüpfen. Der CBIA folgt ebenfalls diesem Prinzip einer einheitlichen COMI-Zuständigkeit für Hauptinsolvenzverfahren. Der COMI wird für juristische Personen und Gesellschaften bis zum Beweis des Gegenteils an deren satzungsmäßigen Sitz vermutet. Für natürliche Personen gilt insoweit die Vermutung zugunsten ihres gewöhnlichen Aufenthalts. Diese Vermutung ist eine echte Beweisregel. Sie kann nur anhand objektiver, für Dritte feststellbarer Kriterien widerlegt werden.

420 Zu Recht gibt allerdings *Mankowski* NZI 2005, 368, 370, die Fälle zu bedenken, in denen die Insolvenz auf den überbordenden Lebensstil im privaten Bereich zurückzuführen ist, sei es durch fehlgeschlagene Spekulationen, durch Hausbau oder teure Scheidung.

421 Duursma-Kepplinger/Duursma/Chalupsky-*Duursma-Kepplinger*, S. 132 Rn. 22; *Knof* ZInsO 2005, 1017, 1019; *Mankowski* NZI 2005, 368, 370.

422 MünchKommInsO-*Reinhart*, Bd. 3, Anhang, Art. 3 EuInsVO, Rn. 44.

423 Vgl. MünchKommInsO-*Reinhart*, Bd. 3, Anhang, Art. 3 EuInsVO, Rn. 44.

Entscheidend sind die Faktoren, von denen ein durchschnittlicher Dritter im Rahmen des gewöhnlichen Geschäftsverkehrs mit dem Schuldner ohne besondere Nachforschungen Kenntnis erlangen kann. Nach hier vertretener Auffassung ist der COMI bei natürlichen Personen von vornherein über eine Gesamtabwägung dieser Faktoren zu ermitteln.

C. Partikularinsolvenzverfahren

I. Common law

Wie oben bereits festgestellt sind dem römisch-holländischen Recht auch territorial wirkende Partikularinsolvenzverfahren nicht fremd, auch wenn die südafrikanische Rechtspraxis damit bisher nur wenig Erfahrung gesammelt hat.[424]

Ungeklärt ist deshalb auch die Frage, welche Maßstäbe an die internationale Zuständigkeit für Partikularinsolvenzverfahren in Südafrika zu stellen sind. Im Anschluss an das römisch-holländische Recht könnte man die freiwillige Unterwerfung unter einen Gerichtsstand (*submission*) als möglichen internationaler Gerichtsstand erwägen.[425] Dieser Gerichtstand ist jedoch im Insolvenzrecht wegen der Vielzahl der beteiligten Gläubiger ungeeignet.

Für inländische Verfahren sind die örtlichen Gerichtsstände des Insolvenzsachrechts schon unter Vertrauensgesichtspunkten auch bei grenzüberschreitenden Bezügen gegeben. Nach dem oben näher beschriebenen Spiegelbildprinzip sollte hier das gleiche auch aus südafrikanischer Sicht die äußere Grenze für die internationale Zuständigkeit ausländischer Gerichte gelten.[426]

---

424 In *Lawclaims (Pty) Ltd v Rea Shipping Co SA: Schiffscommerz Aussenhandelsbetrieb der VVB Schiffbau intervening* 1979 (4) SA 745 (N) 754H–755B wurde ein inländisches Partikularverfahren zumindest erwogen. Lawclaims (Pty) Ltd versuchte aufgrund einer unbezahlten Forderung ein Insolvenzverfahren über das (inländische) Vermögen von Rea Shipping Co SA einzuleiten, dessen Schiff gerade im Hafen von Durban vor Anker lag. Dagegen intervenierte die Verkäuferin des Schiffes, die deutsche Werft Schiffscommerz, als Inhaberin einer im New Yorker Schiffsregister zur Sicherung des Kaufpreises eingetragenen Schiffshypothek wegen ihrer offenen Kaufpreisforderung. Letztlich lehnte das Gericht jedoch nach der forum non convenience-Regel unter Zweckmäßigkeitsgesichtspunkten zugunsten des ausländischen Domizilgerichtsstands ab.

425 Vgl. *Richards v Doveton's Trustees* (1884) 3 SC 123; *Ex Parte Palmer NO: In re Hahn* 1993 (3) SA 359, jeweils allerdings im Zusammenhang mit einem Hauptinsolvenzverrfahren.

426 In diesem Sinne wohl *Ex parte LaMonica v In re Eastwind Development SA (Baltic Reefers Management Ltd intervening)* [2010] JOL 24783 (C) Rn. 19. Für einen

Daraus wird hier die Schlussfolgerung gezogen, dass die Partikulargerichtsstände analog der örtlichen Gerichtszuständigkeitsregeln des Insolvenzsachrechts zu bilden sind.

1. Abgrenzung der Insolvenzgesetzgebung in Südafrika

Die Insolvenzgerichtstände sind in Südafrika im *Insolvency Act* und im *Company Act 1973* geregelt. Die Abgrenzung erfolgt grundsätzlich danach, welche Rechtsnatur der Schuldner hat.

Schuldner im Sinne des *Insolvency Act* können grundsätzlich alle Rechtssubjekte sein, die die Fähigkeit besitzen, im eigenen Namen Vermögen zu erwerben und Verbindlichkeiten einzugehen.[427] Die Legaldefinition in *section* 2 IA grenzt den persönlichen Anwendungsbereich allerdings dahin ein, dass es sich nicht um juristische Personen und Gesellschaften handeln darf, die einem besonderen gesellschaftsrechtlichen Insolvenzrecht unterliegen.[428] Außerhalb dieser negativen Abgrenzung fungiert der *Insolvency Act* als *lex generalis* für alle Schuldner.[429] Dazu gehören insbesondere natürliche Personen, ferner südafrikanische *trusts*,[430] nichtrechtsfähige Vereine (*clubs*)[431] und Nachlassvermögen (*deceased estates*).[432]

In der Legaldefinition werden zudem *partnerships* ausdrücklich als mögliche Schuldner genannt, dem Äquivalent zur erwerbsorientierten deutschen Personengesellschaft.[433] Dies bedeutet jedoch nicht, dass die internationale Zuständigkeit

---

Gleichlauf der nationalen und internationalen Zuständigkeit prinzipiell auch *Forsyth* (2006) 18 SA Merc LJ 1.

427 Vgl. *Magnum Financial Holdings (Pty) Ltd (in Liquidation) v Summerly* 1984 (1) S. 160 (W), 163; Sharrock/van der Linde/Smith, S. 6.

428 Hintergrund dieser komplizierten Abgrenzung ist die eigenständige Entwicklung des Gesellschaftsinsolvenzrechts im 19. Jahrhundert, siehe oben, Kap. 1 A.2. (b).

429 In diesem Sinne bereits *Cassere v United Party Club* 1930 WLD 39, 43, zum Insolvency Act 1916.

430 Magnum Financial Holdings (Pty) Ltd (in Liquidation) v Summerly & another NNO 1984 (1) SA 160 (W) 163; vgl. auch Commissioner for Inland Revenue v Friedman & others NNO (Supreme Court of Appeal, Case No. 14/91, 5 November 1992), saflii, S. 11.

431 *Cassere v United Party Club* 1930 WLD 39, 43, zum Insolvency Act 1916.

432 *Sharrock/van der Linde/Smith*, S. 6, 1.3.2, m.w.N. Insolvente Nachlassvermögen können auch weiterhin wie solvente Nachlassvermögen nach den Vorschriften des Administration of Estates Act 66 of 1965 abgewickelt werden, wenn kein Gläubiger formell Insolvenzantrag stellt. Siehe dazu *Burdette*, S. 333 ff.; *ders*. (2001) 2 SA Merc LJ 211, 212 ff.

433 Vgl. die Defintion in van der Merwe/du Plessis-*Sutherland*, S. 365. Siehe auch *Mars*, S. 593 f.

auch für ausländische Personengesellschaften stets am Tatbestand des *section* 149 (1) Satz 1 IA zu messen sei. Die ausdrückliche Erwähnung der *partnership* in der gesetzlichen Definition hängt vielmehr mit ihrer Rechtsnatur zusammen. Ihr fehlt die nötige Rechtsfähigkeit, um unter eigenem Namen Vermögen zu erwerben oder Verbindlichkeiten einzugehen,[434] sodass sie ohne gesonderte Erwähnung in der Legaldefinition niemals Insolvenzschuldner sein könnte. Die Insolvenzfähigkeit ausländischer Gesellschaften richtet sich hingegen nach dem Gründungsstatut.[435]

Keine Schuldner im Sinne des *Insolvency Act* sind juristische Personen und Gesellschaften. Deren insolvenzrechtliche Behandlung erfolgt auch nach Inkrafttretens des *Companies Act 2008* bis zum Inkrafttreten eines einheitlichen Insolvenzgesetzes auch weiterhin nach dem *Companies Act 1973*.[436] Dies gilt nach der Neudefinition einer „*external company*" im Sinne des CA 2008 grundsätzlich auch für ausländische Gesellschaften, wenn sie in Südafrika entweder geschäftliche oder nicht gewinnorientierte Tätigkeiten entfalten.[437] Auf die gesellschaftsrechtlich erforderliche Eintragung als *external company* im südafrikanischen Handelsregister kommt es insoweit nicht an.[438] Die Rechtsprechung zur alten Definition der *external company*, wonach ausländische Gesellschaften unter bestimmten Voraussetzungen dem Insolvency Act unterlagen, dürfte sich mit der deutlich weiter gefassten Neudefinition erledigt haben.[439]

2. Gerichtsstände des *Insolvency Act*

Die Gerichtsstände für Insolvenzverfahren sind sowohl im Anwendungsbereich des *Insolvency Act* als auch im Anwendungsbereich des *Companies Act* gesetzlich geregelt.

---

434 van der Merwe/du Plessis-*Sutherland*, S. 366.

435 Vgl. etwa *Re African Farms Ltd* 1906 TS 373, 377, 379 f. (*Innes CJ*), 389 (*Smith J*); *In re Greatrex & Son Ltd* 1906 TS 530, jeweils zur Anerkennung einer englischen company, die nach damaligem Recht mit 7 Gesellschaftern gegründet werden konnte und nicht die nach südafrikanischem Recht erforderliche Mindestanzahl von 25 Gesellschaftern hatte.

436 Vgl. oben, Kap. 1 B.I.

437 Vgl. section 337 CA 1973 i.V.m. der Definition "external company" in section 1 CA 2008.

438 *Wiseman v Ace Table Soccer (Pty) Ltd* 1991 (4) SA 171 (W) 176 F-I; *Forsyth*, S. 275 Fn. 777; *Galgut/Kunst/Delport/Vorster*, section 337, Anm. zu „external company".

439 *Lawclaims (Pty) Ltd v Rea Shipping Co SA: Schiffscommerz Aussenhandelsbetrieb der VVB Schiffbau Intervening* 1979 (4) SA 745 (N) 754H–755B; dazu *Mars*, S. 37 Fn. 160; *Meskin*, Insolvency Law, Anm. 2.1.; *ders*. Henochsberg, section 337, Anm. zu "external company".

Section 149 (1) Satz 1 (a) IA knüpft die Zuständigkeit des Gerichts daran, ob der Schuldner zum Zeitpunkt des Eingangs des Antrags bei Gericht in Südafrika *domiciled* ist oder dort Vermögen oder Ansprüche auf Vermögen hat ("*owns or is entitled to property*"). Darüber hinaus ist gemäß *section* 149 (1) Satz 1 (b) IA die Gerichtszuständigkeit auch dort gegeben, wo der Schuldner innerhalb der letzten zwölf Monate vor Antragstellung in Südafrika seinen gewöhnlichen Aufenthalt hatte (*ordinarily resided*) oder Geschäftstätigkeiten entfaltet hat (*carried on business*). Da nach immer noch herrschender Meinung das Domizilgericht für die Eröffnung des Hauptinsolvenzverfahrens zuständig ist, kommen für die Zuständigkeitsanknüpfung für Partikularinsolvenzverfahren primär die Belegenheit von Vermögen zum Antragszeitpunkt oder der gewöhnliche Aufenthalt und die Entfaltung geschäftlicher Tätigkeiten zu einem beliebigen Zeitpunkt[440] innerhalb von zwölf Monaten vor Antragsstellung in Betracht.

(a) Gewöhnlicher Aufenthalt

Als gewöhnlichen Aufenthaltsort beschreibt die *Appellate Division* das Land, in das der Schuldner regelmäßig und selbstverständlich zurückkehrt, das im Gegensatz zu anderen Ländern als gewöhnlicher oder vornehmlicher Aufenthaltsort und daher treffender als andere Länder als wirkliches Zuhause des Schuldners bezeichnet werden kann.[441] In die gleiche Richtung zielt die englische Rechtsprechung, wonach die Qualifikation „gewöhnlich" impliziere, dass es sich insoweit um den regelmäßigen Aufenthaltsort eines Menschen handele, im Gegensatz zu dem Ort, an dem er sich nur gelegentlich oder ausnahmsweise aufhält.[442] Der gewöhnliche Aufenthalt wird nicht durch vorübergehende Abwesenheit beendet, solange die Abwesenheit auf einem speziellen und außerordentlichen Grund beruht, insbesondere dann nicht, wenn der Schuldner ein Haus oder eine Wohnung zum Zwecke der Rückkehr unterhält.[443]

Bei der Bestimmung des gewöhnlichen Aufenthalts sind kumulativ unter anderem der Ort der Beschäftigung oder Anstellung, die Belegenheit der

---

440 Vgl. *Mars*, S. 33.

441 *Schreiner JA* in *Cohen v Commissioner for Inland Revenue* 1946 AD 174, 185, zum Steuerrecht. Diese Definition wurde für das Insolvenzrecht in *Nahrungsmittel GmbH v Otto* 1993 (1) SA 639 (A), 646 f., bestätigt.

442 *Levene v IRC* [1928] AC 217, 232; *IRC v Lysaght* [1928] AC 234, 248. Vgl. auch *R v Barnet London Borough, Ex parte Nilish Shah* [1982] 1 All ER 698, 704, implizierend, dass ordinary und habitual residence das gleiche seien. Zur habitual residence auch *Nessa v Chief Adjudication Officer* [1999] 1 WLR 1937 (HL).

443 Vgl. *Stransky v Stransky* [1954] 2 All ER 536, 541; *Lewis v Lewis* [1956] 1 All ER 375, 377 f.; *Forsyth*, S. 253 f.; *Fletcher*, Insolvency in PIL, Rn. 2.28, jeweils m.w.N.

Unterkunft und des Vermögens der betreffenden Person sowie der Aufenthalt ihrer Familie und ihr Freizeitverhalten zu berücksichtigen.[444] Über physische Anwesenheit hinaus bedarf es jedoch keiner festen Wohnadresse zur Begründung des gewöhnlichen Aufenthalts.[445] Art und Weise, Sinn- und Zweck sowie Motivation für die Reisen einer Person in das entsprechende Land können weitere wichtige Faktoren sein, anhand derer ein Gericht den gewöhnlichen Aufenthalt bestimmt.[446] Aus einer Gesamtschau dieser Kriterien kann dann auf den gewöhnlichen Aufenthalt geschlossen werden.[447] Daher können kontinuierliche Besuche zu Geschäftszwecken oder zur fortgesetzten Teilnahme an Zivilprozessen zur Begründung des gewöhnlichen Aufenthalts während es betreffenden Zeitraums führen,[448] während lediglich sporadische Besuche (selbst wenn dabei jeweils das gleiche Hotel als Unterkunft dient) oder ein Verwandtenbesuch für einige Wochen möglicherweise nicht ausreichen, um den gewöhnlichen Aufenthalt zu begründen.[449]

In diesem Sinne kann der Schuldner auch mehr als nur einen gewöhnlichen Aufenthalt haben.[450] So wurde vom englischen *House of Lords* entschieden, dass eine in Irland lebende Person, die sich über einen fortgesetzten Zeitraum jeden Monat eine Woche lang geschäftlich in England aufhielt, sowohl in Irland als auch in England ihren gewöhnlichen Aufenthalt hatte.[451]

(b) Belegenheit von Vermögen

Die Vermögensbelegenheit richtet sich nach den allgemeinen Regeln des Internationalen Privatrechts.[452]

---

444 *Forsyth*, S. 254.

445 *Re Norris* (1888) 4 TLR 452 = 5 Morr 111; *Re Bright* (1901) 18 TLR 37 (CA); wieder aufgenommen und bestätigt *Re Bright* (1903) 19 TLR 203; *IRC v Lysaght* [1928] AC 234, 248 (HL); *Fletcher*, Insolvency in PIL, Rn. 2.29; *ders.*, The Law of Insolvency, Rn. 29–015.

446 *Fletcher*, Insolvency in PIL, Rn. 2.29; *ders.*, The Law of Insolvency, Rn. 29–015.

447 *Forsyth*, S. 254.

448 *Re Norris* (1888) 4 TLR 452 = 5 Morr 111; *Re Bright* (1901) 18 TLR 37 (CA); wieder aufgenommen und bestätigt *Re Bright* (1903) 19 TLR 203; *IRC v Lysaght* [1928] AC 234, 248 (HL); *Fletcher*, Insolvency in PIL, S. 46, Rn. 2.29.

449 *Re Erskine* (1893) 10 TLR 32 (CA).

450 *Schoeman*, Anm. 49; *Fletcher*, Insolvency in PIL, Rn. 2.29; *ders.*, The Law of Insolvency, Rn. 29–014.

451 *IRC v Lysaght* [1928] AC 234, 248 (HL). Vgl. auch *Re Norris* (1888) 4 TLR 452 = 5 Morr 111.

452 *Boraine* 2008 (14) SADJ 30.

Für körperliche Gegenstände ist grundsätzlich der Ort der physischen Belegenheit maßgeblich.[453] Zweifel können dann aufkommen, wenn sich Transportgü- ter (*res in transitu*) lediglich zufällig auf ihrem Weg ins Bestimmungsland im Inland befinden.[454] Generell bedarf es bezüglich solcher Vermögensgegenstände eines dinglichen Arrests, um die Zuständigkeit zu begründen.[455] Auch in insolvenzrechtlichen Sachverhalten wurde in der Vergangenheit immer wieder ein Arrest zur Begründung der Zuständigkeit erwogen oder durchgesetzt (*arrest ad fundandam jurisdictionem*).[456] Ohne einen solchen Arrest dürfte die internationale Zuständigkeit bei *res in transitu* daher nicht gegeben sein. Entsprechendes gilt für Transportmittel wie Schiffe oder Flugzeuge.[457]

Auch im Inland belegene Forderungen gegen Drittschuldner können die internationale Zuständigkeit begründen,[458] genauso wie vertragliche Ansprüche. Wie für alle unkörperlichen Vermögensgegenstände (*incorporeal property*[459]) bereitet

---

453 Vgl. *Steinmeyer*, S. 14. Hieran ändert auch die Regel mobilia personam sequuntur nichts, bei der es sich lediglich um eine rechtliche Fiktion für beschränkte Zwecke des Internationalen Privatrechts handelt. Kritisch zu dieser Fiktion *Steinmeyer*, S. 13 und S. 85 ff.

454 Z.B. Waren, die per Schiff in einen südafrikanischen Hafen und von dort aus auf dem Landweg in ein anderes Bestimmungsland im südlichen Afrika verbracht werden.

455 Das Sicherungsinstitut des Arrests ist wahrscheinlich aus dem germanischen Recht ins römisch-holländische Recht gelangt, vgl. dazu sowie zum Arrest insgesamt sections 19, 28 (1) Supreme Court Act 59 of 1959; *Doser*, S. 270 ff.; *Forsyth*, S. 196 ff.

456 Siehe etwa *In re „Justitia" – Norden v Clarke* (1849) 3 Menz 178, 179; *Norden v Salomon, QQ The Assignees of Charke* (1849) 2 Menz 393, 395; *Lawclaims (Pty) Ltd v Rea Shipping Co SA: Schiffscommerz Aussenhandelsbetrieb der VVB Schiffbau intervening* 1979 (4) SA 745 (N). Die Fälle betrafen zwar keine Transportgüter, aber Schiffe, bei denen sich insoweit die gleiche Problematik stellt. Der Arrest in Schiffe ist jetzt teilweise im Admiralty Jurisdiction Regulation Act 105 of 1983 gesetzlich geregelt, allerdings nur zur Durchsetzung von maritime claims. Siehe auch Geimer/ Schütze-*Doser*, Länderbericht Südafrika, II.2.

457 A.A. offenbar Geimer/Schütze-*Doser*, Länderbericht Südafrika, II.2. Zur Beschlagnahme im Zusammenhang mit der Insolvenz von Fluggesellschaften vgl. auch *Pike*, South African Implications for Aviation Liquidations, S. 6 ff.

458 Siehe *Ex parte de Villiers Berrange NO v Samsudin & another* [2005] JOL 13692 (N) 10. Die in *Verster & Co v Cooke & Co* 1912 CPD 123, 126 f. ohne nachvollziehbare Begründung vorgenommene Unterscheidung zwischen titulierten und nicht-titulierten Forderungen wird zu Recht abgelehnt, siehe *Ex Parte Ivan Pedersen Ltd* 1929 WLD 109, 110 f.; *Forsyth*, S. 243 f., m.w.N.

459 Bewegliche (movables) und unbewegliche Sachen (immovables) werden als materielle Vermögensgegenstände unter corporeal property zusammengefasst, Rechte

jedoch deren Belegenheit Schwierigkeiten, weil hier nicht auf die physische Belegenheit zurückgegriffen werden kann. Vor dem Hintergrund der Effektivitätsdoktrin ist die Belegenheit von *incorporeal property* generell dort zu verorten, wo dieses einem wirkungsvollen Vollstreckungszugriff unterliegt.[460]

Ansprüche auf Nutzung, Übertragung oder Einräumung sonstiger Rechte an körperlichen Gegenständen (*intangible property*) befinden sich deshalb dort, wo sich auch die Gegenstände befinden.[461] Bei Ansprüchen und Forderungen, die sich gegen Drittschuldner richten, ist auf den Aufenthalt des Drittschuldners abzustellen.[462] Hat der Drittschuldner mehrere Aufenthaltsorte, dürfte auf den primären Erfüllungsort abzustellen sein.[463]

Die Belegenheit dinglich gesicherter Forderungen richtet sich danach, ob es sich um die persönliche Forderung oder um die dingliche Forderung handelt.[464] Fraglich ist, ob eine Forderung auch gegen eine inländische Niederlassung des (Dritt-)Schuldners begründet werden kann mit der Folge, dass die Forderung im Inland belegen ist. Für das deutsche Recht wird dies verneint.[465] Dafür spricht, dass die inländische Niederlassung als solche keine eigene Rechtspersönlichkeit besitzt.[466] Im südafrikanischen Schrifttum wird hingegen eine Belegenheit bei der inländischen Niederlassung befürwortet.[467] Dafür spricht, dass für eine

---

dagegen als incorporeal property bezeichnet. Siehe generell *Forsyth*, S. 368 ff.; Joubert- *Edwards/Kahn*, Anm. 322 ff.

460 Vgl. *Pollak*, S. 122.

461 *Schoeman/Roodt*, Anm. 148; *Forsyth*, S. 368; Joubert-*Edwards/Kahn*, Anm. 322 m.w.N. Hiervon gibt es wichtige Ausnahmen, die an späterer Stelle behandelt werden. So auch zum deutschen Vermögensgerichtsstand nach § 23 ZPO *Adolphsen*, Internationales Zivilprozessrecht in Patentsachen, § 16 Rn. 672.

462 Vgl. *Nahrungsmittel GmbH v Otto* 1993 (1) SA 639 (A) 648A–I; *MV Snow Delta: Serva Ship Ltd v Discount Tonnage Ltd* (Supreme Court of Appeal, Case No 263/98, 31 August 2000), saflii, Rn. 9 f. (insoweit *J. Voet* ablehnend und *Hugo Grotius* folgend); *Forsyth*, S. 377 f.; Joubert-*Edwards/Kahn*, Anm. 324.

463 *Forsyth*, S. 228, Fn. 522, mit Verweis auf den englischen Court of Appeal in *New York Life Insurance Co v Public Trustee* [1912] 2 Ch 101 (CA) 111 f.; Joubert- *Edwards/Kahn*, S. 348 Fn. 15. So auch allgemein zum internationalen Zuständigkeitsrecht *Forsyth*, S. 243 f. Fn. 545 a.E.

464 *Forsyth*, S. 244; *Pistorius*, S. 107. Zu Realsicherheiten im südafrikanischen Recht generell Collier-*Smith/Boraine*, 39–14 ff.; *Badenhorst/Pienaar/Mostert*, chapter 17, passim; *Zimmermann*, S. 176 ff. Siehe auch *Steyn* IIR 11 (2002) 35 ff.

465 MünchKommInsO-*Reinhart*, Bd. 3, § 354 Rn. 14.

466 Vgl. *Sackstein NO v Proudfood SA (Pty) Ltd* 2003 (4) SA 348 (A) 357G.

467 So für Bankguthaben bei der inländischen Filiale einer ausländischen Bank *Forsyth*, S. 244 Fn. 545, bezugnehmend auf die englische Rechtsprechung,

ausländische Gesellschaft jedenfalls insoweit ein inländischer Aufenthaltsort fingiert wird, als aus einem inländischen Geschäftsbetrieb Forderungen gegen die Gesellschaft entstehen.[468] Analog dem oben Gesagten können daher diese Forderungen als im Inland belegen angesehen werden.

Im Gegensatz zum deutschen Recht kennt das südafrikanische Recht grundsätzlich keine Inhaberpapiere, deren Übereignung sich nach sachenrechtlichen Grundsätzen richtet.[469] Folglich sollen nach einigen Meinungen die allgemeinen Grundsätze auch bei verbrieften Forderungen angewandt und die Belegenheit einer verbrieften Forderung an den Aufenthalt des Drittschuldners geknüpft werden.[470] Nach dieser Auffassung wäre etwa die in einer Inhaberschuldverschreibung nach deutschem Recht verbriefte Forderung[471] in Südafrika belegen, wenn der Drittschuldner sich in Südafrika aufhält – selbst wenn der Schuldbrief in einem deutschen Bankfach lagert. Dieses Ergebnis wäre mit der Effektivitätsdoktrin nicht vereinbar, wonach bei der Zuständigkeitsanknüpfung die Durchsetzbarkeit der Beschlagswirkungen des Eröffnungsbeschlusses durch inländische Gerichte zu berücksichtigen sind. Für die Belegenheit einer verbrieften Forderung als Anknüpfungspunkt für die internationale Insolvenzeröffnungszuständigkeit muss es vielmehr darauf ankommen, ob der Insolvenzbeschlag auch die verbriefte Forderung umfassen würde.

Als Vorfrage ist dabei zunächst die *lex causae* der Forderung zu bestimmen.[472] Ist für die Forderung beispielsweise südafrikanisches Recht maßgeblich, richtet sich die Belegenheit nach den oben für Forderungen beschriebenen Regeln. In diesen Fällen kommt es also grundsätzlich auf den Aufenthalt des Drittschuldners an. Ist stattdessen für die Forderung z.B. deutsches Recht maßgeblich, wird der Schuldner eines Inhaberschecks[473] gegenüber jedem Zessionar Erfüllung

---

z.B. *Libyan Arab Foreign Bank v Manufacturers Hanover Trust Co* [1988] 2 Lloyd's Rep 494.

468 Siehe *Appleby (Pty) Ltd v Dundas Ltd* [1948] 2 All SA 37 (E) 40 ff.; *Skjelbreds Rederi A/S v Hartless (Pty) Ltd* [1982] 1 All SA 1 (W) 4 ff.; *Forsyth*, S. 210 f.; *Schoeman/Roodt*, Anm. 85.

469 *Forsyth*, S. 244. Eine Ausnahme bilden möglicherweise Konnossemente, vgl. *Standard Bank v Efroiken & Newman* 1924 AD 171, 189; *Forsyth*, S. 375 Fn. 48.

470 *Nahrungsmittel GmbH v Otto* 1993 (1) SA 639 (A) 648D–F; *Forsyth*, S. 244; *Pistorius*, S. 107 f.; *Pollak*, S. 126, bezugnehmend auf *Randfontain Estates Gold Mining Co Ltd v Custodian of Enemy Property* 1923 AD 576, 581.

471 Vgl. §§ 793 ff. BGB.

472 Zur Vorfrage im Kontext des südafrikanischen IPR *Forsyth*, S. 103 ff.; *Schoeman/Roodt*, Anm. 63.

473 Vgl. Art. 5 Abs. 2, Abs. 3 Scheckgesetz.

einwenden können, wenn er bereits an den Inhaber geleistet hat – und zwar grundsätzlich unabhängig von dessen materieller Berechtigung.[474] Die Eröffnung eines Insolvenzverfahrens ändert daran grundsätzlich nichts. Selbst wenn der Schuldbrief in einem südafrikanischen Hauptinsolvenzverfahren dem Insolvenzbeschlag unterliegen sollte, könnte er noch immer gutgläubig übertragen werden.[475] Die Belegenheit einer verbrieften Forderung, deren Übertragung sich nach sachenrechtlichen Grundsätzen richtet, muss daher abweichend zur allgemeinen Regel an die physische Belegenheit des Forderungsbriefes geknüpft werden.[476]

Das Papier selbst ist darüber hinaus unabhängig vom Forderungsstatut ein beweglicher körperlicher Vermögensgegenstand und unterliegt als solcher dem Sicherungsarrest.[477] So wurde in der Praxis zum Beispiel schon in Kostenfestsetzungsbeschlüsse,[478] Konnossemente[479] und Wechsel[480] ein Arrest erwirkt. Die südafrikanischen Gerichte sind regelmäßig bereit, auch Vermögen mit geringem Wert zu beschlagnahmen.[481] Dies ändert jedoch nichts an der Belegenheit der verbrieften Forderung.

Der Belegenheitsort von Gesellschaftsanteilen richtet sich nach dem satzungsmäßigen Sitz der Gesellschaft.[482] Für reine Nutznießerrechte (*beneficial interests*)[483] aus Gesellschaftsanteilen, die der Schuldner nicht selbst hält, kommt es auf die Belegenheit des Gesellschaftsbriefes an.[484] Für verbriefte Gesellschaftsanteile

---

474 Sogenannten Liberationswirkung bei Inhaberschuldverschreibungen, siehe Palandt-*Sprau*, BGB, § 793 Rn. 12. Bei einem Inhaberscheck handelt es sich um eine Inhaberschuldverschreibung im Sinne von § 793 BGB, die nach sachenrechtlichen Grundsätzen übertragen wird, vgl. Palandt-*Sprau*, BGB, § 793 Rn. 9.

475 Vgl. § 932 BGB.

476 Anknüpfung von Inhaberpapieren an die Belegenheit des Briefes entspricht der ganz herrschenden Meinung zum deutschen Recht, vgl. MünchKommInsO-*Reinhart*, Bd. 3, § 354 Rn. 18; *Trunk*, S. 244, jeweils m.w.N.

477 *Forsyth*, S. 246; *Pollak*, S. 127 f.

478 Siehe *Longman Distillers Ltd v Drop Inn Group of Liquor Supermarkets (Pty) Ltd* [1990] 4 All SA 698 (A); *Nahrungsmittel GmbH v Otto* 1993 (1) SA 639 (A).

479 Siehe *Ex Parte Jacobs* 1933 WLD 162.

480 Siehe *Von Below v Tiengo* (1891) 1 CTR 118.

481 *Forsyth*, S. 246.

482 *The Treasury v Consolidated Mines Selection Co Ltd* 1918 TPD 13, 18; *Forsyth*, S. 245 und Fn. 553, bezugnehmend auf die englische Rechtsprechung in *Macmillan Inc v Bishopsgate Investment Trust plc (No 3)* [1995] 1 WLR 978, 991A; Joubert-*Edwards/Kahn*, Anm. 324 und Fn. 23

483 Zum Begriff Joubert-*Edwards/Kahn*, S. 349, Fn. 24.

484 Joubert-*Edwards/Kahn*, S. 324 Fn. 25.

(z.B. Aktien) muss wie oben bei den verbrieften Forderungen zunächst die *lex causae* bestimmt werden. Richtet sich danach die Übereignung nach sachenrechtlichen Grundsätzen,[485] muss eine abweichende Anknüpfung erfolgen. In diesem Fall folgt die Belegenheit der Gesellschaftsanteile dem Ort, an dem sich das Wertpapier befindet.[486]

Immaterialgüter (Marken, Patente, Urheberrechte) gelten generell als dort belegen, wo sie wirksam begründet und übertragen werden können.[487] Soweit ihre Begründung und Übertragung der Eintragung bedarf, gelten sie also am Eintragungsort belegen. Das gilt insbesondere für Patent- und Markenrechte.[488] Dasselbe dürfte für Internet-Domains gelten, die nach nationalem oder internationalem Recht vergeben und verwaltet werden.[489] Bei Urheberrechten, die im Allgemeinen ohne besondere Formerfordernisse entstehen,[490] ließe sich dagegen argumentieren, dass deren Umfang und Bestand allein durch die nationale Gesetzgebung bestimmt werde und man in der Folge das Urheberrecht für Zwecke der insolvenzrechtlichen internationalen Zuständigkeit territorial aufteilen müsste. Bei parallelen Verfahrenüber das Vermögen desselben Schuldners, etwa parallel stattfindende Verfahren in Deutschland, Italien und Südafrika, würde es ein deutsches, italienisches und südafrikanisches Urheberrecht geben, das gegebenenfalls in die Masse des jeweiligen Partikularverfahrens fiele.[491] Das würde zu komplexen Aufspaltungen eines ursprünglich einheitlichen geistigen Gutes führen. Konflikte zwischen personenverschiedenen Erwerbern dieser Rechte aus den Partikularinsolvenzmassen heraus

---

485 So etwa deutsche Inhaberaktien, vgl. § 10 Abs. 1 AktG.

486 So auch die h.M. zum deutschen Recht, siehe bereits Reichsgericht, Urt. v. 20.11.1903 – VII. 288/03, RGZ 58, 8, 10; MünchKommInsO-*Reinhart*, Bd. 3, § 354 Rn. 17, m.w.N.

487 *Forsyth*, S. 245; *Pistorius*, S. 122 ff.

488 Siehe *Ewing Mac Donald & Co Ltd v M & M Products Company* 1991 (1) SA 252 (A) (für Markenrechte): *Forsyth*, S. 245 und Fn. 556, auch bezugnehmend auf die englische Entscheidung *British Nylon Spinners Ltd v ICI Ltd* [1953] Ch 19 (CA) 26 (Patentrechte); Joubert-*Edwards/Kahn*, Anm. 324.

489 In Südafrika („.co.za"-Domains) ist dafür UniForum SA (http://www.coza.net.za) zuständig, in Deutschland („.de"-Domains) die Denic e.G.

490 Südafrika ist Mitgliedstaat der revidierten Berner Übereinkunft zum Schutz von Werken der Literatur und Kunst, wonach jeder Mitgliedstaat die Urheberrechte aus anderen Mitgliedstaaten mit den inländischen Urheberrechten gleichstellt.

491 So ist wohl der für das allgemeine internationale Privatrecht vertretene Ansatz von *Forsyth*, S. 245 Fn. 558 zu verstehen, der auf seine Ausführungen zum anwendbaren Recht bei Urheberrechten (a.a.O., S. 379 f.) verweist.

wären unvermeidlich.[492] Vorzugswürdig ist deshalb eine einheitliche Anknüpfung,[493] wobei auch hier nach der Effektivitätsdoktrin wegen der vollstreckungsrechtlichen Durchsetzbarkeit an den Aufenthalt des Inhabers anzuknüpfen ist.[494]

Zweifelhaft ist schließlich auch die Belegenheit von Ansprüchen, die sich aus dem Insolvenzanfechtungsrecht ergeben. Denkbar wäre, ähnlich wie bei anderen Forderungen den Situs an den Aufenthalt des Anfechtungsgegners zu knüpfen. Dafür spricht die Effektivitätsdoktrin. Wenn der Anfechtungsgegner sich im Inland aufhält, lässt sich der Anfechtungsanspruch durch ein inländisches Gericht wirksam durchsetzen. Dagegen sprechen jedoch rechtspolitische Erwägungen. Es geht vorliegend um die Eröffnungzuständigkeit inländischer Gerichte für Insolvenzverfahren. Würde man auf den Aufenthaltsort des Anfechtungsgegners abstellen, wäre es dem Schuldner ein leichtes, ein inländisches Insolvenzverfahren durch Vermögensübertragung auf Personen im Ausland zu verhindern. Da es bei der Insolvenzanfechtung um die Wiederherstellung der ursprünglichen Insolvenzmasse geht, muss auch für deren Belegenheit darauf abgestellt werden, ob der anfechtbar weggegebene Vermögensgegenstand ursprünglich im Inland belegen war und somit die Eröffnungszuständigkeit begründet hätte.[495]

(c) Geschäftstätigkeit

Der *Insolvency Act* eröffnet die internationale Zuständigkeit schließlich auch dann, wenn der Schuldner innerhalb der letzten 12 Monate vor Antragstellung Geschäfte in Südafrika getätigt hat („*carried on business*“).

Der *Insolvency Act* enthält keine Definition des Begriffs „Geschäftstätigkeit“. In den Entscheidungssammlungen und im insolvenzrechtlichen Schrifttum findet sich ebenfalls keine nähere Beschreibung. Das dürfte auf die geringe praktische Relevanz dieses Anknüpfungspunktes zurückzuführen sein. In den Fällen der

---

492 Ähnlich *Trunk*, S. 246, zur Firma und Know-how. A.A. wohl MünchKommInsO-*Reinhart*, Bd. 3, § 354 Rn. 19, auch bei Urheberrechten auf das jeweilige Schutzland abstellend.

493 *Trunk*, S. 246.

494 *Bieber v Columbia Pictures Inc* 1981 (2) SA 405 (W) 407. Siehe auch.*Novello & Co v Hinrichsen Editions Ltd* (1951) Ch 595, 604; *Vagar(t/a Rajshree Release) v Transavalon (Pty) Ltd (t/a Avalon Cnema)* 1977 (3) SA 766 (W) 769.

495 In diesem Sinne wohl auch *Sackstein NO v Proudfoot SA (Pty) Ltd* [2005] JOL 14088 (W) Rn. 26 ff. So auch zum deutschen Recht MünchKommInsO-*Reinhart*, Bd. 3 § 354 Rn. 20; *Trunk*, S. 252. Eine andere Frage ist, ob Vermögensverschiebungen des Schuldners im Ausland nach inländischem Insolvenzanfechtungsrecht angreifbar sind, dazu dazu unten, Kap. 7 C.V.

Geschäftstätigkeit werden regelmäßig auch Vermögenswerte in Südafrika vorhanden sein – anderenfalls würde regelmäßig ohnehin kein Insolvenzverfahren eröffnet.[496]

Der Begriff der Geschäftstätigkeit wird allerdings auch im Gesellschaftsrecht verwendet. Danach beinhaltet eine Geschäftstätigkeit jede Form von Aktivität, für die eine Person Zeit, Aufmerksamkeit und Arbeitskraft aufwendet und die auf Vermögenszuwachs gerichtet ist.[497] Der Begriff Geschäft ist sehr weit auszulegen und ist nicht notwendigerweise auf eine Handlung zur persönlichen Gewinnerzielung oder Vermögenszuwachs beschränkt.[498]

Ergänzend empfiehlt sich auch das englische Recht in den Blick zu nehmen. Dort gibt es den Anknüpfungspunkt der Geschäftstätigkeit ebenfalls.[499] Auch im englische Recht existiert keine Legaldefinition, obwohl der Gesetzgeber den Begriff Geschäftstätigkeit zumindest um die Begriffe Handeltreiben und Ausüben eines Berufes ergänzt hat.[500] Weil es hier aber an einem alternativen Vermögensgerichtsstand fehlt, wird in der Praxis wesentlich häufiger an die Geschäftstätigkeit im Inland angeknüpft.

Dennoch hat sich die Rechtsprechung bisher sehr zurückhaltend gezeigt, eine allgemeingültige Definition aufzustellen. Vielmehr wird im Einzelfall an der Lebenswirklichkeit gemessen, ob die gegebenen Tatsachen eine Geschäftstätigkeit darstellen. Dabei bedeutet Geschäft eine nachhaltige und systematische Einrichtung zu dem Zwecke, ein Einkommen oder den Lebensunterhalt für den Geschäftstätigen zu erzielen.[501] Außerdem muss es sich um das eigene Geschäft des Schuldners, nicht das einer anderen Person handeln.[502]

3. Gerichtsstände des *Companies Act 1973*

Der *Companies Act 2008* enthält anders als sein Vorgänger keine eigenen Gerichtsstandsnormen mehr. Da sich das Insolvenzverfahren für *companies* jedoch

496 Vgl. unten, Kap. 3 B.I.3.

497 *Standard General Insurance Co v Hennop* [1954] 4 All SA 349 (A) 352; *South African Flour Millers' Mutual Association v Rutowitz Flour Mills Ltd* 1938 CPD 199, 203 f.; *Cape Town Municipality v Clarensville (Pty) Ltd* [1974] 2 All SA 346 (C) 356 ff.

498 *Cilliers/Benade*, Anm. 1.14 Fn. 15; *Bleimschein/Henning* 1989 (52) THRHR 251, 254 f.

499 Vgl. section 265 Insolvency Act 1986, abgedruckt in *Fletcher*, Insolvency in PIL, Rn. 2.13.

500 Vgl. section 436 Insolvency Act 1986; *Fletcher*, Insolvency in PIL, Rn. 2.33.

501 *Fletcher*, Insolvency in PIL, Rn. 2.33, mit Hinweisen auf die Rechtsprechung.

502 *Fletcher*, Insolvency in PIL, Rn. 2.34 m.w.N.

bis zum Inkrafttreten des einheitlichen Insolvenzgesetzes weiterhin nach dem *Companies Act 1973* richten wird, dürften insoweit auch die alten Gerichtsstände fortgelten.[503]

Zuständig für die Eröffnung eines *winding-up*-Verfahrens ist danach der *High Court*, innerhalb dessen Zuständigkeitsbereiches der eingetragene Sitz (*registered office*) oder der Hauptgeschäftssitz (*main place of business*) der *company* liegt.[504] Der Hauptgeschäftsitz ist der Ort, von dem aus alle anderen Geschäftssitze kontrolliert werden. Im Zweifel ist das der eingetragene Sitz.[505]

An den vorgenannten Gerichtsständen des *Companies Act 1973* wird ein Partikularverfahren nur selten in Betracht kommen, da dort in der Regel die Zuständigkeit für die Eröffnung eines Hauptinsolvenzverfahrens gegeben ist. Denkbar ist ein Partikularinsolvenzverfahren vor allem über das Vermögen einer in Südafrika eingetragenen *external company. External companies* sind wie alle *companies* verpflichtet, bei der Registrierungsbehörde einen Sitz innerhalb Südafrikas anzumelden.[506] Kommen sie dieser Pflicht nicht nach, bleibt als Anknüpfungspunkt für die Zuständigkeit lediglich der Hauptgeschäftssitz. Der wird sich aber meistens nicht in Südafrika befinden. In solchen Fällen ist auf den (Haupt-)Geschäftssitz innerhalb Südafrikas abzustellen.[507]

Die Zuständigkeitsregelung des *Companies Act 1973* ist abschließend. Eine Anwendbarkeit der Zuständigkeitsregeln des *Insolvency Act* scheidet aus, weil die Verweisungsnorm in *section* 339 *Companies Act 1973* ein bereits eröffnetes *winding-up*-Verfahren voraussetzt.[508]

---

503 Im Anwendungsbereich des CA 2008 gelten stattdessen die Gerichtsstände des common law, siehe *Sibakhulu Construction (Pty) Ltd v Wedgewood Village Golf Country Estate (Pty) Ltd* (Western Cape High Court, Case No 27956/2010, 16 November 2011), saflii, Rn. 11.

504 Siehe CA 1973, section 12 (1) i.V.m. section 1 Definition "Court".

505 *Forsyth*, S. 274; *Galgut/Kunst/Delport/Vorster*, section 12, Anm. zu "main place of business".

506 Siehe section 23 (1) CA 2008. So bereits section 170 (1) CA 1973.

507 *Lawclaims (Pty) Ltd v Rea Shipping Co SA: Schiffscommerz Aussenhandelsbetrieb der VVB Schiffbau intervening* 1979 (4) SA 745 (N), 751D–E, 752B–C; *Wiseman v Ace Table Soccer (Pty) Ltd* 1991 (4) SA 171 (W) 174f.; *Forsyth*, S. 275.

508 *Lawclaims (Pty) Ltd v Rea Shipping Co SA: Schiffscommerz Aussenhandelsbetrieb der VVB Schiffbau intervening* 1979 (4) SA 745 (N) 750A–C; *Meskin*, Insolvency Law, Anm. 15.2.7.1, m.w.N.

II. *Cross-Border Insolvency Act*

1. Ort der Niederlassung

Im *Cross-Border Insolvency Act* werden nunmehr Partikularinsolvenzverfahren ausdrücklich erwähnt, wenngleich das Gesetz wie bei Hauptinsolvenzverfahren auch insoweit die internationale Zuständigkeit nicht ausdrücklich als Anerkennungsvoraussetzung geregelt hat.

Ein ausländisches Nebeninsolvenzverfahren im Sinne des CBIA ist ein ausländisches Verfahren, bei dem es sich nicht um ein Hauptinsolvenzverfahren handelt und das in einem Staat stattfindet, in dem der Schuldner eine Niederlassung im Sinne von *section* 1 (c) CBIA hat.[509] Das Gesetz versteht unter einer Niederlassung jeden Tätigkeitsort, an dem der Schuldner einer wirtschaftlichen Aktivität von nicht vorübergehender Art nachgeht, die den Einsatz von Personal und Vermögenswerten oder Dienstleistungen voraussetzt.[510] Diese Definition wurde nahezu wortgetreu von Art. 2 lit. h) des Europäischen Konkurs- übereinkommens bzw. Art. 2 lit. h) EuInsVO übernommen.[511] Anders als in der US-Version des UNCITRAL Modellgesetzes, die lediglich eine wirtschaftliche Aktivität von nicht vorübergehender Art voraussetzt,[512] enthält die Legaldefinition der EuInsVO ebenfalls das zusätzliche Erfordernis des Einsatzes von Personal und Vermögenswerten. Entsprechend aufmerksam dürften südafrikanische Gerichte ihren Blick auch insoweit nach Europa richten.

Nach Auffassung des EuGH ist das Bestehen einer Niederlassung ebenso wie der COMI anhand von objektiven und durch Dritte feststellbarer Umstände zu beurteilen, damit die Rechtssicherheit und Vorhersehbarkeit garantiert wird.[513] Dass die gesetzliche Definition eine wirtschaftliche Aktivität von nicht nur vorübergehender Natur unter Einsatz von Personal und Vermögenswerten oder Erbringung von Dienstleistungen fordert, zeigt, dass ein Mindestmaß an Organisation und eine gewisse Stabilität vorhanden sein muss. Umgekehrt genügen einzelne Vermögensgegenstände oder Banknoten grundsätzlich nicht, um eine Niederlassung zu begründen.[514] Nicht ausreichend dürfte auch das Unterhalten einer pro-forma-Postadresse

---

509 Section 1 lit. f) und 17 (2) lit. b) CBIA; vgl. Art. 2 lit. c) und 17 Abs. 2 lit. b) UNCITRAL Modellgesetz.

510 Section 1 (c) CBIA. Vgl. Art. 2 (f) UNCITRAL Modellgesetz.

511 Anm. 75 Guide to Enactment. Vgl. auch *Westpfahl/Goetker/Wilkens*, Rn. 1514.

512 Vgl. section 1502 (2) US Bankruptcy Code; *Paulus* NZI 2005, 439, 440 Fn. 7.

513 EuGH, Urt. v. 20.10.2011 – Rs. C-396/09 („*Interedil*"), juris, Rn. 63. So bereits MünchKommInsO-*Reinhart*, Bd. 3, Anhang, Art. 2 EuInsVO, Rn. 28, m.w.N.

514 EuGH, Urt. v. 20.10.2011 – Rs. C-396/09 („*Interedil*"), juris, Rn. 62 ff. Vgl. auch *In re: Millennium Global Emerging Credit Master Fund Limited, et al.* (S.D.N.Y.

in einem Anwaltsbüro als satzungsmäßigem Sitz ohne sonstige Vermögenswerte sein, so wie das bei klassischen Briefkastenfirmen der Fall ist.[515]

Der Begriff der wirtschaftlichen Aktivität ist weit gefasst und schließt daher sämtliche Formen des wirtschaftlichen Handelns mit ein. Die Tätigkeit kann daher sowohl kommerzieller, industrieller als auch freiberuflicher Natur sein.[516] Eine Gewinnerzielungsabsicht ist kein objektives und für Dritte erkennbares Kriterium und daher nicht erforderlich.[517]

Das Erfordernis des Einsatzes von Personal deutet auf die Beschäftigung von Arbeitnehmern hin.[518] Dies müssen nicht notwendigerweise eigene Arbeitnehmer des Schuldners sein, sofern sie jedenfalls aus Sicht außenstehender Dritter für den Schuldner auftreten und für diesen tätig werden.[519] Die Grenze dürfte aber dort überschritten sein, wo es sich aus Sicht Dritter eindeutig nicht mehr um Personal des Schuldners handelt, sondern um unabhängige, selbständig beschäftigte Personen wie z.B. Alleinvertriebshändler, Handelsvertreter, selbständige Handelsmakler oder Agenturen.[520]

Schließlich muss dem Wortlaut nach zum Zwecke der wirtschaftlichen Tätigkeit entweder der Einsatz von Vermögenswerten oder die Erbringung von Dienstleistungen erfolgen. Nicht vom Gesetzeswortlaut gefordert ist es, dass es sich insoweit um eigene Vermögenswerte handelt. Der Einsatz von geleasten oder gemieteten Vermögenswerten dürfte daher ausreichen.[521]

August 26, 2011, Case No. 11–13171), S. 30 ff. (abrufbar unter http://www.nysb.uscourts.gov/).

515 *In re: Bear Stearns High-Grade Structured Strategies Master Fund Ltd.* 374 B.R. 122, 128 (Bankr. S.D.N.Y. August 30, 2007) = 2007 Bankr. LEXIS 2949 = Bankr. L. Rep. (CCH) P81,010 = 48 Bankr. Ct. Dec 216. Ähnlich auch *Glosband* Am. Bankr. Inst. J. 25 (2007) 44, 45. A.A. MünchKommInsO-*Reinhart*, Bd. 3, Anhang, Art. 2 EuInsVO, Rn. 33, unter Hinweis auf Vertrauensschutzgesichtspunkte. Der satzungsmäßige Sitz steht als solcher der Annahme einer Niederlassung aber nicht entgegen, weil dieser nur eine widerlegbare Vermutung zugunsten des COMI begründet, vgl. LG Klagenfurt, Beschl. v. 2.7.2004–41 S 75/04h, NZI 2004, 677 f.

516 MünchKommInsO-*Reinhart*, Bd. 3, Anhang, Art. 2 EuInsVO, Rn. 28, m.w.N.; Stoll-*Virgos/Schmit*, Erläuternder Bericht zu dem EU-Übereinkommen über ein Insolvenzverfahren, Rn. 71.

517 Vgl. MünchKommInsO-*Reinhart*, Bd. 3, Anhang, Art. 2 EuInsVO, Rn. 28.

518 Pannen-*Hollander/Graham*, UNCITRAL, Rn. 98.

519 So hat das AG München, Beschl. v. 5.2.2007 – 1503 IE 4371/06, ZIP 2007, 495, 496 ("*BenQ*") auch das von anderen Konzernunternehmen eingesetzte Personal berücksichtigt.

520 Vgl. MünchKommInsO-*Reinhart*, Bd. 3, Anhang, Art. 2 EuInsVO, Rn. 30, m.w.N.

521 MünchKommInsO-*Reinhart*, Bd. 3, Anhang, Art. 2 EuInsVO, Rn. 31.

2. Vermögensbelegenheit

Section 28 CBIA[522] gibt im Falle der Anerkennung eines ausländischen Hauptinsolvenzverfahrens dem Anerkennungsstaat die Möglichkeit, auf der Basis inländischen Vermögens ein hierauf begrenztes Insolvenzverfahren zu eröffnen. Nach dem oben herausgearbeiteten Prinzipien sollte das südafrikanische Recht diesen Gerichtstand spiegelbildlich auch ausländischen Staaten zugestehen und entsprechende Verfahren als Partikularinsolvenzverfahren anerkennen. Diese Schlussfolgerung ist jedoch aufgrund von Besonderheiten der gesetzlichen Regelungen im CBIA streitig. Auf diesen Streit wird im Rahmen der Anerkennungsvoraussetzungen für ausländische Insolvenzverfahren noch zurückzukommen sein.

III. Zusammenfassung

An welchen Gerichtsständen die internationale Zuständigkeit für die Eröffnung von Partikularinsolvenzverfahren eröffnet ist, ist im *common law* noch nicht geklärt. Nach hier vertretener Auffassung kommen insoweit sämtliche örtlichen Gerichtsstände des südafrikanischen Insolvenzrechts in Betracht, soweit nicht die Zuständigkeit für das Hauptinsolvenzverfahren begründet ist. Für natürliche Personen können demnach das *domicile* und der gewöhnliche Aufenthalt des Schuldners, die Vermögensbelegenheit sowie der Ort einer Geschäftstätigkeit als Anknüpfungspunkt für die Eröffnung eines Partikularinsolvenzverfahrens dienen. Der CBIA sieht lediglich den Ort der Niederlassung und den Vermögensgerichtsstand für Partikularinsolvenzverfahren vor. Nach dem oben herausgearbeiteten Spiegelbildprinzip sollten diese Gerichtsstände gleicherma- ßen für inländische und ausländische Partikularinsolvenzverfahren gelten. Niederlassung ist im CBIA definiert als Ort, an dem der Schuldner einer wirtschaftlichen Aktivität von nicht nur vorübergehender Art nachgeht, die den Einsatz von Personal und Vermögenswerten oder Dienstleistungen voraussetzt.

D. Maßgeblicher Beurteilungszeitpunkt

Fraglich ist, welcher Zeitpunkt über die Beurteilung der internationalen Zuständigkeit entscheidet. In Betracht kommen sowohl der Zeitpunkt der Antragsstellung als auch der Zeitpunkt der Eröffnungsentscheidung.

---

522 Art. 28 UNCITRAL Modellgesetz.

I. *Common law*

In dem soweit ersichtlich einzigen Urteil zur Behandlung dieser Frage im *common law* hat die *Cape Provincial Division* auf den Zeitpunkt der Eröffnungsentscheidung abgestellt, ohne dies allerdings näher zu begründen.[523] Die Entscheidung betraf ein ausländisches Insolvenzverfahren. Für inländische Insolvenzverfahren nach dem *Insolvency Act* hingegen stellt der Gesetzgeber ausdrücklich auf den Zeitpunkt der Antragstellung ab.[524]

Nach dem oben herausgearbeiteten Spiegelbildprinzip müssen für ausländische Insolvenzverfahren insoweit die gleichen Maßstäbe gelten, wie für inländische Insolvenzverfahren. Für den Zeitpunkt der Antragsstellung und gegen den Zeitpunkt der Eröffnungsentscheidung spricht auch der *comitas*-Gedanke. Zwischen Antragsstellung und Eröffnungsentscheidung können Monate vergehen. Würde man die Zuständigkeit nach den tatsächlichen Umständen zum Zeitpunkt der Eröffnungsentscheidung bestimmen, entstünde Rechtsunsicherheit. Ein Schuldner könnte durch missbräuchliche Wohnsitzverlegung in dieser Zeit die Eröffnung eines Insolvenzverfahrens massiv erschweren. Im schlimmsten Fall drohte ein „Teufelskreis von Anträgen auf Eröffnung des Insolvenzverfahrens und Verlegungen des (Wohnsitzes/Sitzes oder COMI), ohne jemals einen sicheren Hafen zu erreichen".[525] Angesichts dieser Rechtsunsicherheit und der mit der Antragsstellung verbundenen Anwalts- und Gerichtskosten würden Gläubiger vermutlich oft ganz von einer weiteren Antragsstellung absehen. Das Ziel einer effizienten Durchführung grenzüberschreitender Insolvenzverfahren rückte so in weite Ferne. Mit dieser Begründung hat auch der EuGH in Sachen *Susanne Staubitz-Schreiber* entschieden, dass die zum Zeitpunkt der Antragsstellung bestehende internationale Zuständigkeit nicht durch die spätere Änderung der zuständigkeitsbegründenden Tatsachen wieder aufgehoben wird (*perpetuatio fori*).[526]

Schließlich widerspräche es auch Vertrauensgesichtspunkten, wenn man stattdessen auf den Zeitpunkt der Eröffnungsentscheidung abstellte. Die Gläubiger

---

523 *Herman NO v Tebb* 1929 CPD 65, 72. So auch die ältere englische Rechtsprechung, vgl. *Mankowski* NZI 2006, 154 m.w.N.

524 Vgl. section 149 (1) Satz 1 (a) und (b) IA. Section 12 CA 1973 lässt dies Frage des maßgeblichen Zeitpunkts offen.

525 So EuGH GA *Colomer* in seinen Schlussanträgen v. 6.9.2005 in der Rs. C-1/04 („*Susanne Staubitz-Schreiber*"), juris, Rn. 82.

526 EuGH, Urt. v. 17.1.2006 – Rs C-1/04 („*Susanne Staubitz-Schreiber*"), NZI 2006, 153 Rn. 24, mit Anm. *Mankowski*.

müssen auf das einzige Szenario vertrauen dürfen, was sie überblicken können: das Szenario bei Antragstellung.[527] Der Schutz gerechtfertigten Vertrauens auf Seiten des Antragstellers ist letztlich ein Gebot des in der südafrikanischen Verfassung verankerten Rechtsstaatsprinzips.[528]

Aus den genannten Gründen wird hier davon ausgegangen, dass mit der bisher vereinzelt gebliebenen Entscheidung der *Cape Provincial Division* noch nicht das letzte Wort für das südafrikanische *common law* gesprochen wurde.

II. *Cross-Border Insolvency Act*

Der CBIA hingegen lässt die Frage des maßgeblichen Beurteilungszeitpunktes insgesamt offen.

Dem Wortlaut in *section* 17 (2) (a) CBIA[529] ("*taking place*") nach zu urteilen könnte man meinen, dass der CBIA auf den Zeitpunkt des Anerkennungantrags abstellt. Tatsächlich haben einige US-Gerichte zum ähnlich formulierten *Chapter 15 US Bankruptcy Code* in diesem Sinne entschieden.[530] Der *US Bankruptcy Court – Southern District of New York* ist dieser Rechtsprechung ausdrücklich nicht gefolgt. Der Zeitpunkt des Antrags auf Anerkennung sei eine Zufallsangelegenheit.[531] Leider zog das New Yorker Insolvenzgericht hieraus den Schluss, dass auf den Zeitpunkt der Eröffnungsentscheidung abzustellen sei.[532]

Aus den oben genannten Gründen ist diese Rechtsprechung abzulehnen. Vielmehr ist auch im Anwendungsbereich des CBIA mit dem EuGH auf den Zeitpunkt der Antragstellung in dem (ausländischen) Insolvenzverfahren abzustellen.

---

527 Zu dieser Argumentation insgesamt siehe *Mankowski* NZI 2006, 153, 154, m.w.N.

528 Vgl. *Mankowski* NZI 2005, 575, 576.

529 Art. 17 Abs. 2 (a) UNCITRAL Modellgesetz. Siehe auch die Legaldefinition eines Hauptinsolvenzverfahrens in *section* 1 (e) CBIA bzw. Art. 2 (b) UNCITRAL Modellgesetz.

530 Siehe nur *In re Ran* 607 F.3d 1017, 1025 f. (5th Cir 2010), m.w.N.

531 *In re: Millennium Global Emerging Credit Master Fund Limited, et al.* (S.D.N.Y. August 26, 2011, Case No. 11–13171), S. 13 (abrufbar unter http://www.nysb.uscourts.gov/).

532 *In re: Millennium Global Emerging Credit Master Fund Limited, et al.* (S.D.N.Y. August 26, 2011, Case No. 11–13171), S. 13 (abrufbar unter http://www.nysb.uscourts.gov/).

III. Zusammenfassung

Auch der maßgebliche Zeitpunkt für die Beurteilung der Internationalen Zuständigkeit ist bisher nicht abschließend geklärt. Nach hier vertretener Auffassung ist mit dem südafrikanischen Gesetzgeber für inländische Insolvenzverfahren und ausländische Insolvenzverfahren einheitlich auf den Zeitpunkt des Insolvenzantrags abzustellen, eine spätere Änderung der Zuständigkeitsvoraussetzungen ist unerheblich (*perpetuatio fori*). Im Anwendungsbereich des CBIA dürften dieselben Grundsätze gelten.

Kapitel 3: Auslandsbezüge in südafrikanischen Insolvenzverfahren

Außer im Rahmen der Zuständigkeitsprüfung können Auslandsbezüge in verschiedenen Stadien eines südafrikanischen Insolvenzverfahrens Fragen aufwerfen. Insbesondere können aufgrund des Auslandsbezugs Zweifel am anwendbaren Insolvenzrecht auftreten. Dieser Problematik, die gleichermaßen in inländischen wie in ausländischen Insolvenzverfahren besteht, ist ein gesondertes Kapitel gewidmet.[533] Darüber hinaus können aber auch verfahrensrechtliche Fragen auftreten. Hierunter fallen insbesondere die Berechtigung ausländischer Schuldner, Gläubiger und Insolvenzverwalter zur Beantragung eines südafrikanischen Insolvenzverfahrens, die Prüfung von Eröffnungsgründen und die Behandlung ausländischer Forderungen und Gläubiger in einem südafrikanischen Verfahren. Diesen Fragen soll im nun folgenden Kapitel nachgegangen werden.

A. Einleitung des Verfahrens

Sowohl ausländische Schuldner und Gläubiger als auch ausländische Insolvenzverwalter können ein Interesse daran haben, die Eröffnung eines südafrikanischen Insolvenzverfahrens zu beantragen. Je nach Rechtsnatur des Schuldners muss die Antragsberechtigung auf Basis des *Insolvency Act* oder des *Companies Act 1973* geklärt werden.

I. *Insolvency Act*

1. Antragsberechtigung des Schuldners und der Gläubiger

Insolvenzverfahren können generell auf eigenen Antrag des Schuldners oder auf Antrag eines Gläubigers eröffnet werden. Erstere führt der *Insolvency Act* unter der Bezeichnung *voluntary surrender*, letztere unter *compulsory sequestration*.[534]

---

533 Siehe unten, Kap. 7.

534 Überblick in MünchKommInsO-*Kupsch*, Bd. 3, Anhang, Länderbericht Südafrika, Rn. 22 ff. Allgemein zu verschiedenen prozessualen Mitteln, ein Insolvenzverfahren einzuleiten, *Smith/Boraine* ABI Law Review 10 (2002) 135, 144 ff.

Antragsberechtigt sind sowohl Südafrikaner als auch Ausländer.[535] Ein ausländischer Gläubiger, der in Südafrika einen Insolvenzantrag stellt, muss die prozessrechtlich vorgesehene Sicherheit in Höhe der voraussichtlichen Prozesskosten des Schuldners leisten.[536] Antragsberechtigt sind ausschließlich Gläubiger mit einer liquiden Forderung in Höhe von mindestens 100 Rand.[537] Bei einem gemeinsamen Antrag mehrerer Gläubiger müssen ihre Forderungen insgesamt den Betrag von 200 Rand übersteigen.[538] Liquide ist die Forderung, wenn sie dem Grunde und der Höhe nach aufgrund Parteivereinbarung, Urteils oder eines sonstigen Rechtsgrunds feststeht.[539] Der Gesetzgeber wollte hiermit sicherstellen, dass nur tatsächlich bestehende Forderungen in entsprechender Mindesthöhe zur Verfahrenseröffnung führen können.[540]

Soweit ersichtlich gibt es bisher keine Meinungsäußerungen dazu, wie die Liquidität einer ausländischen Forderung zu ermitteln ist. Insoweit dürfte aber das Forderungsstatut maßgeblich sein.[541] Ungeklärt ist auch die Verfahrensweise, wenn ein Gläubiger seinen Insolvenzantrag auf einen ausländischen Zahlungstitel stützen will. Nach derzeitiger Rechtslage müsste dieser Titel grundsätzlich zunächst ein förmliches Exequaturverfahren durchlaufen, um in Südafrika Rechtswirkungen entfalten zu können.[542] Somit wäre im Bestreitensfall grundsätzlich ein

---

535 *Matthiessen v Glas* 1940 TPD 147, 150; *Mars*, S. 103, m.w.N., der betont, dass es sich insoweit um ein verfassungsrechtlich verbrieftes Recht handelt. Das bezieht sich zwar nur auf Gläubiger. Für Schuldner kann aber prinzipiell nichts anderes gelten. Im Anwendungsbereich des CBIA ist die Antragsberechtigung ausländischer Gläubiger nunmehr ausdrücklich klargestellt, vgl. section 13 (1) CBIA.

536 *Mars*, S. 103 (§ 5.3). Vgl. auch Geimer/Schütze-*Doser*, Länderbericht Südafrika, III.1.

537 Entspricht derzeit etwa 10 EUR.

538 Vgl. section 9 (1) IA. Das Gesetz spricht immer noch von 50 Pfund. Als offizielle Landeswährung wurde aber 1961 mit der Gründung der Republik Südafrika und dem Austritt aus dem britischen Commonwealth der südafrikanische Rand eingeführt, zu einem Kurs von 2 Rand zu 1 Pfund, siehe http://en.wikipedia.org/wiki/South_African_rand#History (letzter Zugriff: 5.5.2012). 100 Rand sind umgerechnet 10 Euro bei einem Wechselkurs von etwa 1:10. Siehe auch *Mars*, S. 14, der die diesbezügliche gesetzgeberische Nachlässigkeit bemängelt.

539 *Samsudin v de Villiers Berrange NO* (Supreme Court of Appeal, Case No 170/2005, 31 May 2006), saflii, Rn. 35.

540 *Samsudin v de Villiers Berrange NO* (Supreme Court of Appeal, Case No 170/2005, 31 May 2006), saflii, Rn. 35; *Mars*, S. 109, m.w.N.

541 Zur Ermittlung des Forderungsstatuts siehe *Forsyth*, S. 316 ff.

542 Siehe dazu *Doser*, S. 298 ff.; *Forsyth*, S. 415 ff.; Geimer/Schütze-*Doser*, Länderbericht Südafrika, IV.3. ff., jeweils m.w.N.

kosten- und zeitaufwendiges Anerkennungsverfahren vorzuschalten, bevor der Gläubiger auf Basis einer solchermaßen titulierten Forderung die Eröffnung eines südafrikanischen Insolvenzverfahrens beantragen kann. Alternativ denkbar wäre eine inzidente Prüfung der Voraussetzungen für die Anerkennungsfähigkeit und damit der Liquidität der anmeldungsberechtigenden Forderung.

2. Antragsberechtigung eines ausländischen Insolvenzverwalters

Ebenfalls nicht abschließend geklärt ist, ob auch ein (ausländischer) Insolvenzverwalter zur Beantragung der Eröffnung eines südafrikanischen Insolvenzverfahrens berechtigt ist.

Ausdrücklich geregelt ist die Antragsberechtigung des ausländischen Insolvenzverwalters nur im Anwendungsbereich des CBIA.[543] Der *Insolvency Act* hingegen nennt als Antragsberechtigte bezüglich einer *compulsory sequestration* nur die Gläubiger oder ihren Vertreter.[544] In *Mitchell and Dore v Lamjee, Dharsey & Co* meinte der *Orange Free State High Court*, der ausländische Insolvenzverwalter dürfe im Namen der ausländischen Gläubiger einen inländischen Insolvenzantrag stellen, weil er Vertreter der Gläubiger sei.[545] Dagegen verwehrten die Obergerichte der Republik *Transvaal* und der Kolonie *Natal* dem ausländischen Insolvenzverwalter die Forderungsanmeldung für ausländische Gläubiger mit der Begründung, dass dieser weder vertraglicher noch gesetzlicher Vertreter der Gläubiger sei.[546]

Richtigerweise wird die Rechtsstellung des Insolvenzverwalters durch die *lex causae* seiner Bestellung bestimmt. Sie richtet sich also nach dem Recht des Staates, in dem das Insolvenzverfahren eröffnet und der Insolvenzverwalter bestellt wurde (*lex fori concursus*).[547] Soweit der Insolvenzverwalter nach diesem Recht gesetzlich oder rechtsgeschäftlich zum Vertreter der Gläubiger bestellt ist, kann

543 Siehe section 11 CBIA, wonach der ausländische Insolvenzverwalter auch ohne vorherige Anerkennung in Südafrika antragsberechtigt ist.

544 Vgl. section 9 (1) IA.

545 *Mitchell and Dore v Lamjee, Dharsey & Co* (1890) 7 CLJ 263. Zustimmend *Nathan*, SA Insolvency Law 1936, S. 443.

546 *Liddle & Leask v Pooley and Leinberger* (1899) 6 Off Rep 109, 112; *In re testate Estate of Edwin Allan Skeen* (1906) 27 NLR 127, 130 f.

547 Vgl. *Liddle & Leask v Pooley and Leinberger* (1899) 6 Off Rep 109, 112; allerdings auf das domicile des Schuldners abstellend. Domizilverfahren waren zu jener Zeit die einzigen Verfahren, die in Südafrika anerkannt wurden, sodass die Bezugnahme auf das domicile auch verallgemeinernd als Bezugnahme auf die lex fori concursus gelesen werden kann.

er ohne weiteres für diese in Südafrika einen Insolvenzantrag stellen.[548] Das Gleiche muss gelten, wenn das ausländische Insolvenzgericht den Insolvenzverwalter zur Antragstellung im Ausland namens der Gläubiger ermächtigt hat.[549] Der ausländische Insolvenzverwalter muss seinem Antrag beglaubigte (und wohl auch übersetzte) Kopien seiner Bestellungsurkunde und des Nachweises seiner Ermächtigung beifügen. Im Übrigen dürfte es wohl nicht erforderlich sein, dass das ausländische Insolvenzverfahren zusätzlich im Rahmen eines Anerkennungsverfahrens formell anerkannt wurde, weil der ausländische Insolvenzverwalter nicht selbst auf inländisches Vermögen zugreifen will.[550]

Ist der Insolvenzverwalter hingegen nach der *lex fori concursus* weder Vertreter der Gläubiger noch explizit zur Antragstellung für die Gläubiger ermächtigt, besitzt er auch kein Antragsrecht in Südafrika.[551]

II. *Companies Act 1973*

Die Antragsberechtigung für ein Insolvenzverfahren über das Vermögen von juristischen Personen und rechtsfähigen Gesellschaften richtet sich nach dem *Companies Act*.

Auch diese Insolvenzverfahren können auf freiwilliger Basis ("*creditors' voluntary (out-of Court) winding-up*"[552]) durch qualifizierten Gesellschafterbeschluss und Registrierung desselben bei der Registrierungsbehörde für *companies*[553] oder als gerichtlich kontrolliertes Verfahren („*compulsory (Court controlled) winding-up*") durch Gerichtsbeschluss eingeleitet werden.[554]

Den Antrag für ein gerichtlich kontrolliertes Verfahren können die *company* selbst, ein oder mehrere Gläubiger gemeinschaftlich, ein oder mehrere Gesellschafter gemeinschaftlich oder die vorgenannten Personengruppen gemeinschaftlich in

548 Das war in *Liddle & Leask v Pooley and Leinberger* (1899) 6 Off Rep 109 nicht der Fall, sodass diese Entscheidung nicht notwendigerweise gegen die hier vertretene Auffassung spricht.

549 So wohl auch *Mars*, S. 104.

550 Vgl. *Liddle & Leask v Pooley and Leinberger* (1899) 6 Off Rep 109, 111.

551 So im Ergebnis auch MünchkommInsO-*Reinhart*, Bd. 3, § 357 Rn. 15.

552 Vgl. section 343 Abs. 2 (a) CA 1973. Stattdessen handelt es sich um ein members' voluntary winding-up, wenn die Gesellschaft schuldenfrei ist oder die Gesellschafter für die Bezahlung der Schulden der Gesellschaft innerhalb von 12 Monaten ab Liquidationsdatum Sicherheit leisten, vgl. sections 343 Abs. 2 (b), 350 CA 1973.

553 MünchKommInsO-*Kupsch*, Bd. 3, Anhang, Länderbericht Südafrika, Rn. 14.

554 MünchKommInsO-*Kupsch*, Bd. 3, Anhang, Länderbericht Südafrika, Rn. 16.

beliebiger Kombination stellen.[555] Auch ein freiwilliges Verfahren kann auf Antrag eines Gläubigers, des *Master* oder der *company* selbst jederzeit in ein gerichtlich kontrolliertes Verfahren übergeleitet werden.[556]

Auch der *Companies Act 1973* schweigt zur Antragsberechtigung ausländischer Schuldner, Gläubiger und Insolvenzverwalter. Letztlich dürften aber die vorherigen Ausführungen zum *Insolvency Act* hier entsprechend gelten. Anders als nach dem *Insolvency Act* muss der antragstellende Gläubiger nach dem *Companies Act 1973* aber keine liquide Forderung gegen die Schuldnergesellschaft nachweisen.[557]

III. Zusammenfassung

Das südafrikanische Insolvenzrecht erweist sich als offen für ausländische Beteiligte. Sowohl ausländische Schuldner als auch Gläubiger sind berechtigt, die Eröffnung eines südafrikanischen Insolvenzverfahrens zu beantragen. Ungeklärt ist lediglich die Antragsbefugnis eines ausländischen Insolvenzverwalters. Nach hier vertretener Auffassung können auch ausländische Insolvenzverwalter einen Insolvenzantrag in Bezug auf das südafrikanische Vermögen des Schuldners stellen, soweit sie nach ihrer *lex fori concursus* zur Antragsstellung im Ausland namens der Gläubiger ermächtigt sind. Im Anwendungsbereich des CBIA wird dem ausländischen Insolvenzverwalter nunmehr ausdrücklich die Insolvenzantragsbefugnis eingeräumt.

B. Berücksichtigung von Auslandsbezügen bei den Eröffnungsgründen

I. *Insolvency Act*

Neben dem Insolvenzantrag setzt die Eröffnung eines Insolvenzverfahrens nach dem *Insolvency Act* voraus, dass der Schuldner entweder insolvent ist oder eine der gesetzlich definierten Insolvenzhandlungen begeht. Darüber hinaus wird das Verfahren nur dann eröffnet, wenn die Gläubiger daraus einen bestimmten Nutzen erwarten können. Auch im Rahmen dieser Tatbestandsvoraussetzungen können Auslandssachverhalte zu berücksichtigen sein.

---

555 Vgl. section 346 (1) (a)–(d) CA 1973.

556 Vgl. section 346 (1) (e) CA 1973. Zur Stellung des Master im südafrikanischen Insolvenzrecht MünchKommInsO-*Kupsch*, Bd. 3, Anhang, Länderbericht Südafrika, Rn. 11 und passim.

557 *Galgut/Kunst/Delport/Vorster*, section 346, Anm. zu "subsection (1) (b)".

1. Insolvenz des Schuldners

Die Rechtsprechung spricht von Insolvenz, wenn die Verbindlichkeiten des Schuldners sein Aktivvermögen übersteigen (Überschuldung).[558] Nicht ausreichend ist, dass der Schuldner seine fälligen Schulden nicht zahlen kann (Zahlungsunfähigkeit). Gelingt es dem Gläubiger jedoch, die Zahlungsunfähigkeit zu beweisen, dreht sich die Beweislast um. Dann muss der Schuldner beweisen, dass sein Aktivvermögen seine Verbindlichkeiten noch übersteigt.[559] Bisher finden sich keine Stellungnahmen zu der Frage, ob in die Vermögensbilanz auch ausländische Aktiva und Passiva einzustellen sind. Die Problematik tritt sowohl in Hauptals auch in Partikularinsolvenzverfahren auf.

(a) Hauptinsolvenzverfahren

Wird ein südafrikanisches Hauptinsolvenzverfahren beantragt, das das weltweite (Aktiv-)vermögen des Schuldners erfasst, folgt hieraus zwangsläufig auch die Einbeziehung des weltweiten Passivvermögens. Andernfalls drohte die Eröffnung eines südafrikanischen Insolvenzverfahrens mit grenzüberschreitenden Bezügen immer dann zu scheitern, wenn der Schuldner noch ausländisches Aktivvermögen besitzt und dessen Umfang mindestens die Forderungen inländischer Gläubiger deckt. In Fällen, in denen weder der südafrikanische Teil noch das weltweite Aktivvermögen insgesamt zur Befriedigung aller in- und ausländischen Gläubiger ausreicht, würde ein Wettlauf der weltweiten Gläubiger folgen. Dadurch würde die Absicht des Gesetzgebers konterkariert, im Falle der Insuffizienz des Schuldnervermögens ein geordnetes Gesamtvollstreckungsverfahren und eine gerechte Verteilung des Verwertungserlöses unter den Gläubigern zu gewährleisten.[560]

(b) Partikularinsolvenzverfahren

Handelt es sich dagegen um ein südafrikanisches Partikularinsolvenzverfahren, das territorial auf das inländische Vermögen beschränkt ist, könnte man die Insolvenz im Sinne einer Überschuldung auf unterschiedliche Weise feststellen.

---

558 *Venter v Volkskas Ltd* [1973] 3 All SA 377 (T) 381; *Ex Parte Harmse* 2005 (1) SA 323 (N) 325.

559 *Mars*, S. 2, m.w.N. Zu weiteren Einzelheiten einschließlich zu Beweiserleichterungen *Mars*, S. 135 ff.; *Meskin*, Insolvency Law, Anm. 2.1.3, m.w.N.

560 Zu diesem Verfahrenszweck *Mars*, S. 2.

Denkbar wäre, dem inländischen Vermögen die weltweiten Verbindlichkeiten gegenüberzustellen. Dafür spricht, dass ausländische Gläubiger grundsätzlich uneingeschränkt zur Teilnahme an dem südafrikanischen Verfahren berechtigt sind.[561] Das würde aber zu willkürlichen Ergebnissen führen, je nachdem, wie das Vermögen des Schuldners weltweit verteilt ist.[562]

Alternativ könnte man auch eine rein inländische Betrachtung vornehmen, indem die inländischen Vermögenswerte den inländischen Verbindlichkeiten gegenübergestellt werden.[563] Allerdings stieße eine solche Lösung auf praktische Schwierigkeiten, weil man zunächst einmal bestimmen müsste, was „inländische" Verbindlichkeiten sind. Vor allem aber knüpft das Gesetz nach seinem eindeutigen Wortlaut an die Insolvenz des Schuldners, nicht an die Insolvenz seines (inländischen) Vermögens. Hat der Schuldner sowohl im Inland als auch im Ausland Vermögenswerte, ist er nicht zwangsläufig insolvent im oben genannten Sinne. Vielmehr können sich die Gläubiger wahlweise auch an dem ausländischen Vermögen des Schuldners befriedigen. In diesem Fall ist ein Gesamtvollstreckungsverfahren unter Einbeziehung aller Gläubiger, das in der Regel mit erheblichen Eingriffen in die subjektiven Rechte aller Beteiligten einhergeht, nicht erforderlich.

Aufschlussreich sind die Vorgaben, die der Gesetzgeber dem Schuldner für die Offenlegung seiner Vermögensverhältnisse gemacht hat. Einem Eigenantrag auf Eröffnung des Insolvenzverfahrens muss der Schuldner eine Vermögensübersicht auf den dafür vorgesehenen gesetzlichen Formblättern beifügen.[564]

Auf diesen Formularblättern sind das gesamte weltweite Vermögen und die weltweiten Verbindlichkeiten des Schuldners offenzulegen.[565] Eine Differenzierung danach, ob es sich um ein inländisches Haupt- oder Partikularinsolvenzverfahren handelt, erfolgt nicht. Die gleichen Pflichten treffen den Schuldner auch bei Verfahrenseröffnung auf Gläubigerantrag. In diesem Fall hat der Schuldner innerhalb von sieben Tagen nach Zustellung des Insolvenzeröffnungsbeschlusses eine entsprechende Vermögensübersicht einzureichen.[566]

---

561 Dazu näher unten, C.I.1.

562 Ähnlich auch MünchKommInsO-*Reinhart*, Bd. 3, § 354 Rn. 26, zur entsprechenden Diskussion im deutschen Recht.

563 Zum deutschen Recht differenzierend nach Eröffnungsgründen KPB-*Kemper/Paulus*, Bd. 3, § 354 Rn. 20 ff., m.w.N.

564 Section 4 (3) IA.

565 First Schedule, Form B und Annexures I–V.

566 Vgl. section 16 (2) (b) IA.

Richtigerweise muss daher auch für die Eröffnung eines Partikularinsolvenzverfahrens anhand der weltweiten Aktiva und Passiva geprüft werden, ob der Schuldner tatsächlich überschuldet ist.[567]

2. Insolvenzhandlung (*act of insolvency*)

Vor diesem Hintergrund wird der Nachweis der Überschuldung oder auch nur der Zahlungsunfähigkeit in Fällen mit Auslandsbezug praktisch nur schwer zu erbringen sein. Anders als im deutschen Recht, wo Rechtsprechung und Literatur diesen Problemen mit Beweiserleichterungen für den Gläubiger begegnen, scheint dies in Südafrika aber bisher nicht praxisrelevant geworden zu sein. Ursache dafür dürfte die Ausweichmöglichkeit auf Insolvenzhandlungen sein. Der Gesetzgeber hat die schwierige Beweislage bezüglich der tatsächlichen Insolvenz des Schuldners erkannt. Deshalb hat er Gläubigern die Möglichkeit eingeräumt, ihren Insolvenzantrag auf eine der in *section* 8 IA aufgelisteten Insolvenzhandlungen des Schuldners zu stützen.[568] Diese lassen sich kategorisieren in Insolvenzhandlungen, die objektiv die Befriedigungsaussichten der Gläubiger gefährden und solche, die eine Überschuldung des Schuldners vermuten lassen. In die erste Gruppe fallen:

- die Flucht des Schuldners aus Südafrika oder Verbleib im Ausland, um fällige Zahlungen zu verzögern oder um sich seinen Zahlungspflichten ganz zu entziehen;[569]
- das versuchte oder tatsächliche Beiseiteschaffen von Vermögensgegenständen, einschließlich der Übertragung auf Dritte, um die Gläubiger zu benachteiligen oder einzelne Gläubiger zu bevorzugen;[570]
- die Ankündigung des Verkaufs des Unternehmens des Schuldners oder von Teilen davon, wenn der Schuldner hiernach nicht in der Lage ist, alle seine Verbindlichkeiten zu tilgen.[571]

---

567 So auch die h.M. zum deutschen Partikularverfahren, vgl. FK-*Wenner/Schuster*, § 354 Rn. 13; Gottwald-*Gottwald/Kolmann*, Insolvenzrechts-Handbuch, § 131 Rn. 125; MünchKommInsO-*Reinhart*, Bd. 3, § 354 Rn. 26, m.w.N.

568 *Meskin*, Insolvency Law, Anm. 2.1.2.

569 Vgl. section 8 (a) IA.

570 Vgl. section 8 (c) und (d) IA, dazu *Samsudin v de Villiers Berrange NO* (Supreme Court of Appeal, Case No 170/2005, 31 May 2006), saflii, Rn. 36 ff.

571 Vgl. section 8 (h) i.V.m. section 34 (1) IA: Wenn es sich bei dem Schuldner um einen Kaufmann handelt und er den Verkauf seines Unternehmens, des Firmenwertes oder dazugehörige Waren und Vermögensgegenstände beabsichtigt und

Insolvenzhandlungen, die an die vermutete Überschuldung des Schuldners anknüpfen, sind:

- ein fehlgeschlagener Vollstreckungsversuch eines Gläubigers;[572]
- ein versuchter oder erfolgter Vergleich mit einem Gläubiger, der den ganzen oder teilweisen Schulderlass zum Inhalt hat;[573]
- unter bestimmten Umständen ein fehlgeschlagener Eigenantrag des Schuldners auf Eröffnung des Insolvenzverfahrens;[574]
- wenn der Schuldner seinen Gläubigern schriftlich mitteilt, dass er zur Zahlung seiner Verbindlichkeiten nicht in der Lage sei.[575]

Die Liste der Insolvenzhandlungen ist abschließend und kann durch die Rechtsprechung nicht erweitert werden.[576]

Umstritten ist, ob die Insolvenzhandlung in Südafrika begangen worden sein muss[577] oder ob der Begehungsort unerheblich ist.[578] Aus dem Gesetzeswortlaut lässt sich jedenfalls die Notwendigkeit einer inlandsbezogenen Insolvenzhandlung nicht ableiten. Grundsätzlich kann es auch nicht auf den Begehungsort ankommen. Teilweise ergibt sich das schon aus der Natur der Handlung selbst, wie etwa das Verbleiben im Ausland, um den Zahlungspflichten zu entgehen. Im Übrigen spricht auch die erkennbare Absicht des Gesetzgebers dagegen, mit dem alternativen Eröffnungsgrund den Schwierigkeiten der Gläubiger beim Nachweis der tatsächlichen Insolvenz zu begegnen.

---

es sich bei den Verkäufen nicht um gewöhnliche Geschäftshandlungen handelt, muss er diesen Verkauf im offiziellen Anzeigenblatt und diversen Tageszeitungen ankündigen. Ansonsten ist dieser Unternehmenstransfer für die Dauer von sechs Monaten gegenüber seinen Gläubigern unwirksam, für den Fall der Eröffnung eines Insolvenzverfahrens innerhalb dieses Zeitraums auch gegenüber dem Insolvenzverwalter.

572 Vgl. section 8 (b) IA.

573 Vgl. section 8 (e) IA.

574 Vgl. section 8 (f) IA.

575 Vgl. section 8 (g) IA.

576 *British SA Company v Trustees of Lyle Bros. & Wright* (1900) 17 SC 328, 331 ff.; *Mars*, S. 81. Zu den einzelnen Insolvenzhandlungen siehe *Mars*, S. 81 ff.; *Sharrock/van der Linde/Smith*, S. 31 ff.

577 So ohne Begründung *Michaelis v Pretorius* (1896) 13 SC 266, 272; zustimmend *Nathan*, SA Insolvency Law, S. 444.

578 Letztere Auffassung wird – ohne genauere Begründung und ohne Auseinandersetzung mit der Gegenmeinung – vertreten von *Mars*, 8. ed, S. 16.

3. Nutzen für die Gläubiger

(a) Begründete Erwartung eines Verfahrensnutzens

Bevor das Gericht ein Insolvenzverfahren nach dem *Insolvency Act* eröffnen darf, muss es Grund zur Annahme haben (bei Gläubigerantrag) bzw. davon überzeugt sein (Schuldnerantrag), dass das Insolvenzverfahren für die Gläubiger nutzbringend ist.[579] Die geringeren Anforderungen an den Gläubigerantrag rechtfertigen sich damit, dass der Gläubiger die finanzielle Situation des Schuldners wesentlich schlechter als der Schuldner selbst kennt.[580]

Es besteht immer dann hinreichend Grund zur Annahme einesNutzen für die Gläubiger, wenn ein solcher Nutzen zwar nicht notwendigerweise wahrscheinlich, aber dohc nicht ganz fernliegend ist.[581] Mit dem Begriff „Gläubiger" sind die Gläubiger in ihrer Gesamtheit gemeint, nicht die bloße Mehrheit.[582] Allerdings müssen auch nicht alle Gläubiger einen Vorteil aus dem Insolvenzverfahren ziehen. Vielmehr reicht es aus, wenn das Insolvenzverfahren für einen wesentlichen Teil der Gläubiger (gemessen am Wert ihrer Forderungen) vorteilhaft ist.[583]

Bis dato wurde noch nicht explizit dazu Stellung genommen, ob insoweit auch ausländische Gläubiger zu berücksichtigen sind. Der *Insolvency Act* unterscheidet allerdings nicht zwischen in- und ausländischen Gläubigern. Außerdem dürfen

---

579 Vgl. section 12 (1) (c) IA (Gläubigerantrag) und section 6 (1) IA (Schuldnerantrag). Die erleichterten Beweisanforderungen an einen Gläubigerantrag und die vergleichsweise kurzfristig mögliche Restschuldbefreiung führen in der Praxis immer wieder zu Rechtsmissbrauch in Form sogenannter „friendly sequestration", siehe dazu noch die Ausführungen zu den Auslandswirkungen einer südafrikanischen Restschuldbefreiung unten, C.I.3.

580 *Hillhouse v Stott: Freban Investments (Pty) Ltd v Itzkin; Botha v Botha* 1990 (4) SA 580 (W) 581; Sharrock/van der Linde/Smith, S. 18 (2.2.3).

581 *Commissioner for South African Revenue Service v Hawker Air Services (Pty) Ltd; Commissioner for South African Revenue Service v Hawker Aviation Services Partnership and others* (Supreme Court of Appeal, Case No 379/2005, 31 March 2006), saflii, Rn. 29. *Mars*, S. 139; *Meskin*, Insolvency Law, Anm. 2.1.4.

582 *Union Shop Fitters v Hansen* 1937 WLD 13, 15; Lotzof v Raubenheimer [1959] 1 All SA 280 (O) 284; *Lawclaims (Pty) Ltd v Rea Shipping Co SA: Schiffscommerz Aussenhandelsbetrieb der VVB Schiffbau intervening* 1979 (4) SA 745 (N) 755H, m.w.N.; *Mars*, S. 138 (§ 5.35); *Meskin*, Insolvency Law, Anm. 2.1.4.

583 *Trust Wholesalers and Woollens (Pty) Ltd v Mackan* [1954] 2 All SA 74 (N) 78; *Fesi v ABSA Bank Ltd* [1999] JOL 5634 (C) 12 f.; MünchKommInsO-*Kupsch*, Bd. 3, Anhang, Länderbericht Südafrika, Rn. 23; *Sharrock/van der Linde/Smith*, S. 38 (3.1.3). A.A. wohl *Meskin*, Insolvency Law, Anm. 2.1.4.

ausländische Gläubiger grundsätzlich gleichberechtigt an dem südafrikanischen Insolvenzverfahren teilnehmen.[584] Deshalb müssen bei der Bewertung der Vorteilhaftigkeit des südafrikanischen Insolvenzverfahrens die Interessen aller Gläubiger, einschließlich der ausländischen, berücksichtigt werden.

(b) Definition „Nutzen"

(1) Herrschende Meinung und Kritik

Streitig ist, wie der voraussichtliche Nutzen zu bemessen ist. Nach überwiegendem Verständnis in der obergerichtlichen Rechtsprechung und Literatur muss sich der Nutzen in einem konkreten, nicht zu vernachlässigenden finanziellen Vorteil für die Gläubiger widerspiegeln.[585]

Diese Auffassung muss sich entgegenhalten lassen, dass der Begriff „vernachlässigenswert" von der individuellen subjektiven Wertung abhängt und kaum einer allgemeingültigen Definition zugänglich ist.[586] Die Frage, wann der finanzielle Vorteil vernachlässigenswert ist, ist denn auch erwartungsgemäß ungeklärt. So stellt *Mars* fest, dass üblicherweise eine Quote von 10 Prozent die untere Grenze sei, obgleich einige Gerichte sogar 20 Prozent festgelegt hätten.[587] Dabei wird übersehen, dass zum Beispiel in *ABSA Bank Ltd v De Klerk* eine Quote von 5 Prozent für ausreichend erachtet wurde.[588] In einem anderen Fall wiederum hieß es, eine Quote von 1,6 Prozent sei jedenfalls unzureichend.[589]

Noch deutlicher werden die mit der Festlegung eines konkreten finanziellen Vorteils verbundenen Schwierigkeiten bei inländischen Partikularverfahren. Weil auch in diesem Fall ausländische Gläubiger zu berücksichtigen sind, würde die

---

584 Dazu näher unten, C.I.1.

585 Siehe nur *Hillhouse v Stott: Freban Investments (Pty) Ltd v Itzkin; Botha v Botha* 1990 (4) SA 580 (W); *Nosworthy v Holman* 1993 (2) SA 774 (E); *Ex Parte Steenkamp and related cases* 1996 (3) SA 822 (W); *ABSA Bank Ltd v de Klerk and related cases* 1999 (4) SA 835 (E); *Sharrock/van der Linde/Smith*, S. 38 (3.1.3). Im Anschluss an die h.M. so auch noch MünchKommInsO-*Kupsch*, Bd. 3, Anhang, Länderbericht Südafrika, Rn. 23. Unklar *Mars*, der sich einerseits der h.M. anschließt (S. 72 (§ 3.26), 139), andererseits aber meint, dass bereits die begründete Erwartung der Aufdeckung und Rückführung von Vermögenswerten des Schuldners als solche ein Vorteil für die Gläubiger darstellen könne (S. 139 f.).

586 So auch *Meskin*, Insolvency Law, Anm. 2.1.4.

587 *Mars*, S. 72 (§ 3.26).

588 *ABSA Bank Ltd v de Klerk and related cases* 1999 (4) SA 835 (E).

589 *Hillhouse v Stott: Freban Investments (Pty) Ltd v Itzkin; Botha v Botha* 1990 (4) SA 580 (W) 581, 583.

Quote am Ende möglicherweise nur dadurch unter den Mindestwert gedrückt, aus dem sich ein Gläubigernutzen noch ableiten ließe. Die Eröffnung eines inländischen Insolvenzverfahrens wäre in diesem Fall selbst dann ausgeschlossen, wenn aus bestimmten Gründen auch kein ausländisches Insolvenzverfahren eröffnet werden kann. Das wäre mit dem verfassungsrechtlichen Gebot des effektiven Rechtsschutzes nicht vereinbar.[590]

Gegen eine solche enge Auslegung der Voraussetzung „Nutzen für die Gläubiger" spricht ferner die Absicht des Gesetzgebers, den Gläubigern mit dem alternativen Eröffnungsgrund „Insolvenzhandlung" den Insolvenzantrag zu erleichtern. Gerade in Fällen mit Auslandsbezug wird der Gläubiger häufig nicht den nötigen Überblick über die Vermögensverhältnisse des Schuldners haben. Außerdem müssen zahlreiche rechtliche Fragen berücksichtigt werden, wie beispielsweise die voraussichtliche Anerkennung des inländischen Verfahrens im Ausland und die dortige Rechtslage hinsichtlich des Zugriffs des ausländischen Insolvenzverwalters auf inländisches Vermögen. Damit würde dem darlegungs- und beweisbelasteten Gläubiger die Antragstellung im Einzelfall deutlich erschwert. Im Ergebnis würde dem Gläubiger über den Umweg des Gläubigernutzens erneut die Aufstellung einer genauen Vermögensbilanz oktroyiert, denn nur so ließe sich in den meisten Fällen die voraussichtliche Quote schlüssig darlegen. Das widerspräche dem oben beschriebenen Anliegen des Gesetzgebers, über die Normierung von Insolvenzhandlungen die Insolvenzantragsstellung zu erleichtern.

Damit ist gleichzeitig ein weiterer Kritikpunkt angesprochen. Die genannte Ansicht vernachlässigt gänzlich die sonstigen Vorteile, die ein Insolvenzverfahren für die Gläubiger bietet. Hierzu gehört das gesetzlich verankerte Recht, die Zusammenstellung, Verwaltung und Verwertung des gesamten Vermögens des Schuldners über einen von den Gläubigern bestellten Insolvenzverwalter zu überwachen, die Möglichkeit, gläubigerbenachteiligende Handlungen des Schuldners durch den Insolvenzverwalter anzufechten, das Verbot an den Schuldner, weitere Verträge abzuschließen und damit die Insolvenzmasse zum Nachteil seiner Gläubiger weiter zu schmälern und nicht zuletzt das Recht, an dem Verwertungserlös gleichberechtigt entsprechend der gesetzlichen Vorgaben zu partizipieren.[591] Dieses geordnete Verfahren ist vielfach noch die beste Möglichkeit für die Gläubiger, wenigstens einen Teil ihrer Forderung zu realisieren.

---

590 Zum Gebot effektiven Rechtsschutzes im südafrikanischen Recht siehe *Schmid*, S. 128 ff.

591 *Paruk v Bacus* 1938 NPD 242, 246 f.; *Chenille Industries v Vorster* [1953] 2 All S. 330 (O) 337 f.; *Meskin*, Insolvency Law, Anm. 2.1.4.

(2) Die *Hawker*-Entscheidung des *Supreme Court of Appeal*

Die hier vorgebrachten Bedenken gegen die herrschende Meinung teilt nun im Grundsatz offenbar auch der *Supreme Court of Appeal*. Einer aktuellen Entscheidung lag der Sachverhalt zugrunde, dass die Schuldnerin – eine *partnership* – ihren im Wesentlichen einzigen Vermögensgegenstand – ein Flugzeug – ins Ausland transferiert hatte.[592] Der den Insolvenzantrag stellende Gläubiger – die südafrikanische Finanzbehörde – vermutete hinter diesem Transfer einen Steuerbetrug. Denkbar war auch eine mögliche Anfechtbarkeit der Transaktion. Die Rechtslage war aber ungeklärt, genauso wie ungewiss war, ob der Insolvenzverwalter das Flugzeug im Ausland zur Masse würde ziehen können.

Auf Basis dieses Sachverhalts hatte das Gericht zu entscheiden, ob die Eröffnung eines Insolvenzverfahrens zum Nutzen für die Gläubiger sei. Der *Supreme Court of Appeal* hielt sich gar nicht erst mit der Berechnung der voraussichtlichen Verfahrenskosten und der möglicherweise verbleibenden Quote auf. Auch setzte sich das Gericht nicht damit auseinander, ob das Flugzeug tatsächlich zur inländischen Insolvenzmasse hätte gezogen werden können. Allein die Tatsache, dass es sich bei dem Flugzeug um den wesentlichen Vermögensbestandteil der Schuldnerin handelte und dass die Umstände seiner Veräußerung ins Ausland ungeklärt waren, veranlasste das Gericht zu der Einschätzung, dass die Eröffnung eines inländischen Insolvenzverfahrens von Vorteil für die Gläubiger sei. Der *Supreme Court of Appeal* hielt es in diesem Zusammenhang für ausreichend, dass weitere Nachforschungen und eine nähere Untersuchung durch den Insolvenzverwalter möglicherweise zu einer Rückführung des Flugzeugs in das Vermögen der Schuldnerin führen könnten.[593]

(3) Eigene Stellungnahme

Die Entscheidung des *Supreme Court of Appeal* überzeugt, auch wenn einige Fragen unbeantwortet bleiben. Aus ihr lässt sich die für die Rechtspraxis verbindliche *ratio decidendi* ableiten, dass es auf eine zu erwartende konkrete Quote nicht ankommt. Aufgrund der Sachverhaltskonstellation bestanden keine Zweifel, dass in diesem Fall

---

592 *Commissioner for South African Revenue Service v Hawker Air Services (Pty) Ltd; Commissioner for South African Revenue Service v Hawker Aviation Services Partnership and others* (Supreme Court of Appeal, Case No 379/2005, 31 March 2006).

593 *Commissioner for South African Revenue Service v Hawker Air Services (Pty) Ltd; Commissioner for South African Revenue Service v Hawker Aviation Services Partnership and others* (Supreme Court of Appeal, Case No 379/2005, 31 March 2006), saflii, Rn. 30.

die Verfahrenskosten gedeckt sein würden.[594] Dennoch dürfte die unterste Grenze für einen voraussichtlichen Nutzen der Gläubiger die Deckung der Verfahrenskosten sein, denn ab dieser Untergrenze verkehrt sich aufgrund der Unterdeckungshaftung der Gläubiger für die Verfahrenskosten ihr Nutzen in einen zu erwartenden Nachteil.[595]

Wird nach Abzug der antizipierten Verfahrenskosten irgendeine auch noch so geringe Quote für die ungesicherten Gläubiger erwartet, dann ist das Insolvenzverfahren aufgrund der weit reichenden Beschlagswirkungen des Eröffnungsbeschlusses und des geordneten Verwaltungs-, Verwertungs- und Verteilungsverfahrens des insuffizienten Schuldnervermögens regelmäßig von Nutzen für die Gläubiger.[596]

4. Zusammenfassung

Insolvenzverfahren gegen natürliche Personen können nach dem *Insolvency Act* eröffnet werden, wenn Überschuldung des Schuldners nachgewiesen ist. Für die Überschuldungsprüfung ist unabhängig davon, ob ein Haupt- oder Partikularinsolvenzverfahren eröffnet werden soll, das gesamte weltweite Aktiv- und Passivvermögen heranzuziehen. Alternativ genügt für die Insolvenzeröffnung auch der Nachweis, dass der Schuldner eine der enumerativ gesetzlich normierten Insolvenzhandlungen begangen hat. Dabei kommt es nach hier vertretener Auffassung nicht darauf an, ob die Insolvenzhandlung im In- oder Ausland begangen wurde. Zusätzlich zu den beiden vorgenannten Insolvenzgründen muss außerdem nachgewiesen werden, dass das Insolvenzverfahren für die Gläubiger voraussichtlich nutzbringend sein wird. Einzelheiten hierzu sind streitig. Nach hier vertretener Auffassung ist diese Voraussetzung erfüllt, wenn für die ungesicherten Gläubiger nach Abzug der Verfahrenskosten voraussichtlich noch irgendeine Quote verbleibt.

II. *Companies Act 1973*

Die eben dargelegten Eröffnungsvoraussetzungen gelten ausschließlich für Verfahren nach dem *Insolvency Act*. Im *Companies Act 1973* sind besondere Eröffnungsvoraussetzungen normiert.

---

594 Die vom Verfasser noch in MünchKommInsO-*Kupsch*, Bd. 3, Anhang, Länderbericht Südafrika, Rn. 23, im Anschluss an die herrschende Meinung vertretene Ansicht wird hiermit aufgegeben.

595 Vgl. *Morley v Pederson* 1933 TPD 304, 308. Zur Unterdeckungshaftung der Gläubiger im südafrikanischen Verfahren vgl. Collier-*Smith/Boraine*, 39–35, 39–37; MünchKommInsO-*Kupsch*, Bd. 3, Anhang, Länderbericht Südafrika, Rn. 47.

596 So auch *Meskin*, Insolvency Law, Anm. 2.1.4. Dort auch zu möglichen Ausnahmen.

Ein gesetzlicher Eröffnungsgrund ist nur für gerichtlich kontrollierte Verfahrens definiert. Der *Companies Act 1973* unterscheidet dabei nicht zwischen Gründen für die Abwicklung von solventen und insolventen *companies*.[597] Deshalb sind auch keine Insolvenzgründe im engeren Sinne vorgesehen. Ob die Gesellschaft oder juristische Person tatsächlich insolvent ist, ihr Vermögen also nach Abzug der Verfahrenskosten nicht ausreicht, ihre Verbindlichkeiten zu erfüllen, muss grundsätzlich erst vom (Insolvenz-)Verwalter im Laufe des Verfahrens als Bestandteil der Tatbestandsprüfung für insolvenzbezogene Vorschriften festgestellt werden.[598]

1. Vermögensinsuffizienz

Auch wenn die tatsächliche Insolvenz keine Eröffnungsvoraussetzung ist, gibt es dennoch Eröffnungsgründe, die unmittelbar an die mit der Vermögensinsuffizienz verbundenen Gefahren für die Gläubiger anknüpfen. Hierzu gehört zum einen der Verlust von 75% des gezeichneten Kapitals,[599] zum anderen die vermutete oder tatsächliche Unfähigkeit der Gesellschaft, ihre Verbindlichkeiten zu erfüllen (Vermögensinsuffizienz).[600]

Der praktisch wichtigste Eröffnungsgrund ist die Unfähigkeit der Gesellschaft, ihre Verbindlichkeiten zu erfüllen.[601] Die Zahlungsunfähigkeit wird widerlegbar[602] vermutet, wenn es die Schuldnergesellschaft oder juristische Person versäumt, eine fällige und zahlbare Forderung in Höhe von mindestens 100 Rand innerhalb von drei Wochen zu zahlen oder ausreichend Sicherheit zu leisten.[603] Voraussetzung ist, dass der Gläubiger die Schuldnergesellschaft oder juristische Person eine schriftliche Zahlungsaufforderung an ihren an eingetragenen Sitz übermittelt hat.[604] Sofern die Schuldnergesellschaft oder juristische Person aus irgendeinem Grund nicht eingetragen ist (z.B. eine ausländische Gesellschaft, die sich trotz Gründung einer Niederlassung nicht vorschriftsmäßig eintragen lassen hat[605]),

---

597 Siehe section 344 CA 1973. Ferner MünchKommInsO-*Kupsch*, Bd. 3, Anhang, Länderbericht Südafrika, Rn. 16.

598 MünchKommInsO-*Kupsch*, Bd. 3, Anhang, Länderbericht Südafrika, Rn. 5, 16.

599 Vgl. section 344 (e) CA 1973.

600 Vgl. section 344 (f) CA 1973.

601 Süß/Wachter-*Sutherland/Wicke*, Länderbericht Südafrika, Rn. 332.

602 *Galgut/Kunst/Delport/Vorster*, section 344, Anm. zu "is unable to pay its debts as described in section 345".

603 Section 345 CA 1973.

604 Vgl. section 345 (1) (a) (i) CA 1973.

605 Der Verstoß gegen die Eintragungspflicht berührt als solcher nicht die Qualfikation als „external company“ im Sinne des CA 1973, siehe oben, Kap. 2 C.I.1.

reicht eine schriftliche Aufforderung an das Hauptbüro oder Übergabe an einen Geschäftsführer, *Company's Secretary*, Manager oder Bevollmächtigen der Gesellschaft.[606] Zahlungsunfähigkeit wird auch dann vermutet, wenn zuvor ein Vollstreckungsversuch des Gläubigers mangels ausreichender Vermögensmasse des Schuldners gescheitert ist.[607] Außerdem kann der Antragsteller auch unabhängig von den vorgenannten Voraussetzungen Beweis dafür erbringen, dass der Schuldner zahlungsunfähig ist.[608]

2. Besonderheiten bei ausländischen Gesellschaften

Über das Vermögen einer ausländischen Gesellschaft im Sinne einer *external company* kann auch dann ein Liquidationsverfahren eröffnet werden, wenn sie nach ihrem Gründungsstatut aufgelöst wurde, den Unternehmensbetrieb eingestellt hat oder diesen nur noch zum Zwecke der Liquidation fortführt.[609] In vielen ausländischen Rechtsordnungen wie auch in der deutschen folgt die Auflösung unmittelbar auf den Beschluss über die Eröffnung des Insolvenzverfahrens.[610] Damit wird die Gesellschaft aber nicht sofort beendet, sondern zunächst einmal das Liquidationsverfahren eingeleitet.[611] Im südafrikanischen Recht hingegen steht die Auflösung nach englischem Vorbild am Ende des Liquidationsverfahrens[612] und beendet die Rechtspersönlichkeit der *company* für alle Zwecke.[613] Das hat zu Unsicherheiten über die Frage geführt, ob bereits ab Einleitung des ausländischen Insolvenzverfahrens die Tatbestandsvoraussetzung „Auflösung" erfüllt

---

606 Vgl. section 345 (1) (a) (ii) CA 1973. Für weitere Einzelheiten und Einschränkungen siehe *Galgut/Kunst/Delport/Vorster*, section 345, Anm. zu „has served on the company".

607 Vgl. section 345 (1) (b) CA 1973.

608 Vgl. section 345 (1) (c) CA 1973. Für weitere Einzelheiten zu dem Eröffnungsgrund Zahlungsunfähigkeit siehe *Galgut/Kunst/Delport/Vorster*, section 345; MünchKommInsO-*Kupsch*, Bd. 3, Länderbericht Südafrika, Rn. 16 ff.

609 Vgl. section 344 (g) CA 1973.

610 Vgl. z.B. § 262 Abs. 1 Nr. 3 AktG; § 60 Abs. 1 Nr. 4 Halbsatz 1 GmbHG.

611 Im deutschen Recht unstreitig, siehe nur *Eisenhardt*, Gesellschaftsrecht, Rn. 781, m.w.N. Die Eröffnung des Insolvenzverfahrens hat unmittelbar die Auflösung zur Folge, § 60 Abs. 1 Nr. 4 InsO.

612 Vgl. section 419 CA 1973. Siehe aber Süß/Wachter-*Sutherland/Wicke*, Länderbericht Südafrika, Rn. 328 ff., wo winding-up durchweg mit Auflösung und die „dissolution" im Sinne von section 419 CA 1973 mit Aufhebung übersetzt wird.

613 *Forsyth*, S. 275.

ist.[614] Diese Frage muss indes hier nicht weiter vertieft werden. Wird nach ihrem ausländischen Gründungsstatut ein Insolvenzverfahren über das Vermögen der *company* eröffnet, hat dies regelmäßig entweder die Einstellung ihres Unternehmensbetriebs oder die Fortführung desselben zu Liquidationszwecken zur Folge. In beiden Fällen wären also unabhängig von der Auflösung der Gesellschaft nach dem Gründungsstatut jedenfalls die gesetzlich normierten alternativen Eröffnungsgründe erfüllt.[615] Ausgenommen davon sind lediglich Sanierungsverfahren wie das deutsche Insolvenzplanverfahren,[616] in denen die Durchführung eines Liquidationsverfahrens über Auslandsvermögen aber ohnehin nur selten erwünscht sein dürfte.[617]

Auf weitere Einzelheiten zu den Eröffnungsvoraussetzungen kann hier aufgrund des begrenzten Untersuchungsgegenstandes nicht eingegangen werden.[618]

3. Zusammenfassung

Für die Eröffnung eines Insolvenzverfahrens nach dem *Companies Act 1973* ist wegen der Einbettung in das gesellschaftsrechtliche Liquidationsverfahren grundsätzlich kein Insolvenzgrund erforderlich. Vielmehr reicht einer der gesetzlich normierten Liquidationsgründe aus. Als Tatbestandsvoraussetzung für die Anwendbarkeit der insolvenzspezifischen Vorschriften des *Companies Act 1973* im Rahmen der Durchführung des Liquidationsverfahrens muss allerdings Zahlungsunfähigkeit gegeben sein. Diese liegt vor, wenn der Verwertungserlös nach Abzug der Verfahrenskosten voraussichtlich nicht ausreicht, alle Verbindlichkeiten der

---

614 Vgl. *Ward v Smit and others: In re Gurr v Zambia Airways Corp Ltd* 1998 (3) SA 175 (A) 182F–G mit Bezugnahme auf die Rechtsprechung des englischen Court of Appeal.

615 So auch *Ward v Smit and others: In re Gurr v Zambia Airways Corp Ltd* 1998 (3) SA175 (A) 183H–I, sodass auch der Supreme Court of Appeal die Frage, ob bereits die Einleitung des Liquidationsverfahrens als solches die Tatbestandsvoraussetzungen des section 344 (g) CA 1973 erfüllt, offen lassen konnte.

616 Siehe zum reformierten Insolvenzplanverfahren *Vallender* MDR 2012, 125 ff.

617 Die Frage der Zulässigkeit eines inländischen Sekundärliquidationsverfahrens bei gleichzeitigem Hauptsanierungsverfahren (hier französisches Sauvegarde-Verfahren) liegt gerade dem EuGH zur Entscheidung vor, siehe Schlussanträge EuGH GAin *Kokott* in der Rs C-116/11 vom 24.5.2012, ZIP 2012, 1133 („*Handlowy*").

618 Siehe stattdessen die überblickartig gehaltenen Darstellungen MünchKommInsO-*Kupsch*, Bd. 3, Länderbericht Südafrika, Rn. 12 ff.; *Smith/Boraine* ABI Law Review 10 (2002) 135, 144 ff. Vertiefend *Galgut/Kunst/Delport/Vorster*, Kommentierung zu sections 344 f., 347; *Sharrock/van der Linde/Smith*, S. 225 ff.; Süß/Wachter-*Sutherland/Wicke*, Länderbericht Südafrika, Rn. 328 ff.

Gesellschaft in voller Höhe zu befriedigen. Über das Vermögen von Auslandsgesellschaften kann in Südafrika außerdem dann das (Insolvenz-)liquidationsverfahren eröffnet werden, wenn sie aufgelöst wurde, sie ihren Unternehmensbetrieb eingestellt hat oder diesen lediglich für Liquidationszwecke fortführt. Die Einleitung eines ausländischen Sanierungsverfahrens wie das deutsche Insolvenzplanverfahren erfüllt die Eröffnungsvoraussetzungen nicht.

C. Ausländische Gläubiger und ihre Forderungen

Ist das Insolvenzverfahren einmal eröffnet, tritt als eine der zentralen Fragen die Behandlung ausländischer Gläubiger und ihrer Forderungen auf. Die generelle Gleichbehandlung von in- und ausländischen Gläubigern ist deshalb als Kernbestandteil sowohl in der EuInsVO als auch im UNCITRAL Modellgesetz festgeschrieben.[619] Diese Gleichbehandlung gilt es in beide Richtungen zu gewährleisten. Ausländische Gläubiger sollen nicht generelle schlechter behandelt werden, als inländische Gläubiger. Sie sollen aber auch nicht besser behandelt werden für den Fall, dass sie einen Teil ihrer Forderung bereits realisiert oder in einem ausländischen Parallelinsolvenzverfahren angemeldet haben. Auch für diesen Fall haben die EuInsVO und das UNCITRAL Modellgesetz entsprechende Vorkehrungen getroffen.[620]

Für die Zeit nach Beendigung des Insolvenzverfahrens sollte schon aus Gründen der Rechtssicherheit zudem geregelt sein, wie sich eine in diesem Verfahren gegebenenfalls erlangte Restschuldbefreiung auf ausländische Verbindlichkeiten des Schuldners auswirkt.[621]

I. Bisherige Rechtslage

1. Generelle Gleichbehandlung in- und ausländischer Gläubiger

Weder der *Insolvency Act* noch der *Companies Act* oder die oben bereits genannten spezialgesetzlichen Regelungen differenzieren explizit zwischen in- und ausländischen Gläubigern.[622]

---

619 Vgl. EuInsVO Art. 32 Abs. 1 und Erwägungsgrund 21; UNCITRAL Modellgesetz Art. 13 Abs. 1.

620 Vgl. EuInsVO Art. 20 Abs. 2 und Erwägungsgrund 21; UNCITRAL Modellgesetz Art. 32.

621 Vgl. Art. 17 Abs. 2 und Art. 34 Abs. 2 EuInsVO.

622 Generell zu den Gläubigerrechten im südafrikanischen Insolvenzrecht MünchKommInsO-*Kupsch*, Bd. 3, Anhang, Länderbericht Südafrika, Rn. 38 ff.; *Mars*, S. 372 ff.

Mit Blick auf die Anmeldung von Forderungen und die Beteiligung am Verwertungserlös besteht daher auch seit langem Konsens, dass in- und ausländische Gläubiger grundsätzlich gleichzubehandeln sind.[623] Auch für andere Aspekte des Verfahrens ist kein sachlicher Grund ersichtlich, der eine generelle Ungleichbehandlung ausländischer Gläubiger als solcher rechtfertigen würde.

Problematisch ist allerdings nach gegenwärtiger Rechtslage die Gewährleistung des Informationsflusses gegenüber im Ausland ansässigen Gläubigern. Insbesondere erfolgt die Veröffentlichung über die Beantragung und spätere Eröffnung des Insolvenzverfahrens grundsätzlich nur über den offiziellen Regierungsanzeiger (*Government Gazette*).[624] Gleiches gilt für die Gläubigerversammlungen.[625] Dieser Umstand ist auch deshalb misslich, weil Forderungen grundsätzlich bis zur zweiten Gläubigerversammlung anzumelden sind.[626] Zwar kann die nicht rechtzeitige Forderungsanmeldung bei unverschuldeter Unkenntnis von der Verfahrenseröffnung nachgeholt werden. Bis dahin ist aber möglicherweise schon ein Großteil des Verwertungserlöses unwiederbringlich unter den anderen Gläubigern verteilt worden.[627]

Gemäß *section* 364 (2) CA 1973 kann jedoch der *Master* die insolvente *company* anweisen, sämtliche Gläubiger per Post über anstehende Gläubigerversammlungen zu benachrichtigen. Die Gläubiger haben außerdem die Möglichkeit, beim Insolvenzverwalter ihre Anschrift „innerhalb der Republik Südafrika" zu

623 *Liddle & Leask v Pooley & Leinberger* (1899) 6 Off Rep 109; *In re Testate Estate of Edwin Allan Skeen* (1906) 27 NLR 127, 129 ff.; *North American Bank Ltd (in Liquidation) v Granit* 1998 (3) SA 557 (W) 565F–G. Joubert-*Edwards/Kahn*, S. 351; Mars, S. 669.

624 Vgl. section 17 (4) IA; section 356 CA 1973. Dieser ist allerdings auch im Internet einsehbar unter http://www.sabinet.co.za/prod_gazette.html. Im Falle eines Eigenantrags eines sequestration-Verfahrens muss der Schuldner vor dem Antrag seine Gläubiger selbst informieren, vgl. section 4 (2) IA. Siehe außerdem *Deutsche Bank v Moser and another* 1999 (4) SA 216 (C) 220F, wo der Western Cape High Court die zusätzliche Veröffentlichung des eigenen Eröffnungsbeschlusses in einer deutschen Tageszeitung anordnete.

625 Siehe section 40 IA; section 364 (1) (a) und (2) CA 1973; MünchKommInsO-*Kupsch*, Bd. 3, Anhang, Länderbericht Südafrika, Rn. 38 und Fn. 133.

626 Zur Forderungsanmeldung MünchKommInsO-*Kupsch*, Bd. 3, Anhang, Länderbericht Südafrika, Rn. 39 ff.

627 Vgl. section 104 (2) IA i.V.m. sections 364 (2), 366 CA 1973, wo auf die analoge Anwendbarkeit des IA verwiesen wird. In *North American Bank Ltd (in Liquidation) v Granit* 1998 (3) SA 557 (W) 565G–H empfiehlt der South Gauteng High Court den ausländischen Gläubigern angesichts dieser Gesetzeslage schlicht „Wachsamkeit".

hinterlassen, woraufhin der Insolvenzverwalter sie über anberaumte Gläubigerversammlungen und andere wichtige Angelegenheiten persönlich informieren muss.[628] Es spricht einiges dafür, dass sich die Anschrift trotz des scheinbar entgegenstehenden Wortlauts auch im Ausland befinden kann und der Zusatz „innerhalb der Republik Südafrika" historisch bedingt nur klarstellen soll, dass es sich dabei nicht notwendigerweise um eine Adresse innerhalb des Gerichtsbezirks handeln muss.[629] Mindestens vierzehn Tage vor der zweiten oder einer vertagten zweiten Gläubigerversammlung muss der Insolvenzverwalter außerdem allen ihm anschriftlich bekannten Gläubigern seinen Bericht über die Vermögenslage des Schuldners per Einschreiben zusenden.[630]

Forderungen müssen nicht zwingend in den Gläubigerversammlungen angemeldet werden, sondern können auch bis spätestens 24 Stunden vor dem annoncierten Beginn der Gläubigerversammlung beim Versammlungsleiter[631] auf dem dafür im IA vorgesehenen Formblatt angemeldet werden.[632] Insoweit dürfte der Maßgabe, dass die Forderungen durch den Gläubiger „persönlich oder in Vertretung" auf der Gläubigerversammlung anzumelden sind,[633] in der Praxis kaum noch Bedeutung zukommen. Dennoch stellt sich aufgrund der nicht unerheblichen zusätzlichen Kosten einer Vertretung die Frage, ob sich die ausländischen Gläubiger nicht insgesamt durch den Insolvenzverwalter in einem ausländischen Parallelverfahren betreffend den gleichen Schuldner auf den Gläubigerversammlungen vertreten lassen und so ihr Stimmrecht wahren können. Dies wird teilweise generell verneint.[634] Nach hier vertretener Auffassung hingegen muss auch insoweit die *lex causae* der Bestellung des Insolvenzverwalters entscheiden, ob der Insolvenzverwalter Vertreter der Gläubiger in dem von ihm verwalteten Verfahren ist.[635]

---

628 Vgl. section 43 IA. Gemäß section 364 (2) CA 1973 dürfte für winding-up-Verfahren dasselbe gelten.

629 Vgl. oben, Kap. 2 A.III.2 (a). Direkt zu dieser Frage gibt es bis dato allerdings keine Stellungnahmen.

630 Vgl. section 81 (1), (1)*bis* (a) IA i.V.m. section 364 (2) CA 1973.

631 MünchKommInsO-*Kupsch*, Bd. 3, Anhang, Länderbericht Südafrika, Rn. 39 Fn. 140.

632 Section 44 (3) IA a.E. i.V.m. section 366 CA 1973.

633 So der Grundsatz in section 44 (1) IA i.V.m. section 366 CA 1973.

634 Siehe Joubert-*Edwards/Kahn*, S. 351; *Mars*, S. 399, jeweils mit Hinweis auf *Liddle & Leask v Pooley and Leinberger* (1899) 6 Off Rep 109, 112 und *In re testate Estate of Edwin Allan Skeen* (1906) 27 NLR 127, 130 f. ohne eigene Begründung eine Sammelanmeldung aller im ausländischen Verfahren angemeldeten Forderungen durch den ausländischen Insolvenzverwalter als unzulässig ablehnend.

635 Vgl. dazu bereits oben, A.I.2. Sogar noch weitergehend § 341 InsO und Art. 32 EuIns- VO, die dem ausländischen Insolvenzverwalter grundsätzlich auch ohne

Der Grundsatz der Gläubigergleichbehandlung erfordert auch eine Vergleichbarkeit der Forderungen. Die Vergleichbarkeit kann erschwert sein bei Forderungen, die in ausländischer Währung oder Rechnungseinheit lauten, oder auch bei Forderungen, die nicht auf Geld gerichtet sind. Zur Herstellung der Vergleichbarkeit durch Umrechnung dieser Forderungen dürfte jedenfalls in südafrikanischen Verfahren die *lex fori concursus* heranzuziehen sein.[636] Forderungen in ausländischer Währung sind daher nach dem am Tag vor Verfahrensbeginn gültigen Kurs umzurechnen.[637]

Wegen des Erfordernisses der Überprüfbarkeit der Forderung durch den südafrikanischen Insolvenzverwalter muss die Forderungsanmeldung auf Basis der Originaldokumentation erfolgen, ein ausländischer Tabellenauszug reicht nicht aus.[638] Ebenfalls um die Überprüfbarkeit zu gewährleisten müssen die Forderungsanmeldung und die zugehörigen Nachweise in beglaubigter Kopie in Englisch, wenigstens aber in einer der zehn anderen Landessprachen vorliegen.[639]

2. Auswirkungen der teilweisen oder vollständigen Befriedigung im Ausland

In Fällen mit Auslandsbezug tritt regelmäßig die Frage auf, wie sich eine im Ausland erwirkte teilweise oder vollständige Befriedigung auf das Recht zur Forderungsanmeldung in dem südafrikanischen Insolvenzverfahren auswirkt.

So kann es vorkommen, dass ein Gläubiger in Auslandsvermögen des Schuldners vollstreckt, weil dieses (noch) keinem Insolvenzbeschlag unterliegt. Möglicherweise zahlt der Insolvenzschuldner aber auch freiwillig an einen Gläubiger aus diesem ausländischen Vermögen. Darüber hinaus kann im Ausland auch ein konkurrierendes (Parallel-)Insolvenzverfahren über das Vermögen

---

ausdrückliche Vertretungsberechtigung die Ausübung der Gläubigerrechte im inländischen Parallelinsolvenzverfahren gestatten.

636 Zum südafrikanischen Recht gibt es insoweit allerdings bisher keine Stellungnahmen. Wie hier zum deutschen Recht MünchKommInsO-*Reinhart*, Bd. 3, § 335 Rn. 55, m.w.N. Zum englischen Recht *Florian*, S. 131 ff., mit Nachweisen in der englischen Rechtsprechung.

637 *Galgut/Kunst/Delport/Vorster*, section 366, „general note", insoweit bezugnehmend auf die Entscheidung des englischen Court of Appeal *Re Lines Bros Ltd* [1982] 2 All ER 183 (CA); MünchKommInsO-*Kupsch*, Bd. 3, Länderbericht Südafrika, Rn. 40.

638 *Liddle & Leask v Pooley and Leinberger* (1899) 6 Off Rep 109, 111 f. Siehe auch *de Klerk v Zeeman; In re le Roux* (1896) 13 SC 182, 183 f.

639 MünchKommInsO-*Kupsch*, Bd. 3, Anhang, Länderbericht Südafrika, Rn. 40.

des gleichen Insolvenzschuldners stattfinden, an dem der Gläubiger teilnimmt und eine Quote erlangt.

Grundsätzlich ändert die Teilnahme oder Nichtteilnahme eines Gläubigers an einem ausländischen (Parallel-)Insolvenzverfahren über das Vermögen desselben Schuldners nichts an seinem Recht, diese Forderung auch in dem südafrikanischen Insolvenzverfahren anzumelden.[640] Für den Fall, dass ein Gläubiger durch freiwillige Zahlung oder im Wege der Zwangsvollstreckung im Ausland teilweise befriedigt wurde, kann prinzipiell nichts anderes gelten.[641]

Gleichzeitig liegt es auf der Hand, dass es zur Wahrung des Grundsatzes der Gläubigergleichbehandlung einer Ausgleichsregelung bedarf. Südafrikanische Rechtsprechung zu dieser Frage gibt es wenig. Nach zwei alten kolonialgerichtlichen Entscheidungen muss sich der Gläubiger bei der Anmeldung seiner Forderung das anrechnen lassen, was er in dem ausländischen Insolvenzverfahren bereits erlangt hat.[642] Eine solche Anrechnung beseitigt jedoch nicht unbedingt die Gläubigerungleichbehandlung auf internationaler Ebene. Ein Gläubiger, der an mehreren Parallelverfahren teilnimmt, steht dadurch rechnerisch besser da, als ein gleichrangiger Gläubiger, der seine Forderung nur in dem inländischen Insolvenzverfahren anmeldet.[643]

In der südafrikanischen Literatur wird die Anwendbarkeit der englischen *hotchpot*-Regel befürwortet. Danach muss ein Gläubiger, der an dem inländischen Insolvenzverfahren teilnimmt, das im Ausland Erlangte an die inländische Insolvenzmasse herausgegeben.[644] Herauszugeben ist nicht nur das durch Zwangsvollstreckung in das ausländische Vermögen des Schuldners oder das durch freiwillige

---

640 *Alexander & Co v Lioni* (1875) 5 Buch 79, 80 f.; *Oxford v P Hope* (1886) 7 NLR 73, 74; *Liddle & Leask v Pooley and Leinberger* (1899) 6 Off Rep 109, 112; *Ex Parte Solomon* 1928 WLD 1, 2; *Herman NO v Tebb* 1929 CPD 65, 76; *Hymore Agencies Durban (Pty) Ltd v Gin Nih Weaving Factory* 1959 (1) SA 180 (D) 183A; Joubert-*Edwards/Kahn*, S. 351; *Mars*, S. 398 f.

641 Zum südafrikanischen Recht gibt es diesbezüglich noch keine Stellungnahmen. Siehe aber *Fletcher*, Insolvency in PIL, Rn. 2.98, m.w.N. zum englischen Recht.

642 *In re Testate Estate of Edwin Allan Skeen* (1906) 27 NLR 127, 129. Siehe auch *Oxford v P Hope* (1886) 7 NLR 73, 74. So auch noch die ältere deutsche Rechtsprechung und Literatur, siehe OLG Köln, Beschl. v. 31.1.1989 – 3 W 7/89, ZIP 1989, 321; weitere Nachweise in MünchKommInsO-*Reinhart* (1. Auflage), Bd. 3, Art. 102 EGInsO, Rn. 197.

643 Siehe *Grasmann* KTS 1990, 157, 178 ff. Ablehnend aus diesem Grund auch MünchKommInsO-*Reinhart* (1. Auflage), Bd. 3, Art. 102 EGInsO, Rn. 197.

644 Joubert-*Edwards/Kahn*, S. 353 Fn. 26; *Mars*, S. 670. Zur Hotchpot-Regel insgesamt *Fletcher*, Insolvency in PIL, Rn. 2.98 ff.; *Florian*, S. 44 ff.

Leistung des Schuldners Erlangte, sondern auch eine in einem ausländischen Parallelinsolvenzverfahren betreffend denselben Schuldner eventuell bereits erlangte Quote.[645] Der *Privy Council* hat die *hotchpot*-Regel in einer neueren Entscheidung dahingehend konkretisiert, dass sie sich nur auf Gegenstände beziehe, die Bestandteil der Insolvenzmasse gewesen wären.[646] Vermögensgegenstände, an denen ein Gläubiger vor der Eröffnung des Insolvenzverfahrens eine Sicherung oder Befriedigung erlangt hat, gehören grundsätzlich nicht dazu.[647]

Die *hotchpot*-Regel findet sich prinzipiell auch in der deutschen Insolvenzordnung, der EuInsVO und – jedoch nur bezogen auf Quoten im ausländischen Parallelverfahren – auch im CBIA wieder.[648] Das in einem ausländischen Parallelverfahren Erlangte darf der Gläubiger zwar behalten. Er wird jedoch erst dann bei den Verteilungen berücksichtigt, wenn die übrigen Gläubiger mit ihm gleichgestellt sind.[649] Nach der Insolvenzordnung und der EuInsVO muss der betreffende Gläubiger darüber hinaus unabhängig davon, ob er an dem inländischen Insolvenzverfahren teilnimmt, das herausgegeben, was er auf Kosten der inländischen Insolvenzmasse aus dem ausländischen Vermögen erlangt hat.[650] Auch das englische *common law* sieht außerhalb der *hotchpot*-Regel unabhängig von der Teilnahme des Gläubigers an dem englischen Insolvenzverfahren eine solche Rückführungsmöglichkeit vor.[651]

Angesichts dieser Rechtslage ist davon auszugehen, dass sich die zu gegebener Zeit damit befasste südafrikanische Rechtsprechung diesen modernen Lösungsansätzen anschließen wird. Wie in der EuInsVO und auch im Sinne des *Privy Council* wird dabei die Reichweite eines südafrikanischen Insolvenzverfahrens zu berücksichtigen sein. Wenn ein südafrikanisches Insolvenzverfahren nur territoriale Wirkung entfaltet, gehören im Ausland befindliche Vermögensgegenstände grundsätzlich nicht zur inländischen Insolvenzmasse. Hat ein Gläubiger außerhalb eines ausländischen Parallelinsolvenzverfahrens betreffend denselben Schuldner an solchen Vermögensgegenständen eine Sicherung oder Befriedigung erlangt,

---

645 *Fletcher*, Insolvency in PIL, Rn. 2.98; *Florian*, S. 50, jeweils m.w.N.

646 *Bodden v Delta American Reinsurance Company (Cayman Islands)* [2001] UKPC 6 (1st February, 2001) Rn. 20.

647 *Bodden v Delta American Reinsurance Company (Cayman Islands)* [2001] UKPC 6 (1st February, 2001) Rn. 40; *Fletcher*, Insolvency in PIL, Rn. 2.99.

648 Zum CBIA gleich unten, II.

649 Vgl. § 342 Abs. 2 InsO; Art. 20 Abs. 2 EuInsVO; section 32 CBIA. Diese Verfahrensweise führt also letztlich zum gleichen Ergebnis, wie die hotchpot-Regel.

650 § 342 Abs. 1 InsO; Art. 20 Abs. 1 EuInsVO.

651 Vgl. *Fletcher*, Insolvency in PIL, Rn. 2.100 f., m.w.N.

muss er diese nach hier vertretener Auffassung auch nicht an den südafrikanischen Insolvenzverwalter herausgeben. Er wird sich aber eine teilweise Befriedigung im Ausland auf eine inländische Quote anrechnen lassen müssen.

3. Auslandswirkungen einer südafrikanischen Restschuldbefreiung

Mit der Möglichkeit der Teilnahme ausländischer Gläubiger an einem südafrikanischen Insolvenzverfahren geht schließlich die Frage einher, wie sich eine in diesem Verfahren erlangte Restschuldbefreiung auf ihre Forderungen auswirkt.

Hierzu gibt es bislang nur eine Entscheidung. In *North American Bank Ltd (in Liquidation) v Granit* befand der *South Gauteng High Court*, dass eine Restschuldbefreiung nach südafrikanischem Insolvenzrecht stets weltweite Geltung beanspruche.[652] ZurBegründung zitierte das Gericht ausführlich die insoweit übereinstimmende englische Rechtsprechung. Der Schuldner verliere durch das Insolvenzverfahren sein Vermögen weltweit und es sei daher nur gerecht, dass er auch von seinen weltweiten Schulden befreit werde. Im Übrigen seien südafrikanische Gerichte an südafrikanische Gesetze gebunden und hätten diese jedenfalls in einem von ihnen zu entscheidenden streitigen Verfahren durchzusetzen.[653]

Diese Ansicht, der ohne weitere Begründung auch im Schrifttum gefolgt wird,[654] bedarf einer kritischen Stellungnahme. Richtig ist, dass die Gerichte an das geltende Recht gebunden sind. Grundsätzlich hat der südafrikanische Gesetzgeber den Gerichten aber ausreichend Ermessensspielraum eingeräumt, den Antrag auf Restschuldbefreiung eines Schuldners in einem südafrikanischen Insolvenzverfahren abzulehnen. Gemäß *section* 127 (2) IA kann das Gericht die Restschuldbefreiung auch ohne Gegenantrag nach eigenem Ermessen verweigern.[655] Besondere Voraussetzungen für die Verweigerung der Restschuldbefreiung werden nicht genannt. Eine solche Verweigerung wäre jedenfalls dann sachlich gerechtfertigt und geboten, wenn das südafrikanische Insolvenzverfahren nicht das weltweite Vermögen des Schuldners umfasst. Nach hier vertretener Auffassung umfasst ein südafrikanisches Insolvenzverfahren entgegen der Einschätzung des *South Gauteng High Court* keineswegs immer auch das weltweite Vermögen des Schuldners. Bei inländischen Partikularinsolvenzverfahren besteht aber die Gefahr, dass

---

652 *North American Bank Ltd (in Liquidation) v Granit* 1998 (3) SA 557 (W) 567C.

653 *North American Bank Ltd (in Liquidation) v Granit* 1998 (3) SA 557 (W) 566G–567B.

654 Vgl. *Mars*, S. 591, 671 Fn. 76. So bereits die Vorauflage *Mars*, 8. edn., S. 473, auf die auch der South Gauteng High Court Bezug nimmt.

655 Dazu *Mars*, S. 586 ff.; MünchKommInsO-*Kupsch*, Bd. 3, Anhang, Länderbericht Südafrika, Rn. 67 f., m.w.N.

ausländische Gläubiger davon keine Kenntnis erlangen und deshalb nicht daran teilnehmen können. Außerdem erscheint die Erteilung der Restschuldbefreiung ungerecht, wenn der Schuldner in dem Insolvenzverfahren nur sein inländisches, nicht aber auch sein ausländisches Vermögen verliert. Aus diesem Grunde schließt zum Beispiel auch § 355 Abs. 1 InsO die Anwendbarkeit der Vorschriften über die Restschuldbefreiung in Partikularverfahren aus.[656]

Denkbar wäre zwar eine territoriale Beschränkung der Wirkungen der Restschuldbefreiung, die der prozessualen Durchsetzbarkeit einer Forderung gegen den Schuldner im Inland entgegen gehalten werden kann.[657] Auch hier besteht jedoch erhebliche Missbrauchsgefahr. Sogenannte *friendly sequestrations*, bei denen der Schuldner im kollusiven Zusammenwirken mit einem Gläubiger ein Insolvenzverfahren einleitet und dabei die gesetzlichen Schutzmechanismen vor Missbrauch umgeht, sind in Südafrika keine Seltenheit.[658] Hinzu kommt eine relativ kurze Frist bis zur Erlangung der Restschuldbefreiung, die grundsätzlich schon nach sechs Monaten ab Eröffnung des vorläufigen Insolvenzverfahrens möglich ist.[659] Damit besteht die Gefahr, dass der Schuldner vor dem Insolvenzantrag zum Beispiel noch erhebliches Vermögen vorübergehend ins Ausland transferiert, um nach nur kurzer Zeit schuldenfrei und in Wohlstand in Südafrika zu leben.

Schließlich fehlt dem Ansatz dem *South Gauteng High Court* ein angemessener Schutz für Gläubiger, die mangels Kenntnis keine Möglichkeit hatten, an dem südafrikanischen Verfahren teilzunehmen. Ein solcher Schutz ist ein Gebot der Rechtsstaatlichkeit und des Justizgewährungsanspruchs. Zumindest in den Fällen, in denen der Gläubiger nachweist, dass er unverschuldet keine Kenntnis von dem südafrikanischen Insolvenzverfahren hatte und er deshalb nicht am Verfahren teilnehmen konnte, muss er nach hier vertretener Auffassung die Restschuldbefreiung nicht gegen sich geltend lassen.[660]

---

656 KPB-*Kemper/Paulus*, Bd. 3, § 355 Rn. 1; MünchKommInsO-*Reinhart*, Bd. 3, § 355 Rn. 1.

657 Dazu MünchKommInsO-*Reinhart* (1. Auflage), Bd. 3, Art. 102 EGInsO Rn. 262, m.w.N.

658 Siehe dazu *Evans* (2002) 11 IIR 13, 17 ff. Dabei werden die unterschiedlichen Beweisanforderungen bei Eigenantrag und Gläubigerantrag (siehe oben, B.I.3. (a)) bewusst ausgenutzt.

659 MünchKommInsO-*Kupsch*, Bd. 3, Anhang, Länderbericht Südafrika, Rn. 67 und Fn. 232. Im Fall *North American Bank Ltd (in Liquidation) v Granit* waren es 3 Jahre, siehe 1998 (3) SA 557 (W) 565A–B.

660 Vgl. dazu noch unten, Kap. 4 C.II., zum umgekehrten Fall der Anerkennung einer ausländischen Restschuldbefreiung in Südafrika.

Für die Zukunft bleibt zu hoffen, dass bereits bei der Entscheidung über die Restschuldbefreiung selbst die internationalinsolvenzrechtlichen Aspekte berücksichtigt werden und die Restschuldbefreiung nur noch in Verfahren erteilt wird, die auch das weltweite Schuldnervermögen umfassen.

II. *Cross-Border Insolvency Act*

Die Frage der Gläubigergleichbehandlung ist im CBIA nunmehr ausdrücklich geregelt.

Danach haben ausländische Gläubiger die gleichen Rechte wie südafrikanische Gläubiger in Bezug auf die Beantragung von und die Teilnahme an südafrikanischen Insolvenzverfahren haben.[661] Diese Gleichstellung berührt nicht die generelle Befriedigungsrangfolge des südafrikanischen Insolvenzrechts, stellt aber sicher, dass ausländische Gläubiger mit ihren Forderungen nicht niedriger rangieren dürfen als ungesicherte Gläubiger.[662] Im Übrigen richtet sich die Rangfolge der Beteiligung am Verwertungserlös des in Südafrika befindlichen Vermögens nach südafrikanischem Recht.[663]

Ferner stellt *section* 14 (1) (a) CBIA nunmehr ausländische und inländische Gläubiger ausdrücklich auf die gleiche Stufe hinsichtlich der Benachrichtigung über wesentliche Verfahrensschritte. Im Einzelfall kann das Gericht zusätzliche Maßnahmen zur Benachrichtigung von Gläubigern anordnen, deren Anschrift unbekannt ist.[664] Benachrichtigungen müssen grundsätzlich persönlich erfolgen, es sei denn, dass im Einzelfall eine andere Benachrichtigungsform angezeigt ist.[665] Schließlich muss den Gläubigern mit Benachrichtigung über die Er- öffnung des Insolvenzverfahrens auch eine angemessene Frist zur Forderungsanmeldung gesetzt und mitgeteilt werden, an welche Adresse die Forderungsanmeldung zu richten ist.[666] Außerdem muss die Mitteilung sonstige Informationen enthalten, die nach südafrikanischem Recht an Gläubiger zu erteilen sind, insbesondere eine Information darüber, ob Gläubiger auch ihre gesicherten Forderungen anmelden müssen.[667]

---

661 Section 13 (1) CBIA.
662 Section 13 (2) CBIA.
663 Section 13 (3) CBIA.
664 Section 14 (1) (b) CBIA.
665 Section 14 (2) (a) CBIA.
666 Section 14 (3) (a) CBIA.
667 Section 14 (3) (b)–(c) CBIA.

Begrüßenswert ist der Vorschlag von *Smith* und *Boraine*, dass sich die südafrikanischen Gerichte unabhängig von dem beschränkten persönlichen Anwendungsbereich des CBIA auf Bestimmungsstaaten im Sinne von *section* 2 (2) CBIA auch für alle sonstigen Insolvenzverfahren mit Auslandbezug an diesem Benachrichtigungskatalog orientieren sollten.[668]

Wie bereits oben angedeutet, hat schließlich die *hotchpot*-Regel in den CBIA Eingang gefunden. Unbeschadet gesicherter Forderungen oder dinglicher Rechte kann ein Gläubiger, der in einem Insolvenzverfahren in einem ausländischen Staat bereits teilweise Befriedigung seiner Forderung erlangt hat, in einem südafrikanischen Insolvenzverfahren denselben Schuldner betreffend keine Zahlung auf dieselbe Forderung erlangen, solange die Quote der anderen Gläubiger derselben Rangklasse verhältnismäßig geringer ist, als die von dem Gläubiger bereits erlangte Quote.[669] Zahlungen aufgrund von Ab- oder Aussonderungsrechten bleiben insoweit jedoch außer Betracht.[670]

Das bisherige Recht bleibt darüber hinaus ergänzend anwendbar.[671]

III. Zusammenfassung

In- und ausländische Gläubiger werden in einem südafrikanischen Insolvenzverfahren traditionell gleichbehandelt. Bisher ist die informationelle Einbindung von Gläubigern mit Sitz im Ausland nicht explizit geregelt. Hier verspricht der CBIA mehr Rechtssicherheit, indem er den Gerichten einen Katalog an verbindlichen und optionalen Kommunikationsmaßnahmen vorgibt und ausländischen Gläubigern die gleichen Informationsrechte wie inländischen Gläubigern einräumt. Mittlerweile gibt es Stimmen in der Literatur, die die im CBIA enthaltenen Regelungen auch außerhalb des persönlichen Anwendungsbereiches des Gesetzes analog anwenden wollen. Forderungen sind grundsätzlich persönlich oder in Vertretung anzumelden. Die Befugnis des ausländischen Insolvenzverwalters, insoweit die Interessen der Gläubiger in "seinem" Parallelinsolvenzverfahren wahrzunehmen, wird teilweise verneint. Nach hier vertretener Auffassung muss in einem solchen Fall dies anhand der für die Bestellung des Insolvenzverwalters geltenden *lex causae* entschieden werden. Forderungen in ausländischer Währung sind nach dem am Tag vor Verfahrensbeginn geltenden Wechselkurs umzurechnen. Nachweise

---

668 Vgl. *Smith/Boraine* ABI Law Review 10 (2002) 135, 193.

669 Section 32 CBIA.

670 Vgl. section 32 CBIA; Art. 32 UNCITRAL Modellgesetz.

671 Siehe zum Verhältnis von common law und Gesetz generell oben, Kap. 1, B.II.1.

müssen anhand von Originaldokumenten respektive beglaubigten und übersetzten Kopien erfolgen, ein ausländischer Tabellenauszug reicht nicht aus. Hat ein Gläubiger im Ausland durch Zwangsvollstreckung oder freiwillige Zahlung nach Eröffnung des südafrikanischen Insolvenzverfahrens einen sonst zur südafrikanischen Insolvenzmasse gehörenden Gegenstand erlangt, muss er diesen an den südafrikanischen Insolvenzverwalter herausgeben. Anderenfalls ist er zur Teilnahme an dem südafrikanischen Insolvenzverfahren nicht berechtigt. Auch müssen sich Gläubiger eine in einem ausländischen Parallelinsolvenzverfahren erlangte Quote auf die inländische Quote anrechnen lassen. Letzteres ist nunmehr im CBIA gesetzlich geregelt. Die Auslandswirkungen einer südafrikanischen Restschuldbefreiung sind bis dato nicht höchstrichterlich geklärt. Teilweise wird vertreten, dass eine südafrikanische Restschuldbefreiung generell weltweite Wirkungen entfalte. Nach hier vertretener Auffassung hingegen kommt es auf die Reichweite des südafrikanischen Insolvenzverfahrens an. Eine Restschuldbefreiung ist in einem südafrikanischen Insolvenzverfahren nur dann zu erteilen, wenn es sich bei diesem um ein (weltweit geltendes) Hauptinsolvenzverfahren handelt. Dem Schutz einzelner Gläubiger, die nachweisen, dass sie unverschuldet keine Kenntnis von der südafrikanischen Verfahrenseröffnung hatten und deshalb an der Teilnahme gehindert waren, ist dadurch Rechnung zu tragen, dass diese die Restschuldbefreiung nicht gegen sich gelten lassen müssen.

Kapitel 4: Ausländische Insolvenzverfahren im *common law*

In den beiden folgenden Kapitel soll der Frage nachgegangen werden, unter welchen Voraussetzungen und mit welchen Rechtsfolgen ausländische Insolvenzverfahren in Südafrika anerkannt werden.[672]

Ausländische Insolvenzverfahren werden auf Basis ausländischen Insolvenzrechts eröffnet. Ihre grenzüberschreitende Wirkung hängt daher davon ab, ob sie in dem jeweiligen anderen souveränen Staat anerkannt werden. Anerkennung bedeutet, die Wirkung des ausländischen Rechts auf das Inland zu erstrecken, so, als würde es keine Souveränitätsgrenzen geben.[673] Dabei ist es grundsätzlich unerheblich, ob es sich um eine insolvenzrechtliche Gerichtsentscheidung oder ausländisches Insolvenzrecht handelt.[674] Besondere Anforderungen an den Regelungsmechanismus des Internationalen Insolvenzrechts resultieren aus der Heterogenität der nationalen Insolvenzregime. Die Verfahrenseröffnung, die Eröffnungswirkungen und die Verfahrensdurchführung sind in den nationalen Rechtsordnungen unterschiedlich ausgestaltet. So kann die Verfahrenseröffnung kraft Gesetzes automatisch durch Antragstellung eintreten, wie etwa beim *Chapter 11*-Verfahren als praktisch häufigstes Verfahren des US-Insolvenzrechts.[675] In anderen Jurisdiktionen wie im deutschen Insolvenzrecht erfolgt die Verfahrenseröffnung durch entsprechenden Gerichtsbeschluss.[676] Vom englischen *common-law* beeinflusste Jurisdiktionen wie das südafrikanische Recht sehen

---

672 Genau genommen können Verfahren als solche nicht anerkannt werden, sondern nur die aus ausländischen Insolvenzeröffnungsentscheidungen oder, wie etwa für das US-Chapter 11-Verfahren, die aus einer unmittellbar verfahrenseinleitende Handlung resultierenden gesetzlichen Wirkungen, vgl. MünchKommInsO-*Reinhart*, Bd. 3, § 343 Rn. 9, m.w.N. Dennoch soll hier aus Vereinfachungsgründen von der „Verfahrensanerkennung“ gesprochen werden, wie etwa auch in Art. 102 EGInsO a.F., Art. 16 Abs. 2 EuInsVO oder Art. 15 UNCITRAL Modellgesetz.

673 Vgl. *Forsyth*, S. 419. Zur Lehre von der Souveränität der Staaten siehe nochmals oben, Kap. 1.D.I. die Ausführungen zur comitas.

674 *Forsyth*, S. 417 f., m.w.N.

675 Siehe dazu BGH, Urt. v. 13.10.2009 – X ZR 79/06, juris, Rn. 11, 16 und 20; BAG, Urt. v. 27.2.2007 – 3 AZR 619/06, juris, Rn. 15, jeweils m.w.N.

676 Siehe § 27 InsO.

teilweise auch bei der Insolvenz von Gesellschaften eine freiwillige Verfahrenseröffnung durch entsprechenden Gesellschafterbeschluss vor, ohne dass es zusätzlich eines Eröffnungsbeschlusses bedarf.[677] Auch die Eröffnungswirkungen sind sehr unterschiedlich. Im *US-Chapter 11*-Verfahren beispielsweise ist die Verwaltung und Verwertung des Insolvenzvermögens durch den Schuldner selbst (Eigenverwaltung) die Regel, die Einsetzung eines Insolvenzverwalters erfolgt nur in Ausnahmefällen.[678] Das deutsche Recht sieht noch immer den Übergang der Verwaltungs- und Verfügungsbefugnis auf einen gerichtlich bestellten Insolvenzverwalter als den Regelfall, die Eigenverwaltung als den Ausnahmefall an.[679]

Diese Unterschiede werden in der nachfolgenden Untersuchung zu berücksichtigen sein.

A. Anerkennung

I. Anerkennung nur der Insolvenzverwalterbestellung, nicht des Eröffnungsbeschlusses als solchen

Die Anerkennung ausländischer Insolvenzeröffnungsentscheidungen im *südafrikanischen common law* erfolgt auf der Basis von *comity*, Zweckmäßigkeit (*convenience*) sowie Billigkeit (*equity*).[680] Anders als im deutschen Recht wird im südafrikanischen *common law* nicht der Eröffnungsbeschluss als solcher anerkannt, sondern lediglich die Bestellung des Insolvenzverwalters.[681] Damit weicht das *common law* bewusst von seinen allgemeinen Regeln für die Anerkennung ausländischer Zivilurteile ab.[682]

---

677 Siehe MünchKommInsO-*Kupsch*, Bd. 3, Anhang, Länderbericht Südafrika, Rn. 14.

678 MünchKommInsO-*Grauke/Youdelman*, Bd. 3, Anhang, Länderbericht USA, Rn. 13.

679 Die Eigenverwaltung dürfte aber durch die Einführung der §§ 270a, 270b InsO n.F. zum 1. März 2012 durch das ESUG erheblich an praktischer Bedeutung gewinnen. Siehe dazu *Vallender* MDR 2012, 125 ff.

680 Siehe bereits oben, Kap. 1 D.II.1.

681 *Ex Parte BZ Stegmann* 1902 TS 40, 47; *African Farms Ltd* 1906 TS 373, 377; *Moolman v Builders & Developers (Pty) Ltd* 1990 (1) SA 954 (A), 959D–G. Siehe auch *O'Brien*, Transnational Aspects, S. 14. *Forsyth*, S. 412 und Fn. 325. So auch im englischen Recht, siehe *Fletcher*, Insolvency in PIL, Rn. 2.116 ff., 3.90 ff. Zum deutschen Recht MünchKommInsO-*Reinhart*, Bd. 3, Vor §§ 335 ff., Rn. 27, 35, m.w.N.

682 Dazu *Doser*, S. 298 ff.; Geimer/Schütze-*Doser*, Internationaler Rechtsverkehr, Bd. V, Länderbericht Südafrika, passim; *Forsyth*, S. 419 ff.; *Schoeman/Roodt*, Anm. 233 ff.; *Schütze* IPRax 2010, 428 ff.

Diese Praxis geht zurück auf die *Stegmann*-Entscheidung des *Transvaal Supreme Court* aus dem Jahre 1902.[683] Das Gericht hatte hier über den Antrag eines ausländischen Insolvenzverwalters zu entscheiden, diesem nicht nur die Verfügungsbefugnis über das inländische Mobiliarvermögen zu übertragen, sondern auch die inländischen Immobilien des Schuldners. Der Antragssteller konnte keine Fundstelle aus dem römisch-holländischen Recht nachweisen, die sein Anliegen stützte. Auch der *Transvaal Supreme Court* fand keine Präzedenzen, in denen ein ausländischer Insolvenzeröffnungsbeschluss als solcher anerkannt worden wäre.[684] Das seinerzeit geltenden englische Recht legte eher eine ablehnende Haltung nahe:

> "*The English Courts (...) do not appear to favour co-operation with foreign judges in the sense of enabling their decrees, as such, to have any effect in England. Such co-operation would be opposed to the principle on which alone foreign bankruptcies are recognised in that country. To quote the words of Westlake (Private International Law, 3rd edition, p. 143): – 'When the efficacy of a foreign bankruptcy is held to depend on its being a universal assignment, and in its turn the efficacy of a universal assignment is held to depend on the maxim mobilia sequuntur personam, it needs no stringency of the real statute to exclude the operation of the bankruptcy on immovables; (...).*'"[685]

Dem Vorschlag des Antragsstellers, den Insolvenzeröffnungsbeschluss nach den römisch-holländischen Regeln über die Anerkennung ausländischer Zivilurteile anzuerkennen,[686] mochte sich der Transvaal Supreme Court ebenfalls nicht anschließen. Der Beschluss über die Eröffnung eines Insolvenzverfahrens sei eine Entscheidung *sui generis*. Während ein gewöhnliches Urteil lediglich den Rechtsstreit zwischen zwei Prozessparteien beilege, berühre der Eröffnungsbeschluss

---

683 *Ex Parte BZ Stegmann* 1902 TS 40.

684 *Ex Parte BZ Stegmann* 1902 TS 40, 44 f. Das Gericht übersah dabei die wenige Jahre zuvor ergangene Entscheidung des Orange Free State High Court *In re Free State Colliery Company; Ex Parte Gilchrist and Cullinan* (1895) 12 CLJ 309, 310 f. Dort wurde die Wirkung ausländischer Insolvenzentscheidungen auf inländisches Immobiliarvermögen zwar problematisiert, aber nicht dogmatisch hinterfragt. Vielmehr gewährte das Gericht den ausländischen Verwaltern im Rahmen des ihm eingeräumten Ermessens die Verfügungsbefugnis auch über inländisches Immobiliarvermögen.

685 *Ex Parte BZ Stegmann* 1902 TS 40, 48. Siehe generell zum englischen common law betreffend grenzüberschreitende Individualinsolvenzverfahren *Fletcher*, Insolvency in PIL, S. 118 ff.

686 Vgl. *Ex Parte BZ Stegmann* 1902 TS 40, 44, wo auf eine Passage in *van der Linden's* „*Judicieel Practijk*" verwiesen wird.

auch die Rechte Dritter und impliziere Rechtsfolgen für zukünftige Geschäfte zwischen dem Insolvenzschuldner und allen anderen Personen:

> "*It is, in fact, a species of arrest or execution upon the property of the insolvent, followed by a distribution of it among his various creditors; it restricts the ordinary legal remedies of those creditors, and it imposes upon the insolvent disabilities which tend in the direction of an impairment of his status.*"[687]

Einen solchen Beschluss wie ein ausländisches Zivilurteil insgesamt und uneingeschränkt anzuerkennen und durchzusetzen (mit der Folge, dass sich die Eröffnungswirkungen des ausländischen Insolvenzrechts auf südafrikanisches Territorium erstreckten[688]), komme deshalb nicht in Betracht. Stattdessen sei der Fall über das allgemeine römisch-holländische Kollisionsrecht zu lösen. Nach der Regel *mobilia personam sequuntur* traten die aus dem Eröffnungsbeschluss folgenden dinglichen Rechtsänderungen nur bezüglich des inländischen Mobiliarvermögens ein. Für das inländische Immobiliarvermögen hingegen sei die *lex rei sitae* einschlägig. Hier hingen die Befugnisse des ausländischen Insolvenzverwalters vom Einzelfallermessen des Gerichts ab.[689]

Diese eingeschränkte Anerkennungspraxis ist zur Erreichung des intendierten Zwecks – Unterstützung eines einheitlichen *concursus creditorum* unter Einbeziehung des gesamten weltweiten Vermögens bei gleichzeitiger Wahrung inländischer Gläubigerrechte – eigentlich nicht erforderlich. Letzterem wird von der südafrikanischen Rechtsprechung auf der Rechtsfolgenseite in der *recognition order* hinreichend Rechnung getragen. Deshalb ist es umso bedauerlicher, dass sich die bloße Anerkennung der Verwalterbestellung auch noch besonders hinderlich für grenzüberschreitende Insolvenzverfahren auswirkt. Das betrifft nicht nur Verfahren in Eigenverwaltung, bei denen der Schuldner selbst verwaltungs- und verfügungsberechtigt über das Insolvenzvermögen bleibt. Es resultieren darüber hinaus zusätzliche Probleme und rechtliche Unwägbarkeiten.[690]

---

687 *Ex Parte BZ Stegmann* 1902 TS 40, 46 f.

688 Nach der auch im deutschen Recht herrschenden Theorie der Wirkungserstreckung erstrecken sich die Wirkungen, die der Urteilsstaat einer Entscheidung verleiht, auf das Territorium des anerkennenden Staates, vgl. *Adolphsen*, FS Uni Gießen, S. 87, 93, m.w.N. Zum südafrikanischen Internationalen Zivilprozessrecht Geimer/Schütze-Doser, Länderbericht Südafrika, II.2; IV.; *Schoeman/ Roodt*, Anm. 248.

689 *Ex Parte BZ Stegmann* 1902 TS 40, 47 ff.

690 Streng genommen kann man hier noch nicht einmal von "Anerkennung" sprechen, weil gerade keine Wirkungserstreckung erfolgt, *Forsyth*, S. 457 Fn. 283.

II. Durchführung eines formellen Anerkennungsverfahrens

1. Meinungsstand

Eine Unsicherheit, die unmittelbar aus der eben beschriebenen Anerkennungspraxis resultiert, betrifft die Frage, ob für die Anerkennung ein formelles Anerkennungsverfahren durchgeführt werden muss.

In Bezug auf inländisches Immobiliarvermögen ist dies unstreitig. Da nur die Bestellung des Insolvenzverwalters anerkannt wird und sich die Wirkungen des ausländischen Insolvenzverfahrens auf inländisches Immobiliarvermögen nach der *lex rei sitae* richten, bedarf es insoweit der Mitwirkung inländischer Gerichte.[691] Unabhängig von der Qualifikation des inländischen Vermögens wird ein Anerkennungsverfahren generell auch für juristische Personen und Gesellschaften für erforderlich gehalten.[692] Wie bereits erläutert ist nach der – hier bestrittenen – herrschenden Meinung die Regel *mobilia personam sequuntur* auf juristische Personen und Gesellschaften nicht anwendbar.[693]

Das heißt, in den vorgenannten Fällen können die Wirkungen des ausländischen Insolvenzverfahrens in Südafrika erst nach formeller Anerkennung in Südafrika eintreten. Das Erfordernis formeller Anerkennung ist dabei jeweils vor allem auch eine praktische Notwendigkeit, da das ausländische Insolvenzrecht nicht unmittelbar auf das in Südafrika belegene Vermögen wirken kann.[694]

---

691 *In re O'Connell; Ex Parte Pooley* (1893) 10 SC 62 f.; *Ex Parte BZ Stegmann* 1902 TS 40, 47 ff.; *Ex Parte Singer; In re Insolvent Estate Skeen* (1905) 26 NLR 536, 546 ff.; Re Estate Morris 1907 TS 657, 666; *Ex Parte Palmer NO: In re Hahn* 1993 (3) SA 359 (C) 362F; *Forsyth*, S. 412; Joubert-*Edwards/Kahn*, Anm. 326; *Mars*, S. 664 ff.; *Nathan*, SA Insolvency Law 1936, S. 438; *Sharrock/van der Linde/Smith*, S. 266; *Smith/Boraine* ABI Law Review 10 (2002) 135, 179 ff. Vgl. auch *Moolman v Builders & Developers (Pty) Ltd (in provisional Liquidation): Jooste intervening* 1989 1990 (1) SA 954 (A) 960A–B: "It is for this reason that recognition orders have been sought and granted, not only in respect of locally situated immovables (where the practical need for recognition is obvious), …".

692 Grundlegend *Re Greatrex & Son Ltd* 1907 TS 538, 543 ff.; *Ex Parte Haslam NO: In re Shell Co of SA Ltd* 1961 (3) SA 904 (C) 907C; st. Rspr., siehe zuletzt Supreme Court of Appeal in *Moolman v Builders & Developers (Pty) Ltd* 1990 (1) SA 954 (A) 959D–960E, m.w.N.; *Ward v Smit: In re Gurr v Zambia Airways Corporation Ltd* 1998 (3) S. 175 (A) 179D–G.

693 Siehe oben, Kap. 1 C.II.2.

694 *Moolman v Builders & Developers (Pty) Ltd (in provisional Liquidation): Jooste intervening* 1990 (1) SA 954 (A) 959D–960C.

Vor allem praktischer Natur ist demzufolge auch der Streit, ob nicht dann auf ein formelles Anerkennungsverfahren verzichtet werden kann, wenn es sich beim Insolvenzschuldner um eine natürliche Person handelt und diese in Südafrika lediglich bewegliches Vermögen hat. In der Rechtsprechung der Kolonialgerichte und bei den späteren Regionalabteilungen des südafrikanischen *Supreme Court* finden sich zahlreiche Stimmen, die ein Anerkennungsverfahren in diesen Fällen für überflüssig erachten. Dies folge unmittelbar aus der Regel *mobilia personam sequuntur*, wonach das Mobiliarvermögen durch den Eröffnungsbeschluss automatisch in das Eigentum des ausländischen *trustee* übergehe und er deshalb auch ohne besondere Anerkennung darüber verfügen könne.[695] Dies entspricht auch der wohl überwiegenden Lehrmeinung.[696] In letzter Konsequenz müsste nach dieser Ansicht sogar ein entsprechender Antrag als unzulässig abzuweisen sein, da es am notwendigen Rechtsschutzbedürfnis fehlte.[697]

Die Gegenansicht verlangt auch in Bezug auf bewegliches Vermögen ein formelles Anerkennungsverfahren.[698] Die *Cape Provincial Division* beruft sich in diesem Zusammenhang auf die *Appellate Division*. In ihrer *Moolman*-Entscheidung begründete die *Appellate Division* dies damit, dass der ausländische Insolvenzverwalter seine Amtsbefugnisse ausschließlich aus seiner Bestellung nach ausländischem Insolvenzrecht ableite. Er könne sich bei der Ausübung seines Amtes in Südafrika nicht auf das südafrikanische Insolvenzrecht stützen und

695 *In re Clark's Zoutpansberg Exploration* (1892) 9 SC 197, 198; *Liddle & Leask v Pooley and Leinberger* (1899) 6 Off Rep 109, 111; *Ex Parte Moolman NO: In re Builders and Developers (Pty) Ltd (in provisional Liquidation) (Jooste intervening)* 1989 (4) SA 253 (SE) 258I; *Bekker NO v Kotzé* 1996 (4) SA 1293 (Nm) 1297C–F.

696 *Ailola* (1999) 32 CILSA 54, 60; *Forsyth*, S. 411; Joubert-*Edwards/Kahn*, Anm. 326; *Mars*, S. 664; *Nathan*, SA Insolvency Law 1936, S. 438; *Olivier/Boraine* (2005) 38 CILSA 373, 380; *Sharrock/van der Linde/Smith*, S. 266; *Smith/Boraine* ABI Law Review 10 (2002) 135, 179; *Smith* (2002) 14 SA Merc LJ 17, 26.

697 So tatsächlich geschehen in *In re Clark's Zoutpansberg Exploration* (1892) 9 SC 197, 198. Die Entscheidung des Cape Supreme Court betraf allerdings die Anerkennung eines ausländischen Insolvenzverfahrens über das Vermögen einer Kapitalgesellschaft, auf die die herrschende Meinung die Maxime mobilia personam sequuntur nicht anwendet. In einer späteren Entscheidung hielt die Cape Provincial Division demzufolge auch nicht mehr an dieser Auffassung fest, vgl. *Liquidator Rhodesian Plastics (Pvt) Ltd v Elvinco Plastics Products (Pty) Ltd* 1959 (1) SA 868 (C) 870F–H.

698 *In re Zederberg* (1867) 5 Searle 307, 308; *Ex Parte BZ Stegmann* 1902 TS 40, 44; *Leslie's Trustee v Leslie* 1903 TS 839, 841; Vgl. auch *Eaton v Registrar of Deeds* (1890) 7 SC 249, 254 f. (englischer Testamentsvollstrecker in Cape Colony). *Meskin*, Insolvency Law, Anm. 17.3.2.1; *O'Brien*, Transnational Aspects, S. 14.

benötige deshalb die aktive Unterstützung („*active assistance*“) inländischer Gerichte, die durch den Anerkennungsbeschluss gewährt werde.[699] Außerdem wird eine Parallele zum Internationalen Erbrecht und Internationalen Betreuungsrecht gezogen. Ausländische Amtsinhaber müssten auch in diesen Fällen ihre Bestellung durch ein inländisches Gericht anerkennen lassen, bevor sie in ihrer Funktion rechtswirksam über inländisches Vermögen verfü- gen oder diesbezüglich Rechte geltend machen können.[700] Daraus folgerte die *Cape Provincial Division*, dass ein formelles Anerkennungsverfahren in diesen Fällen zwar rechtlich nicht zwingend erforderlich sei, aber in der Praxis stets durchgeführt werde und deshalb mittlerweile zum Prinzip erstarkt sei.[701]

Der Fall *Moolman* betraf allerdings ein ausländisches Insolvenzverfahren über das Vermögen einer Kapitalgesellschaft, für die wie oben beschrieben andere Grundsätze gelten. Eine höchstrichterliche Entscheidung in Bezug auf natürliche Personen steht noch aus.

2. Eigene Stellungnahme

Die Differenzierung hinsichtlich der Durchführung eines formellen Anerkennungsverfahrens vermag insgesamt nicht zu überzeugen.

Gerade weil das südafrikanische *common law* nicht den Eröffnungsbeschluss als solchen anerkennt, sondern lediglich die Bestellung des Insolvenzverwalters, ist kein sachlicher Grund ersichtlich, warum nicht wenigstens die Bestellung des Insolvenzverwalters einheitlich ohne formelles Anerkennungsverfahren anerkannt

699 *Moolman v Builders & Developers (Pty) Ltd* 1990 (1) SA 954 (A) 959D–G. Die Appellate Division übernahm damit ausdrücklich die Argumentation des *Transvaal Supreme Court* in *Re African Farms Ltd* 1906 TS 373, 377. Die Ausgangsinstanz vertrat dagegen die Ansicht, dass ein formelles Anerkennungsverfahren mit Blick auf inländisches Mobiliarvermögen nicht erforderlich sei, *Ex Parte Moolman NO: In re Builders and Developers (Pty) Ltd (in provisional Liquidation) (Jooste intervening)* 1989 (4) SA 253 (SE) 258I.

700 *Moolman v Builders & Developers (Pty) Ltd* 1990 (1) SA 954 (A) 959D–960C. Das Gericht stützte sich insoweit auf eine frühere Entscheidung des Cape Supreme Court in *Liquidator Rhodesian Plastics (Pvt) Ltd v Elvinco Plastics Products (Pty) Ltd* 1959 (1) SA 868 (C) 869C–D und sein eigenes Diktum in *Zinn NO Appellant v Westminster Bank Ltd Respondent* 1936 AD 89, 99.

701 *Ex Parte Palmer NO: In re Hahn* 1993 (3) SA 359 (C) 362E–F. Zustimmend *Mars*, S. 664. Vgl. auch *Smith* (2002) 14 SA Merc LJ 17, 28, der dem ausländischen Insolvenzverwalter die Einleitung eines formellen Anerkennungsverfahren jedenfalls aus praktischer Sicht empfiehlt.

wird. Der Vergleich zum internationalen Erbrecht und Betreuungsrecht hinkt. Im Internationalen Insolvenzrecht geht es um die gleichmäßige quotale Verteilung des für ein vollständige Befriedigung aller Verbindlichkeiten von vornherein nicht ausreichenden weltweiten Vermögen des Schuldners. Anders als im Erb- oder Betreuungsrecht kommt es zur Erreichung dieses Ziels entscheidend darauf an, dass die weltweite Wirkungserstreckung möglichst unmittelbar erfolgt. Anderenfalls droht ein Wettlauf der Gläubiger zum Nachteil der Gläubigergesamtheit, der die Ziele des Internationalen Insolvenzrechts gefährdet. Selbst wenn man mit der herrschenden Meinung die Regelung *mobilia personam sequuntur* nur auf natürliche Personen und nicht auch auf Gesellschaften und juristische Personen anwenden möchte, wäre bei einer Anerkennung der Insolvenzverwalterbestellung ohne formelles Anerkennungsverfahren jedenfalls insoweit den Anforderungen genüge getan.

Eine unmittelbare weltweite Beschlagswirkung bezüglich beweglichen Vermö- gens kommt nach der oben beschriebenen südafrikanischen Anerkennungsdogmatik denklogisch nicht ohne zeitlich vorgelagerte Anerkennung der Insolvenzverwalterbestellung aus. Der für die Anwendbarkeit der Maxime *mobila personam sequuntur* nach herrschender Meinung erforderliche Eigentumswechsel folgt aus dem Eröffnungsbeschluss beziehungsweise der Bestellung des Insolvenzverwalters. Warum die Bestellung eines Insolvenzverwalters anders zu behandeln ist, nur weil der Schuldner eine juristische Person oder Gesellschaft ist oder weil sich im Inland Immobiliarvermögen befindet, ist nicht erkennbar. Die Frage, inwieweit dem ausländischen Insolvenzverwalter in Südafrika die Erledigung seiner Aufgaben praktisch möglich ist, wäre dann gesondert zu beantworten.

Ohnehin taugen die unterschiedlichen Eröffnungswirkungen nur dann als Unterscheidungsmerkmal, wenn man mit der herrschenden Auffassung unterstellt, dass der Insolvenzverwalter in Insolvenzverfahren über das Vermögen natürlicher Personen nach der *lex fori concursus* tatsächlich Eigentümer des Schuldnervermögens geworden ist.[702] Dabei handelt es sich jedoch um eine einseitige südafrikanische Sicht, die die Vielfalt der Insolvenzrechtsordnungen außer Betracht lässt.[703] Nach deutschem Recht etwa verliert der Schuldner unabhängig von seiner Rechtsnatur mit dem Eröffnungsbeschluss nicht sein Eigentum, sondern lediglich die

702 Die Befugnisse des ausländischen Insolvenzverwalters richten sich grundsätzlich nach der lex fori concursus, vgl. *Moolman v Builders & Developers (Pty) Ltd* 1990 (1) S. 954 (A) 959D–G, vorbehaltlich der Einschränkungen in der recognition order, dazu unten, Kap. 7 C.I.

703 In diesem Sinne auch *Fletcher*, Insolvency in PIL, Rn. 3.95 f. und Fn. 225, mit kritischen Anmerkungen zu diesen auch im englischen Recht bestehenden Widersprüchen. Ferner *Nadelmann* MLR 9 (1946) 154, 162.

Verwaltungs- und Verfügungsbefugnis über sein Vermögen an den Insolvenzverwalter.[704] Die rechtliche Situation ähnelt hier also der von juristischen Personen im südafrikanischen Recht.

In praktischer Hinsicht wird der ausländische Insolvenzverwalter dennoch regelmäßig auf die aktive Unterstützung durch die inländischen Gerichte angewiesen sein, sodass ihm schon deswegen die Beantragung der formellen Anerkennung zu raten ist.[705]

III. Anerkennung generell Ermessenssache?

Die Anerkennung selbst – so betonen es südafrikanische Gerichte in ständiger Rechtsprechung – steht letztlich im Einzelfallermessen des mit der Sache befassten Gerichts. Durch die verwendete Terminologie wird teilweise sogar eine eher restriktive Anerkennungspraxis suggeriert.[706] Mittlerweile hat sich auch der *Supreme Court of Appeal* in zwei Entscheidungen ausdrücklich dieser Sichtweise angeschlossen.[707] Im Schrifttum stößt diese Rechtsprechung vereinzelt auf Kritik. So wird die daraus resultierende Rechtsunsicherheit beklagt.[708] Ferner werden verfassungsrechtliche Bedenken erhoben.[709] Schließlich wird auf eine mögliche Fehlinterpretation der römisch-holländischen *comitas*- Doktrin verwiesen, die gängige Praxis aber als „*well established*" akzeptiert.[710]

---

704 Vgl. § 80 Abs. 1 InsO.

705 Ähnlich *Forsyth*, S. 411 Fn. 322.

706 Grundsatzentscheidung dazu ist das Dictum des Transvaal Supreme Court in *Ex Parte BZ Stegmann* 1902 TS 40, 52 f., 55 ("entirely own discretion"). Siehe ferner *Moolman v Builders & Developers (Pty) Ltd (in provisional Liquidation): Jooste intervening* 1990 (1) SA 954 (A) 961B; *Ward v Smit: In re Gurr v Zambia Airways Corporation Ltd* 1998 (3) SA 175 (A) 179E–F; *Re African Farms Ltd* 1906 TS 373, 381; *Re Estate Morris* 1907 TS 657, 667 ("absolute discretion"); *Herman NO v Tebb* 1929 CPD 65, 73; *Ex Parte Palmer NO: In re Hahn* 1993 (3) SA 359 (C) 362F, I ("absolute discretion", "grant of recognition no formality", "exercise in favour only in special circumstances").

707 Moolman v Builders & Developers (Pty) Ltd (in provisional Liquidation): Jooste intervening 1990 (1) SA 954 (A) 961B; Ward v Smit: In re Gurr v Zambia Airways Corporation Ltd 1998 (3) SA 175 (A) 179E–F.

708 *Ailola* (1999) 32 CILSA 54, 63; *Smith/Ailola* (1999) 11 SA Merc LJ 192, 194.

709 *Boraine/Evans*, The Law of Insolvency and the Bill of Rights, 4A8 (a); *Franco* (2003) 15 SA Merc LJ 27, 33.

710 *Forsyth*, S. 412 Fn. 326.

In der Tat trägt die andauernde, floskelhafte Wiederholung der Gerichte, die Anerkennung ausländischer Insolvenzverfahren hänge vom Einzelfallermessen ab, viel zu den bestehenden Unsicherheiten im südafrikanischen Internationalen Insolvenzrecht bei. Hinzu kommt, dass bis heute keine brauchbaren und allgemein gültigen Ermessenskriterien herausgearbeitet worden sind. Wenig hilfreich ist insoweit die Formel des *Transvaal Supreme Court*, wonach es ratsam und recht ("*advisable and proper*") sein müsse, das ausländische Insolvenzverfahren anzuerkennen.[711] Dort wo vermeintliche Ermessenskriterien aufgestellt wurden, handelt es sich meist um zwingende Anerkennungsvoraussetzungen, bei deren Fehlen die Anerkennung versagt wurde.

Die Ursache für die permanente Betonung der Ermessensabhängigkeit liegt letztlich in der Rechtsgrundlage selbst. Hinter *comitas* steht, wie oben aufgezeigt, kein klar definierter Tatbestand, sondern ein rechtsphilosophischer Begründungsansatz zur Anwendbarkeit ausländischen Rechts im Inland. Es ist bezeichnend, dass die Gerichte die beiden Begriffe *convenience* (Zweckmäßigkeit) und *equity* (Billigkeit), die der *comitas*-Lehre eigentlich inhärent sind, daneben als gleichrangige Anerkennungskriterien aufführen. So kommt es auch, dass in der Regel nicht zwischen den Anerkennungsvoraussetzungen und den Rechtswirkungen der Anerkennung getrennt wird. Vielmehr werden diese zusammen mit anderen Ermessenskriterien im Rahmen einer Gesamtabwägung berücksichtigt, auf Basis derer die Anerkennungsentscheidung erfolgt.[712]

Dennoch entsteht bei näherer Betrachtung des *common law* der Eindruck, dass jedenfalls das pauschale Ermessenserfordernis vor allem auf die fehlende systematische Aufarbeitung des südafrikanischen Internationalen Insolvenzrechts zurückzuführen ist. Anhand der Rechtsprechung zum *common law* lassen sich gefestigte Anerkennungsvoraussetzungen und Anerkennungshindernisse konkretisieren. Unter der Ägide der südafrikanischen Verfassung dürften diese Parameter das richterliche Einzelfallermessen deutlich einschränken.[713] So darf bei der Frage der Anerkennung nicht willkürlich, d.h. nicht ohne sachlichen Differenzierungsgrund, von den bisher etablierten Anerkennungsvoraussetzungen abgewichen werden. Das Gleichheitsgebot zwingt die Gerichte zu einer einheitlichen Behandlung gleichgelagerter Fälle. Darüber hinaus sind mit der Gewährleistung

---

711 Siehe *Donaldson v British South African Asphalte and Manufacturing Co Ltd* 1905 TS 753, 756.

712 Vgl. dazu *Ailola* (1999) 32 CILSA 54, 63; *O'Brien*, Transnational Aspects, S. 18 ff.; *Smith/Ailola* (1999) 11 SA Merc LJ 192, 193 ff.

713 Vgl. oben, Kap. 1 B.III.4.

von Rechtssicherheit und freiem Handelsverkehr wesentliche Grundgedanken der *comitas*-Lehren im verfassungsrechtlichen objektiven Wertesystem verankert und stehen schon aus diesem Grund nicht mehr im richterlichen Ermessen.

Aus diesem Grunde dürften bei der Anerkennungsentscheidung zukünftig die Prüfung der von der Rechtsprechung entwickelten Anerkennungsvoraussetzungen und der Anerkennungshindernisse im Vordergrund stehen. Raum für Einzelfallermessen bleibt aus verfassungsrechtlichen Gründen lediglich bei Sachverhalten, die von den bisher entschiedenen Fällen abweichen.

IV. Anerkennungsvoraussetzungen

1. Antrag und Antragsformalia

Das Anerkennungsverfahren wird durch einen entsprechenden Antrag des ausländischen Insolvenzverwalters eingeleitet. Der Antrag ist bei den für Insolvenzsachen traditionell zuständigen *High Court* einzureichen, die örtliche Zuständigkeit ergibt sich mangels besonderer Vorschriften aus den allgemeinen Regeln des zivilprozessualen Zuständigkeitsrechts.[714]

Der Antrag ist auf die Anerkennung der Bestellung des Insolvenzverwalters in seiner amtlichen Funktion zu richten, da nur diese, nicht der Eröffnungsbeschluss, anerkannt wird.[715] Die Bestellungsvoraussetzungen und die Wirksamkeit der Bestellung richten sich nach der *lex fori concursus*.[716] Der ausländische Insolvenzverwalter muss daher seine ordnungsgemäße Bestellung nachweisen.[717] Hierzu ist in der Regel eine beglaubigte und übersetzte Abschrift der Bestellungsurkunde erforderlich.[718]

714 Dazu *Forsyth*, S. 167 ff.

715 Siehe oben, I.

716 *Ex Parte Robinson's Trustee* 1910 TPD 25 f.; Joubert-*Edwards/Kahn*, Anm. 326; O'Brien, Transnational Aspects, S. 15. Vgl. auch *Ex Parte Gettlife and another NNO: In re Dominion Reefs (Kleerksdorp) Ltd (in Liquidation)* 1965 (4) SA 75 (T) 77A–C.

717 *Ex Parte King; In re Fouchee* (1908) 25 SC 780, 781 f.; *Nathan*, SA Insolvency Law, S. 441; *O'Brien*, Transnational Aspects, S. 24. So auch § 347 Abs. 1 InsO.

718 Direkte Stellungnahmen im Zusammenhang mit der Anerkennung ausländischer Insolvenzverfahren lassen sich zwar nicht finden. Insoweit dürfte aber nichts anderes gelten, als für die Anerkennung zivilrechtlicher Zahlungsurteile, siehe dazu *Forsyth*, S. 473 f., m.w.N. So bereits das kodifizierte Internationale Insolvenzrecht der britischen Kolonien in Südafrika, siehe section 3 Foreign Trustees and Liquidators Recognition Act 7 of 1907 (Transvaal); section 3 Non-Cape Trustees and Liquidators Recognition Act 7 of 1907 (Cape); section 3 Foreign Trustees and Liquidators

Fraglich ist, ob wie im römisch-holländischen Recht zusätzlich ein offizielles Amtshilfeersuchen des ausländischen Gerichts (*letter of request*) erforderlich ist. Dies wird von Teilen des Schrifttums unter Bezugnahme auf einige alte Entscheidungen aus der Kolonialzeit bejaht.[719] Insoweit wird ein kompliziertes Verfahren vorgeschlagen, wonach der *letter of request* zunächst beim südafrikanischen Außenministerium und anschließend beim Konsulat des jeweiligen Landes verifiziert werden muss, bevor der ausländische Insolvenzverwalter den Antrag auf Anerkennung stellen kann.[720]

Die im Schrifttum zitierten Entscheidungen betrafen überwiegend den umgekehrten Fall der Beantragung eines *letter of request* bei südafrikanischen Gerichten, um Rechtshilfe vor einem ausländischen Gericht zu erlangen.[721] Das Erfordernis eines *letter of request* hängt in diesem Fall vom ausländischen Recht ab.[722] Für den Fall der Anerkennung eines ausländischen Insolvenzverfahrens in Südafrika ist soweit ersichtlich bisher keine Entscheidung veröffentlicht, in der die Anerkennung mangels *letter of request* abgelehnt wurde. Vielmehr wurde die Vorlage eines *letter of request* mehrfach explizit für nicht erforderlich angesehen.[723] Auch die Literaturmeinung, die an einem solchen Erfordernis festhält, erkennt an, dass in der Praxis von den Gerichten schon seit langem kein solcher *letter of request* mehr verlangt wird.[724] Wie im allgemeinen südafrikanischen internationalen Zivilprozessrecht ist deshalb davon auszugehen, dass ein *letter of request* heute keine Anerkennungsvoraussetzung mehr darstellt.[725]

Recognition Act 4 of 1908 (Orange River), jeweils in Verbindung mit section 1 Definition "letter of appointment".

719 So wohl *Mars*, S. 666 f., gleichzeitig anmerkend, dass in der Anerkennungspraxis südafrikanischer Gerichte häufig darauf verzichtet werde. In diesem Sinne auch *Boraine/O'Brien* (2003) 3 SAILR 178, 179; *Steyn* (1997) 9 SA Merc LJ 225, 228.

720 *Mars*, S. 667.

721 Siehe die von *Mars* zitierten Fälle *In re Griffiths* 1911 CPD 841 (England); *Ex Parte Meintjes, In re Estate Nel* 1913 CPD 192 (Basutoland); *Insolvent Estate James James & Co* (1907) 28 NLR 123 (Transvaal, damals im Verhältnis zu Natal noch „Ausland"); In anderen Entscheidungen wurde ein letter of request zwar vorgelegt, aber nicht zur Voraussetzung gemacht, siehe *In re Estate of Howse ans Co* (1884) 3 EDC 367 (England); *Ross, Priest, and Page v Saber Brothers* (1883) 2 HCG 1 (England).

722 So zutreffend *Mars*, S. 667; *Meskin*, Insolvency Law, Anm. 17.3.1.

723 Siehe z.B. *In re Free State Colliery Company; Ex Parte Gilchrist and Cullinan* (1895) 12 CLJ 309, 310 f.; *Leslie's Trustee v Leslie* 1903 TS 839, 841; *In re Melliar, Smith & Co*; *Ex Parte Hooper* 1922 CPD 116.

724 Vgl. *Mars*, S. 667, mit Hinweis auf zahlreiche Beispiele aus der Rechtsprechung.

725 So auch *O'Brien*, Transnational Aspects, S. 24. So auch zum internationalen Zivilprozessrecht *Forsyth*, S. 473 Fn. 413; Joubert-*Edwards/Kahn*, Anm. 344, m.w.N.

2. Internationale Zuständigkeit und sonstige Voraussetzungen

Weitere Voraussetzung für die Anerkennung eines ausländischen Insolvenzverfahrens ist die internationale Zuständigkeit des ausländischen Gerichts für die Eröffnung eines Insolvenzverfahrens.[726]

Unerheblich ist hingegen, ob die Eröffnungsgründe für ein südafrikanisches Insolvenzverfahren vorliegen. Die Eröffnungsvoraussetzungen und die Insolvenzfähigkeit des Schuldners richten sich allein nach dem Recht des Verfahrensstaats.[727] Grundsätzlich ist auch die Verbürgung der Gegenseitigkeit keine Anerkennungsvoraussetzung,[728] obgleich einige Kolonialgerichte angedeutet haben, dass sie sich für den Fall der fehlenden Gegenseitigkeit die Ablehnung der Anerkennung vorbehielten.[729]

3. Besonderheiten im vorläufigen Insolvenzverfahren

Lange Zeit wurden auch die Einleitung vorläufiger Insolvenzverfahren[730] anerkannt, ohne die Vorläufigkeit der Verfahrenseröffnung zu problematisieren.[731] Erstmals wurde eine Unterscheidung zwischen vorläufigen und eröffneten Insolvenzverfahren in dem namibischen Fall *Bekker NO v Kotzé* diskutiert.[732] Der südafrikanische Schuldner, der mit einem Teil seines Vermögens vor dem Insolvenzverfahren in Südafrika nach Namibia geflohen war, hielt dem Anerkennungsantrag des südafrikanischen Insolvenzverwalters den römisch-holländischen

726 Zur internationalen Zuständigkeit siehe oben, Kap. 2.

727 Grundlegend *Re African Farms Ltd* 1906 TS 373, 379 ff. Siehe auch *In re Greatrex & Son Ltd* 1906 TS 530, 531 ff.

728 Siehe z.B. *Ex Parte Vlaklaagte French Coal Mining Syndicate Ltd (in Liquidation)* 1911 TPD 1186, 1187.

729 So ganz deutlich *Re African Farms Ltd* 1906 TS 373, 393. Angedeutet aber z.B. auch in *Ex Parte BZ Stegmann* 1902 TS 40, 54; *In re insolvent Estate Moran* 1905 (15) CTR 563. Siehe auch *O'Brien*, Transnational Aspects, S. 16 Fn. 72.

730 Im südafrikanischen Recht ist von "provisional" proceedings die Rede. Der Begriff "vorläufiges Insolvenzverfahren" findet sich in Deutschland nicht im Gesetz, wird aber von der Rechtsprechung regelmäßig verwendet, siehe nur BGH, Urt. v. 21.02.2013 – IX 69/12, juris, Rn. 9; Urt. v. 24.07.2012 – II ZR 177/11, juris, Rn. 29; st. Rspr.

731 So zuletzt auch die Appellate Division in *Moolman v Builders & Developers (Pty) Ltd (in provisional Liquidation): Jooste intervening* 1990 (1) SA 954 (A). Siehe bereits *Ex Parte Celliers NO* (1884) 1 SAR TS 102; *Duncan NO, Manson's Creditors* (1906) 10 HCG 59.

732 Zum historisch bedingten Einfluss namibischer Entscheidungen auf die südafrikanische Rechtsprechung siehe oben, Kap. 1 B.II.2.

Grundsatz entgegen, dass nur rechtskräftige ausländische Endurteile vollstreckt werden könnten.[733] Der namibische *High Court* lehnte diese Auffassung mit der Begründung ab, dass es bei der Anerkennung eines ausländischen Insolvenzverfahrens nicht um die Vollstreckung eines ausländischen Urteils gehe, sondern lediglich um die Bestätigung der Befugnisse des vorläufigen Insolvenzverwalters aus dem Bestellungsbeschluss.[734]

Nach Ansicht von *Mars* kann dann etwas anderes gelten, wenn nicht sichergestellt ist, dass der vorläufige Insolvenzverwalter auch der endgültige Insolvenzverwalter wird.[735] Diese Auffassung überzeugt nicht. Stattdessen ist der Vorläufigkeit des Verfahrens und den eingeschränkten Befugnissen des Insolvenzverwalter auf der Rechtsfolgenseite Rechnung zu tragen. Das südafrikanische Zivilprozessrecht ist flexibel genug, etwa durch eine zeitlich bis zu einem Überprüfungsdatum befristete Anordnung von Sicherungsmaßnahmen (*rule nisi*), auf die sich aus der Vorläufigkeit des Insolvenzverfahrens ergebenden Besonderheiten zu reagieren.[736]

V. Anerkennungshindernisse

Die Anerkennung ausländischer Insolvenzverfahren kann nur dann erfolgen, wenn neben den positiven Anerkennungsvoraussetzungen keine Anerkennungshindernisse vorliegen.[737] Oder wie *Innes CJ* in *Re African Farms* es formulierte:

> "*The true test appears to me to be (...) whether our recognising the foreign liquidation is actually prohibited by any local rules; whether it is against the policy of our laws, or whether its consequences would be unfair to local creditors, or on other grounds undesirable.*"[738]

Anerkennungshindernisse können sich demnach aus inländischen Verbotsgesetzen, dem inländischen *ordre public*, einer voraussichtlich unangemessenen Benachteiligung inländischer Gläubiger oder aus sonstigen, besonderen Gründen ergeben.

---

733 Zu diesem Grundsatz *Doser*, S. 339 ff.; *Forsyth*, S. 457 ff.

734 *Bekker NO v Kotzé and another* 1996 (4) SA 1287 (Nm) 1291E–H.

735 *Mars*, S. 669.

736 Zur Anordnung vorläufiger Sicherungsmaßnahmen siehe unten, B.II.3. (c).

737 *Re African Farms* Ltd 1906 TS 373, 381 f. Vgl. dazu auch *Doser*, S. 346 ff., allgemein zu Anerkennungshindernissen im südafrikanischen internationalen Zivilprozessrecht.

738 *Re African Farms* Ltd 1906 TS 373, 381 f.

1. *Protection of Businesses Act 99 of 1978*

Als Verbotsgesetz im vorliegenden Sinne kommt primär der *Protection of Businesses Act 99 of 1978* („Unternehmensschutzgesetz") in Betracht.

Im Zuge der Reform des Internationalen Insolvenzrechts in Südafrika Mitte der 1990er Jahre wurden Befürchtungen laut, dass dieses Unternehmensschutzgesetz bei der Anerkennung ausländischer Insolvenzverfahren zu berücksichtigen sei.[739] Dabei handelt es sich um ein noch unter dem Apartheidregime erlassenes Gesetz, das ursprünglich wohl südafrikanische Unternehmen vor der weitreichenden US-amerikanischen Anti-Trust-Gesetzgebung schützen sollte.[740] Gemäß *section* 1 dieses Gesetzes darf in Südafrika kein ausländisches Urteil, Beschluss oder Anordnung ohne die Erlaubnis des Wirtschaftsministers durchgesetzt werden, das, der oder die aus einer Handlung oder Transaktion rührt und „in Zusammenhang mit dem Abbau, der Herstellung, der Einfuhr, Ausfuhr, der Veredelung, dem Besitz, Gebrauch, Verkauf oder Eigentum jeglicher Sachen oder Stoffe steht, welcher Natur auch immer, ob in oder außerhalb der Republik, ob in die Republik hinein oder aus der Republik heraus".[741] Der Wortlaut des Gesetzes ist denkbar weit und erfasst jedenfalls Eröffnungsbeschlüsse in Insolvenzverfahren, da diese ihrer Natur nach immer „in Zusammenhang mit dem Eigentum jeglicher Sachen" ergehen.[742] So wäre bei wortgetreuer Auslegung des Unternehmensschutzgesetzes keine Durchsetzung ausländischer Insolvenzentscheidungen ohne vorherige Genehmigung des Wirtschaftsministers denkbar.[743]

Dennoch wurde in den seit Inkrafttreten des Unternehmensschutzgesetzes veröffentlichten Entscheidungen zur Anerkennung ausländischer Insolvenzverfahren dessen anerkennungshindernde Wirkung nie geprüft. Hierfür gibt es gute Gründe. Die Rechtsprechung hat den Anwendungsbereich des Gesetzes erheblich eingeschränkt. Mit „Sachen oder Stoffe" seien nur Rohstoffe oder Substanzen, aus denen physische Sachen hergestellt sind, gemeint, nicht die physische Sache als solche.[744] Im Schrifttum wird zudem vertreten, dass das Gesetz jedenfalls nicht auf

---

739 Vgl. *Zulman*, Final Report, Rn. 3.3. ff. Diese Ansicht geht auf eine entsprechende, übereinstimmend formulierte Befürchtung der u.a. für die Insolvenzrechtsreform zuständigen offiziellen Projektkommission aus dem Jahre 1995 zurück, vgl. *Zulman*, a.a.O., Rn. 3.6.

740 *Leon* (1983) 16 CILSA 325, 347; *Zulman*, Final Report, Rn. 3.4.

741 Vgl. section 1 (1)–(3) Protection of Businesses Act 99 of 1978.

742 Kritisch dazu *Forsyth*, S. 466: „Seldom can there have been a clearer example of legislative overkill"; *Leon* (1983) 16 CILSA 325, 346 ff.

743 *Forsyth*, S. 466.

744 *Chinatex Oriental Trading Company v Erskine* [1998] JOL 2697 (C) 11 f., m.w.N.

den Kreditverkehr anwendbar sei, da solche Transaktionen sich weder auf Sachen noch auf Stoffe bezögen.[745]

Auch im Übrigen dürfte das Unternehmensschutzgesetz im grenzüberschreitenden Insolvenzverkehr nicht anwendbar sein. Vorliegend geht es nicht um die Vollstreckung, sondern um die Anerkennung ausländischer Insolvenzentscheidungen.[746] Die Anerkennung wird vom Wortlaut des Gesetzes nicht umfasst.[747] In jedem Falle wären dem Wirtschaftsminister enge verfassungsrechtliche Grenzen bezüglich der Ablehnung der Genehmigung gesetzt. Gemäß *section* 33 der südafrikanischen Verfassung hat jede Person das Recht auf rechtmäßiges Verwaltungshandeln, das schriftlich zu begründen ist. Abgesehen von Extremfällen (etwa, wenn durch die Anerkennung des ausländischen Insolvenzverfahrens der südafrikanischen Wirtschaft als Ganzes substantieller Schaden drohte) und sonstigen Fällen, in denen ohnehin der *public policy*-Vorbehalt greift, dürfte eine Ablehnung kaum verfassungsgemäß zu begründen sein.[748]

2. *Public policy*

(a) Verletzung des Anspruchs auf rechtliches Gehör

Wichtigster Hinderungsgrund für die Anerkennung ausländischer Insolvenzverfahren ist der Verstoß gegen den südafrikanischen *ordre public*. Insoweit gilt nichts anderes als auch in Deutschland und in anderen Rechtsordnungen.[749]

So würde ein Insolvenzverfahren nicht anerkannt, wenn der Schuldner keine Gelegenheit zum rechtlichen Gehör gehabt hat.[750] Diese vermeintliche rechtstaatliche Selbstverständlichkeit wird teilweise unter Berufung auf eine alte Entscheidung des *Transvaal Supreme Court* in Zweifel gezogen.[751] Dem ist zu

745 *Forsyth*, S. 467; *Leon* (1983) 16 CILSA 325, 347.

746 Vgl. *Bekker NO v Kotzé and another* 1996 (4) SA 1287 (Nm) 1291E–H.

747 *Forsyth*, S. 466 Fn. 365.

748 *Forsyth*, S. 468.

749 Zum deutschen ordre public-Vorbehalt vgl. § 343 Abs. 1 S. 2 Nr. 2 InsO; MünchKommInsO-*Reinhart*, Bd. 3, § 343 Rn. 19 ff.

750 *Forsyth*, S. 461. Wenn der Schuldner allerdings die Gelegenheit nicht wahrnimmt, wobei er sich erforderlichenfalls rechtlichen Rat einholen muss, steht dies einer Anerkennung nicht entgegen, vgl. *Lissack v Duarte* [1974] 4 ALL SA 487 (N) 492 f.

751 Vgl. *Leslie's Trustee v Leslie* 1903 TS 839. Hier hatte sich der Insolvenzschuldner unwidersprochen mit dem Argument gegen die Anerkennung des englischen Eröffnungsbeschlusses zur Wehr gesetzt, er habe keine Gelegenheit zum rechtlichen Gehör bekommen. Ohne auf dieses Argument einzugehen, gewährte der *Transvaal Supreme*

widersprechen. Der bisher im südafrikanischen Recht unter dem Begriff *natural justice* anerkannte Anspruch auf rechtliches Gehör ist Ausprägung des Rechtsstaatsprinzips und des Schutzes der Menschenwürde[752] und ist mittlerweile sowohl im südafrikanischen[753] als auch im deutschen Insolvenzrecht[754] verankert. Die Entscheidung des *Transvaal Supreme Court* und die ihr folgende Lehrmeinung sind deshalb abzulehnen.[755] Ausnahmen dürften lediglich in den Fällen zulässig sein, in denen aufgrund des Verhaltens des Schuldners eine persönliche Zustellung nicht möglich und deshalb eine Ersatzzustellung notwendig ist.[756]

Der Beweis, dass rechtliches Gehör nicht gewährt wurde, obliegt demjenigen, der dies behauptet, also regelmäßig dem Schuldner.[757]

(b) Distinctive public policy

Weitere *public policy*-Vorbehalte ergeben sich aus der sogenannten besonderen *public policy* („*distinctive public policy*") südafrikanischer Gerichte.[758]

Hierunter fallen fundamentale Verstöße gegen die südafrikanische Rechtsordnung. Für die Annahme eines solchen Verstoßes reicht es nicht aus, dass südafrikanisches Recht verletzt wurde. Vielmehr muss die Anerkennung des Eröffnungsbeschlusses zu einem schwerwiegenden Verstoß führen, in jeder Hinsicht der südafrikanischen Rechtsordnung widersprechen, „sich über einen elementaren Bestandteil guter Moral hinwegsetzen"[759] Beispiele dafür aus der internationalinsolvenzrechtlichen Praxis sind bis dato nicht bekannt.[760] Hierunter dürften

---

Court eine vorläufige Anerkennung. In der Literatur wurde diese Ansicht unreflektiert übernommen, siehe etwa *Mars*, S. 669 (§ 30.11); Joubert-*Edwards/Kahn*, Anm. 326; *O'Brien*, Transnational Aspects, S. 18.

752 *Jarass/Pieroth*, Art. 103 GG, Rn. 1.

753 Vgl. section 346 (4A) (a) (iv) CA 1973; section 9 (4A) (a) (iv) IA, jeweils eingefügt durch den Insolvency Second Amendment Act 69 of 2002. Vgl. auch *Smith/Boraine* ABI Law Review 10 (2002) 135, 207, m.w.N.

754 Vgl. § 14 Abs. 2 InsO.

755 So auch *Forsyth*, S. 412 Fn. 327.

756 *Forsyth*, S. 461 f. Vgl. §§ 178 ff. ZPO zur Ersatzzustellung im deutschen Recht.

757 *Coluflandres Ltd v Scandia Industrial Products Ltd* [1969] 3 All SA 552 (R) 558; *Lissack v Duarte* [1974] 4 ALL SA 487 (N) 491.

758 *Doser*, S. 347 ff.; *Forsyth*, S. 464.

759 Vgl. *Ngqobela v Sihele* (1893) 10 SC 346, 352; *Laurens NO v von Höhne* [1993] 3 All SA 322 (W) 339 (1); *Forsyth*, S. 464, 121, m.w.N.

760 Siehe aber die US-amerikanische Entscheidung *In Re Dr. Jürgen Toft* (S.D.N.Y. July 22, 2011), abrufbar unter http://www.nysb.uscourts.gov: Postsperre gem. § 99 InsO verstößt gegen die US-amerikanische public policy.

aber insbesondere solche insolvenzrechtlichen Entscheidungen gehören, die mit den rechtsstaatlichen Prinzipien der neuen südafrikanischen Verfassung und den Grundrechten unvereinbar sind.[761] Ein weiteres Beispiel sind Eröffnungsbeschlüsse aus Ländern, mit denen sich Südafrika im Kriegszustand befindet oder gegen die Südafrika Wirtschaftssanktionen verhängt hat.[762]

Problematisch sind auch Insolvenzverfahren, in denen der einzige oder quotal weit überwiegende Gläubiger der Fiskus ist. Generell werden ausländische Urteile zugunsten des Fiskus nicht anerkannt.[763] Unter Bezugnahme auf diese Rechtspraxis wurde in *Priestley v Clegg* dem Antrag auf Anerkennung eines englischen Insolvenzverfahrens widersprochen. In dem Fall waren über 94% der Insolvenzforderungen solche des britischen Finanzamts. Die Anerkennung komme somit der indirekten Anerkennung einer ausländischen Steuerforderung gleich.[764]

Diese Auffassung, die sich auch auf das englische *common law* stützen kann,[765] teilte die *Transvaal Provincial Division* nicht. Stattdessen bestätigte das Gericht die Rechtsprechung des *Federal Court of Australia*. Die Regelung, dass ausländische Steuerforderungen nicht anerkannt würden, greife nur dann, wenn eine ausländische Steuerbehörde selbst oder durch einen Dritten versucht, die Steuerschuld als solche durchzusetzen.[766] Es sei aber nicht die Funktion des Insolvenzverwalters, eine Steuerschuld durchzusetzen. Dessen Aufgabe sei es vielmehr, für das *concursus creditorum* das Schuldnervermögen in seinen Besitz zu bringen, um anschließend im Rahmen seiner Befugnisse darüber zu verfügen. Er sei nicht der Vertreter des ausländischen Fiskus und selbst wenn dieser die größte Forderung hätte, müsse der Insolvenzverwalter auch die Interessen der anderen Gläubiger berücksichtigen.[767] In den meisten Fällen habe der Fiskus mehr oder weniger große Forderungen gegen die Insolvenzmasse. Es sei nicht praktikabel, zwischen dem Anteil der ausländischen Steuerbehörde und dem

761 So auch der deutsche *ordre public*-Vorbehalt in § 343 Abs. 1 Nr. 2 InsO.

762 *Franco* (2003) 15 SA Merc LJ 27, 34.

763 *Commissioner of Taxes, Federation of Rhodesia v McFarland* [1965] 1 All SA 489 (W) 393 f.; *Forsyth*, S. 464. Diese Einschränkung der Anerkennungsfähigkeit ausländischer Judikate existierte schon im römisch-holländischen Recht. Allein die Begründung dafür ist streitig, dazu *Forsyth*, S. 123 ff., m.w.N.

764 Argumentation des Antragsgegners in *Priestley v Clegg* 1985 (3) 955 (T) 957A–B.

765 Vgl. zum englischen Recht *Fletcher*, Insolvency in PIL, Rn. 2.114, m.w.N.

766 *Priestley v Clegg* 1985 (3) 955 (T) 958I, den australischen Federal Court in *Ayres v Evans* 56 FLR 235, 237 ff., wörtlich zitierend.

767 *Priestley v Clegg* 1985 (3) 955 (T) 957G–I.

anderer Gläubiger zu trennen. Würde ein Insolvenzverfahren allein aufgrund der Beteiligung des Fiskus als Gläubiger nicht anerkannt, würden die Rechte der anderen Gläubiger verletzt.[768] Deshalb sei der Grundsatz der Nichtdurchsetzbarkeit ausländischer Steuerforderungen jedenfalls dann nicht anwendbar, wenn auch andere Gläubiger Forderungen gegen die Insolvenzmasse haben. Man dürfe außerdem nicht vergessen, dass der *public policy*-Vorbehalt sogar auf inländische Gläubiger zurückfallen könne, die an dem ausländischen Verfahren teilnehmen.[769]

Die Entscheidung der *Transvaal Provincial Division* ist im Schrifttum zustimmend aufgenommen worden.[770] Offen ist dagegen die Anerkennung der praktisch seltenen Verfahren, in denen der Fiskus der alleinige Gläubiger ist.[771] Jedenfalls entfiele in diesem Fall das gewichtige Argument, dass anderen Gläubigerinteressen zu berücksichtigen seien. Andererseits änderte das nichts an der Funktion des Insolvenzverwalters, der als neutraler Amtsinhaber ein *concursus creditorum* durchzuführen hat.[772] Außerdem hat der Insolvenzverwalter einen Anspruch auf Erstattung der Verfahrenskosten und auf Vergütung seiner Tätigkeit aus der Masse. Sollte also die Masse ohne das inländische Vermögen nicht ausreichen, diese Ansprüche zu befriedigen, würden bei Nichtanerkennung jedenfalls die Rechte des Insolvenzverwalters verletzt.

3. Sonstige Anerkennungshindernisse

Entgegen mancher missverständlicher Äußerungen in der Rechtsprechung bildet eine mögliche Benachteiligung inländischer Gläubiger in der Praxis regelmäßig

---

768 *Priestley v Clegg* 1985 (3) 955 (T) 959E–F.

769 *Priestley v Clegg* 1985 (3) 955 (T) 959G–H, im Anschluss an *Ayres v Evans* 56 FLR 235, 237 ff. Bestätigt durch *Bekker NO v Kotzé and Another* 1996 (4) SA 1287 (N) 1292C–D.

770 Vgl. etwa *Mars*, S. 668 f. und Fn. 58; Joubert-*Edwards/Kahn*, Anm. 326 und Fn. 22; *O'Brien*, Transnational Aspects, S. 22. Die Reformkommission ging in ihrer Stellungnahme zum Entwurf des CBIA noch weiter. Mit Blick auf die eben zitierte Entscheidung sprach sie sich sogar dagegen aus, ausländische Steuer- und Sozialversicherungsforderungen von der Anmeldungsfähigkeit in einem südafrikanischen Verfahren auszuschließen, vgl. SALC, Interim Report, S. 28 Fn. 35.

771 Dieser Extremfall wurde vom irischen Supreme Court in *Peter Buchanan Ltd and Macharg v Mc Vey* 1955 AC 516 ablehnend entschieden.

772 Auch die Transvaal Provincial Division scheint von dem Dictum des irischen Supreme Court nicht überzeugt gewesen zu sein, ließ die Frage aber letztlich offen, vgl. *Priestley v Clegg* 1985 (3) 955 (T) 957G.

kein Anerkennungshindernis.[773] Vielmehr wird diesem Problem regelmäßig durch konkrete, dem Schutz inländischer Gläubiger dienende gerichtliche Anordnungen vorgebeugt.[774] Entscheidungen, in denen die Anerkennung aus diesem Grund verweigert wurde, sind jedenfalls nicht bekannt.

Für den Fall nachgewiesener fehlender Gegenseitigkeit haben sich die Gerichte vorbehalten, das ausländische Insolvenzverfahren nicht anzuerkennen.[775]

Grundsätzlich kein Hinderungsgrund für die Anerkennung des ausländischen Verfahrens ist ein bereits laufendes südafrikanisches Verfahren.[776] Der Umstand, dass bereits ein südafrikanisches Insolvenzverfahren über das gleiche Vermögen eröffnet wurde, kann aber im Rahmen einer Ermessensentscheidung von Bedeutung sein.[777]

Weil sich die Eröffnungsvoraussetzungen nach der *lex fori concursus* richten, stellt auch das Fehlen der Voraussetzungen für die Eröffnung eines inländischen Verfahrens kein Anerkennungshindernis dar.[778]

VI. Fallgruppen

1. Hauptinsolvenzverfahren

(a) Inländisches Vermögen vorhanden

Wie oben bereits ausgeführt wird im Rahmen der Anerkennungsentscheidung nach südafrikanischem *common law* bislang nicht zwischen den Anerkennungsvoraussetzungen und den Rechtsfolgen der Anerkennung getrennt. Vielmehr wird im Rahmen einer Gesamtabwägung auch berücksichtigt, ob inländisches Mobiliar- oder Immobiliarvermögen vorhanden ist. Unter den oben herausgearbeiteten Voraussetzungen wurden in ständiger Rechtsprechung ausländische

773 Siehe z.B. *Re African Farms* Ltd 1906 TS 373, 381 f. „The true test appears to me to be (…) whether our recognising the foreign liquidation is actually prohibited by any local rules; whether it is against the policy of our laws, or whether its consequences would be unfair to local creditors, or on other grounds undesirable.“

774 Siehe unten, Kap. 7 C.I.

775 Siehe bereits oben, IV.2.

776 Siehe *Trustee of Howse, Sons & Co v Trustees of Howse, Sons & Co, Jocelyne v Shearer & Hine* (1884) 3 SC 14.

777 Dazu näher unten, VI.1.(c).

778 *Allan and Shaw Limited (in Liquidation) v King* 1912 CPD 115, 119 f. Siehe auch bereits oben, IV.1.

Insolvenzverfahren bisher immer dann anerkannt, wenn zusätzlich auch inländisches Vermögen vorhanden war.

In Bezug auf das bewegliche Vermögen insolventer natürlicher Personen hat die Rechtsprechung an der Anerkennung nie einen Zweifel gelassen. Bereits in *Ex Parte Celliers* hieß es:

> "*It is now per comitatem accepted as a rule among civilised states, that the trustee of an insolvent estate, duly appointed in accordance with the lex domicilii of the insolvent, is entitled to all the movable property belonging to the insolvent estate, and found in a foreign territory. The trustee is entitled to recognition and protection by the Courts of the foreign territory.*"[779]

Der Auffassung, dass ein ausländischer Insolvenzverwalter über das Vermögen einer natürlichen Person in Südafrika einen Anspruch auf Anerkennung seiner Bestellung habe, soweit Mobiliarvermögen betroffen ist, hat sich später auch die *Cape Provincial Division* angeschlossen,[780] mehrheitlich gefolgt vom Schrifttum.[781] Dagegen wird in Verfahren über das Vermögen von juristischen Personen und Gesellschaften regelmäßig die Ermessensabhängigkeit der Anerkennung betont.[782]

---

779 *Ex Parte Celliers NO* (1884) 1 SAR TS 102. Ähnlich der High Court of Griqualand (Cape Colony) in *Duncan NO, Manson's Creditors* (1906) 10 HCG 59, 63: "It is clear from the authorities quoted during the argument that it has been the practice of the Courts of the Colony, and of South Africa generally, to grant such aid, if it can possibly be done without seriously prejudice to any creditor or other person within the Colony; and that not only has the Court power to grant such aid, but that it should do so, if no prejudice be involved.". Siehe ferner *Perrin v Turton* (1878) Kotzè 25, 27; *Re Estate Morris* 1907 TS 657, 666. Vgl. auch *In re Clark's Zoutpansberg Exploration* (1892) 9 SC 197, 198 (ausländischer liquidator).

780 *Ex Parte Palmer NO: In re Hahn* 1993 (3) SA 359 (C) 362C–G.

781 So wohl insbesondere *Mars*, The Law of insolvency, S. 664 f.: "It is submitted that the foreign trustee holding the sequestration order granted by the court of the debtor's domicile may reasonably expect that the South African court will exercise its discretion in favour of granting that trustee recognition for the purposes of dealing with the debtor's movable property in the Republic."; *Meskin*, Insolvency Law, Anm. 17.2, meint, die Anerkennung sei in diesen Fällen eine bloße Formalität. A.A. wohl *O'Brien*, Transnational Aspects, S. 16.

782 *Re African Farms Ltd* 1906 TS 373, 381; *Ex Parte Gettliffe and another NNO: In re Dominion Reefs (Klerksdorp) Ltd (in Liquidation)* 1965 (4) SA 75 (T) 77E. Siehe auch *Ward v Smit: In re Gurr v Zambia Airways Corporation Ltd* 1998 (3) SA 175 (A) 179E- F. Die selben Grundsätze gelten für ausländische Sanierungsverfahren, siehe *Ex Parte Haslam NO: In re Shell Co of SA Ltd* 1961 (3) SA 904 (T) 907.

Als Grund für die Differenzierung werden auch hier die bereits mehrfach angesprochenen unterschiedlichen Eröffnungswirkungen des Insolvenzrechts für natürliche Personen einerseits und für juristische Personen und Gesellschaften andererseits und die daraus resultierenden Unterschiede für das weltweite Vermögen angeführt.[783] Dies für sich genommen ist jedoch kein sachlicher Differenzierungsgrund, der eine restriktivere Anerkennungspraxis bei insolventen juristischen Personen und Gesellschaften rechtfertigen würde. Im Übrigen sind ausländische Insolvenzverfahren auch bei diesen Schuldnern unter den oben genannten Voraussetzungen bisher regelmäßig anerkannt worden.[784]

Besonders betont wird die Ermessensabhängigkeit der Anerkennung ausländischer Insolvenzverfahren, soweit dadurch inländisches Immobiliarvermögen des Schuldners betroffen ist.[785] Diese Rechtsprechung geht zurück auf die bereits mehrfach zitierte *Stegmann*-Entscheidung des *Transvaal Supreme Court*. Allerdings vermochte auch der *Transvaal Supreme Court* keine sachlichen Argumente zu finden, die eine Differenzierung der Anerkennung ausländischer Hauptinsolvenzverfahren nach der Qualifikation des inländischen Vermögens dem Grunde nach rechtfertigten:

> „*Nor is it easy to see why in principle the curator's power should not be so extended (to immovables*[786]*). In strict law, no decree, whether dealing with personal or with real assets, can operate outside the jurisdiction of the person who pronounces it (...).*[787]

Seine Sorge galt allein dem Schutz der Rechte inländischer Gläubiger an dem Immobiliarvermögen:

> *"There seems no logical reason why, in cases where the rights of local creditors can in no way be prejudiced, the same rule should not be extended to all property."*[788]

---

783 *Re Greatrex & Son Ltd* 1907 TS 538, 545 f.

784 Soweit ersichtlich einzige Ausnahme *Ward v Smit: In re Gurr v Zambia Airways Corporation Ltd* 1998 (3) SA 175 (A) 179E–F, hier allerdings war bereits ein südafrikanisches Insolvenzverfahren eröffnet, zu diesem Sonderfall gleich unten, (c).

785 *Ex Parte BZ Stegmann* 1902 TS 40, 52 f., 55 ("entirely own discretion"); *Re Estate Morris* 1907 TS 657, 667 ("absolute discretion"); *Herman NO v Tebb* 1929 CPD 65, 73; *Ex Parte Palmer NO: In re Hahn* 1993 (3) SA 359 (C) 362F, I ("absolute discretion", "grant of recognition no formality", "exercise in favour only in special circumstances").

786 Anm. des Verfassers.

787 *Ex Parte BZ Stegmann* 1902 TS 40, 52.

788 *Ex Parte BZ Stegmann* 1902 TS 40, 53.

Das Gericht ließ sich dabei von der unterschiedlichen Anknüpfung des Sachenstatuts für beweglichen und unbewegliche Gegenstände im römisch-holländischen Internationalen Privatrecht leiten.[789] Dieses Problem ist aber genau genommen kein Problem des „ob“ der Anerkennung, sondern ein Problem der daraus resultierenden Rechtsfolgen. Dementsprechend hat auch der *Transvaal Supreme Court* die Anerkennung des ausländischen Insolvenzverfahrens nicht verweigert, sondern zum Schutz inländischer Gläubiger in Bezug auf die dinglichen Rechte und die Verteilung des Verwertungserlöses am inländischen Vermögen die Anwendbarkeit der *lex rei sitae* angeordnet.[790] Lediglich zu diesem Zweck – Schutz der Rechte inländischer Gläubiger – behielt sich das Gericht für zukünftige Fälle vor, die Anerkennung im Einzelfall zu verweigern.[791] Seither tragen südafrikanische Gerichte in ständiger Rechtsprechung dem Schutz inländischer Gläubigerrechte auf der Rechtsfolgenseite Rechnung, indem sie im Anerkennungsbeschluss (*recognition order*) entsprechende Anordnungen treffen.[792] Folglich sind auch aus den zahlreichen nachfolgenden Entscheidungen keine Fälle bekannt, in denen bei Vorliegen der oben genannten Anerkennungsvoraussetzungen eine Anerkennung in Bezug auf inländisches Immobiliarvermögen verweigert worden wäre.[793] Mit Blick auf den verfassungsrechtlichen Gleichbehandlungsgrundsatz und das Willkürverbot dürfte bei Vorliegen der genannten übrigen Voraussetzungen das Anerkennungsermessen auf Null reduziert sein.

(b) Kein inländisches Vermögen vorhanden

(1) Der Fall *Moolman*

Die fehlende Trennung zwischen Anerkennung deren Rechtsfolgen erwies sich erstmals im *Moolman*-Fall als problematisch.[794]

---

789 Aufschlussreich zu dieser Problematik ist auch *Re Greatrex & Son Ltd* 1907 TS 538.

790 *Ex Parte BZ Stegmann* 1902 TS 40, 54.

791 *Ex Parte BZ Stegmann* 1902 TS 40, 55.

792 Dazu im Einzelnen unten, Kap. 7 C.I. Vgl. auch SALC, Interim Report, S. 11 Anm. 4.17, wonach der Schutz lokaler Gläubiger auf der Rechtsfolgenseite adressiert werden soll, ohne dass davon die Anerkennung selbst affektiert wird.

793 A.A. offenbar *O'Brien*, Transnational Aspects, S. 19, der sich auf *Ex Parte Singer; In re insolvent Estate Skeen* (1905) 26 NLR 536 bezieht. Dort ging es allerdings um die Anerkennung eines Verfahrens, das nicht am domicile des Schuldners eröffnet wurde.

794 Siehe *Ex Parte Moolman NO: In re Builders and Developers (Pty) Ltd (in provisional Liquidation) (Jooste intervening)* 1989 (4) SA 253 (SE); *Moolman v Builders & Developers (Pty) Ltd (in provisional Liquidation): Jooste intervening* 1990 (1) SA 954 (A).

In dem Fall ging es um die Anerkennung eines vorläufigen *winding-up*- Verfahrens der damals aus südafrikanischer Sicht formal unabhängigen Republik Transkei.[795] Die Schuldnerin (*Builders & Developers (Pty) Ltd*), eine *company* nach transkeischem Recht, hatte in Südafrika kein Vermögen. Der vorläufige Insolvenzverwalter (*Moolman*) vermutete jedoch Anfechtungsansprüche gegen Dritte und wollte dazu den in Südafrika aufhaltenden Gesellschaftergeschäftsführer (*Jooste*) und weiterer Personen nach den Vorschriften des *Companies Act* vernehmen. Diese verweigerten sich jedoch einer außergerichtlichen Befragung. Der vorläufige Insolvenzverwalter beantragte daher die Anerkennung des transkeischen Insolvenzverfahrens in Südafrika, um sein Auskunftsverlangen nach den einschlägigen Vorschriften des südafrikanischen *Companies Act* zu erzwingen.[796]

Der Geschäftsführer intervenierte im Anerkennungsverfahren mit dem Argument, die Anerkennung eines ausländischen (vorläufigen[797]) Insolvenzverfahrens könne nur zum Zwecke der Inbesitznahme von inländischen Vermögensgegenständen gewährt werden. Die Ausgangsinstanz, die *South Eastern Cape Local Division*, recherchierte hierzu ausführlich in der Präzedenzjudikatur und rekurrierte sogar auf die zu jener Zeit bereits abgeschafften internationalinsolvenzrechtlichen Kodifikationen aus der Kolonialzeit.[798] Die Suche blieb jedoch ergebnislos. Auf der Basis von *comity* wurden ausländische Insolvenzverfahren bis dahin ausschließlich hinsichtlich ihrer vermögensrechtlichen Wirkungen anerkannt. Daraus schloss das Gericht, dass es in Fällen, in denen kein inländisches Vermögen

795 Die Transkei gehörte ursprünglich zur Republik Südafrika, wurde aber im Zuge der Apartheid-Politik 1976 als sogenanntes „independent homeland" ausgegliedert und in die formelle Unabhängigkeit entlassen. Mit dem Ende des Apartheidregimes und den ersten demokratischen Parlamentswahlen in Südafrika 1994 wurde diese von der internationalen Staatengemeinschaft nie anerkannte Unabhängigkeit wieder rückgängig gemacht und die Transkei in die Republik Südafrika eingegliedert. Siehe bereits oben, Kap. 1 C.II.2., mit Nachweisen.

796 Eine solche Vernehmung ist sowohl nach den Vorschriften des südafrikanischen CA 1973 (vgl. dort z.B. sections 414 ff. CA 1973, ferner sections 64 ff. IA, dazu auch MünchKommInsO-*Kupsch*, Bd. 3, Anhang, Länderbericht Südafrika, Rn. 43) und des transkaischen Companies Act möglich. Siehe z.B. auch §§ 97 ff. InsO, zur Durchsetzung der Mitwirkungs- und Informationspflichten des Schuldners im deutschen Recht.

797 Weder die Ausgangsinstanz noch die Appellate Division maßen der Tatsache, dass es sich um ein vorläufiges Insolvenzverfahren handelte, besondere Bedeutung zu, sondern bezogen ihre Ausführungen ganz allgemein auf Insolvenzverfahren. Zur Anerkennungsfähigkeit vorläufiger Insolvenzverfahren siehe oben, II.4 (c).

798 Siehe zu den kolonialrechtlichen Kodifikationen oben, Kap. 1 A.II.2 (b).

vorhanden ist, an einer Rechtsgrundlage für die Anerkennung ausländischer Insolvenzverfahren fehle.[799]

Die *Appellate Division* sah das anders. Ohne ausdrücklich einen unmittelbaren Bezug zu *comitas* und den dahinter stehenden Gedanken herzustellen, wies das Gericht zunächst ausführlich auf die praktischen Notwendigkeiten und die Bedeutung der Anerkennung des ausländischen Insolvenzverfahrens für die Gläubigergesamtheit und die ungerechten Folgen einer Nichtanerkennung in Fällen wie den vorliegenden hin.[800] Generell sei ein ausländischer Insolvenzverwalter bei der Ausübung seines Amtes im Inland schon rein faktisch auf die aktive Unterstützung inländischer Gerichte („*active assistance*") angewiesen. Zwar könne er theoretisch auch ohne ein formelles Anerkennungsverfahren Ermittlungen zur Vermögenslage des Schuldners im Inland anstellen und insbesondere die angestrebten Befragungen vornehmen. Jedoch könne er sich dabei nicht auf die entsprechenden Vorschriften des *Companies Act* stützen, die mangels eines inländischen *winding-up*-Verfahrens nicht anwendbar seien. Vielmehr sei er auf die freiwillige Mitwirkung der Befragten angewiesen, die sich bereits erfolgreich gegen den Anerkennungsantrag zur Wehr setzten. Es sei deshalb davon auszugehen, dass *Moolman* als *liquidator* ohne die aktive Unterstützung der inländischen Gerichte seine gesetzliche Funktion nicht ordnungsgemäß würde erfüllen können. Eine *recognition order* beinhalte letztlich nichts anderes als eine solche *active assistance* durch inländische Gerichte.[801]

Auch nach dem *Transkeian Companies Act* seien die Aufgaben des *liquidator* nicht darauf beschränkt, das Vermögen der Insolvenzschuldnerin in Besitz zu nehmen, zu verwerten und den Erlös *pro rata* gleichmäßig unter den Gläubigern zu verteilen. Es sei „ganz offensichtlich" im Interesse der Gläubigergesamtheit, dass zweifelhafte Forderungen des Schuldners gegen Dritte vor ihrer Geltendmachung zunächst verifiziert werden und das umgekehrt Insolvenzforderungen ebenfalls ordnungsgemäß geprüft werden, bevor sie zur Tabelle zugelassen oder bestritten werden:

> "*It is only by enquiring that he is able to determine what is and what is not the property of the company, or who is and who is not a creditor or contributory. It is, moreover, obviously in the interest of creditors that doubtful claims which the company may have against outsiders be properly investigated before being pursued and*

799 Vgl. *Ex Parte Moolman NO: In re Builders and Developers (Pty) Ltd (in provisional Liquidation) (Jooste intervening)* 1989 (4) SA 253 (SE) 260H–262A.

800 Vgl. nochmals zur comitas oben, Kap. 1 D.I.

801 *Moolman v Builders & Developers (Pty) Ltd (in provisional Liquidation): Jooste intervening* 1990 (1) SA 954 (A) 959F–G. Die Appellate Division bestätigte damit ausdrücklich *Re African Farms Ltd* 1906 TS 373, 377.

that claims against the company also be properly investigated before they are admitted or rejected. It is for that reasons that both the South African and the Transkeian Companies Act contain elaborate provisions relating to the interrogation of directors and other persons at meetings of creditors or a commissioner (...)."[802]

Das Gericht fuhr fort, es sei lebensfremd, nur den unmittelbaren und nicht auch den endgültigen Zweck zu berücksichtigen, der mit dem Anerkennungsantrag verfolgt wird. Im entschiedenen Fall ging es um die Prüfung von Anfechtungsansprüchen und damit letztlich um die Realisierung von Vermögen zur Insolvenzmasse. In solchen Konstellationen bestehe kein Zweifel, dass ein südafrikanisches Gericht zur Anerkennung befugt sei.[803] Unter Bezugnahme auf die Kolonialrechtsprechung konstatierte die *Appellate Division*, die Anerkennung basiere auf *comity* und *convenience*, und liege letztlich im Ermessen der Gerichte. Das Ausgangsgericht habe es versäumt, von diesem Ermessen Gebrauch zu machen.[804]

Im Rahmen seiner Ermessensentscheidung gewichtete die *Appellate Division* die Tatsache, dass der *Transkeian Companies Act* und sein südafrikanisches Pendant praktisch identische Regelungen zum *winding-up*-Verfahren beinhalte.[805] Außerdem bestünden historisch bedingt eine enge Verbindung und umfangreiche wechselseitige Abhängigkeiten und Kooperationen zwischen beiden Staaten, die gegenseitige *comity* erforderlich machten. Ferner seien die Tatsachen, die der *liquidator* im konkreten Fall ermitteln wollte, von solcher Natur, dass sie ganz offensichtlich („*plainly*") einer näheren Untersuchung bedürften. Schließlich sei es auch im Interesse aller Beteiligten, zunächst einmal den genauen Sachverhalt zu untersuchen, bevor ein kostspieliges Streitverfahren angestrengt werde.[806]

Der Geschäftsführer der Insolvenzschuldnerin, *Jooste*, intervenierte mit dem Argument, eine Untersuchung sei zu kostspielig. Auch würde der *liquidator* mit Blick auf ein eventuell folgendes Klageverfahren bevorteilt, wenn ihm vorab eine Befragung der potentiellen Beklagten ermöglicht werde. Die *Appellate Division*

---

802 *Moolman v Builders & Developers (Pty) Ltd (in provisional Liquidation): Jooste intervening* 1990 (1) SA 954 (A) 960G–I.

803 *Moolman v Builders & Developers (Pty) Ltd (in provisional Liquidation): Jooste intervening* 1990 (1) SA 954 (A) 961A–B.

804 *Moolman v Builders & Developers (Pty) Ltd (in provisional Liquidation): Jooste intervening* 1990 (1) SA 954 (A) 961B–C.

805 Um Rechtskontinuität zu gewährleisten, galt südafrikanisches Recht in der Transkei auch nach formeller Entlassung in die Unabhängigkeit fort, *Zimmermann* JÖR 27 (1978) 631, 632.

806 *Moolman v Builders & Developers (Pty) Ltd (in provisional Liquidation): Jooste intervening* 1990 (1) SA 954 (A) 961D–E.

verwarf diese Bedenken mit dem Argument, dass es sich im Laufe der Untersuchung ja möglicherweise sogar zeige, dass tatsächlich keine Anfechtungsansprüche bestünden. Unabhängig davon hätten *Jooste* und die anderen Betroffenen aber auch nach südafrikanischem Recht mit solchen Ermittlungen rechnen müssen. Sie hätten nicht lediglich deshalb Anspruch auf eine Sonderbehandlung, weil *Moolman* ein ausländischer *liquidator* sei. Im Ergebnis wurde dem Anerkennungsantrag stattgegeben.[807]

(2) Bewertung

Die Entscheidung der *Appellate Division* ist im Sinne der Rechtssicherheit grundsätzlich zu begrüßen.

Die dem Ermessen vorangestellten Erwägungsgründe sind verallgemeinerungsfähig. Die Pflicht des Insolvenzverwalters zur Inbesitznahme und Verwaltung der Insolvenzmasse dürfte in allen Insolvenzrechtsordnungen in der einen oder anderen Ausprägung verankert sein.[808] Dieser Pflicht ist inhärent, zunächst einmal den konkreten Bestand des Aktiv- und Passivvermögens zu ermitteln und Ansprüche des Schuldners und der Insolvenzmasse zu prüfen. Auch die in das Ermessen einbezogenen Gründe der Verfahrenseffizienz durch Ermittlung unklarer Anfechtungstatbestände und die dadurch bedingte Kosteneffizienz lassen sich verallgemeinern. Es ist im Interesse der Gläubiger, dass zweifelhafte Ansprüche vorab genauer untersucht werden, um diese möglichst masseschonend durchzusetzen. Man wird daher über den der *Moolman*-Entscheidung zugrundeliegenden Sachverhalt hinaus generell die Anerkennungsfähigkeit ausländischer Insolvenzverfahren zu bejahen haben, unabhängig davon, ob durch die Anerkennung inländisches Vermögen zur Masse gezogen werden soll oder ob die Anerkennung sonstigen Verfahrenszwecken dient.[809]

Einzig die ersten beiden Ermessensgründe lassen offen, ob möglicherweise anders zu entscheiden wäre, wenn die Insolvenzgesetzgebung nicht „praktisch identisch“ ist und keine derartige historische Bindung und wechselseitige Abhängigkeit zum Eröffnungsstaat besteht, wie zwischen Südafrika und der ehemaligen Transkei.[810] Dem dürften jedoch verfassungsrechtliche Bedenken entgegenstehen, denn eine „historische Bindung und wechselseitige

---

807 *Moolman v Builders & Developers (Pty) Ltd (in provisional Liquidation): Jooste intervening* 1990 (1) SA 954 (A) 961F–H.

808 Vgl. § 148 InsO für das deutsche Recht.

809 So auch *Galgut/Kunst/Delport/Vorster*, section 391, „general note“.

810 *Franco* (2003) 15 SA Merc LJ 27, 33.

Abhängigkeit“ sind für sich genommen keine sachlich gerechtfertigten Differenzierungsgründe. Es widerspräche rechtsstaatlichen Prinzipien und behinderte letztlich auch den internationalen Handel, wenn sich fraudulöse Schuldner bzw. – bei juristischen Personen – ihre Organe und Angestellten nach Südafrika absetzen könnten und dort allein aufgrund unterschiedlicher Gesetzgebung und mangels historischer Bindung zum Eröffnungsstaat unbehelligt blieben. Im Übrigen scheint sich das Verständnis südafrikanischer Gerichte für schützenswerte Belange solcher Schuldner in engen Grenzen zu halten, wie zuletzt auch der *Western Cape High Court* deutlich machte:

> *"The contention [of the directors] that the orders should not have been granted because the information sought by the liquidators is private and confidential borders on the grotesque. It is illustrative of the attitude of so many managers of companies who seem to believe that they should be allowed to walk away scot-free from financial desasters which they have created."*[811]

(c) Sonderfall: Bereits eröffnetes inländisches Insolvenzverfahren

Einen Sonderfall stellt die Situation dar, in der zum Zeitpunkt der Entscheidung über den Anerkennungsantrag bereits ein südafrikanisches Insolvenzverfahren über das Vermögen des Schuldners eröffnet worden ist.

In den bisher entschiedenen Fällen wurde mit der Anerkennung als Hauptinsolvenzverfahren gleichzeitig die Beendigung des südafrikanischen Insolvenzverfahrens zugunsten des ausländischen Insolvenzverfahrens beantragt. Diese Fälle, in denen ein solcher Nexus zwischen Anerkennungsantrag und Antrag auf Beendigung des inländischen Insolvenzverfahrens gebildet wurde, erfordern die Berücksichtigung spezieller Gesichtspunkte bei der Ermessensausübung, die über die bloße Anerkennungsentscheidung hinausgehen und genau genommen eine Frage der Koordination miteinander konkurrierender Parallelinsolvenzverfahren ist. Auf diese wird in einem gesonderten Kapitel einzugehen sein.[812]

Fälle, in denen zwar inländisches Vermögen vorhanden ist, aber dennoch angesichts des bereits eröffneten südafrikanischen Insolvenzverfahrens lediglich die Anerkennung als Hauptinsolvenzverfahren ohne Übergabe des inländischen Vermögens beantragt wird, wurden bisher noch nicht entschieden. Prinzipiell kann aber auch in diesen Fällen ein rechtliches oder tatsächliches Interesse an

---

811 *Gardener v Walters and another NNO (In re ex Parte Walters and another NNO)* 2002 (5) SA 796 (C) 809A–B.

812 Siehe unten, Kap. 6.

der Anerkennung bestehen – etwa wenn es um die Befragung von Organen des Schuldners und Zeugen bezüglich der Vermögenslage des Schuldners geht.[813] Solche Interessen dürften im Einzelfall das Ermessen der Gerichte zugunsten einer Anerkennung beeinflussen.

2. Partikularinsolvenzverfahren

Wie bereits an anderer Stelle erörtert, sind territorial beschränkte Partikularinsolvenzverfahren dem südafrikanischen Recht nicht unbekannt.

Bezüglich der Anerkennung solcher Verfahren im *common law* bestehen dennoch bisher kaum Erfahrungen. In den wenigen Fällen, in denen die Anerkennung eines nicht am Domizilgericht des Schuldners eröffneten Insolvenzverfahrens beantragt wurde, richtete sich der Antrag auf die Anerkennung als Hauptinsolvenzverfahren. In *Re Estate Morris* vertrat der *Transvaal Supreme Court* die Auffassung, eine Anerkennung von Nichtdomizilverfahren komme nur in Ausnahmefällen in Betracht, wenn dies ausnahmsweise zweckmäßig erscheine. In diesen Fällen seien die Wirkungen des Nichtdomizilverfahrens aber auf das Territorium des Verfahrensstaates beschränkt und südafrikanisches Vermögen nicht umfasst.[814] Die allgemeine Regel laute, dass das Domizilgericht das Hauptinsolvenzverfahren eröffne und alle weiteren Insolvenzverfahren in anderen Staaten lediglich als Hilfs- oder Nebeninsolvenzverfahren zu dem Hauptinsolvenzverfahren durchgeführt werden.[815] In einer späteren Entscheidung wird betont, dass einem südafrikanischen Gericht jedenfalls nicht untersagt sei, auch Nichtdomizilverfahren anzuerkennen.[816]

Klar scheint vor diesem Hintergrund, dass nach dem *common law* unter den oben genannten Voraussetzungen auch ausländische Partikularinsolvenzverfahren anerkannt werden können, wenn dies im Einzelfall aus Gründen der Zweckmäßigkeit geboten scheint und ohne dass davon das in Südafrika belegene Vermögen erfasst würde. Vorstellbar ist eine solche Anerkennung in Fällen,

813 Siehe bereits oben, 1. (b), die Ausführungen zum *Moolman*-Fall.

814 *Re Estate Morris* 1907 TS 657, 667; vgl. auch *Smith* (2002) 14 SA Merc LJ 17, 26.

815 *Re Estate Morris* 1907 TS 657, 668. Siehe auch *Richard v Dovetson's Trustees* (1884) 3 SC 123, 126.

816 So explizit zur Anerkennung eines Vermögensbetreuers, die aber in der südafrikanischen Rechtsprechung genauso behandelt wird *MTD (Mangula) Ltd v Frost and Power NO; Ex Parte Power NO* 1966 (2) SA 713 (R) 717: "Even if his domicile is Rhodesia, as alleged, there is nothing in law or on the facts before me to preclude this Court from granting recognition to the curator appointed in the Transvaal".

in denen der Schuldner seinen Mitwirkungspflichten bei der Aufklärung seiner Vermögensverhältnisse nicht nachkommt oder gar versucht, sich dem durch seine Flucht ins Ausland zu entziehen.[817] Aufgrund der oben bereits diskutierten Rechtsprechung zu dem ähnlich gelagerten Fall, wenn kein inländisches Vermögen vorhanden ist, ist davon auszugehen, dass die Gerichte hier eine Einzelfallabwägung anhand des konkret mit der Anerkennung verfolgten Zwecks vornehmen werden.[818]

VII. Zusammenfassung

Ausländische Insolvenzverfahren werden nach *common law* auf der Basis von *comity* sowie Zweckmäßigkeits- und Billigkeitserwägungen in Südafrika anerkannt. Im Gegensatz zum deutschen Recht wird dabei nicht der Eröffnungsbeschluss als solcher anerkannt, sondern lediglich die Bestellung des Insolvenzverwalters. Nach bislang herrschender Auffassung steht die Anerkennung im Einzelfallermessen des mit der Sache befassten Gerichts. Nach hier vertretener Auffassung ist die Anerkennung von Hauptinsolvenzverfahren regelmäßig zwingende Rechtsfolge des Vorliegens der Anerkennungsvoraussetzungen, soweit keine Anerkennungshindernisse vorliegen. Nach herrschender Meinung kann ein ausländisches Insolvenzverfahren in Südafrika generell erst nach formeller Anerkennung Wirkungen entfalten. Eine Ausnahme wird lediglich für Verfahren diskutiert, die natürliche Personen betreffen und von denen lediglich inländisches Mobiliarvermögen des Schuldners betroffen ist. Nach hier vertretener Auffassung sollte die Frage unabhängig von der Rechtsnatur des Schuldners einheitlich zugunsten einer automatischen Erfassung des inländischen Mobiliarvermögens vom ausländischen Eröffnungsbeschluss gelöst werden. Ob auch Partikularinsolvenzverfahren in Südafrika anerkannt werden können, ist bis dato ungeklärt. Nach hier vertretener Auffassung sind aber auch Partikularinsolvenzverfahren auf der Basis von *comity*, *convenience* und *equity* grundsätzlich anerkennungsfähig, soweit die spiegelbildliche internationale Zuständigkeit nach südafrikanischem Recht gegeben ist.

---

817 Vgl. auch *Forsyth*, S. 413 f.: „Recognition may be sought and granted for purposes other than the immediate collection oft he assets of the insolvent".

818 Vgl. oben, 1. (b).

B. Rechtsfolgen der Anerkennung

I. Wirkung auf Inlandsvermögen

1. Derzeitige Rechtslage

Oben wurde bereits dargestellt, dass nach südafrikanischem *common law* nicht die Eröffnungsentscheidung insgesamt anerkannt wird, sondern grundsätzlich nur die Bestellung des Insolvenzverwalters. Hintergrund ist, dass die Rechtsprechung eine Wirkungserstreckung der ausländischen Eröffnungsentscheidung auf das inländische Immobiliarvermögen verhindern möchte, um so inländischen Gläubigerinteressen besser Rechnung tragen zu können.[819]

Folglich kommt es also im Hinblick auf den Umfang der Insolvenzmasse und den Übergang der Verwaltungs- und Verfügungsbefugnis nicht, wie im deutschen Recht, zu einer automatischen Gesamtwirkungserstreckung der ausländischen Eröffnungsentscheidung.[820] Anerkannt wird jedoch die Rechtsstellung des Insolvenzverwalters, insoweit kann man von einer Teilwirkungserstreckung sprechen. Der ausländische Insolvenzverwalter erwirbt dadurch die Fähigkeit, in Südafrika rechtswirksam für die Insolvenzmasse zu handeln und in seiner Funktion vor südafrikanischen Gerichten zu klagen („*locus standi*“).[821]

Hinsichtlich der Wirkungen der ausländischen Verfahrenseröffnung im Inland kann auch nicht ohne Weiteres auf südafrikanisches Insolvenzrecht zurückgegriffen werden. Zwar wird in Rechtsprechung und Literatur immer wieder betont, dass die *recognition order* praktisch den gleichen Effekt habe, wie eine inländische

---

819 Siehe oben, A.I. Nach der auch im deutschen Recht herrschenden Theorie der Wirkungserstreckung, erstrecken sich die Wirkungen, die der Urteilsstaat der Entscheidung verleiht, auf das Territorium des anerkennenden Staates, vgl. *Adolphsen*, FS Uni Gießen, S. 87, 93, m.w.N. Im Idealfall führt die Gleichstellung ausländischer mit inländischen Urteilen zu einer „vollkommenen Urteilsfreizügigkeit“, wie dies in absehbarer Zukunft für den europäischen Raum erwartet wird, KPB-*Adolphsen*, Bd. 2, § 147, Anh. II A, Rn. 52.

820 Siehe zum deutschen Recht Gottwald-*GottwaldKolmann*, Insolvenzrechts-Handbuch, § 133 Rn. 3 f.; MünchKommInsO-*Reinhart*, Bd. 3, § 335 Rn. 44 ff.

821 Dieses Recht ist ihm vorher verwehrt, vgl. *In re Saber Brothers: Miles v Debuty Sheriff and Cape of Good Hope Bank* (1883) 2 HCG 17, 26; Zinn NO v Westminster Bank Ltd 1936 AD 89, 99; *Moolman v Builders & Developers (Pty) Ltd (in provisional Liquidation): Jooste intervening* 1990 (1) SA 954 (A) 959H–960B. Der Terminus locus standi hat sowohl prozessuale als auch materiellrechtliche Bedeutung, vgl. *Harms*, Civil Procedure, A6.1, m.w.N.

Eröffnungsentscheidung.[822] Dies ist aber lediglich als generelle Einschätzung dahin zu verstehen, dass die Wirkungen einer ausländischen Insolvenzeröffnungsentscheidung weitgehend denen einer inländischen Insolvenzeröffnungsentscheidung ähneln. Es bleibt bei einem ausländischen Insolvenzverfahren, was unter anderem auch darin zum Ausdruck kommt, dass der Schuldner keinen Insolvenzstatus nach südafrikanischem Recht erlangt.[823] Der Anwendungsbereich südafrikanischen Insolvenzrechts ist grundsätzlich nur dann eröffnet, wenn ein südafrikanisches Insolvenzverfahren eröffnet wurde.[824] Der Umfang der inländischen Insolvenzmasse und der Übergang der Verwaltungs- und Verfügungsbefugnis des Insolvenzverwalters am inländischen Schuldnervermögen werden daher im *common law* nach dem allgemeinen Kollisionsrecht ermittelt.[825] Hier ist wiederum die bereits mehrfach angesprochene Unterscheidung zwischen *movables* und *immovables* und die Unterscheidung nach Verfahrensarten bedeutsam. Ob eine Sache als beweglich oder unbeweglich zu qualifizieren ist, bestimmt sich grundsätzlich nach der *lex rei sitae*.[826] Orientierung kann insoweit die Legaldefinition des *Insolvency Act* geben, obgleich diese ihrem Wortlaut nach auf den Anwendungsbereich des *Insolvency Act* beschränkt ist.[827] Ansonsten ist auch insoweit das *common law* maßgeblich.[828]

Für Hauptinsolvenzverfahren, die natürliche Personen betreffen, gilt nach einhelliger Meinung die Regel *mobilia personam sequuntur*. Rechtsprechung und

822 *Chaplin NO v Gregory (or Wyld)* 1950 (3) SA 555 (C) 562A–B; *Ex Parte Steyn* 1979 (2) SA 309 (O) 311; Joubert-*Edwards/Kahn*, Anm. 326; *Mars*, S. 665.

823 *Herman NO v Tebb* 1929 CPD 65, 76; *Chaplin NO v Gregory (or Wyld)* 1950 (3) S. 555 (C) 562A–B; Joubert-*Edwards/Kahn*, Anm. 326; *Mars*, S. 665.

824 Vgl. *Re v Etberg* 1932 AD 142, 145. Generell ergibt sich das aus dem Regelungszusammenhang des Insolvency Act und des Companies Act 1973. Meist ergibt sich dies zusätzlich unmittelbar aus dem Wortlaut des Gesetzes. Siehe speziell zu den Beschlagswirkungen, die eine sequestration order (sections 20 ff. IA) bzw. ein eröffnetes winding-up-Verfahren (insbesondere section 361 CA 1973) voraussetzen. In der Praxis erklären die Gerichte jedoch im Rahmen des ihnen eingeräumten Ermessens regelmäßig zahlreiche Normen des südafrikanischen Insolvenzrechts für analog anwendbar, dazu näher unten, Kap. 7 C.I.1.

825 Vgl. *Ex Parte BZ Stegmann* 1902 TS 40, 47; *Meskin*, Insolvency Law, Anm. 17.2.; *Olivier/Boraine* (2005) 38 CILSA 373, 378.

826 *J. Voet*, 1.4. App. 11 (Gane Vol 1); *Forsyth*, S. 369; Joubert-*Edwards/Kahn*, Anm. 322, jeweils m.w.N.

827 Siehe Einleitung zu section 2 IA, „Definitions": „In this Act …". Ferner dort auch die Defintionen „movable property" und „immovable property".

828 Siehe *Forsyth*, S. 368 ff.; *Badenhorst/Pienaar/Mostert*, S. 40 ff.; *Schoeman/Roodt*, Anm. 149 ff.

Literatur folgern hieraus eine automatische Wirkungserstreckung der ausländischen Eröffnungsentscheidung in Südafrika dergestalt, dass das in Südafrika belegene Mobiliarvermögen automatisch in das Eigentum des ausländischen Insolvenzverwalters übergeht. Die Anerkennung hat insoweit lediglich deklaratorische Wirkung.[829] Dabei sollen sich die Rechtsstellung und die Befugnisse des ausländischen Insolvenzverwalters in Bezug auf die inländische Insolvenzmasse generell nach der *lex fori concursus* richten. Diese Befugnisse können durch südafrikanisches Recht oder die Anordnung südafrikanischer Gerichte beschränkt, aber nicht erweitert werden.[830]

Dagegen entfalten ausländische Insolvenzverfahren über das Vermögen juristischer Personen oder Gesellschaften nach derzeit herrschender Meinung keine automatischen Rechtswirkungen in Südafrika.[831] Grundsätzlich unberührt von der ausländischen Insolvenzeröffnungsentscheidung bleibt zudem das inländische Immobiliarvermögen des Insolvenzschuldners. Die dinglichen Rechtsverhältnisse am inländischen Immobiliarvermögen richten sich nach herrschender Auffassung allein nach der *lex rei sitae*, sodass der Verlust oder die Einschränkung dinglicher Rechte daran aufgrund eines ausländischen Insolvenzstatuts nicht anerkannt

---

829 *Mars*, S. 664 (§ 30.8); *O'Brien*, Transnational Aspects, S. 14; wohl auch *Smith* (2002) 14 SA Merc LJ 17, 26; Zur Frage, ob insoweit überhaupt ein formelles Anerkennungsverfahren erforderlich ist, siehe oben, A.II.

830 Selten wurde dies von südafrikanischen Gerichten allerdings so deutlich ausgesprochen, wie in *Liddle and Leask v Pooley and Leinberger* (1899) 6 Off Rep 109, 112, wonach es sich insoweit um ein "allgemein anerkanntes Prinzip" handelt. Siehe auch *Herman NO v Tebb* 1929 CPD 65, 76. Dieser Grundsatz folgt im Übrigen unmittelbar aus dem von der südafrikanischen Rechtsprechung favorisierten Universalität und Einheit des internationalen Insolvenzverfahrens, siehe dazu unten, Kap. 7 B.II.2 (b). A.A. offenbar *Mars*, S. 669, unter Bezugnahme auf *Chaplin NO v Gregory (or Wyld)* 1950 (1) SA 555. Diese Auffassung wird in der zitierten Entscheidung jedoch nicht bestätigt. Dort hat die Cape Provincial Division über die Erweiterung der Insolvenzmasse nach inländischem Recht entschieden, nachdem das Gericht zunächst festgestellt hatte, dass die lex fori concursus (in dem Fall section 122 English Bankruptcy Act of 1914) eine solche Erweiterung ausdrücklich erlaubte und section 122 English Bankruptcy Act of 1914 vom südafrikanischen Gesetzgeber ausdrücklich für anwendbar erklärt wurde, vgl. *Chaplin NO v Gregory (or Wyld)* 1950 (1) SA 555, 563 D–G. Im Ergebnis lehnte die Cape Provincial Division eine solche Erweiterung nur deshalb ab, weil die Tatbestandsvoraussetzungen des südafrikanischen Insolvenzsachrechts nicht vorlagen, *Chaplin NO v Gregory (or Wyld)* 1950 (1) SA 555, 566 A–B.

831 Siehe *Re Greatrex & Son Ltd* 1907 TS 538, 544 ff. sowie bereits oben, A.II.1. Zu den Hintergründen der Unterscheidung zwischen natürlichen und juristischen Personen vgl. oben, Kap. 1 C.II.

werden.[832] In der Praxis gewähren die Gerichte jedoch auch in den beiden eben genannten Fällen regelmäßig umfassende Rechtshilfe und erlauben dem ausländischen Insolvenzverwalter im Anerkennungsbeschluss (*recognition order*), das inländische Vermögen insgesamt zur Insolvenzmasse zu ziehen.

Die Differenzierung zwischen natürlichen Personen auf der einen und juristischen Personen und Gesellschaften auf der anderen Seite wird neuerdings im Schrifttum als unbegründet und gläubigerschädlich kritisiert.[833] Eine verbindliche Entscheidung des *Supreme Court of Appeal* dazu steht noch aus. Bisher hat das höchste Zivilgericht Südafrikas lediglich in zwei *obiter dicta* mit widersprüchlichen Aussagen zu der Frage Stellung genommen.[834] Während der *Supreme Court of Appeal* zunächst die herrschende Auffassung bestätigte,[835] liest sich eine aktuellere Entscheidung so, als befürworte der *Supreme Court of App*eal eine einheitliche Behandlung unabhängig von der Verfahrensart.[836]

2. Eigene Stellungnahme

Der aufkeimenden Kritik im Schrifttum an der Differenzierung der Inlandswirkungen nach der jeweiligen Rechtsnatur des Insolvenzschuldners kann hier nur beigepflichtet werden.

Wie schon angedeutet beruht die unterschiedliche kollisionsrechtliche Behandlung von Individualinsolvenzverfahren und Verfahren juristische Personen betreffend auf einer Fehlinterpretation des römisch-holländischen Rechts und der Fiktion *mobilia personam sequuntur*.[837] Einziger Grund, warum die herrschende Meinung die Fiktion *mobilia personam sequuntur* in Insolvenzverfahren juristischer Personen nicht anwendet, scheint der fehlende Eigentumsübergang bei Bestellung des Insolvenzverwalters zu sein. Die Fiktion knüpft jedoch nicht an

832 Vgl. oben A.II.1.

833 *Forsyth*, S. 411 Fn. 322.

834 Obiter dicta des Supreme Court of Appeal haben für die südafrikanischen Gerichte lediglich überzeugenden, keinen bindenden Charakter, siehe oben, Kap. 1 B.II.2. Vgl. auch *Forsyth*, S. 411 Fn. 322.

835 *Ward v Smit: In re Gurr v Zambia Airways Corporation Ltd* 1998 (3) SA 175 (A) 179D–F.

836 *Sackstein NO v Proudfoot SA (Pty) Ltd* 2003 (4) SA 348 (A) 359D–E. Der Supreme Court of Appeal zitiert im Hinblick auf die Auslandswirkungen eines südafrikanischen winding-up-Verfahrens auf movables den Fall *Re Estate Morris* 1907 TS 657, 666. Dieser Fall betraf aber die Insolvenz einer natürlichen Person. Der Supreme Court of Appeal ernte wegen dieser Abweichung von der herrschenden Meinung auch Kritik, vgl. *Smith/Boraine* (2004) 16 SA Merc LJ 495, 515.

837 Siehe insbesondere oben, Kap. 1 C.II.

das Eigentum selbst an, sondern an das Recht, dem der Eigentümer unterliegt.[838] Wird nach diesem Recht mit weltweitem Geltungsanspruch dem Eigentümer die Verwaltungs- und Verfügungsbefugnis über sein Vermögen entzogen und auf den Insolvenzverwalter übertragen, müsste dies also wie ein Eigentumswechsel nach demselben Recht anerkannt werden. Dies gilt umso mehr, als es sich bei der Übertragung der Verwaltungs- und Verfügungsbefugnis um ein „Minus" zur Eigentumsübertragung handelt. Prinzipiell ist daher kein sachlicher Grund für eine Ungleichbehandlung von natürlichen und juristischen Personen ersichtlich.[839]

Die derzeitige Rechtslage birgt auch in anderer Hinsicht Widersprüche. Sie geht hinsichtlich der dinglichen Wirkungen der Verfahrenseröffnung von den Eröffnungswirkungen eines südafrikanischen Verfahrens aus. Dies lässt sich kaum mit dem Grundsatz vereinbaren, dass sich die Rechtsstellung und die Befugnisse des Insolvenzverwalters jedenfalls in Individualinsolvenzverfahren und im Hinblick auf bewegliches Vermögen nach der *lex fori concursus* richtet. Außerdem funktioniert nach südafrikanischem Verständnis die Regel *mobilia personam sequuntur* nur in den Fällen, in denen bei Eröffnung des Insolvenzverfahrens wie im südafrikanischen Insolvenzrecht ein Eigentumswechsel auf den Insolvenzverwalter stattfindet. Wenn dies wie im deutschen Recht anders ist, dürfte daher streng genommen auch in Verfahren, die natürliche Personen betreffen, keine automatische Wirkungserstreckung auf inländische *movables* erfolgen.[840] Führte man die derzeit herrschende Ansicht konsequent zu Ende, dürfte man daher nicht nach Verfahrensarten differenzieren, sondern müsste vielmehr nach den Wirkungen der ausländischen Verfahrenseröffnung unterscheiden.

Die Unterscheidung hat Konsequenzen für Verfügungen des Schuldners über bzw. Vollstreckungen in dessen bewegliches Vermögen nach Eröffnung des ausländischen Insolvenzverfahrens. Bei Verfahren über das Vermögen natürlicher Personen sind solche Rechtshandlungen aufgrund der automatischen Wirkungserstreckung der dinglichen Rechtsänderungen infolge der ausländischen Eröffnungsentscheidung grundsätzlich unwirksam,[841] zumal ein gutgläubiger Erwerb

838 Vgl. auch *Trustee of Howse, Sons & Co v Trustees of Howse, Sons & Co; Jocelyne v Shearer & Hine* (1884) 3 SC 14, 19; *Smith* (2002) 14 SA Merc LJ 17, 25, m.w.N.

839 So im Ergebnis auch *Forsyth*, S. 411 Fn. 322.

840 Rechtsprechung und Literatur haben diese Konsequenz bisher gänzlich außer Betracht gelassen. Siehe aber *Fletcher*, Insolvency in PIL, Rn. 3.95 f. und Fn. 225, mit kritischen Anmerkungen zu diesen auch im englischen Recht bestehenden Widersprüchen. Ferner *Nadelmann* MLR 9 (1946) 154, 162.

841 *Cape of Good Hope Bank v Melle* (1893) 10 SC 280, 286: "It is obvious that, if judgment is here given against the defendant, it cannot operate upon property already

nach südafrikanischem Recht nur in ganz engen Grenzen möglich ist.[842] Handelt es sich dagegen beim Schuldner um eine juristische Person oder rechtsfähige Gesellschaft, entfaltet die ausländische Eröffnungsentscheidung vor Anerkennung des Verfahrens keine Wirkungen auf das südafrikanische Vermögen. In der Zeit zwischen der ausländischen Verfahrenseröffnung und der Anerkennung droht ein Wettlauf der Gläubiger um das in Südafrika belegene Vermögen zum Nachteil der Gläubigergesamtheit.[843] Zwar hat die Rechtsprechung in der Vergangenheit die Rückgewähr zur Insolvenzmasse angeordnet, wenn der betreffende Gläubiger zum Zeitpunkt des Rechtserwerbs von der ausländischen Verfahrenseröffnung wusste.[844] Dadurch werden jedoch nicht alle Fälle erfasst.

Vor diesem Hintergrund bleibt zu hoffen, dass die Instanzgerichte ihre vom römisch-holländischen Recht abweichende und sachlich nicht gerechtfertigte Differenzierung zwischen natürlichen und juristischen Personen überdenken werden. Dabei könnten sie die widersprüchlichen *obiter dicta* des *Supreme Court of Appeal* und die Einführung des neuen Insolvenzgesetzes zum Anlass nehmen, die bisherige Rechtsprechung zugunsten einer einheitlichen Behandlung aller Verfahrensarten und der automatischen Wirkungserstreckung der Verfahrenseröffnung auf inländisches Mobiliarvermögen aufzugeben.[845]

II. Anordnungen in der *recognition order*

1. Allgemeines

Abseits der oben genannten automatischen Rechtsfolgen hängen die Inlandswirkungen ausländischer Insolvenzverfahren in sehr starkem Maße von den Anordnungen in der *recognition order* ab.

Die konkreten Anordnungen wiederum stehen insgesamt im richterlichen Einzelfallermessen und werden nicht maßgeblich durch die Anträge des ausländischen

vested in the Transvaal trustee." Siehe auch *Cloete v Botha* 1907 ORC 1, 2; *Attwell v Botha* 1907 ORC 2; *Van Heerden's Trustee v Glatt* (1909) 26 SC 592, 597.

842 Siehe dazu noch unten, II.6. (c).

843 In diesem Sinne auch *Forsyth*, S. 411 Fn. 322; *Fletcher*, Insolvency in PIL, Rn. 3.96.

844 Siehe unten, Kap. 7 C.I.2

845 *Burdette*, S. 313 ff. Der Regierungsentwurf zum einheitlichen Insolvenzgesetz sieht keine Unterscheidung mehr zwischen natürlichen und juristischen Personen vor. In beiden Fällen geht mit Bestellung des Insolvenzverwalters nicht mehr das Eigentum, sondern die Verwaltungs- und Verfügungsbefugnis über. Diese Rechtsänderung wird indirekt möglicherweise auch die Sichtweise für das Internationale Insolvenzrecht, die ja nicht zuletzt von der Rechtslage in Südafrika geprägt ist, beeinflussen.

Insolvenzverwalters beeinflusst. Diese Verfahrensweise hat zwar den Vorteil einer größtmöglichen Flexibilität, birgt aber auch den Nachteil der Rechtsunsicherheit. Das macht sich insbesondere bei Anträgen bemerkbar, über die noch von keinem südafrikanischen Gericht entschieden wurde. Die vergebliche Suche nach Präzedenzen und unterstützenden Meinungen im Schrifttum hat in der Vergangenheit immer wieder zur Ablehnung des Antrags geführt.[846] Positiv dürfte sich insoweit eine mittlerweile ergangene Klarstellung der *Appellate Division* auswirken, dass das Gericht von seinem Einzelfallermessen auch tatsächlich Gebrauch machen muss und den Antrag nicht allein aufgrund fehlender Präzedenzen ablehnen darf.[847]

Unabhängig von dem den Gerichten eingeräumten Ermessen haben sich gewisse Regelmäßigkeiten herausgebildet, von denen nicht ohne sachliche Rechtfertigung abgewichen werden darf.[848]

2. Übergabe des restlichen Inlandsvermögens

Auf der Basis von *comity*, *convenience* und *equity* wird insbesondere die Verwaltungs- und Verfügungsbefugnis des Insolvenzverwalters in einem Hauptinsolvenzverfahren regelmäßig auch auf das noch nicht übergegangene inländische Vermögen erweitert.[849]

Unklar ist, nach welchem Recht sich der Umfang der inländischen Insolvenzmasse in dem ausländischen Insolvenzverfahren richtet. Jedenfalls kann wohl nach *common law* das ausländische Insolvenzverfahren in Bezug auf das inländische Vermögen keine weitergehenden Wirkungen entfalten, als sie das inländische Insolvenzrecht für inländische Insolvenzverfahren vorsieht.[850] Innerhalb der Schranken des südafrikanischen Insolvenzrechts dürfte sich dann der Umfang der inländischen Insolvenzmasse nach der ausländischen *lex fori concursus* bestimmen.[851]

---

846 Siehe nur *Ex Parte Moolman NO: In re Builders and Developers (Pty) Ltd (in provisional Liquidation) (Jooste intervening)* 1989 (4) SA 253 (SE); *Moolman v Builders & Developers (Pty) Ltd (in provisional Liquidation): Jooste intervening* 1990 (1) SA 954 (A).

847 *Moolman v Builders & Developers (Pty) Ltd (in provisional Liquidation): Jooste intervening* 1990 (1) SA 954 (A).

848 Vgl. oben, A.VI.

849 *Ex Parte BZ Stegman* 1902 TS 40, 53 ff.; *Duncan NO, Manson's Creditors* (1906) 10 HCG 59; *In re insolvent Estate Moran* 1905 (15) CTR 563; *Ex Parte Steyn* 1979 (2) S. 309 (O).

850 *Chaplin NO v Gregory (or Wyld)* 1950 (3) SA 555 (C) 563 f.; *Mars*, S. 669 (§ 30.12).

851 Auch im eben zitierten Fall *Chaplin NO v Gregory (or Wyld)* stieg die Cape Provincial Division erst in die materielle Prüfung des inländischen Insolvenzrechts (hier section 21 IA) ein, nach dem sie festgestellt hat, dass der auf das im konkreten Fall betroffene

Ist kein inländisches Vermögen vorhanden oder wird die Anerkennung als Partikularinsolvenzverfahren beantragt, kommt insbesondere auch die Anordnung der Anwendbarkeit bestimmter Vorschriften des *Companies Act* und des *Insolvency Act* in Betracht, die der Ermittlung der Vermögensverhältnisse des Schuldners dienen.[852]

3. Schutz inländischer Gläubiger

(a) Generell

Bereits *Paulus Voet* schränkte die Anerkennung ausländischen Rechts im Inland auf der Basis von *comitas* dahingehend ein, dass damit „nicht viel Wohlbestelltes nach den eigenen Gebräuchen gestört“ werden dürfe.[853]

Entsprechend sind auch die südafrikanischen Gerichte regelmäßig darauf bedacht, die Rechte inländischer Gläubiger in angemessener Weise zu schützen und insoweit die Befugnisse des ausländischen Insolvenzverwalters einzuschränken. Hierzu ordnen die südafrikanischen Gerichte regelmäßig die Anwendbarkeit zahlreicher Normen des inländischen Insolvenzrechts an. Hierauf wird im Einzelnen noch im Rahmen der Ausführungen zum anwendbaren Recht einzugehen sein. Aufgrund von Art und Umfang der Anordnungen zum anwendbaren Recht kommt die inländische Verfahrensabwicklung der Durchführung eines inländischen Sekundärverfahrens gleich.[854]

(b) Begriffsbestimmung „inländische Gläubiger“

In diesem Zusammenhang wird üblicherweise der Begriff „*local creditors*“ verwendet, meist ohne näher zu definieren, welcher Personenkreis darunter zu subsumieren ist.

---

englische Verfahren anwendbare section 122 English Bankruptcy Act of 1914 dem ausländischen Gericht explizit die Befugnis einräumte, Unterstützung nach seiner lex fori zu leisten, und dass der English Bankruptcy Act of 1914 nach südafrikanischem Recht auch in Südafrika Geltung beanspruchte, siehe *Chaplin NO v Gregory (or Wyld)* 1950 (3) SA 555 (C) 563 D-E.

852 Vgl. dazu den Fall *Moolman* oben, A.VI.1. (b).

853 Siehe oben, Kap. 1 D.I.

854 Insoweit ähnlich wie das Schweizer Recht, wo auf die Anerkennung gesetzlich zwingend ein inländisches Sekundärverfahren durchzuführen ist, *Pogacar* ZfRV 2008, 258, 261; *Smith/Boraine* ABI Law Review 10 (2002) 135, 185, bezeichnen diese Praxis als „modified territoriality“, im Gegensatz zum reinen Territorialitätsprinzip und zum Universalitätsprinzip.

Dem natürlichen Wortverständnis nach muss es sich um Gläubiger mit bestimmten Inlandsbezügen handeln. Wenig weiterführend ist daher die Definition des *Transvaal Provincial Division* in *Ex Parte Gettliffe*, „*local creditors*“ im Sinne der *recognition order* sei gleichzusetzen mit „Gläubiger in der südafrikanischen Republik“.[855] Mittlerweile hat auch der *Constitutional Court* entschieden, dass eine Benachteiligung allein aufgrund ausländischer Herkunft oder Staatsangehörigkeit verfassungswidrig ist. Dies dürfte auch eine Differenzierung nach Wohnort oder Sitz ausschließen.[856] Richtigerweise dürften daher als inländische Gläubiger jene anzusehen sein, die an einem zur inländischen Insolvenzmasse gehörenden Gegenstand nach südafrikanischem Recht wirksam Rechte erworben haben und in deren Bestand daher ein berechtigtes, schützenswertes Vertrauen haben dürfen.

Vor diesem Hintergrund zu eng ist daher die Auffassung der *Witwatersrand Local Division* in *Clegg v Priestley*, wonach offenbar nur diejenigen Gläubiger inländische sind, deren Anspruch insgesamt in Südafrika entstanden ist.[857] Am ehesten überzeugt die Legaldefinition in zwei der kolonialen Gesetze über die Anerkennung ausländischer Insolvenzverfahren.[858]

Inländische Gläubiger sind demzufolge zunächst einmal diejenigen, die in Südafrika ihren (gewöhnlichen) Aufenthalt haben oder dort ein Unternehmen betreiben. Aus dem so begründeten Aufenthalt in Südafrika kann ein berechtigtes Vertrauen in die Anwendbarkeit bestimmter Regeln des inländischen Insolvenzsachrechts entstehen, insbesondere in den Bestand der eigenen Rechte am Verwertungserlös und des Ranges der eigenen Forderung.[859] Inländische Gläubiger sind daneben auch solche, die nach inländischem Recht eine Sicherheit am Schuldnervermögen erworben haben. Dazu gehören auch Drittgläubiger, die Rechte an Vermögensgegenständen der vorgenannten Gläubiger besitzen

---

855 *Ex Parte Gettliffe and another NNO: In re Dominion Reefs (Klerksdorp) Ltd (in Liquidation)* 1965 (4) SA 75 (T) 78A.

856 Siehe *Boraine/Evans*, The Law of Insolvency and the Bill of Rights, 4A8 (a) und die dort zitierten Rechtsprechungsnachweise.

857 Vgl. *Clegg v Priestley* 1985 (3) 950 (W) 952C: "(O)nly a creditor whose whole cause of action arose within the Republic of South Africa shall by virtue of this order aquire any rights to prove a claim".

858 Vgl. jeweils die Definition "local creditor" in section 1 Transvaal Foreign Trustees and Liquidators Recognition Act 1907 bzw. Orange River Colony Foreign Trustees and Liquidators Recognition Act 1908.

859 Dementsprechend erklären südafrikanische Gerichte in der recognition order regelmäßig auch die Vorschriften des südafrikanischen Insolvenzsachrechts über die Rechte am Verwertungserlös für anwendbar, siehe unten, Kap. 7 C. I.1.

(z.B. Sicherungszessionare, Pfändungsgläubiger des lokalen Gläubigers). Schließlich sind inländische Gläubiger auch diejenigen, deren Forderung in einem öffentlichen Register in Südafrika eingetragen ist.[860]

(c) Rule nisi

Normalerweise ergeht die *recognition order* zunächst nur vorläufig als sogenannte *rule nisi*, verbunden mit der Aufforderung an alle interessierten Parteien, bis zu einem bestimmten neuen Verhandlungstermin tatsächliche oder rechtliche Gründe vorzubringen, warum die *recognition order* nicht oder nicht in dem Umfang ergehen solle.[861] Zu diesem Zweck wird die Veröffentlichung der *rule nisi* im offiziellen Anzeiger (*Government Gazette*) und in einer oder mehrerer lokaler Tageszeitungen angeordnet.[862] Aus Sicht des südafrikanischen *common law*, dem es an einer gesetzlichen Regelung wie im deutschen autonomen Internationalen Insolvenzrecht fehlt, wird damit allen Beteiligten rechtliches Gehör gewährt.[863] Soweit trotzdem in einigen Fällen eine Anerkennung ohne vorherige *rule nisi*

---

860 Vgl. jeweils die Definition "local creditor" in section 1 Transvaal Foreign Trustees and Liquidators Recognition Act 1907 bzw. Orange River Colony Foreign Trustees and Liquidators Recognition Act 1908.

861 Allgemein zur rule nisi im südafrikanischen Insolvenzrecht *Mars*, S. 125 ff.

862 Vgl. *Leslie's Trustee v Leslie* 1903 TS 839, 841; *Ex Parte Link's Trustee* 1904 TS 251; *Re Estate Campbell* 1905 TS 28, 31; *In re African Farms Ltd* 1906 TS 373, 373 f.; *Re Greatrex & Son Ltd* 1906 TS 530, 532; *Ex Parte Sewell's Curator* 1906 TS 195, 195 f.; *Ex Parte Guedalla and another NO: In re F Lenders & Co Ltd (In Liquidation)* (1908) 25 SC 407, 409; *Ex Parte insolvent Estate Wright* (1908) 18 CTR 268; *In re Federal Supply and Cold Storage Co of South Africa Ltd (in Liquidation)* (1910) 27 SC 206, 207 ff.; *In re Melliar, Smith & Co: Ex Parte Hooper* 1922 CPD 116, 117; *Herman NO v Tebb* 1929 CPD 65, 66; *Ex Parte White's South African Portland Cement Company Ltd* 1948 (1) SA 169 (T) 173 f.; *Ex Parte Liquidator Shell Company of Rhodesia Ltd (in voluntary Liquidation)* 1964 (2) SA 223 (SR) 226B–H; *Ex Parte Gettliffe and another NNO: In re Dominion Reefs (Klerksdorp) Ltd (in Liquidation)* 1965 (4) S. 75 (T) 77H–78F; *Priestley v Clegg* 1985 (3) SA 955 (T) 956A; *Ex Parte Moolman NO: In re Builders & Developers (Pty) Ltd (in provisional Liquidation) (Jooste Intervening)* 1989 (4) SA 253 (SE) 253H–254J; *Bekker NO v Kotzé and another* 1996 (4) SA 1287 (N); *O'Brien*, Transnational Aspects, S. 24; *Meskin*, Insolvency Law, Anm. 4.58; *Smith/Boraine* ABI Law Review 10 (2002) 135, 183.

863 Vgl. *Clegg v Priestley* 1985 (3) SA 950 (W) 954F: "… fundamental principle of our law that the Court will not make a final order that may prejudice the rights of a person without notice to him". Wohl auch *Meskin*, Insolvency Law, Anm. 4.58; *Smith* (2002) 14 SA Merc LJ 17, 32; *Smith/Boraine* ABI Law Review 10 (2002) 135, 183.

erfolgte,[864] wurde diesen Entscheidungen daher zu Recht eine über den Einzelfall hinausgehende Präzedenzwirkung versagt.[865]

Fraglich ist jedoch, ob nicht ausnahmsweise zugunsten einer endgültigen Anordnung von einer *rule nisi* abgesehen werden kann, wenn keine inländischen Gläubiger vorhanden sind.[866] Das hängt davon ab, ob auch dem Schuldner vor Erlass einer endgültigen Entscheidung rechtliches Gehör einzuräumen ist. Teilweise wird dies mit Hinweis auf die rechtlichen Interessen des Schuldners bejaht.[867] Dem ist entgegenzuhalten, dass dem Schuldner regelmäßig bereits im Eröffnungsstaat umfassend rechtliches Gehör gewährt wurde.[868] Dies ist unter rechtsstaatlichen Gesichtspunkten aufgrund des umfassenden Verlustes der Verwaltungs- und Verfügungsbefugnis über sein Vermögen und des damit verbundenen schwerwiegenden Eingriffs in seine Grundrechte notwendig.[869]

---

864 So in *Re O'Connell: Ex Parte Pooley* (1893) 10 SC 62; *Ex Parte de Klerk* (1910) 20 CTR 40; *In re Estate Isaacs* (1910) 20 CTR 775; *Ex Parte Jacobs: In re Estate Hamburg* 1913 CPD 512; *Ex Parte Knight* 1916 OPD 92; *Ex Parte Steyn* 1979 (2) SA 309 (O) 311F–312E. *In Ex Parte Meinke* 1954 (4) SA 391 (T) 393E–395H verzichtete die Transvaal Provincial Division mit Zustimmung des einzigen inländischen Gläubigers auf eine rule nisi.

865 Vgl. insbesondere *Clegg v Priestley* 1985 (3) SA 950 (W) 954E–F.

866 So in *In re Bank of Africa Ltd: Ex Parte Beste* 1912 CPD 500; *In re Macdonald Ltd* 1923 EDL 15; *Ex Parte United African Lands Ltd* 1925 TPD 268; *Ex Parte Nelson* 1929 SWA 86.

867 *Clegg v Priestley* 1985 (3) SA 950 (W) 954F–J; *Meskin*, Insolvency Law, Anm. 4.58. Vgl. auch *Mars*, S. 667 (§ 30.11), wo stets ohne Ausnahmen eine rule nisi für erforderlich gehalten wird. Begründet wird dies scheinbar mit dem Recht aller Verfahrensbeteiligten, vor Gericht gehört zu werden. Wer diese noch zu hörenden Beteiligten seien, wird nicht weiter ausgeführt. Etwas widersprüchlich insoweit die weiteren Ausführungen, a.a.O, S. 668, wonach bei companies „normalerweise" eine rule nisi ergehen „sollte". Weshalb hier zwischen natürlichen Personen und companies unterschieden wird, ist nicht ersichtlich.

868 Im deutschen Recht bei Antragstellung, § 14 Abs. 2 InsO. Außerdem kann der Schuldner gegen den Eröffnungsbeschluss das Rechtsmittel der sofortigen Beschwerde einlegen, § 34 Abs. 2 InsO. Für Partikularverfahren (§ 354 InsO) dürften diese Vorschriften jedenfalls dann analog anwendbar sein, wenn noch kein ausländisches Hauptverfahren eröffnet wurde. In dem Fall hat das inländische Insolvenzgericht wie vor Eröffnung des normalen Insolvenzverfahrens die Eröffnungsgründe selbstständig festzustellen, MünchKommInsO-*Reinhart*, Bd. 3, § 354 Rn. 24, sodass dem Schuldner auch rechtliches Gehör und Rechtsschutz zu gewähren ist.

869 Zu den betroffenen Grundrechten vgl. MünchKommInsO-*Stürner*, Bd. 1, Einleitung, Rn. 88 ff.

Durch die Anerkennung werden wegen des universalen Wirkungsanspruchs des ausländischen Eröffnungsbeschlusses keine darüber hinausgehenden Interessen des Schuldners beeinträchtigt. Soweit das südafrikanische Recht diese universale Wirkung einschränkt, geschieht das vor allem zum Schutz inländischer Gläubiger, die möglicherweise von der Verfahrenseröffnung noch keine Kenntnis hatten.

Außerdem ist der Schuldner nicht gänzlich ohne Rechtsschutz. Er kann die nachträgliche Aufhebung der *recognition order* beantragen, wenn sie – etwa bei Verletzung des Anspruchs auf rechtliches Gehör im Eröffnungsstaat[870] – nicht hätte ergehen dürfen.[871] Deshalb wird hier davon ausgegangen, dass mangels inländischer Gläubiger von einer *rule nisi* abgesehen werden kann. Eine höchstrichterliche Klärung der Frage steht freilich noch aus.

4. Inländische Verfahrensdurchführung und Transfer des Vermögens

(a) Veröffentlichungspflicht

Die Erlaubnis für den ausländischen Insolvenzverwalter, aufgrund der *recognition order* mit seiner Tätigkeit zu beginnen, wird üblicherweise von verschiedenen Bedingungen abhängig gemacht.

In älteren Entscheidungen hatte der Insolvenzverwalter zunächst die inländischen Gläubiger über bestimmte Tageszeitungen öffentlich zu benachrichtigen und aufzufordern, ihre Forderungen in einer vom *Master* terminierten und durchzuführenden Gläubigerversammlung anzumelden.[872] In der jüngeren Praxis wird diese Aufgabe dagegen wie auch in südafrikanischen Verfahren dem *Master* übertragen.[873]

---

870 Die Verletzung des Anspruchs auf rechtliches Gehör wäre ein Verstoß gegen die public policy und damit ein Anerkennungshindernis, siehe oben, A.V.2. (a).

871 So geschehen in *Clegg v Priestley* 1985 (3) SA 950 (W), allerdings mit der Begründung, dass der Schuldner im Anerkennungsverfahren gehört hätte werden müssen. Vgl. auch *Ward v Smit: In re Gurr v Zambia Airways Corporation Ltd* 1998 (3) SA 175 (A) 180G–181A, im Zusammenhang mit der Möglichkeit der Aufhebung einer winding-uporder gem. section 354 (1) CA 1973.

872 Direkt angeordnet in *Re African Farms* 1906 TS 373, 384 (order (1 c)); *Re Greatrex & Son Ltd* 1906 TS 530, 532 (order (c)); *In re Melliar, Smith & Co: Ex Parte Hooper* 1922 CPD 116, 121 (order (c)); *Ex Parte White's South African Portland Cement Company Ltd* 1948 (1) SA 169 (T) 173 (order (1 ii a)); *Ex Parte Meinke* 1954 (4) SA 391 (T) 395G (order F (a)); *Ex Parte Gettliffe and another NNO: In re Dominion Reefs (Klerksdorp) Ltd (in Liquidation)* 1965 (4) SA 75 (T) 78C (order (a i).

873 Das ergibt sich indirekt aus der Anordnung der Anwendbarkeit der Regelungen über Gläubigerversammlungen und Forderungsanmeldung des Insolvency Act (dort sections 40, 44 IA) bzw. des Companies Act (dort ss 364, 366), vgl. *Moolman*

(b) Sicherheitsleistung

In älteren Judikaten wurde dem ausländischen Insolvenzverwalter außerdem auferlegt, dem *Master* eine Aufstellung über das inländische Vermögen und dessen Wert zu überlassen, bevor er mit seiner Tätigkeit in Südafrika fortfahren durfte.[874] Hintergrund ist möglicherweise die weitere regelmäßige Voraussetzung, dass der ausländische Insolvenzverwalter vor Beginn seiner Tätigkeit beim *Master* Sicherheit zu leisten hat. Damit soll die ordnungsgemäße Verwaltung des in Südafrika liegenden Vermögens, die Erfüllung der Pflichten des ausländischen Insolvenzverwalters aus der *recognition order* und die Tilgung anfallender Kosten sichergestellt werden. Die Höhe der Sicherheit wird normalerweise in das Ermessen des *Master* gestellt, wobei der Wert der inländischen Insolvenzmasse einer der Bemessungsfaktoren sein dürfte.[875] In der jüngeren Rechtsprechung wird das Junktim

---

v Builders & Developers (Pty) Ltd (in provisional Liquidation): Jooste intervening 1990 (1) SA 954 (A) 957I–J (order (d)); *Ex Parte Steyn* 1979 (2) SA 309 (O) 311H (order 3); *Clegg v Priestley* 1985 (3) SA 950 (W) 951J–952A (order (c)). Zum Insolvenzsachrecht insoweit MünchKommInsO-*Kupsch*, Bd. 3, Anhang, Länderbericht Südafrika, Rn. 38 ff., m.w.N.

874 *In re Melliar, Smith & Co: Ex Parte Hooper* 1922 CPD 116, 120 (order (3 b)); *Ex Parte White's South African Portland Cement Company Ltd* 1948 (1) SA 169 (T) 173 (order (1 ii f)); *Ex Parte Meinke* 1954 (4) SA 391 (T) 395G (order F (f)); *Ex Parte Gettliffe and another NNO: In re Dominion Reefs (Klerksdorp) Ltd (in Liquidation)* 1965 (4) S. 75 (T) 78C (order (a iv B, wobei sich die Anordnung auf "all the assets" bezieht. Dabei handelt es sich möglicherweise um eine sprachliche Ungenauigkeit.). Weniger eindeutig in Bezug auf den Zeitpunkt *Re African Farms* 1906 TS 373, 384 (order (1 b)); *Re Greatrex & Son Ltd* 1906 TS 530, 532 (order (b)), die jeweils die „unverzügliche" Übergabe einer Vermögensübersicht fordern.

875 *Moolman v Builders & Developers (Pty) Ltd (in provisional Liquidation): Jooste intervening* 1990 (1) SA 954 (A) 957G (order (b)); *Ex Parte Link's Trustee* 1904 TS 251, 252 (order (a): "Sicherheit äquivalent zum Wert des in Südafrika belegenen Vermö- gens". Das lokale Vermögen konnte aber vorher unter Aufsicht des Master realisiert werden, vgl. a.a.O., 253 order (f)); *Re African Farms* 1906 TS 373, 384 (order (1 a)); *Re Greatrex & Son Ltd* 1906 TS 530, 532 (order (a)); In *re Melliar, Smith & Co: Ex Parte Hooper* 1922 CPD 116, 120 (order (3 a)); *Ex Parte White's South African Portland Cement Company Ltd* 1948 (1) SA 169 (T) 173 (order (1 ii d, e); *Ex Parte Meinke* 1954 (4) SA 391 (T) 395G (order F (d, e)); *Ex Parte Gettliffe and another NNO: In re Dominion Reefs (Klerksdorp) Ltd (in Liquidation)* 1965 (4) SA 75 (T) 78C (order (a iv C). Bei den drei vorgenannten Entscheidungen war die Höhe der zu leistenden Sicherheit allerdings abhängig von den angemeldeten Forderungen. Ferner *Ex Parte Steyn* 1979 (2) SA 309 (O) 311G–H (order 2); *Clegg v Priestley* 1985 (3) 950, 951I (order A (b)).

zwischen Hereingabe der Vermögensübersicht und Fortgang des Verfahrens nicht mehr explizit vorgegeben.[876]

Die inländischen Gläubiger können auch auf die Sicherheit verzichten.[877] Im Übrigen darf der Insolvenzverwalter ohne Sicherheitsleistung nicht mit seiner Tätigkeit in Südafrika fortfahren. Wenn er nicht in der Lage ist, die Sicherheit zu zahlen, kann statt seiner auch nicht ohne Weiteres ein inländischer Insolvenzverwalter bestellt werden, solange kein inländisches Insolvenzverfahren eröffnet ist.[878]

(c) Inländische Zustellungsanschrift und Bankverbindung

Weitere Vorgaben sind üblicherweise die Eröffnung eines inländischen Insolvenzanderkontos[879] und die Benennung einer inländischen Adresse für gerichtliche Zustellungen und Vollstreckungshandlungen (*domicilium citandi et executandi*)[880].

Dadurch soll offenbar die Kontrolle durch inländische Gerichte sichergestellt werden. Außerdem wird durch die Eröffnung eines inländischen Bankkontos der Vollstreckungszugriff durch inländische Gerichte gewährleistet.[881]

(d) Rechnungslegungspflicht

Bevor der Insolvenzverwalter Vermögen ins Ausland transferieren darf, muss er seine inländische Verwaltertätigkeit gegenüber dem *Master* abrechnen und ein

---

876 Vgl. *Moolman v Builders & Developers (Pty) Ltd (in provisional Liquidation): Jooste intervening* 1990 (1) SA 954 (A) 957F–958D; *Ex Parte Steyn* 1979 (2) SA 309 (O) 311F–312D; *Clegg v Priestley* 1985 (3) SA 950 (W) 951G–952D.

877 Vgl. *Ex Parte Meinke* 1954 (4) SA 391 (T) 392A, 395F. Dort hatte die Transvaal Provincial Division die Forderung des verzichtenden Gläubigers von der Sicherheitsleistung ausgenommen. Sicherheit musste demzufolge nur noch in Höhe der voraussichtlichen Verfahrensgebühren und gegebenenfalls für weitere angemeldete Forderungen geleistet werden.

878 *Allan and Shaw Limited (in Liquidation) v King* 1912 CPD 115, 119 f.; *Ex Parte the Master: In re the Suther and Reefs Proprietary GM Ltd* 1913 TPD 431, 432 f.

879 Dies ergibt sich aus der häufigen Anordnung der Anwendbarkeit von section 70 IA, die die Eröffnung eines (inländischen) bank account vorschreibt.

880 *In re Federal Supply and Cold Storage Co of South Africa Ltd (in Liquidation)* (1910) 27 SC 206, 209 (order (h)); *Ex Parte Francis* NO 1933 SWA 11, 13 (order (1 d)). Vgl. auch section 3 Foreign Trustees and Foreign Liquidators Recognition Act 1907 (Transvaal); section 3 The Non-Cape Trustees and Liquidations Recognition Act 1907 (Cape); section 3 Foreign Trustees and Liquidators Recognition Act 1908 (Orange River Colony).

881 Vgl. insoweit auch SALC, Interim Report, Anm. 4.24 ff., zu den entsprechenden Überlegungen beim Entwurf des CBIA.

Verteilungsverzeichnis erstellen. Im Verteilungsverzeichnis sind die (nach südafrikanischem Recht[882]) vorzugs- und absonderungsberechtigten Gläubiger und ihre beabsichtigte Befriedigung aus der inländischen Insolvenzmasse aufzuführen.[883] Inländische Gläubiger genießen als solche keinen Vorrang vor ausländischen Gläubigern.[884]

(e) Teilnahmerechte der Gläubiger

Lange Zeit wurde der Kreis der anmeldungsberechtigten Gläubiger nicht auf inländische Gläubiger beschränkt. Das ging einher mit der gleichberechtigten Teilnahme aller inländischen und ausländischen einfachen Gläubiger an der Verteilung des inländischen Verwertungserlöses. Nach Abzug der Verfahrenskosten und der Befriedigung der bevorrechtigten Gläubiger gehörte der im Verteilungsverzeichnis entsprechend ausgewiesene Restbetrag zur weltweiten (Gesamt-)Insolvenzmasse. Der ausländische Insolvenzverwalter konnte darüber frei verfügen, wenn die auf die im Inland angemeldeten Forderungen entfallende Quote an der Gesamtmasse feststand und diese befriedigt beziehungsweise deren Zahlung durch eine Sicherheitsleistung garantiert war.[885]

---

882 Siehe unten, Kap. 7 C.I.1.

883 Direkt angeordnet in *Re African Farms* 1906 TS 373, 384 f. (order (1 e i)); *Re Greatrex & Son Ltd* 1906 TS 530, 532 (order (e i)); *In re Melliar, Smith & Co: Ex Parte Hooper* 1922 CPD 116, 121 (order (e 1)); *Ex Parte White's South African Portland Cement Company Ltd* 1948 (1) SA 169 (T) 173 (order (1 ii g)); *Ex Parte Meinke* 1954 (4) S. 391 (T) 395G (order F (g)); *Ex Parte Gettliffe and another NNO: In re Dominion Reefs (Klerksdorp) Ltd (in Liquidation)* 1965 (4) SA 75 (T) 78C (order (a iii). Bei den drei vorgenannten Entscheidungen ergibt sich dies über die Verweisung auf die Vorschriften des Transvaal Foreign Trustees and Foreign Liquidators Recognition Act 1907, dort ss 6, 7. In jüngeren Entscheidungen wird auf die analoge Anwendbarkeit der Vorschriften des Insolvency Act betreffend das Erstellen eines Verteilungsverzeichnisses verwiesen (dort ss 91 ff. IA), vgl. *Moolman v Builders & Developers (Pty) Ltd (in provisional Liquidation): Jooste intervening* 1990 (1) SA 954 (A) 957I–J (order (d)); *Ex Parte Steyn* 1979 (2) SA 309 (O) 311H (order 3); *Clegg v Priestley* 1985 (3) SA 950 (W) 951J–952A (order (c)). Zum Insolvenzsachrecht insoweit MünchKommInsO-*Kupsch*, Bd. 3, Anhang, Länderbericht Südafrika, Rn. 45 ff.

884 *In re testate Estate of Edwin Allan Skeen* 27 NLR 127, 129 ff.; *Ex Parte Steyn* 1979 (2) SA 309 (O) 311 B–C; *Mars*, S. 669 (§ 30.12).

885 *Re African Farms* 1906 TS 373, 382, 384 f. (order (1 e–f)); *Re Greatrex & Son Ltd* 1906 TS 530, 533 (order (e–g)); *In re Melliar, Smith & Co: Ex Parte Hooper* 1922 CPD 116, 121 (order (e–h)); *Ex Parte White's South African Portland Cement Company Ltd* 1948 (1) SA 169 (T) 173 (order (1 ii g)); *Ex Parte Meinke* 1954 (4) SA 391 (T)

Von dieser langjährigen Praxis der Gläubigergleichbehandlung wurde seit der Entscheidung *Ex Parte Gettliffe*[886] zunehmend abgewichen. Entweder wurden von vornherein nur inländische Gläubiger zur Forderungsanmeldung zugelassen, die dann aus dem Verwertungserlös des inländischen Vermögens vollständig vorab zu befriedigen waren.[887] Oder es wurde angeordnet, dass im Inland angemeldete Forderungen vorab zu befriedigen sind, wobei die Anmeldeberechtigung ausländischer Gläubiger nicht explizit ausgeschlossen war.[888]

Aufgrund der letztgenannten, etwas liberaleren Rechtsprechung kann zwar nicht generell geschlussfolgert werden, dass ausländische Gläubiger nach dem

---

395G (order F (g)). Bei den beiden vorgenannten Entscheidungen ergibt sich dies über die Verweisung auf die Vorschriften des Transvaal Foreign Trustees and Foreign Liquidators Recognition Act 1907, dort ss 7–9. So auch ss 8–10 Non-Cape Trustees and Liquidators Recognition Act 1907 (Cape Colony) und ss 7, 9 Foreign Trustees and Liquidators Recognition Act 1908 (Orange River Colony). Siehe auch *Re Greatrex & Son Ltd* 1908 TS 201, 203 ff.; *Ex Parte Liquidator of Mcarthur, Atkins & Co* 1909 TS 753, 754: "The position taken by this Court is, not that the Transvaal creditors are to have any preference over others, but that the assets here shall not be allowed to go out of the country until the dividend which the local creditors are to receive has been provided for. (…)" Und weiter a.a.O., 756: "When the Transvaal creditors have received the full dividend which the estate as a whole will pay, then let the balance of the local assets go out of the country to satisfy the claims of foreign creditors".

886 *Ex Parte Gettliffe and another NNO: In re Dominion Reefs (Klerksdorp) Ltd (in Liquidation)* 1965 (4) SA 75 (T).

887 *Ex Parte Gettliffe and another NNO: In re Dominion Reefs (Klerksdorp) Ltd (in Liquidation)* 1965 (4) SA 75 (T) 78E (order (a v); *Clegg v Priestley* 1985 (3) SA 950 (W) 952C–D (orders (c iii, v)). Gänzlich unverständlich die Beschränkung der Anmeldungsfähigkeit gesicherter oder bevorzugter Forderungen auf inländische Gläubiger bzw. solche Forderungen, die insgesamt in Südafrika entstanden sind, *Ex Parte Steyn* 1979 (2) SA 309 (O) 312C (order 3 c). Ein ausländischer Gläubiger, der sich seine im Ausland entstandene Forderung durch eine Grundschuld oder ein Pfandrecht in Südafrika sichern lassen hat, wäre demnach nicht als absonderungsberechtigter Gläubiger anmeldungsberechtigt. Diese Entscheidung ist dafür zu Recht im Schrifttum kritisiert worden, siehe *Smith* (2002) 14 SA Merc LJ 17, 33 f.; *Smith/Boraine* ABI Law Review 10 (2002) 135, 184.

888 *Moolman v Builders & Developers (Pty) Ltd (in provisional Liquidation): Jooste intervening* 1990 (1) SA 954 (A) 958D (order (d v)); *Ex Parte Steyn* 1979 (2) SA 309 (O) 312C (order 3 e). Siehe allerdings *Meskin*, Insolvency Law, Anm. 17.3.2.5, wo die Ansicht vertreten wird, die *Moolman*-Entscheidung erlaube nur inländischen Gläubigern die Forderungsanmeldung bezüglich des inländischen Vermögens. Dem wird hier widersprochen. Für ein solches Verständnis geben die Entscheidungsgründe keine Anhaltspunkte.

common law mit ihren Forderungen nach den inländischen einfachen Gläubigern rangierten.[889] Dennoch ist darin eine deutliche Tendenz zu einem restriktiveren *common law* zu erkennen, die vom Schrifttum so bisher nicht bemerkt wurde.[890]

Über die Gründe lässt sich nur mutmaßen.[891] Die restriktivere Praxis der jüngeren Vergangenheit führt jedenfalls zu einer Störung des Grundsatzes der Gläubigergleichbehandlung auf internationaler Ebene. Das ist nicht nur verfassungsrechtlich bedenklich, sondern steht auch im Widerspruch zu dem für das neue Südafrika durch den *Supreme Court of Appeal* bestätigten Bekenntnis zur Gläubigergleichbehandlung in internationalen Insolvenzverfahren.[892] Nicht zuletzt dieses Bekenntnis des höchsten Zivilgerichts Südafrikas lässt für die Zukunft auf eine Rückkehr zur alten Rechtspraxis hoffen.[893]

Ausländische Gläubiger müssen ihre Forderung aber jedenfalls persönlich oder durch einen Bevollmächtigten anmelden. Letzterer kann nach hier vertretener Auffassung auch der Insolvenzverwalter sein.[894] Nach hier vertretener Auffassung ist ein Gläubiger grundsätzlich auch dann zur (lokalen) Anmeldung seiner Forderung

---

889 A.A. *Mars*, S. 679 f.; *Smith/Boraine* ABI Law Review 10 (2002) 135, 214, die insoweit allerdings jeweils die Rechtsprechung nicht hinreichend analysieren. Zweifelnd auch *Meskin*, Insolvency Law, Anm. 17.3.2.5. Laut Joubert-*Edwards/Kahn*, Anm. 326, genießen inländische Gläubiger als solche keine Bevorzugung gegenüber ausländischen Gläubigern.

890 Bezeichnend *Mars*, wo es auf S. 670 (§ 30.13) unter Bezugnahme auf die umfangreiche ältere Rechtsprechung noch heißt: "These conditions (for the protection of local creditors) ensure that the estate as a whole should be equally divided and that dividends due to local creditors should be paid out of local assets, if sufficient." Wenig später auf S. 679 f. wird dann kommentarlos die Ansicht vertreten, ausländische Gläubiger rangierten im common law generell nach den südafrikanischen Gläubigern.

891 Möglicherweise handelt es sich um eine Begleiterscheinung der zunehmenden Isolation Südafrikas von der Staatengemeinschaft infolge der Apartheidpolitik ab Mitte der 1960er Jahre.

892 *Ward v Smit: In re Gurr v Zambia Airways Corporation Ltd* 1998 (3) SA 175 (A) 179H: "Indeed, quite apart from principles of international comity, the advantages of having one *concursus creditorum* are obvious. The object of a creditors' winding-up is to ensure a fair division of the company's property among the creditors according to their legal rights. Where there is both a local *concursus* and a foreign *concursus* it may well be that one group of creditors will be either favoured or disadvantaged depending on the location of the company's assets".

893 Vgl. auch *Mars*, S. 670 (§ 30.13: "These conditions (for the protection of local creditors) ensure that the estate as a whole should be equally divided and that dividends due to local creditors should be paid out of local assets, if sufficient."

894 Siehe dazu oben, Kap. 3 C.II.1.

in Südafrika berechtigt, wenn er diese in dem anerkannten oder einem anderen ausländischen Insolvenzverfahren angemeldet und hierauf bereits eine Quote erlangt hat. Das gleiche gilt, wenn er freiwillig oder im Wege der Einzelzwangsvollstrekkung eine Teilbefriedigung seiner Forderung erlangt hat. Er nimmt lediglich solange nicht am Verfahren teil, bis die übrigen Gläubiger ihm gleichgestellt sind.[895]

5. Wirkung auf laufende Zivilprozesse

(a) Problematik

Die wirtschaftliche und rechtliche Basis laufender Verfahren vor staatlichen Gerichten wird durch die Eröffnung des Insolvenzverfahrens über das Vermögen einer Partei erheblich verändert.

Die Gegenpartei muss sich fragen, ob eine Weiterführung des Rechtsstreits wirtschaftlich und rechtlich noch sinnvoll ist. Mit der Eröffnung des Insolvenzverfahrens hat sich ihr bisher abstraktes Risiko, selbst bei Obsiegen ihre Forderung oder auch nur ihren Anspruch auf Erstattung der Verfahrenskosten wirtschaftlich nicht mehr durchsetzen zu können, deutlich konkretisiert.

Ist der Insolvenzschuldner anwaltlich vertreten, so sind seine Prozessbevollmächtigten unabhängig vom Fortbestand ihres Mandats[896] möglicherweise aus wirtschaftlichen Gründen nicht mehr bereit, den Insolvenzschuldner zu vertreten. Mit dem Insolvenzverwalter ist außerdem eine weitere Partei hinzugekommen, die ein rechtliches Interesse am Ausgang des Rechtsstreits hat. Dieser braucht Zeit, um sich über den Prozessstoff zu informieren und um einschätzen zu können, ob eine Weiterführung des Verfahrens oder ein Anerkenntnis der Forderung im Sinne der Insolvenzmasse geboten ist.

(b) Regelung für inländische Insolvenzverfahren

Damit sich die Prozessbeteiligten auf die veränderte Lage einstellen können, hat der Gesetzgeber für inländische Insolvenzverfahren eine automatische vorübergehende Unterbrechung laufender Zivil- und Schiedsverfahren angeordnet.[897]

895 Siehe dazu oben, Kap. 3 C.II.2.

896 Für das deutsche Recht vgl. §§ 115, 116 InsO, wonach das Mandatsverhältnis mit Verfahrenseröffnung grundsätzlich erlischt. In Südafrika gibt es eine vergleichbare Regelung, vgl. MünchKommInsO-*Kupsch*, Bd. 3, Anhang, Länderbericht Südafrika, Rn. 58, m.w.N.

897 Vgl. section 20 (1) (b) IA (Erkenntnisverfahren), section 20 (1) (c) IA (Vollstrekkungsverfahren) bzw. für companies section 359 (1) CA 1973, die allerdings jeweils

Außerdem verliert der Schuldner mit Verfahrenseröffnung die Befugnis, als richtige Partei Prozesse für die Insolvenzmasse zu führen. Das ergibt sich zwar nicht unmittelbar aus dem *Insolvency Act*, aber doch daraus, dass dieses Recht als Bestandteil des Schuldnervermögens in das Eigentum des Insolvenzverwalters übergeht.[898] Für Verfahren nach dem *Companies Act 1973* gilt prinzipiell dasselbe.[899]

(c) Automatische Wirkungen ausländischer Insolvenzverfahren?

Bei ausländischen Insolvenzverfahren ist die Lage komplexer. Wie oben festgestellt, entfaltet die ausländische Eröffnungsentscheidung in Südafrika vor ihrer formellen Anerkennung in Südafrika nur sehr eingeschränkte Wirkungen. Selbst wenn man annimmt, dass in Verfahren, die natürliche Personen betreffen, hinsichtlich des weltweiten Mobiliarvermögens ein automatischer Eigentumswechsel stattfindet, folgt aus dem damit verbundenen Übergang der Sachlegitimation auf den Insolvenzverwalter nicht logisch zwingend die Unterbrechung inländischer Zivilverfahren.[900]

Folglich kann ein Gläubiger den Schuldner auch nach Eröffnung eines ausländischen Insolvenzverfahrens grundsätzlich regulär vor südafrikanischen

---

ausschließlich für Zivilverfahren gelten. Dazu ferner *Harms*, Civil Procedure, A7.5; *Mars*, S. 173 ff.; *Meskin*, Insolvency Law, Anm. 6.1 ff.; MünchKommInsO-*Kupsch*, Bd. 3, Anhang, Länderbericht Südafrika, Rn. 30, 34. Für Schiedsverfahren gilt prinzipiell das Gleiche, vgl. 5 (2) Arbitration Act 42 of 1965. Die South African Law Reform Commission hat die Übernahme des UNCITRAL Modellgesetzes über Internationale Schiedsverfahren 1985 empfohlen, dabei aber Regelungen für den Fall der Insolvenz einer Partei bewusst ausgespart, vgl. South African Law Commission, Project 94, Arbitration: An international Arbitration Act for South Africa, Report July 1998, Anm. 2.284, erhältlich auf der Website der Reformkommission unter http://salawreform.justice.gov.za/reports.htm.

898 *Voget v Kleynhans* 2002 JOL 10217 (E) Rn. 22; *Mars*, S. 339 f.; *Meskin*, Insolvency Law, Anm. 5.14.3 und 6.6.3; *Sharrock/van der Linde/Smith*, Hockly's, S. 60 f., jeweils auch zu Ausnahmen. Verinzelt wurde dies von den Kolonialgerichten unter englischem Einfluss teilweise anders gesehen, vgl. *Perrin v Turton* 1878 Kotzè 25, 28 f.

899 Vgl. section 386 (4) (a) CA 1973; *Meskin*, Insolvency Law, Anm. 6.14.2. Der Verlust der Prozessführungsbefugnis der company ergibt sich aus dem Verlust der Verwaltungs- und Verfügungsbefugnis über das company-Vermögen gem. section 361 (1) CA 1973.

900 So auch zum deutschen Recht *Baumbach/Lauterbach/Albers/Hartmann*, ZPO, § 240 Rn. 2. Siehe auch *Habscheid* KTS 1990, 403 ff.

Gerichten belangen.[901] Dabei kommt es nicht darauf an, ob der Gläubiger mit seiner Forderung an dem ausländischen Insolvenzverfahren teilnimmt[902] oder ob er zumindest Gelegenheit dazu hatte[903]. Eine bereits erhaltene Quote muss er sich aber anrechnen lassen.[904] Etwas anderes gilt, wenn die Forderung nach dem Forderungsstatut bereits erloschen ist.[905]

Soweit die Fiktion *mobilia personam sequuntur* zur Anwendung kommt, kann der Gläubiger jedoch nicht aus dem von ihm erstrittenen Titel in das inländische

---

901 *Samsudin v de Villiers Berrange NO* (Supreme Court of Appeal, Case No 170/2005, 31 May 2006), saflii, Rn. 19. So bereits *Alexander & Co v Lioni* (1875) 5 Buch 79, 80 und die nachfolgende Kolonialrechtsprechung. Siehe auch *Mars*, S. 170; *Smith/ Boraine* ABI Law Review 10 (2002) 135, 185; *Nathan*, SA Insolvency Law, S. 443. *Mars*, a.a.O., Fn. 8 zitiert unterstützend auch den Supreme Court of Appeal in *Sackstein NO v Proudfoot SA (Pty) Ltd* 2003 (4) SA 348 (A). Dieser Entscheidung lag jedoch ein Sachverhalt mit einem parallel laufenden inländischen Insolvenzverfahren zugrunde, wo die Rechtslage etwas anders zu beurteilen ist. Zur *Proudfoot*-Entscheidung siehe unten, Kap. 7 C.V.2.

902 *Alexander & Co v Lioni* (1875) 5 Buch 79, 80 f.; *Oxford v P Hope* (1886) 7 NLR 73, 74; *African Banking Corporation v Owen* (1897) 4 Off Rep 253, 256 f.; *Cloete v Botha* 1907 ORC 1; *Herman NO v Tebb* 1929 CPD 65, 76. Nicht ganz eindeutig ist die Entscheidung *De Hart v Steyn* 1879 Kotzè 132, 133 f. Ein Gläubiger hatte den Schuldner, über dessen Vermögen im Orange Free State ein Insolvenzverfahren eröffnet worden war, im Transvaal verklagt. Als lex contractus hatte das Gericht das Recht des Orange Free State festgestellt. Erfüllungsort und domicile des Gläubigers lagen ebenfalls im Orange Free State. Der Generalanwalt plädierte für Klageabweisung wegen unzulässiger Beweismittel und verwies außerdem auf das laufende Insolvenzverfahren, an dem der Gläubiger teilnehmen müsse. Der Transvaal Supreme Court wies die Klage ab, wobei in den veröffentlichten Entscheidungsgründen lediglich ein pauschaler Hinweis auf die Argumentation des Generalanwalts steht. Es wird hier davon ausgegangen, dass sich das Gericht insoweit nur auf das Argument der unzulässigen Beweisführung bezog. Anderenfalls hätten spätere Entscheidungen dieser Entscheidung größere Bedeutung zugemessen.

903 *African Banking Corporation v Owen* (1897) 4 Off Rep 253, 256 ff.; *Langerman v van Iddekinge* 1916 TPD 123, 124 f.; *Ex Parte Solomon* 1928 WLD 1, 2. So wohl bereits *Nordon v Solomon, QQ The Assignees of Charke* (1847) 2 Menz 393 (Duldungsklage aus Schiffshypothek trotz englischen Insolvenzverfahrens).

904 *Alexander & Co v Lioni* (1875) 5 Buch 79, 80 f.

905 *Alexander & Co v Lioni* (1875) 5 Buch 79, 80 f.; *African Banking Corporation v Owen* (1897) 4 Off Rep 253, 257 f.; *Langerman v van Iddekinge* 1916 TPD 123, 124 f. Siehe dazu auch Ausführungen zur Anerkennung einer ausländischen Restschuldbefreiung unten, C.II.

Mobiliarvermögen vollstrecken.[906] Auch ein inländischer Arrest in solches Vermögen zum Zwecke der Zwangsvollstreckung ist deshalb unzulässig.[907]

Zweifelhaft ist die Zulässigkeit von Klagen, die einen beweglichen Vermögensgegenstand der Aktivinsolvenzmasse betreffen. Nach der Regel *mobilia personam sequuntur* müsste die Sachbefugnis insoweit automatisch auf den Insolvenzverwalter übergehen, der Schuldner wäre hier also nicht mehr richtige Partei. In *Perrin v Turton* entschied der *Transvaal Supreme Court*, der Insolvenzschuldner könne trotzdem auf Herausgabe eines massezugehörigen Gegenstandes oder auf Wertersatz klagen.[908] Diese Entscheidung erging jedoch unter Gleichsetzung des südafrikanischen Eigentumsbegriffs mit dem des englischen Rechts. Danach habe der Insolvenzverwalter zwar ein höherrangiges Eigentum (*better title*) als der Insolvenzschuldner. Im Verhältnis zu Dritten verliere er aber sein Eigentum an den zur Insolvenzmasse gehörenden Vermö- gensgegenständen nicht.[909]

Die Entscheidung kann vor dem Hintergrund, dass eine solche Abstufung des Eigentums dem südafrikanischen Recht mit seinem absoluten Eigentumsverständnis fremd ist, nicht überzeugen.[910] Richtigerweise dürfte eine nach Eröffnung des ausländischen Insolvenzverfahrens erhobene Aktiv- oder Passivklage des Insolvenzschuldners unzulässig sein, wenn wenn sie die Insolvenzmasse betrifft.

(d) Unterbrechung inländischer Zivilprozesse auf Antrag

In den übrigen Fällen kann der Insolvenzverwalter schon vor Anerkennung des ausländischen Insolvenzverfahrens die Unterbrechung inländischer Zivilverfahren beantragen.

Die Gerichte sind grundsätzlich nicht verpflichtet, einem solchen Antrag stattzugeben. In den Entscheidungssammlungen lässt sich jedoch kein Fall finden, in dem ein entsprechender Antrag abgelehnt wurde. Stattdessen wurde mehrfach

---

906 *Cape of Good Hope Bank v Melle* (1893) 10 SC 280, 286: "It is obvious that, if judgment is here given against the defendant, it cannot operate upon property already vested in the Transvaal trustee." Das hindert den Gläubiger jedoch nicht, seine Forderung im Inland titulieren zu lassen, wobei nicht in movables vollstreckt werden darf, die ja bereits im Eigentum des trustee stehen, a.a.O., 288. Dem folgend *Cloete v Botha* 1907 ORC 1, 2.

907 Vgl. *Kirkland v Romyn NO* 1915 AD 327, 330. Der Fall betraf zwar ein inländisches Insolvenzverfahren. Im Anwendungsbereich der Fiktion mobilia personam sequuntur kann für ausländische Verfahren jedoch nichts anderes gelten.

908 *Perrin v Turton* 1878 Kotzè 25, 28 f.

909 *Perrin v Turton* 1878 Kotzè 25, 28 f.

910 Siehe zum Eigentum im südafrikanischen Recht Zimermann/Visser-*Milton*, S. 657 ff.

eine Verfahrensunterbrechung gewährt, um dem Insolvenzverwalter genügend Zeit zur Vorbereitung des Anerkennungsverfahrens zu geben.[911] Begründet wurde dies mit dem Kompetenzverlust der Unternehmensleitung im Zuge der Eröffnung des Insolvenzverfahrens und der dadurch bedingten notwendigen Neuordnung der inländischen Prozessführung durch den ausländischen Insolvenzverwalter. Die Situation sei insoweit vergleichbar mit dem plötzlichen Tod oder der plötzlichen Geisteskrankheit einer Prozesspartei.[912] Nicht minder gewichtig scheint das Argument *comity*. Darauf basierend wurde die Inlandsklage eines einfachen Insolvenzgläubigers unterbrochen. Die individuelle Rechtsverfolgung widerspreche dem „Grundgedanken des (in dem Fall) englischen Insolvenzverfahrens“, das eine gerechte Verteilung des Schuldnervermögens unter den Gläubigern sicherstellen solle.[913]

Auch durch die Anerkennung des ausländischen Insolvenzverfahrens werden laufende Zivilverfahren in Südafrika nicht automatisch unterbrochen. Die gesetzlichen Vorschriften sind nur auf inländische Verfahren anwendbar. Weil nur die Bestellung des Insolvenzverwalters, nicht aber die Eröffnungsentscheidung als solche anerkannt wird, erlangt der Schuldner durch die Anerkennung des Verfahrens keinen Insolvenzstatus in Südafrika.[914] Damit scheidet auch eine automatische Unterbrechung nach *common law* von vornherein aus.

Entsprechende Anordnungen können aber in der *recognition order* oder nachträglich im jeweiligen Verfahren getroffen werden. Fälle, in denen ein darauf gerichteter Antrag abgelehnt wurde, sind nicht bekannt. Generell spricht viel dafür, dass das mit der Sache befasste Gericht sein Ermessen zugunsten eines solchen Antrags ausübt. Hervorzuheben ist neben den eingangs skizzierten Schwierigkeiten, die sich durch die Eröffnung des Insolvenzverfahrens über das Vermögen eines Prozessbeteiligten ergeben, insbesondere das Erfordernis eines geordneten Verfahrens zur gleichmäßigen Befriedigung aller Gläubiger. Auf dieser Basis wurde in der Vergangenheit sowohl in Erkenntnis- als auch in

---

911 Vgl. *The Gordon Diamond Mining Company v Shepherd* (1891) 6 HCG 52, 53 f.; *Re Mcarthur, Atkins & Co Ltd* 1909 TS 84, 86 (Unterbrechung für zunächst einen Monat, durch Gerichtsbeschluss verlängerbar); *In re Federal Supply and Cold Storage Co of South Africa Ltd (in Liquidation)* (1910) 27 SC 206, 209.

912 *Re Mcarthur, Atkins & Co Ltd* 1909 TS 84, 85.

913 *The Gordon Diamond Mining Company v Shepherd* (1891) 6 HCG 52, 53 f.

914 Vgl. *Ex Parte the Master: In re the Suther and Reefs Proprietary GM Ltd* 1913 TPD 431; *The National Bank v Deutsche Farmgesellschaft* 1924 SWA 106, 110; *Herman NO v Tebb* 1929 CPD 65, 76; *Chaplin NO v Gregory* 1950 (3) SA 555 (C) 562A–B; Joubert-*Edwards/Kahn*, Anm. 326; *O'Brien*, Transnational Aspects, S. 23; *Smith/Boraine* ABI Law Review 10 (2002) 135, 185.

Vollstreckungsverfahren eine Unterbrechung des Verfahrens angeordnet.[915] Mit Blick auf die neue Verfassung und ihren Grundrechtskatalog dürfte der bisher in diesem Zusammenhang nicht diskutierte Anspruch auf rechtliches Gehör, den der neue Insolvenzverwalter in Bezug auf massezugehörige Streitgegenstände genießt, zusätzliche Bedeutung erlangen.

6. Vorläufige Sicherungsmaßnahmen

(a) Problematik

Spätestens mit Kenntnis vom Antrag auf Eröffnung eines Insolvenzverfahrens erreicht die Verunsicherung der Gläubiger ihren Höhepunkt. Ohne vorläufige Sicherungsmaßnahmen würde spätestens jetzt ein Wettlauf der Gläubiger um das noch vorhandene Vermögen beginnen. Die Vermögenslage des Schuldners würde sich so innerhalb kürzester Zeit weiter dramatisch verschlechtern. Die Erreichung der Ziele des Insolvenzverfahrens wäre ernsthaft gefährdet. Eine Unternehmenssanierung würde so möglicherweise erst durch den Insolvenzantrag verhindert, weil dieser den entscheidenden Vermögensschwund ausgelöst hat. Neben der zu erwartenden allgemeinen Quotenverschlechterung stünde die Durchführung eines geordneten Verfahrens zur gleichmäßigen Befriedigung aller Gläubiger insgesamt auf dem Spiel, wenn die dazu benötigten finanziellen Mittel verloren gehen.

Nationale Insolvenzordnungen sehen deshalb für inländische Insolvenzverfahren die Anordnung vorläufiger Sicherungsmaßnahmen vor, bis über den Insolvenzantrag entschieden wurde. Das deutsche Recht enthält in § 21 InsO einen

---

915 In diesem Sinne der Transvaal Supreme Court in *Re African Farms* 1906 TS 373, 383: „(I)t seems to me, on principle, that the Court should interfere to prevent a local creditor taking or continuing legal proceedings against a company in liquidation elsewhere with knowledge of the facts. Otherwise the recognition of such foreign liquidation would be a mere empty form". Soweit der Transvaal Supreme Court auf die Kenntnis des Gläubigers vom ausländischen Verfahren abstellt, kann dies ohne ersichtlichen Grund schwerlich als Einschränkung verstanden werden. In *Re Greatrex & Son Ltd* 1906 TS 530, 533 erging durch dasselbe Gericht gleichzeitig eine Unterlassungsanordnung inter omnes, also auch mit Wirkung gegenüber Gläubigern, die möglicherweise bisher keine Kenntnis von der Eröffnung des Insolvenzverfahrens hatten. Ferner *The Gordon Diamond Mining Company v Shepherd* (1891) 6 HCG 52, 53 f.; *Allan & Shaw Limited (in Liquidation) v King* 1912 CPD 115, 120; *O'Brien*, Transnational Aspects, S. 23; *Smith/Boraine* ABI Law Review 10 (2002) 135, 185. Vgl. auch *The National Bank v Deutsche Farmgesellschaft* 1924 SWA 106, 111 f.; *Ex Parte Lawton NO and Ruskin NO* 1950 (3) SA 129 (SWA) 130B.

entsprechenden Maßnahmenkatalog, dessen Handhabung es in das pflichtgemäße Ermessen des Insolvenzgerichts stellt.[916] Ähnliche Regelungen enthält das südafrikanische Recht.[917]

(b) Vorläufige Sicherungsmaßnahmen aufgrund eines ausländischen Insolvenzantragsverfahrens

Auch rechtliche Maßnahmen, die insbesondere im ausländischen Insolvenzantragsverfahren lediglich vorläufig das Vermögen des Schuldners sichern sollen, sind nicht ohne Weiteres im Inland wirksam. Der deutsche Gesetzgeber hat deren Wirkungserstreckung deshalb ausdrücklich angeordnet[918] und zusätzlich die Möglichkeit eingeräumt, Sicherungsmaßnahmen nach deutschem Recht zu erlassen[919]. Eine entsprechende gesetzliche Regelung existiert für das südafrikanischen Recht nur im Anwendungsbereichs des *Cross-Border Insolvency Act*.[920]

Das *common law* kennt grundsätzlich keine Wirkungserstreckung ausländischer Sicherungsmaßnahmen. Einmal mehr ist es aber auch hier in das Ermessen der Gerichte gestellt, entsprechende Maßnahmen anzuordnen. Darunter fällt die oben bereits angesprochene mögliche Anordnung der Unterbrechung inländischer Zivilprozesse.[921] In *Ex Parte Celliers NO* erwirkte der ausländische Insolvenzverwalter einen vorläufigen Arrest bis zum eigentlichen Anerkennungsverfahren.[922] Auch die Eröffnung eines vorläufigen inländischen Insolvenzverfahrens ist möglich, wobei auf die Bestellung eines inländischen Insolvenzverwalters (und die damit verbundenen Kosten) verzichtet werden kann.[923]

---

916 Dazu Gottwald-*Uhlenbruck/Vuia*, Insolvenzrechts-Handbuch, § 14 Rn. 5 ff.

917 Vgl. MünchKommInsO-*Kupsch*, Bd. 3, Anhang, Länderbericht Südafrika, Rn. 25 ff.; *Sharrock/van der Linde/Smith*, S. 95 ff.

918 § 343 Abs. 2 InsO.

919 § 344 InsO. Kritisch zu dieser Norm MünchKommInsO-*Reinhart*, Bd. 3, § 344 Rn. 2 ff.

920 Dazu unten, Kap. 5. A.VI.

921 Siehe oben, 5. (d).

922 *Ex Parte Celliers NO* (1884) 1 SAR TS 102, 103. Vgl. auch *Donaldson v British South African Asphalte and Manufacturing Co Ltd* 1905 TS 753, 754, wo zur Sicherung des inländischen Vermögens vor Anerkennung des ausländischen Verfahrens ein inländisches vorläufiges Insolvenzverfahren eröffnet wurde.

923 So in *Donaldson v British South African Asphalte and Manufacturing Co Ltd* 1905 TS 753, 754. Solange kein Insolvenzverwalter bestellt wurde, obliegen dessen Befugnisse und Aufgaben dem Master, vgl. section 20 (1) (a) IA, section 361 (1) CA 1973, MünchKommInsO-*Kupsch*, Bd. 3, Anhang, Länderbericht Südafrika, Rn. 29.

Ferner ist auch die Anerkennung eines vorläufigen Insolvenzverfahrens in Südafrika möglich.[924] Das kann auch im Eilverfahren geschehen.[925] Insoweit zeigten sich die Gerichte bei der Ausgestaltung der *recognition order* bisher flexibel und folgten in der Regel dem Antrag des ausländischen Insolvenzverwalters. Insbesondere wurde dem vorläufigen Insolvenzverwalter die (vorläufige) Verwaltungs- und Verfügungsbefugnis über das inländische Mobiliarvermögen übertragen.[926] Teilweise unterschied sich die *recognition order* auch nicht von denen, die üblicherweise für endgültige Insolvenzverfahren gewährt werden.[927]

(c) Sicherung des inländischen Vermögens durch Bekanntmachung

Sicherungsfunktion im weiteren Sinne hat auch die öffentliche Bekanntmachung. Durch sie wird der Rechtsverkehr von der veränderten dinglichen Rechtslage in Kenntnis gesetzt und kann sich hiernach nur noch unter erschwerten Bedingungen auf guten Glauben berufen. Zwar ist im südafrikanischen Recht im Gegensatz zum deutschen Recht ein gutgläubiger Erwerb von Sachen nur in sehr eingeschränktem Maße möglich. Grundsätzlich gilt die Maxime *nemo dat quod non habet*, wonach niemand mehr Rechte übertragen kann, als er selbst besitzt. Insbesondere gibt es keinen dem deutschen § 892 BGB vergleichbaren Schutz des guten Glaubens in die Richtigkeit des Grundbuchs. Im Anschluss an das römische Recht kommt dem Grundbuch nur eine Vermutungs- und keine Gutglaubenswirkung zu.[928] Auch bei beweglichen Sachen ist der gute Glaube nur beschränkt geschützt, etwa bei öffentlichen Versteigerungen oder wenn der Eigentümer selbst schuldhaft den guten Glauben des Dritten verursacht hat („*estoppel*-Doktrin").[929]

Es geht aber auch darum, die Masse zusammenzuhalten und die praktischen Schwierigkeiten zu vermeiden, die mit möglichen Rückführungsprozessen durch den Insolvenzverwalter verbunden sind. Solche Rückführungsprozesse mögen oft rechtlich erfolgversprechend sein, sind aber zeit- und kostenaufwändig und

---

924 Siehe oben, A.IV.3.

925 *Bekker NO v Kotzé and Another* 1996 (4) SA 1287 (N) 1289C.

926 *Ex Parte Lawton NO and Ruskin NO* 1950 (3) SA 129 (SWA); *Bekker NO v Kotzé and another* 1996 (4) SA 1287 (N) 1289D–E.

927 *Moolman v Builders & Developers (Pty) Ltd (in provisional Liquidation): Jooste intervening* 1990 (1) SA 954 (A) 957F–958D. Hier war allerdings kein inländisches Vermögen vorhanden. Ferner *Duncan NO, Manson's Creditor's* (1906) 10 HCG 59, wo das Insolvenzverfahren allerdings schon eröffnet und nur noch kein endgültiger Insolvenzverwalter (durch die Gläubigerversammlung) bestellt war.

928 Vgl. *Zimmermann*, S. 163 Fn. 90, m.w.N.

929 Vgl. *Zimmermann*, S. 161 f.; Zimmermann/Visser-*Miller*, S. 750 ff.

führen – etwa wenn Vermögensgegenstände ins Ausland verbracht werden – nicht immer auch zum wirtschaftlichen Ziel. Außerdem kann sich ein Drittschuldner auf guten Glauben berufen, wenn er in Unkenntnis von der Verfahrenseröffnung noch an den Insolvenzschuldner leistet.[930]

Für inländische Verfahren gelten deshalb umfangreiche Veröffentlichungspflichten. Sobald auch nur ein vorläufiges Insolvenzverfahren eröffnet wurde, ist dies nicht nur im offiziellen Staatsanzeiger (*Government Gazette*) zu veröffentlichen,[931] sondern auch den für die Zwangsvollstreckung zuständigen Behörden, Grundbuchämtern, Schiffsregistern und anderen Behörden wie etwa der Registrierungsbehörde für geistiges Eigentum zuzustellen.[932] Diese Behörden müssen dann einen Widerspruch gegen weitere Verfügungen über die registrierten Vermögensgegenstände eintragen.[933]

Für ausländische Verfahren fehlt es außerhalb des Anwendungsbereichs des *Cross-Border Insolvency Act* an entsprechenden Gesetzesnormen. In der *recognition order* wird aber normalerweise deren Veröffentlichung in der *Government Gazette* und in einer oder mehrerer südafrikanischen Tageszeitungen angeordnet.[934] Zusätzlich wurde wiederholt die Veröffentlichung in relevanten ausländischen Tageszeitungen angeordnet.[935] Weitergehende Mitteilungsanordnungen sind selten zu finden. Es ist jedoch kein Grund ersichtlich, weshalb auf Antrag nicht dieselben Mitteilungen wie bei einer inländischen Verfahrenseröffnung erfolgen sollten, gegebenenfalls verbunden mit der Anordnung der Eintragung eines Sperrvermerks.

---

930 Vgl. section 22 IA. Den Beweis der Unkenntnis vom Insolvenzverfahren und seine Gutgläubigkeit hat der Drittschuldner zu führen. Siehe auch § 82 InsO für das deutsche Recht.

931 Vgl. section 17 (4) IA; section 356 (1) CA 1973.

932 Vgl. section 17 (1) IA; section 357 (1) CA 1973. Dazu auch *Smith/Boraine* ABI Law Review 10 (2002) 135, 146 f., 154.

933 Vgl. section 17 (3) IA; section 357 (4) (b) CA 1973.

934 *Ex Parte Link's Trustee* 1904 TS 251, 253; *Ex Parte White's South African Portland Cement Company Ltd* 1948 (1) SA 169 (T) 174; *Ex Parte Gettliffe: In re Dominion Reefs (Klerksdorp) Ltd (in Liquidation)* 1965 (4) SA 75 (T) 77H–78A, 78F; *Ex Parte Steyn* 1979 (2) SA 309 (O) 312D; *Clegg v Priestley* 1985 (3) SA 950 (W) 952E.

935 *Ex Parte BZ Stegmann* 1902 TS 40, 56 (Veröffentlichung in Cape Times); *Ex Parte Trustee insolvent Estate Cassim Jooma* 1933 NPD 101, 103 (Veröffentlichung in einer Tageszeitung in Basutoland). Vgl. auch *Deutsche Bank AG v Moser* 1999 (4) SA 216 (C) 220F, wo die zusätzliche Veröffentlichung einer inländischen sequestration order in Deutschland angeordnet wurde.

III. Zusammenfassung

Die automatischen Rechtsfolgen der Anerkennung ausländischer Insolvenzverfahren auf das inländische Vermögen des Schuldners sind begrenzt. Lediglich bei Hauptinsolvenzverfahren über das Vermögen natürlicher Personen erwirbt der ausländische Insolvenzverwalter automatisch die Verfügungsbefugnis über das inländische Mobiliarvermögen des Schuldners. Der *recognition order* kommt insoweit lediglich deklaratorische Funktion zu. Im Übrigen übertragen die Gerichte dem ausländischen Insolvenzverwalter nach Maßgabe der *recognition order* regelmäßig die Befugnis, über das Inlandsvermögen des Schuldners insgesamt zu verfügen. Darüber hinaus regelt die *recognition order* Einzelheiten der inländischen Verfahrensdurchführung und den Schutz inländischer Gläubiger. Der Begriff „inländische Gläubiger" umfasst nach hier vertretener Auffassung nur solche Gläubiger, die nach südafrikanischem Recht insolvenzfeste Rechte (erworben) haben. Zur Wahrung des rechtlichen Gehörs ergeht häufig zunächst eine *rule nisi* – eine vorübergehende Anordnung mit der Aufforderung an alle interessierten Parteien, bis zu einem bestimmten neuen Verhandlungstermin tatsächliche oder rechtliche Gründe vorzubringen, warum die *recognition order* nicht oder nicht in dem Umfang ergehen solle. Ferner können auf Antrag in der *recognition order* die Unterbrechung inländischer Zivilprozesse und Maßnahmen zur Sicherung inländischer Vermögensgegenstände angeordnet werden.

C. Anerkennung von Entscheidungen in dem ausländischen Insolvenzverfahren

I. Generelle Praxis

Die Anerkennung sonstiger Entscheidungen, die unmittelbar aufgrund des ausländischen Insolvenzverfahrens ergehen und in engem Zusammenhang damit stehen (sogenannte „Annexentscheidungen"[936]), wurde im südafrikanischen *common law* bisher kaum thematisiert.

Was die Anerkennung von Entscheidungen anbelangt, die im Rahmen des eigentlichen Insolvenzverfahrens ergehen, erklärt sich das aus den besonderen Bedingungen, unter denen ausländische Verfahren nach Anerkennung in Südafrika

---

936 Siehe die Legaldefinition in Art. 25 Abs. 1 EuInsVO; KPB-*Adolphsen*, Bd. 2, § 147, Anh. II B, Rn. 33; Bork-*Adolphsen*, Kap. 20 Rn. 28.

durchgeführt werden. Nach der Anerkennung eines ausländischen Hauptinsolvenzverfahrens folgt die Verfahrensdurchführung weitgehend südafrikanischem Recht und kommt im Ergebnis einem südafrikanischen Sekundärinsolvenzverfahren gleich.[937] Insoweit stellt sich die Frage nach der Wirkung verfahrensleitender Entscheidungen des ausländischen Insolvenzgerichts oder der nach ausländischem Insolvenzrecht zuständigen Organe (insbesondere der Gläubigerversammlung) in Südafrika von vornherein nicht. Hierzu gibt es zwei Ausnahmen.

Die in der südafrikanischen Rechtsprechung und im Schrifttum bisher noch nicht thematisierte erste Ausnahme betrifft solche Entscheidungen, die nachträglich die Rechtsstellung des Insolvenzverwalters berühren. Wird das ausländische Insolvenzverfahren beendet, so verliert damit auch der ausländische Insolvenzverwalter seine Rechtsstellung, genauso wie bei seiner Abbestellung im Rahmen des laufenden Verfahrens. Da die Bestellung des Insolvenzverwalters nach ausländischem Recht anerkannt wird, kann die Beendigung seiner rechtlichen Stellung durch das ausländische Recht in Südafrika nicht folgenlos bleiben.[938]

Die zweite Ausnahme betrifft die Wirkungen einer im Ausland erteilten Restschuldbefreiung, auf die nachfolgend einzugehen sein wird.

II. Ausländische Restschuldbefreiung und Insolvenzvergleiche

1. Bisherige Rechtslage

Oben wurde bereits erläutert, dass das südafrikanische Recht für eine Restschuldbefreiung nach seinem eigenen Insolvenzrecht weltweit Geltung beansprucht – unabhängig von der *lex contractus* bzw. dem Forderungsstatut.[939]

Im krassen Widerspruch dazu steht die Haltung gegenüber ausländischen Restschuldbefreiungen. Allein die Tatsache, dass der Schuldner in dem ausländischen (Haupt- oder Partikular-)Insolvenzverfahren von seinen restlichen Schulden befreit wurde, hindert einen Gläubiger nicht an der Durchsetzung seiner Forderung vor südafrikanischen Gerichten. Das gilt unabhängig davon, ob der Gläubiger an dem ausländischen Insolvenzverfahren teilgenommen hat oder nicht. Vielmehr

937 Siehe unten, Kap. 7 C.I.

938 Dies folgt zusätzlich aus dem auch nach südafrikanischem Internationalen Insolvenzrecht insoweit anwendbaren Grundsatz der Anwendbarkeit der lex fori concursus. Zur Regelanknüpfung an die lex fori concursus vgl. dazu unten, Kap. 7 B.II.

939 Siehe oben, Kap. 3 C.I.3.

folgt das südafrikanische *common law* insoweit der im angloamerikanischen Rechtskreis verbreiteten Forderungsstatutentheorie.[940]

Danach kommt es zunächst einmal darauf an, ob die Forderung durch die ausländische Restschuldbefreiung erloschen ist, oder ob sie lediglich die Durchsetzbarkeit gegenüber dem Schuldner hindert.

Die Restschuldbefreiung als Durchsetzungshindernis wird in Südafrika nicht anerkannt. In diesem Fall kann der Schuldner also auch nach erlangter Restschuldbefreiung vor südafrikanischen Gerichten auf Zahlung verklagt werden.[941] Nach diesen Grundsätzen wird auch eine deutsche Restschuldbefreiung, die lediglich als Durchsetzungshemmnis im Verhältnis zum Schuldner wirkt,[942] in Südafrika nicht anerkannt.

Für den Fall, dass die Forderung durch die Restschuldbefreiung erlischt, folgt das *common law* nach wie vor der alten Doktrin, wonach das Schicksal einer Forderung durch das Forderungsstatut bestimmt wird. Daraus folgt, dass die Restschuldbefreiung in Südafrika nur dann anerkannt wird, wenn sie nach dem Recht des Staates erteilt wurde, dem auch die Forderung unterliegt.[943] Bei vertraglichen Forderungen ist dies das auf den Vertrag anwendbare Recht.[944] Bei Forderungen aus Delikt dürfte grundsätzlich die *lex loci commissi* anwendbar sein, mithin das Recht des Begehungsortes, es sei denn, ausnahmsweise besteht eine engere Bindung zu einem anderen Ort.[945] Für bereicherungsrechtliche Forderungen dürfte die

---

940 Vgl. insbesondere die grundlegenden Entscheidungen *Alexander & Co v Lioni* (1875) 5 Buch 79, 80 (Bezugnahme auf *William Burge* Commentaries on colonial and foreign laws und die englische Entscheidung *Frith v Wollaston*); *Ferguson v Stanton* (1884) 3 HCG 289, 292 (bezugnehmend auf die Rechtsprechung in England, Schottland, Frankreich, den (südafrikanischen) Kolonien und den USA); *In re Percy Hope* (1885) 2 SAR TS 25, 26 (Bezugnahme auf *Joseph Story* Conflict of Laws und *Burge*). Das war lange Zeit auch herrschende Meinung der deutschen Rechtsprechung, vgl. MünchKommInsO-*Reinhart*, Bd. 3, § 335 Rn. 120, m.w.N.

941 *Cape of Good Hope Bank v Melle* (1893) 10 SC 280, 286; *African Banking Corporation v Owen* (1897) 4 Off Rep 253, 257 f.; *Langerman v van Iddekinge* 1916 TPD 123, 124 f.; *Mars*, S. 671 (§ 30.14); *Nathan*, SA Insolvency Law 1936, S. 444.

942 Vgl. *Eckhardt*, Die Restschuldbefreiung, S. 281.

943 *Ferguson v Stanton* (1884) 3 HCG 289, 292; *In re Percy Hope* (1885) 2 SAR TS 25, 26; *Cape of Good Hope Bank v Melle* (1893) 10 SC 280, 286; *Dyer v Carlis* (1897) 4 Off Rep 67, 70; Joubert-*Edwards/Kahn*, Anm. 326, m.w.N.; *Mars*, S. 671 (§ 30.14); *Nathan*, SA Insolvency Law, S. 444; *O'Brien*, Transnational Aspects, S. 30.

944 Joubert-*Edwards/Kahn*, Anm. 329 f.; *Schoeman/Roodts*, Anm. 86 f. jeweils m.w.N. Siehe auch *Edwards*, FS Warmelo, S. 38, 40 ff., für eine historische Analyse.

945 *Forsyth*, S. 331; *Schoeman/Roodts*, Anm. 145 m.w.N.

lex causae condictionis maßgeblich sein, mithin das Recht der rechtlichen Beziehung, aufgrund derer die Bereicherung erfolgte.[946]

Bisher kaum von Rechtsprechung und Literatur thematisiert wurde die Behandlung von Insolvenzvergleichen, für die aber prinzipiell das gleiche wie für die Restschuldbefreiung gelten muss.[947] Nach allgemeinen Rechtsprinzipien muss hier die Einschränkung gemacht werden, dass ein dem Vergleich zustimmender Gläubiger auch in Südafrika an seine Zustimmung gebunden ist. Das heißt, dass zum Beispiel ein Insolvenzplan nach deutschem Insolvenzrecht, der wie die Restschuldbefreiung nur als Durchsetzungshemmnis für Forderungen fungiert,[948] nur die zustimmenden Gläubiger bindet. Im Übrigen und bei Wegfall des Durchsetzungshemmnisses[949] sind Forderungen in Südafrika voll durchsetzbar.

2. Eigene Stellungnahme

Diese „Schizophrenie“[950] zwischen weltweitem Geltungsanspruch der inländischen Restschuldbefreiung einerseits und restriktiver Anerkennung ausländischer Restschuldbefreiungen andererseits stößt insbesondere im englischen Schrifttum auf heftige Kritik. Es handele sich dabei um ein Relikt aus einem Zeitalter „anglozentrischer Entscheidungsgründe“, dass endlich der Vergangenheit angehören müsse.[951] Es sei außerdem unvereinbar, dass dem Schuldner im Zuge der Anerkennung des ausländischen Verfahrens sämtliches Vermögen im Inland entzogen werde und er seinen Gläubigern im Inland dennoch für seine Schulden haftbar bleibe.[952] Eine solche rigide Regel hindere die Entwicklung eines ausgereiften

---

946 *Forsyth*, S. 340, m.w.N.

947 So liest sich auch ein obiter dictum des Supreme Court of Appeal in *Sackstein NO v Proudfoot SA (Pty) Ltd* 2003 (4) SA 348 (A) 357E–F: “If, in the Namibian process, certain compromises were reached or claims waived (…), the defendant would obviously be entitled to rely on such defences (…)”.

948 Argumentum e § 255 InsO, wonach erlassene Forderungen unter bestimmten Bedingungen wieder aufleben können, vgl. FK-*Jaffé*, § 255 Rn. 5.

949 Vgl. § 255 InsO.

950 So zum gleichlautenden englischen Recht *Fletcher*, Insolvency in PIL, Rn. 3.100.

951 *Fletcher*, Insolvency in PIL, Rn. 2.129, in Anspielung darauf, dass der größte Teil der einschlägigen (englischen) Rechtsprechung die Wirkungen ausländischer Restschuldbefreiungen auf englische Verträge zum Gegenstand hatte, vgl. a.a.O., Rn. 2.126.

952 *Collins*, Dicey, Morris and Collins on the Conflict of Laws, Vol 2, Rn. 31R-053 ff.; *Fletcher*, Insolvency in PIL, Rn. 2.127.

internationalen Verhältnisses zwischen den Rechtssystemen, das allein auf Objektivität und gegenseitiger Achtung basiert.[953]

Alternativ wird vorgeschlagen, zukünftig darauf abzustellen, ob der betreffende Gläubiger angemessen von dem Verfahren in Kenntnis gesetzt wurde und er hinreichend Gelegenheit hatte, gleichberechtigt an einem fair verlaufenden ausländischen Verfahren teilzunehmen. Wenn dies im Einzelfall festgestellt werde, könne der Gläubiger seine Forderung im Inland nicht mehr durchsetzen. Soweit inländische Verträge betroffen sind, so müsse sich der Gläubiger außerdem entgegenhalten lassen, dass er mit einem ausländischen Schuldner kontrahiert habe und deshalb grundsätzlich auch mit den Folgen einer ausländischen Restschuldbefreiung auf die inländische Obliegenheit habe rechnen müssen.[954]

Der Kritik ist grundsätzlich zuzustimmen. Soweit der Schuldner durch die Eröffnung eines Hauptinsolvenzverfahrens sein weltweites Vermögen verliert, sollte sich auch die weltweite Wirkung der Restschuldbefreiung grundsätzlich nach der *lex fori concursus* richten. Eine Ausnahme sollte aus verfassungsrechtlichen Gründen lediglich dann gelten, wenn der betreffende Gläubiger unverschuldet keine Kenntnis von dem Verfahren erlangt hat und deshalb nicht am Verfahren teilnehmen konnte.[955] Handelt es sich hingegen um ein territorial begrenztes Partikularinsolvenzverfahren, kann auch eine in dem Verfahren erteilte Restschuldbefreiung keine weltweiten Wirkungen entfalten. Anderenfalls würde der Schuldner auf Kosten seiner Gläubiger bereichert. Es bestünde die Gefahr, dass die Gläubiger mit einem Großteil ihrer Forderungen ausfallen, obwohl noch erhebliches Auslandsvermögen des Schuldners zu ihrer gleichmäßigen Befriedigung vorhanden ist.[956] Etwas anderes könnte nur dann gelten, wenn sämtliche Gläubiger ausdrücklich auf ihre Rechte verzichten, etwa wenn sie der Schuldenbereinigung im Vergleichswege zustimmen.[957]

Würde sich diese Ansicht durchsetzen, wäre das allen modernen Insolvenzrechtsordnungen zugrunde liegende Prinzip der Gläubigergleichbehandlung auf internationaler Ebene auch insoweit hergestellt. Es bleibt zu hoffen, dass die südafrikanische Rechtsprechung erkennt, dass die noch aus Zeiten des *British Empire*

---

953 *Fletcher*, Insolvency in PIL, Rn. 2.128.

954 *Fletcher*, Insolvency in PIL, Rn. 2.129, m.w.N.

955 Vgl. oben, Kap. 3 C.I.3., zu den Auslandswirkungen im umgekehrten Fall einer südafrikanischen Restschuldbefreiung.

956 Im deutschen Insolvenzrecht ist daher auch die Anwendbarkeit der Regeln über die Restschuldbbefreiung auf Partikularinsolvenzverfahren ausdrücklich ausgeschlossen, vgl. § 355 InsO.

957 Vgl. insoweit Regelung in Art. 34 EuInsVO.

stammenden Regeln über die Anerkennung einer ausländischen Restschuldbefreiung den Anforderungen an ein modernes internationales Insolvenzrecht nicht mehr entsprechen.[958]

III. Annexentscheidungen im Übrigen

Unabhängig von der weitgehend südafrikanischem Recht und der Kontrolle südafrikanischer Gerichte unterliegenden inländischen Verfahrensdurchführung, ist die Frage der Anerkennung von Annexentscheidungen für die Praxis durchaus relevant.[959]

Dies betrifft insbesondere gerichtliche Urteile über Ansprüche der Insolvenzmasse gegen den Schuldner und Dritte. So ist der Insolvenzverwalter z.B. nach deutschem Recht zugunsten der Gläubigergesamtheit grundsätzlich dazu verpflichtet, durch anfechtbare Handlungen aus dem Vermögen des Schuldners entfernte Vermögensgegenstände wieder zurückzuführen, deliktische Ansprüche der Insolvenzmasse geltend zu machen und Ansprüche nach den Grundsätzen über die Kapitalaufbringung und -erhaltung durchzusetzen.[960] Fraglich ist, ob sich die Anerkennung und Vollstreckung von ausländischen Urteilen über solche Ansprüche in Südafrika nach den für die Anerkennung von Insolvenzverfahren geltenden Grundsätzen richtet oder ob insoweit das allgemeine internationale Zivilverfahrensrecht gilt.

Zur Anerkennung insolvenzanfechtungsrechtlicher Urteile meinte der *South Gauteng High Court* in einem *obiter dictum*, dass diese sich nach den allgemeinen Grundsätzen über die Anerkennung ausländischer Zahlungsurteile richte.[961] Der *Supreme Court of Appeal* war in der Rechtsmittelinstanz der Auffassung (allerdings in einem *obiter dictum*), dass sich die Anerkennung insolvenzanfechtungsrechtlicher

958 *Mars*, S. 671 (§ 30.14) meint, die Forderungsstatutentheorie sei weltweit Standard. Dem ist z.B. mit Blick auf das autonome deutsche Internationale Insolvenzrecht und die EuInsVO zu widersprechen, vgl. KPB-*Kemper/Paulus*, Bd. 3, § 335 Rn. 48; KPB-*Kemper*, Bd. 4, Art. 4 EuInsVO, Rn. 21; MünchKommInsO-*Reinhart*, Bd. 3, § 335 Rn. 119 f.

959 Zur Problematik der Anerkennung von Annexentscheidungen unter der Ägide der EuInsVO siehe KPB-*Adolphsen*, Bd. 2, § 147, Anh. II B, Rn. 36 ff.; Bork-*Adolphsen*, Kap. 20 Rn. 31 ff. Zum deutschen autonomen Internationalen Insolvenzrecht siehe KPB-*Adolphsen*, Bd. 2, § 147, Anh. II C, Rn. 41 ff.; Bork-*Adolphsen*, Kap. 21 Rn. 38 ff.

960 Vgl. MünchKommInsO-*Brandes*, Bd. 1, §§ 60, 61 Rn. 13 f.

961 *Sackstein NO v Proudfoot SA (Pty) Ltd* [2002] JOL 10115 (W) 9.

Urteile nach den Grundsätzen des *common law* über die Anerkennung internationalinsolvenzrechtlicher Eröffnungsentscheidungen richte.[962]

Für die Auffassung des *Supreme Court of Appeal* spricht, dass es bei der Insolvenzanfechtung letztlich um die Herstellung des durch die anfechtbare Rechtshandlung zum Nachteil der Gläubiger veränderten Sollzustands der Insolvenzmasse geht. Deshalb könnte man auch ein darauf gerichtetes Urteil so behandeln wie die Eröffnungsentscheidung, mit der die Insolvenzmasse entstanden ist. Allerdings darf dabei nicht die Rechtsgrundlage für die internationale Rechtshilfe in Insolvenzsachen außer Betracht bleiben. Im Interesse der Gläubigergesamtheit soll ein effizientes und geordnetes einheitliches Insolvenzverfahren weltweit gewährleistet werden.[963] Diese Notwendigkeit ergibt sich gerade aus der Eigenschaft eines Insolvenzverfahrens als Gesamtvollstreckungsverfahren und *concursus creditorum*. Sie entfällt dann, wenn es lediglich um die Durchsetzung von Ansprüchen der Insolvenzmasse gegen einzelne Gläubiger geht. Insoweit bestehen keine Besonderheiten gegenüber der Einzelrechtsverfolgung im allgemeinen Zivilprozessrecht.

Bis zu einer abschließenden Klärung der südafrikanischen Rechtsprechung muss daher davon ausgegangen werden, dass sich die Anerkennung von Annexentscheidungen, die im Zusammenhang mit dem ausländischen Insolvenzverfahren ergehen, nach allgemeinen zivilprozessualen Grundsätzen richtet.[964]

IV. Zusammenfassung

Die Anerkennung von sogenannten Annexentscheidungen in ausländischen Insolvenzverfahren wurde im südafrikanischen *common law* bisher kaum thematisiert. Hiervon gibt es mindestens zwei Ausnahmen. Die erste betrifft Entscheidungen, die die Rechtsstellung des Insolvenzverwalters berühren. Diese Entscheidungen entfalten unmittelbar auch in Südafrika Wirkung. Die zweite Ausnahme betrifft die im Ausland erteilte Restschuldbefreiung. Hier folgt die herrschende Meinung traditionell der Forderungsstatutentheorie. Danach wird

---

962 *Sackstein NO v Proudfoot SA (Pty) Ltd* 2003 (4) SA 348 (A) 359C–E.

963 Siehe oben, Kap. 1 D.II.1.

964 Anders zur EuInsVO KPB-*Adolphsen*, Bd. 2, § 147, Anh. II B, Rn. 42 f.; Bork- *Adolphsen*, Kap. 20 Rn. 46. sowie zum deutschen autonomen Internationalen Insolvenzrecht siehe KPB-*Adolphsen*, Bd. 2, § 147, Anh. II C, Rn. 42 f.; Bork-*Adolphsen*, Kap. 21 Rn. 43; Vgl. zum südafrikanischen internationalen Zivilprozessrecht *Eiselen* (2006) 18 SA Merc LJ 45 ff.; *Forsyth* (2006) 18 SA Merc LJ 1 ff.; Geimer/Schütze-*Doser*, Länderbericht Südafrika, passim; *Doser*, S. 241 ff., jeweils m.w.N.

eine ausländische Restschuldbefreiung nur insoweit im Inland anerkannt, als sie nach dem Forderungsstatut zu einem Erlöschen der Forderungen geführt hat. Die hier vertretene Auffassung schließt sich der Kritik an der herrschenden Auffassung an und befürwortet jedenfalls bei Hauptinsolvenzverfahren die Anerkennung der weltweiten Restschuldbefreiung nach der *lex fori concursus*. Eine Ausnahme wird hier aus verfassungsrechtlichen Gründen lediglich in den Fällen für geboten gehalten, in denen ein Gläubiger unverschuldet keine Kenntnis von dem Verfahren hatte und deshalb nicht am Verfahren teilnehmen konnte. In Bezug auf sonstige Annexentscheidungen, etwa die ausländische Entscheidung über einen Insolvenzanfechtungsanspruch oder über die Ansprüche nach dem Kapitalerhaltungs- und -aufbringungsrecht, ist bis zu einer abschließenden Klärung durch den *Supreme Court of Appeal* davon auszugehen, dass diese sich nach den allgemeinen Grundsätzen über die Anerkennung und Vollstreckung ausländischer Zivilurteile richtet.

Kapitel 5: Ausländische Insolvenzverfahren unter dem CBIA

A. Anerkennung

Im Anwendungsbereich des CBIA ist die Anerkennung ausländischer Insolvenzverfahren nunmehr ausführlich gesetzlich geregelt. Dabei folgt der CBIA weitgehend dem Wortlaut des UNCITRAL Modellgesetz und enthält nur geringfügige Anpassungen und Ergänzungen.

I. Ausländisches Verfahren

1. Anerkennungsgegenstand

Anerkennungsgegenstand ist nicht wie im *common law* die Bestellung des ausländischen Insolvenzverwalters, sondern das „ausländische Insolvenzverfahren". Weil das ausländische Insolvenzverfahren als solches mangels Rechtswirkungen kaum ein tauglicher zivilprozessualer Anerkennungsgegenstand ist, dürfte damit im engeren Sinne die Eröffnungsentscheidung gemeint sein.[965]

Es muss sich um ein ausländisches Insolvenzverfahren im Sinne der Legaldefinition in *section* 1 (g) CBIA handeln. Ausländische Verfahren sind nach der unverändert vom Modellgesetz übernommenen Legaldefinition ein in einem ausländischen Staat auf der Grundlage insolvenzrechtlicher Vorschriften stattfindendes kollektives Gerichts- oder Verwaltungsverfahren, einschließlich vorläufiger Insolvenzverfahren, bei dem das Vermögen und die Geschäfte des Schuldners zum Zweck der Reorganisation oder Liquidation der Kontrolle oder Überwachung durch ein ausländisches Gericht unterworfen werden.[966] Unter diese – von UNCITRAL bewusst weit gefasste[967] – Definition können sämtliche Verfahrensformen

965 So auch das deutsche autonome Internationale Insolvenzrecht, siehe nur MünchKommInsO-*Reinhart*, Bd. 3, § 343 Rn. 9, m.w.N. Siehe bereits oben, Einleitung Kap. 4.

966 Für eine Detailanalyse dieser Definition siehe *Berends* Tulane Journal of Int'l & Comparative Law 6 (1998) 309, 327 ff.; Pannen-*Hollander/Graham*, UNITRAL Rn. 62 ff.

967 Vgl. Anm. 71 Guide to Enactment; Pannen-*Hollander/Graham*, UNCITRAL Rn. 60, mit weiteren Hinweisen auf die Materialien.

des deutschen Insolvenzrechts einschließlich vorläufiger Insolvenzverfahren grundsätzlich problemlos subsumiert werden.

2. Beschränkung auf Verfahren aus *designated states*

In den Anwendungsbereich des CBIA fallen lediglich ausländische Verfahren aus Staaten, die vom zuständigen Ministerium als sogenannte *designated states* öffentlich bekannt gemacht worden sind. Nach dem gleichen Verfahren kann die Benennung als *designated state* auch wieder rückgängig gemacht werden.[968] Der Widerruf der Benennung lässt laufende Verfahren nach dem CBIA ("*pending legal proceedings*") allerdings unberührt.[969] Unklar ist, ob damit nur das Anerkennungsverfahren selbst oder auch der Zeitraum danach für die gesamte Dauer des ausländischen Insolvenzverfahrens gemeint ist.

Eine enge Auslegung führte dazu, dass der Insolvenzverwalter in einem bereits anerkannten ausländischen Insolvenzverfahren aus einem Staat, dem nach Anerkennung der Status eines *designated states* entzogen wurde, keine weitere Unterstützung von inländischen Gerichten nach dem CBIA erhalten dürfte. Damit wäre zum Beispiel *section* 21 CBIA nicht mehr anwendbar, der einen ganzen Maßnahmenkatalog enthält, einschließlich einer Generalklausel für sonstige Unterstützungsanordnungen nach Anerkennung des ausländischen Verfahrens. Unklar wäre zum Beispiel auch die Anwendbarkeit von *section* 18 CBIA, der dem ausländischen Insolvenzverwalter bestimmte Informationspflichten über nachträgliche verfahrenswesentliche Ereignisse auferlegt. Ein solch enges Verständnis scheint jedoch mit dem objektiven Zweck der Regelung nicht vereinbar. Diese wurde vom Gesetzgeber erst nachträglich eingefügt, erkennbar mit der Absicht, das Vertrauen in die bestehende Rechtslage zu schützen.[970] Dieser Vertrauensschutz ist zudem ein Gebot der Rechtsstaatlichkeit und damit verfassungsrechtlich verankert.[971]

Richtig scheint daher eine weite Auslegung dahingehend, dass mit Einreichung des Anerkennungsantrags die Anwendbarkeit des CBIA insgesamt auch dann bestehen bleibt, wenn hiernach die Benennung des Verfahrensstaats als *designated state* widerrufen wird.

---

968 Siehe oben, Kap. 1 A.III.2.

969 Section 2 (5) CBIA, eingefügt durch section 30 Judicial Matters Second Amendment Act 55 of 2003 und in Kraft seit 31.3.2005.

970 Section 2 (5) CBIA wurde eingefügt durch section 30 Judicial Matters Second Amendment Act 55 of 2003 und ist in Kraft seit 31.3.2005.

971 Vgl. oben, Kap. 1 B.III.4.

II. Anerkennungsvoraussetzungen

Der Anerkennung geht ein formelles Anerkennungsverfahren voraus, in dem die Anerkennungsvoraussetzungen geprüft werden. Die Anerkennungsvoraussetzungen selbst sind enumerativ in *section* 17 (1) CBIA aufgezählt. Danach ist ein ausländisches Verfahren anzuerkennen, wenn der Antrag beim zuständigen Gericht eingereicht wurde, es sich um ein ausländisches Verfahren im Sinne von *section* 1 (g) CBIA handelt, der Antragssteller als ausländischer Amtsträ- ger im Sinne von *section* 1 (h) CBIA antragsbefugt ist und der Antrag die formalen Anforderungen des *section* 15 (2) CBIA erfüllt. Die einzige Einschränkung bildet insoweit der *ordre public*-Vorbehalt in *section* 6 CBIA.[972] Die Aufzählung ist enumerativ.[973] Bei Vorliegen der Voraussetzungen ist die Anerkennung grundsätzlich zwingende Rechtsfolge,[974] ein Ermessen des Gerichts wie im *common law* besteht nicht. Wie im UNCITRAL Modellgesetz wird auch im CBIA die internationale Anerkennungszuständigkeit nicht ausdrücklich als Voraussetzung genannt.[975]

1. Zuständiges Gericht

Als erste Anerkennungsvoraussetzung hat das angerufene südafrikanische Gericht seine sachliche und örtliche Zuständigkeit zu prüfen.

Hinsichtlich der Gerichtszuständigkeit hat der südafrikanische Gesetzgeber nach dem Vorbild des Art. 4 UNCITRAL Modellgesetz nur die Spezifizierung vorgenommen, die UNCITRAL angesichts der sehr unterschiedlichen Gerichtsorganisation den Erlassstaaten anheimgestellt hat.[976]

---

972 Section 17 (1) CBIA; Art. 17 (1) UNCITRAL Modellgesetz.

973 Vgl. *Wimmer* ZIP 1997, 2220, 2222.

974 Vgl. Section 17 (1) CBIA: "(...) foreign proceedings must be recognised if (...)".

975 *Goode*, Principles of Corporate Insolvency Law, Rn. 14–34; *Ho*, Proving COMI, S. 10. Insoweit konnte sich die deutsche Delegation, die während der UNCITRAL-Arbeiten am Modellgesetz auf eine entsprechende Regelung bestand, nicht durchsetzen, vgl. *Wimmer* ZIP 1997, 2220, 2222.

976 Vgl. Pannen-*Hollander/Graham*, UNCITRAL, Rn. 111. Die Reformkommission hatte mit rechtsvergleichendem Blick nach Neuseeland in Erwägung gezogen, von der in der Fußnote zu Art. 4 UNCITRAL Modellgesetz vorgeschlagenen Alternative Gebrauch zu machen und die Zuständigkeit auf den Master of the High Court zu übertragen. Letztlich wurde der Gedanke aber verworfen, weil die Funktionen des Master in Südafrika andere seien, als in Neuseeland. Der Master verfüge im südafrikanischen Recht nicht über allgemeine richterliche Befugnisse, vgl. SALC, Interim Report, Anm. 4.10 f. Zu den Kompetenzen des Master im südafrikanischen

Sachlich zuständig für die Anerkennungsentscheidung ist gemäß *section* 4 CBIA wie bereits im *common law* der *High Court*.[977] Zur örtlichen Zuständigkeit enthält der CBIA keine näheren Angaben, sodass auch diesbezüglich das *common law* zu konsultieren ist.[978] Angesichts der unübersichtlichen Zuständigkeitsregelung des *common law* und dem Anliegen von UNCITRAL, für den ausländischen Insolvenzverwalter eine transparente Zuständigkeitsregelung zu schaffen,[979] wäre eine Regelung der örtlichen Zuständigkeit im CBIA aber wünschenswert gewesen.

2. Antragsbefugnis

Antragsbefugter ausländischer Amtsträger ist gemäß *section 1 (h)* CBIA eine Person oder Körperschaft, die entweder vorläufig oder endgültig zur Durchführung einer Sanierung oder Liquidation des Schuldnervermögens oder der Schuldnerangelegenheiten bestellt wurde. Antragsbefugt ist zudem, wer in dem ausländischen Verfahren als Vertreter bestellt wurde. Die Definition ist weit genug gefasst, um etwa auch den Schuldner selbst in einem Eigenverwaltungsverfahren und den in solchen Verfahren nach deutschem Recht zu bestellenden Sachwalter einzuschließen. Im Folgenden wird der ausländische Amtsträger der Einfachheit halber einheitlich als Insolvenzverwalter bezeichnet.

3. Antragsformalia

Gemäß *section* 15 (2) CBIA muss dem Anerkennungsantrag entweder eine beglaubigte Abschrift der Eröffnungsentscheidung einschließlich des Nachweises der Bestellung des Insolvenzverwalters beigefügt sein[980] oder eine Urkunde des ausländischen Gerichts, die das ausländische Verfahren und die Bestellung des ausländischen Verwalters bestätigt[981] oder in Ermangelung der vorgenannten Nachweise jedes andere für das Gericht annehmbare Beweismittel über das ausländische Verfahren und die Bestellung des ausländischen Verwalters[982]. Gemäß

Insolvenzrecht siehe MünchKommInsO-*Kupsch*, Bd. 3, Anhang, Länderbericht Südafrika, Rn. 11 und passim.

977 Section 4 CBIA; Art. 4 UNCITRAL Modellgesetz.

978 *Smith/Boraine* ABI Law Review 10 (2002) 135, 206 ff.

979 Siehe Anm. 80 Guide to Enactment.

980 Section 15 (2) (a) CBIA; Art. 15 Abs. 2 (a) UNCITRAL Modellgesetz.

981 Section 15 (2) (b) CBIA; Art. 15 Abs. 2 (b) UNCITRAL Modellgesetz.

982 Section 15 (2) (c) CBIA; Art. 15 Abs. 2 (c) UNCITRAL Modellgesetz.

section 15 (3) CBIA muss dem Antrag außerdem eine Erklärung über die Kenntnis aller weiteren parallel laufenden Insolvenzverfahren gegen denselben Schuldner beigefügt sein. Das Gericht kann eine Übersetzung der genannten Dokumente in eine der offiziellen Landessprachen Südafrikas verlangen.[983]

Eine für den deutschen Juristen scheinbar selbstverständliche Regelung enthält *section* 9 CBIA,[984] die dem ausländischen Insolvenzverwalter unmittelbaren Zugang zu inländischen Gerichten gewährt. Umgekehrt wird in *section* 5 CBIA[985] verschiedenen inländischen Verwaltern die Erlaubnis erteilt, in ihrer offiziellen Funktion auch im Ausland tätig zu werden. Diese beiden Normen erklären sich aus dem historischen Einfluss des römisch-holländischen Internationalen Insolvenzrechts auf das angloamerikanische Internationale Insolvenzrecht, das wiederum den Entwurf des Modellgesetz geprägt hat. Sie gehen auf den im römisch-holländischen Recht noch üblichen *letter of request* zurück.[986] Auch wenn ein solcher eigentlich auch im südafrikanischen *common law* nicht mehr verlangt wird, tat der südafrikanische Gesetzgeber angesichts einiger Irritationen in der jüngeren Praxis gut daran, diese Klarstellung des Modellgesetzes zu übernehmen.[987]

III. Anerkennung als Haupt- oder Nebenverfahren

1. Ausdrückliches Anerkennungsgebot

Herzstück des CBIA ist die nunmehr statuierte Pflicht zur Anerkennung ausländischer Verfahren.[988] Anders als im *common law* hat das Gericht keinen Ermessensspielraum mehr, wenn die eben erläuterten Voraussetzungen erfüllt sind. Insoweit hat sich die Reformkommission in der Diskussion um das Gesetzesvorhaben gegen

983 Section 15 (4) CBIA; Art. 15 Abs. 4 UNCITRAL Modellgesetz.

984 Art. 9 UNCITRAL Modellgesetz.

985 Art. 5 UNCITRAL Modellgesetz.

986 Dazu oben, Kap. 4 A.IV.1.

987 Vgl. dazu *Gardener v Walters and another NNO (In re ex parte Walters and another NNO)* 2002 (5) SA 796 (C); *Ex parte Wessels and Venter NNO: In re Pyke-Nott's Insolvent Estate* 1996 (2) SA 677. Siehe dazu *Smith/Boraine* ABI Law Review 10 (2002) 135, 190; *Steyn* (1997) 9 SA Merc LJ 225 ff.

988 Section 17 (1) CBIA („must be recognised"); Art. 17 Abs. 1 UNCITRAL Modellgesetz. Dazu *Smith/Boraine* ABI Law Review 10 (2002) 135, 186 und 193 ("the engine-room of the Act"); Ho-*Ho*, Overview 6 ("The provisions dealing with recognition of foreign proceedings represent the core of the Model Law").

Stimmen durchgesetzt, die dem Gericht ein Ermessen bei seiner Anerkennungsentscheidung einräumen wollten.[989]

Als problematisch erweist sich insoweit, dass die internationale Anerkennungszuständigkeit nicht als weitere Anerkennungsvoraussetzung aufgenommen wurde und die Einordnung als Haupt- und Nebeninsolvenzverfahren ausschließlich auf die Rechtsfolgenseite verlagert wurde. Als Hauptinsolvenzverfahren sind Verfahren anzuerkennen, die in dem Staat eröffnet wurden, in dem der Schuldner den Mittelpunkt seiner hauptsächlichen Interessen (COMI) hat.[990] Ein Verfahren, das kein Hauptinsolvenzverfahren ist und das in einem Staat eröffnet wurde, in dem der Schuldner eine Niederlassung unterhält, ist als Nebeninsolvenzverfahren anzuerkennen.[991] Wegen der Einzelheiten zu beiden Anknüpfungspunkten kann nach oben verwiesen werden.[992] Nicht unter die beiden Legaldefinitionen fallen solche Verfahren, die am Vermögensgerichtsstand des Schuldners eröffnet wurden.[993] Gleichwohl kann es sich hierbei um "ausländische Verfahren" nach der Legaldefinition des CBIA handeln.

2. Verfahren am Vermögensgerichtsstand

Die Anerkennungsfähigkeit von Verfahren am Vermögensgerichtsstand ist vor diesem Hintergrund streitig.

(a) Herrschende Meinung

Das überwiegende Schrifttum vertritt die Ansicht, dass über die im CBIA definierten ausländischen Haupt- oder Nebeninsolvenzverfahren hinaus Insolvenzverfahren, die am Vermögensgerichtsstand des Schuldners eröffnet wurden, nicht anerkennungsfähig seien.[994]

---

989 Vgl. SALC, Interim Report, Anm. 4.15 ff.

990 Section 17 (1) lit. a) CBIA; Art. 17 Abs. 1 lit. a) UNCITRAL Modellgesetz.

991 Section 17 (1) lit. b) CBIA; Art. 17 Abs. 1 lit. b) UNCITRAL Modellgesetz.

992 Siehe oben, Kap. 2 C.II.1.

993 Siehe z.B. § 354 Abs. 1 InsO, wonach ein deutsches Partikularinsolvenzverfahren auch ohne inländische Niederlassung bei bloßer Inlandsbelegenheit von sonstigem Vermögen des Schuldners eröffnet werden kann.

994 Siehe zu section 17 CBIA *Ailola* (2000) 2 Stell LR 215, 220; *Smith/Boraine* ABI Law Review 10 (2002) 135, 195; *Stander* (2002) 27 (2) TR 72; wohl auch *Mars*, Anm. 30.25. Zum wortgleichen Art. 17 UNCITRAL Modellgesetz etwa *Israël*, S. 75; *Obank* (2002) 4 JIBFL 126, 128; *v. Boehmer*, S. 101 f; *Wessels*, Current Topics, Anm. 10239; *Westpfahl/Goetker/Wilkens*, Rn.1510, 1515 f. Pannen-*Hollander/ Graham*,

Begründet wird dies insbesondere mit den Materialien und dem Leitfaden zur Übernahme des Modellgesetzes, wo an mehreren Stellen die Anerkennungsfähigkeit solcher Verfahren am Vermögensgerichtsstand verneint wird.[995] Ferner wird mit der Gesetzessystematik argumentiert. Das Gesetz oktroyiere dem Gericht eine Entscheidungspflicht darüber auf, ob es sich bei dem anerkannten Verfahren um ein Haupt- oder Nebeninsolvenzverfahren handelt. In der Folge seien die Wirkungen und mögliche Unterstützungsmaßnahmen durch die inländischen Gerichte von der Qualifikation als Haupt- oder Nebeninsolvenzverfahren abhängig.[996] Dagegen sehe das Gesetz über die bloße Anerkennung hinaus keinerlei Vorteile oder Unterstützungsmaßnahmen für sonstige Verfahren vor, die nicht in die beiden eben genannten Kategorien fallen.[997]

Eine Beschränkung der Anerkennungsfähigkeit auf Haupt- und Nebeninsolvenzverfahren sei deshalb „eher im Sinne der generellen Stoßrichtung und des Zwecks“ des Modellgesetzes.[998]

(b) Eigene Stellungnahme

Diese Argumente überzeugen nicht.

Zunächst räumt das Modellgesetz bzw. der darauf beruhende CBIA in *section* 28 CBIA[999] die Möglichkeit ein, ein inländisches Partikularverfahren zu eröffnen,

---

UNCITRAL Rn. 194 äußern sich zurückhaltend dahingehend, dass ausländischen Verfahren, die nicht am COMI oder Niederlassungsort des Schuldners stattfinden, unter dem Modellgesetz „wahrscheinlich“ die Anerkennung zu versagen ist, „obwohl dies nicht so eindeutig daraus hervorgeht“. Kritisch ferner *Goode*, Principles of Corporate Insolvency Law, Rn. 14–32 und Rn. 14–34, letztlich aber auch zur h.M. tendierend. Unentschieden *Fletcher*, Insolvency in PIL, der unter Rn. 8.23 die Eigenschaft als Haupt- oder Nebeninsolvenzverfahren im Sinne des UNCITRAL Modellgesetzes als „weitere Anerkennungsvoraussetzung“ aufzählt, während es unter Rn. 8.32 heißt, das Modellgesetz biete für Verfahren, die weder Haupt- noch Nebeninsolvenzverfahren im Sinne des Gesetzes sind, „keine über die bloße Anerkennung hinausreichende Unterstützung oder Vorteile für den ausländischen Insolvenzverwalter“. A.A. wohl *Benning/Wehling* EuZW 1997, 618, 620; Duursma-Kepplinger/Duursma/Chalupsky-*Duursma*, S. 15 Rn. 28.

995 Pannen-*Hollander/Graham*, UNCITRAL Rn. 189, mit Bezugnahme auf A/52/17 Nr. 154; Anm. 73 und Anm. 128 Guide to Enactment; vgl. auch Anm. 30 Guide to Enactment.

996 *Obank* (2002) 4 JIBFL 126, 128.

997 *Fletcher*, Insolvency in PIL, Rn. 8.23

998 *Goode*, Principles of Corporate Insolvency Law, Rn. 14-34.

999 Art. 28 UNCITRAL Modellgesetz.

wenn inländisches Vermögen vorhanden ist. Umgekehrt verbieten weder das Modellgesetz noch der CBIA die Anerkennung von ausländischen Partikularverfahren am Vermögensgerichtstand, sondern lassen diese Möglichkeit offen.[1000]

Soweit die Materialien und der Leitfaden zum UNCITRAL Modellgesetz die Anerkennungsfähigkeit von am Vermögensgerichtsstand eröffneten Partikularinsolvenzverfahren verneinen, bestehen keine Anhaltspunkte dafür, dass der südafrikanische Gesetzgeber diese Auffassung übernommen hat. Anders als etwa die britische Fassung des Modellgesetzes zitiert der CBIA weder die Materialien noch den Leitfaden zum Modellgesetz als Auslegungshilfe.[1001] Auch in dem Bericht der Reformkommission finden sich keine Hinweise darauf, dass man Verfahren, die nicht am COMI oder in einem Niederlassungsstaat stattfinden, die Anerkennung verwehren wollte.

Als einzige Auslegungsrichtlinie hat der südafrikanische Gesetzgeber Art. 8 des Modellgesetzes in *section* 8 CBIA übernommen. Hiernach sind bei der Auslegung des CBIA sein internationaler Ursprung und die Notwendigkeit zu berücksichtigen, seine einheitliche Anwendung und die Berücksichtigung von Treu und Glauben zu fördern. Damit sollen Transparenz und Vorhersehbarkeit bewirkt und in der Praxis ein möglichst störungsfreier Ablauf grenzüberschreitender Insolvenzverfahren gewährleistet werden.[1002]Die umgesetzten Modellbestimmungen sollen so ausgelegt werden, dass einheitliche, vorhersehbare Ergebnisse erzielt werden, die mit den in der Präambel des UNCITRAL Modellgesetzes gesetzten und von anderen verordnenden Staaten erreichten Zielen in Einklang stehen.[1003]

Die Präambel wurde wortgleich auch in den CBIA übernommen. Was die international einheitliche Anwendung anbelangt, ergeben sich notwendigerweise Einschränkungen aus der Rechtsnatur eines Modellgesetzes. Anders als beispielsweise bei Konventionen bleibt es den teilnehmenden Staaten unbenommen, das Modellgesetz ganz oder in Teilen zu modifizieren und an nationale Rechtsvorstellungen anzupassen.[1004] Variationen in der Anwendung sind insoweit unvermeidlich.

1000 *Fletcher*, Insolvency in PIL, Rn. 8.24, zum Modellgesetz.

1001 Siehe zur britischen Fassung section 2 (2) Cross-Border Insolvency Regulations 2006 (abgedruckt in *Fletcher*, Insolvency in PIL – Supplement, S. 1 ff.), wonach sowohl die Materialien als auch der Guide to Enactment zu Auslegungszwecken herangezogen werden können.

1002 Pannen-*Hollander/Graham*, UNCITRAL Rn. 126.

1003 Pannen-*Hollander/Graham*, UNCITRAL Rn. 127.

1004 Zur Rechtsnatur des Modellgesetzes oben, Kap. 1 A.III.2.

Ein südafrikanischer Sonderweg wäre im konkreten Fall auch unschädlich in Bezug auf die gesetzgeberische Intention in *section 8 CBIA*, weil hierdurch die in der Präambel genannten wesentlichen Grundgedanken des Gesetzes nicht berührt werden. Vielmehr wird dadurch, dass auch ausländische Partikularverfahren am Vermögensgerichtsstand anerkannt werden, im Interesse aller Beteiligten lediglich ein zusätzlicher Anerkennungsgrund und damit im Vergleich zu den inländischen Gerichtsständen mehr Zuständigkeitsgerechtigkeit geschaffen. Auch das Modellgesetz und der CBIA selbst sehen in der Existenz von Partikularverfahren am Vermögensgerichtsstand grundsätzlich keine Beeinträchtigung der Interessen der Beteiligten.[1005] Außerdem ist mit der Anerkennung noch nichts über die Rechtsfolgen der Anerkennung gesagt. Diese können von den Gerichten mit maximaler Flexibilität unter Berücksichtigung der konkreten Umstände des Einzelfalls gestaltet werden, abgesehen von wenigen zwingenden Vorschriften für ausländische Hauptinsolvenzverfahren.[1006]

Wenn der südafrikanische Gesetzgeber etwas anderes beabsichtigt hätte, wäre dies im Gesetzeswortlaut zum Ausdruck gekommen. In *section 17 (1) CBIA* wird jedoch unmissverständlich ein ausländisches Insolvenzverfahren im Sinne der Legaldefinition zum Maßstab genommen. Unter diese Definition lassen sich auch Verfahren subsumieren, die am Vermögensgerichtsstand eröffnet wurden.[1007] Eine weitere Eingrenzung erfolgt nicht. Anders als in den USA hat der südafrikanische Gesetzgeber es versäumt, die Anerkennungsfähigkeit ausdrücklich auf Haupt- und Nebeninsolvenzverfahren im Sinne der Legaldefinition zu begrenzen.[1008] Die Anerkennung ausländischer Insolvenzverfahren ist eine zwingende Rechtsfolge des *section 17 (1) CBIA*.[1009] Diese Rechtsfolge wird auch nicht durch *section 17 (2) CBIA* eingeschränkt. Dieser setzt sowohl seinem Wortlaut nach als auch gesetzessystematisch als nachgelagerte Bestimmung die bestehende Anerkennung voraus und kanalisiert deren Rechtsfolgen.[1010] *Section 17 (2) CBIA* verpflichtet

---

1005 Vgl. section 28 CBIA; Art. 28 UNCITRAL Modellgesetz.

1006 Vgl. *Ho*, Proving Comity, S. 10 f.

1007 *Goode*, Principles of Corporate Insolvency Law, Rn. 14–32; insoweit auch *Fletcher*, Insolvency in PIL, Rn. 8.32.

1008 Zur US-amerikanischen Version des Art. 17 UNCITRAL Modellgesetz, section 1517 US Bankruptcy Code, vgl. Pannen-*Hollander/Graham*, UNCITRAL Rn. 192 ff.

1009 Insoweit auch zum UNCITRAL Modellgesetz *Collins*, Dicey, Morris and Collins on the Conflict of Laws – First Supplement, S30–388; *Fletcher*, Insolvency in PIL, Rn. 8.31; *Goode*, Principles of Corporate Insolvency Law, Rn. 14–34; *Wessels*, International Insolvency Law, Anm. 10284; *Wimmer* ZIP 1997, 2220, 2222.

1010 So wohl auch *Benning/Wehling* EuZW 1997, 618, 620.

das anerkennende Gericht nur in den Fällen dazu, das Verfahren als Haupt- oder Nebeninsolvenzverfahren einzuordnen, in denen die entsprechenden Voraussetzungen vorliegen. Die Norm sagt nichts über den Fall aus, dass die Kriterien eines Haupt- oder Nebeninsolvenzverfahrens nicht erfüllt sind.[1011]

Die Systematik der *section* 17 *CBIA* lässt gleichzeitig erkennen, dass der Gesetzgeber nicht bei der Anerkennung ausländischer Insolvenzverfahren, sondern lediglich bei den Rechtsfolgen zwischen Haupt- und Nebeninsolvenzverfahren unterscheiden wollte.[1012] Diese Entscheidung des Gesetzgebers für eine Rechtsfolgenlösung dürfte trotz bestehender Widersprüchlichkeiten im Gesetz grundsätzlich hinzunehmen sein. Es gibt mangels Regelung der internationalen Zuständigkeit keine rechtliche oder sachliche Rechtfertigung, *contra legem* die Anerkennungsfähigkeit auf ausländische Haupt- und Nebeninsolvenzverfahren im Sinne des CBIA zu beschränken. Die Interessenlage bei einem Partikularinsolvenzverfahren am Vermögensgerichtsstand ist grundsätzlich die gleiche wie bei einem Verfahren, dass am Niederlassungsort eröffnet wurde und das damit die Kriterien eines Nebeninsolvenzverfahrens im Sinne des CBIA erfüllt. Beide Verfahren sind nach dem Verständnis des CBIA grundsätzlich auf inländisches Vermögen beschränkt, was nicht zuletzt in der zurückhaltenden Formulierung des *section* 21 CBIA[1013] zum Ausdruck kommt. Gemäß *section* 21 (3) CBIA muss sich das inländische Gericht vor seinen, das ausländische Nebeninsolvenzverfahren unterstützenden, Anordnungen darüber vergewissern, ob die davon berührten Vermögensgegenstände nach südafrikanischem Recht zur ausländischen Insolvenzmasse gehören oder die gewünschten Informationen für das ausländische Insolvenzverfahren erforderlich sind. Ersteres ist sowohl bei rein vermögensbezogenen Partikularverfahren als auch bei Nebeninsolvenzverfahren am Niederlassungsort nur dann denkbar, wenn Vermögensgegenstände, die ursprünglich im betreffenden Verfahrensstaat belegen waren und deshalb eigentlich zur ausländischen Insolvenzmasse gehört hätten, trotz (drohender)

1011 In diesem Sinne wohl auch noch *Goode*, Principles of Corporate Insolvency Law, Rn. 14–34: "(Construing) Art. 17 (2) as limiting recognition to main and non-main proceedings (…) does some violence to Art. 17 (1), which in specifying the conditions under which recognition is mandatory does not include any such limitation".

1012 In diesem Sinne wohl auch *Ho*, Proving COMI, S. 10: "(The COMI concept) merely determines the nature of the insolvency proceedings under the Model Law. The Model Law does not determine the jurisdiction to open insolvency proceedings at all.".

1013 Art. 21 UNCITRAL Modellgesetz.

Insolvenz des Schuldners ins Ausland verbracht wurden.[1014] Genauso kann in beiden Verfahrensarten gleichermaßen Informationsbedarf im Sinne von *section* 21 (3) CBIA auftreten, der nur durch Befragung etwa von Organen des Schuldners und anderen Zeugen in Südafrika befriedigt werden kann.[1015] Dies hat letztlich auch UNCITRAL gesehen, die solche grenzüberschreitenden Angelegenheiten aber ohne Verfahrensanerkennung als eine Angelegenheit der internationalen Kooperation und Koordination in *chapter* 4 gehandhabt wissen möchte.[1016]

Es ist auch nicht so, dass die Anerkennung ausländischer, am Vermögensgerichtsstand stattfindender Partikularinsolvenzverfahren über die bloße Anerkennung hinaus keinen Nutzen brächte.[1017] Weite Teile des CBIA sind unabhängig davon anwendbar, ob es sich bei dem ausländischen Verfahren um ein Haupt- oder Nebeninsolvenzverfahren handelt.

Hierzu zählen nicht etwa nur die Normen, die keine Anerkennung voraussetzen, wie diejenigen betreffend die Prozessführungsbefugnis ausländischer Verwalter und Gläubiger vor inländischen Gerichten, die Befugnis des ausländischen Insolvenzverwalters zur Beantragung der Anerkennung, den vorläufigen Rechtsschutz während des Anerkennungsverfahrens[1018] und die auch ohne Anerkennung bestehenden allgemeinen Kooperations- und Abstimmungspflichten.[1019]

Dazu gehört auch das Recht zur Anfechtung nach südafrikanischem Insolvenzrecht, das dem ausländischen Insolvenzverwalter unabhängig von der Einordnung des ausländischen Insolvenzverfahrens als Haupt- oder Nebeninsolvenzverfahren

---

1014 So (allerdings allein auf Nebeninsolvenzverfahren bezogen) A/CN.9/435 Nr. 50 ff.; A/52/17 Nr.70; *Berends* Tulane Journal of Int'l & Comparative Law 6 (1998) 309, 371; Pannen-*Hollander/Graham*, UNCITRAL Rn. 229 Fn. 610, mit Hinweis auf die Materialien.

1015 So z.B. im oben bereits diskutierten Fall *Moolman v Builders & Developers (Pty) Ltd* 1990 (1) SA 954 (A), wo die Anerkennung des ausländischen Insolvenzverfahrens allein zum Zwecke der Befragung des geschäftsführenden Gesellschafters beantragt wurde.

1016 A/52/17 Nr. 154; Pannen-*Hollander/Graham*, UNCITRAL Rn. 229 Fn. 610. Siehe aber A/52/17 Nr. 202 mit Kritik an der gefundenen Lösung.

1017 So aber *Fletcher*, Insolvency in PIL, Rn. 8.32.

1018 *Goode*, Principles of Corporate Insolvency Law, Rn. 14–34.

1019 Sections 25–27 CBIA; Art. 25–27 UNCITRAL Modellgesetz. Siehe auch A/52/17 Nr. 154, wonach auch UNCITRAL die Anwendbarkeit der allgemeinen Vorschriften über die Koordination und Kooperation auf ausländische Partikularinsolvenzverfahren am Vermögensgerichtsstand befürwortet.

gewährt wird.[1020] *Section* 21 (1) – (2) CBIA[1021] offeriert darüber hinaus zahlreiche Unterstützungsmaßnahmen für anerkannte ausländische Insolvenzverfahren, „*whether main or non-main*". Diese Formulierung („ob Haupt- oder Nebenverfahren") ist im natürlichen Sprachgebrauch nicht notwendigerweise als Abgrenzung zu verstehen. Sie kann auch so verstanden werden, dass es für den Unterstützungskatalog der *section* 21 CBIA gerade nicht auf die Einordnung als Haupt- oder Nebenverfahren ankommen soll. Dieses Verständnis schließt auch ausländische Partikularinsolvenzverfahren ein, die am Vermögensgerichtsstand stattfinden.

Die wenigen Vorschriften, die nach ihrem Wortlaut ausdrücklich die Qualifikation als Nebeninsolvenzverfahren voraussetzen,[1022] dürften aufgrund der identischen Interessenlage auf am Vermögensgerichtsstand stattfindende Partikularinsolvenzverfahren analog anzuwenden sein.

Nach hier vertretener Auffassung fallen daher auch ausländische Partikularinsolvenzverfahren, die am Vermögensgerichtsstand eröffnet wurden, unter die Anerkennungspflicht gemäß *section* 17 (1) CBIA.

IV. Beschleunigungsgebot

Über den Antrag auf Anerkennung des ausländischen Insolvenzverfahrens muss so zügig wie möglich entschieden werden.[1023]

In der südafrikanischen Literatur gibt es Stimmen, die unter Hinweis auf das verfassungsrechtlich verankerte Gebot des rechtlichen Gehörs generell nur

---

1020 Vgl. section 23 (1) CBIA; Art. 23 Abs. 1 UNCITRAL Modellgesetz. Siehe dazu unten, B.I.1. (a). Mit der Anerkennungsfähigkeit solcher am Vermögensgerichtsstand eröffneter Partikularinsolvenzverfahren erübrigen sich auch Überlegungen zu einer inzidenter Anerkennung zum Zwecke der Insolvenzanfechtung, siehe dazu *v. Boehmer*, S. 225 ff., m.w.N.

1021 Art. 21 Abs. 1–2 UNCITRAL Modellgesetz.

1022 Insbesondere section 21 (3) CBIA bzw. Art. 21 Abs. 3 UNCITRAL Modellgesetz betreffend die Pflicht des Gerichts, sich vor Anordnung von Unterstützungsmaßnahmen anhand des südafrikanischem Rechts darüber zu vergewissern, dass sich diese Maß- nahmen nur auf massezugehörige Vermögensgegenstände des Nebeninsolvenzverfahrens beziehen bzw. die gewünschten Informationen in dem ausländischen Nebeninsolvenzverfahren erforderlich sind. Ferner section 29 (c) CBIA bzw. Art. 29 (c) UNCITRAL Modellgesetz betreffend die Koordination ausländischer und inländischer Insolvenzverfahren und section 30 CBIA bzw. Art. 30 UNCITRAL Modellgesetz betreffend die Koordination mehrerer ausländischer Verfahren.

1023 Section 17 (3) CBIA; Art. 17 Abs. 3 UNCITRAL Modellgesetz.

eine vorläufige Anerkennungsentscheidung in Form einer *rule nisi* erlauben wollen.[1024]

Eine solche Praxis würde jedoch dem eben genannten Beschleunigungsgebot des CBIA zuwiderlaufen und die Arbeit des ausländischen Insolvenzverwalters verzögern. Es besteht auch keine rechtliche Notwendigkeit dafür, weil die Rechte der Beteiligten durch die Veröffentlichung der Anerkennungsentscheidung und den Änderungsvorbehalt des CBIA selbst hinreichend geschützt sind.[1025] Die Anerkennung schließt eine spätere Aufhebung oder Änderung des Anerkennungsbeschlusses nicht aus, wenn sich nachträglich herausstellt, dass die Anerkennungsvoraussetzungen ganz oder teilweise nicht vorgelegen haben oder nicht mehr gegeben sind.[1026]

Ergänzend dazu besteht auch eine Informationspflicht des ausländischen Insolvenzverwalters über nachträglich eingetretene Umstände, die den Status des ausländischen Verfahrens oder die Bestellung des ausländischen Insolvenzverwalters berühren.[1027] Diese Informationspflicht gilt abweichend zum UNCITRAL Modellgesetz für sämtliche Umstände, nicht nur für solche, die erheblich sind. Insoweit handelt es sich um eine sinnvolle Modifikation des Wortlauts des Originaltextes des UNCITRAL Modellgesetzes. Damit werden Auslegungsschwierigkeiten des Begriffs „erheblich“ von vornherein vermieden, zumal die Erheblichkeit der Änderung und die daraus zu ziehenden Schlussfolgerungen letztlich ohnehin vom Gerichts entschieden werden müssen.[1028]

Im Ergebnis ist daher die Ansicht, dass die Anerkennungsentscheidung generell zunächst nur vorläufig als *rule nisi* ergehen dürfe, abzulehnen.

1024 Vgl. *Smith/Boraine* ABI Law Review 10 (2002) 135, 207, mw.N. Zur rule nisi im common law vgl. oben, Kap. 4 B.II.3 (c).

1025 Zu den Veröffentlichungspflichten näher unten, B.II.1 (d).

1026 Section 17 (4) CBIA; Art. 17 Abs. 4 UNCITRAL Modellgesetz.

1027 Section 18 (a) CBIA; Art. 18 (a) UNCITRAL Modellgesetz. Der südafrikanische Gesetzgeber hat auf die in der Originalfassung des UNCITRAL Modellgesetzes enthaltene Qualifikation, dass eine solche Informationspflicht nur im Hinblick auf „erhebliche“ Änderungen besteht, verzichtet. Dem ist eine entsprechende Empfehlung der Reformkommission vorausgegangen, wonach der Begriff „erheblich“ zu Auslegungsproblemen in der Praxis führen könne und deshalb gestrichen werden solle, vgl. SALC, Interim Report, Anm. 4.21.

1028 Der Gesetzgeber ist hier einer entsprechende Empfehlung der Reformkommission gefolgt, wonach der Begriff „erheblich“ zu Auslegungsproblemen in der Praxis führen könne und deshalb gestrichen werden solle, vgl. SALC, Interim Report, Anm. 4.21.

V. Vorläufige Sicherungsmaßnahmen

Vom Zeitpunkt der Antragsstellung an bis zur Anerkennungsentscheidung kann das Gericht auf Antrag einstweiligen Rechtsschutz gewähren, sofern dies zur Sicherung des Schuldnervermögens und der Interessen der Gläubiger dringend geboten ist.[1029] Die Entscheidung hierüber steht im Ermessen des Gerichts.[1030] Die Entscheidung über einstweiligen Rechtsschutz ergeht im unmittelbaren Zusammenhang mit dem Anerkennungsverfahren und ist an dieses akzessorisch gekoppelt. Mit „Gericht" ist daher wohl das für den Anerkennungsantrag zuständige Gericht gemeint, obwohl dies aus dem Gesetzestext nicht ohne weiteres hervorgeht.[1031]

Als denkbare Maßnahmen nennt das Gesetz unter anderem die einstweilige Einstellung von Einzelvollstreckungsmaßnahmen in das Vermögen des Schuldners.[1032] Ferner kann der ausländische Verwalter oder eine andere vom Gericht bestimmte Person mit der Verwaltung und Verwertung der Gesamtheit oder eines Teils der inländischen Insolvenzmasse beauftragt werden, um den Wert von Vermögensbestandteilen zu schützen und zu erhalten, die aufgrund ihrer Beschaffenheit oder anderer Umstände verderblich sind, der Wertminderung unterliegen oder anderweitig gefährdet sind.[1033]

Schließlich kann das Gericht einige der ermessensabhängigen Unterstützungsmaßnahmen vorläufig anordnen, die auch im Zuge der Anerkennung angeordnet werden können.[1034] Insbesondere kann das Gericht dem Schuldner vorläufig die Befugnis entziehen, sein Vermögen zu übertragen, zu belasten oder auf eine andere Art und Weise darüber zu verfügen.[1035] Das Gericht kann darüber hinaus die Vernehmung von Zeugen, die Aufnahme von Beweisen oder die Bereitstellung von Informationen über das Vermögen, die Geschäfte, die Rechte, die Verbindlichkeiten oder die Verpflichtungen des Schuldners veranlassen.[1036] Darüber hinaus kann

---

1029 Section 19 (1) CBIA; Art. 19 Abs. 1 UNCITRAL Modellgesetz.

1030 Pannen-*Hollander/Graham*, UNCITRAL Rn. 204 f.

1031 So auch Pannen-*Hollander/Graham*, UNCITRAL Rn. 203.

1032 Section 19 (1) (a) CBIA; Art. 19 Abs. 1 (a) UNCITRAL Modellgesetz.

1033 Section 19 (1) (b) CBIA; Art. 19 Abs. 1 (b) UNCITRAL Modellgesetz.

1034 Section 19 (1) (c) CBIA; Art. 19 Abs. 1 (c) UNCITRAL Modellgesetz.

1035 Section 21 (1) (c) CBIA; Art. 21 Abs. 1 (c) UNCITRAL Modellgesetz.

1036 Section 21 (1) (d) CBIA; Art. 21 Abs. 1 (d) UNCITRAL Modellgesetz. Für ein praktisches Beispiel, in dem solche Maßnahmen erforderlich waren, siehe die Ausführungen zum *Moolman*-Fall oben, Kap. 4 A.VI.1. (b).

das Gericht jeden sonstigen Rechtsschutz gewähren, der für einen inländischen Insolvenzverwalter nach südafrikanischem Recht erhältlich ist.[1037]

Bei seiner Entscheidung über vorläufige Rechtsschutzmaßnahmen hat das Gericht die Interessen der Gläubiger und aller anderen Beteiligten einschließlich des Schuldners angemessen zu berücksichtigen.[1038] Es kann diese Maßnahmen an Bedingungen knüpfen oder auf Antrag des ausländischen Verwalters oder einer durch die Maßnahme beschwerten Person oder von Amts wegen bereits angeordnete Maßnahmen ändern oder beenden.[1039]

Für vorläufige Rechtsschutzmaßnahmen gelten die Vorschriften über die Benachrichtigung und Veröffentlichung des südafrikanischen Insolvenzsachrechts.[1040] Das Gericht kann vorläufige Rechtsschutzmaßnahmen insoweit ablehnen, als sie mit der Verwaltung eines Hauptinsolvenzverfahrens kollidieren würden.[1041] Soweit sie nicht explizit verlängert wurden enden die vorläufigen Rechtsschutzmaßnahmen spätestens mit der Entscheidung über den Anerkennungsantrag.[1042]

VI. Zusammenfassung

Eine der Errungenschaften des CBIA ist die nunmehr gesetzliche Klarstellung, dass ein ausländisches Insolvenzverfahren bei Vorliegen der enumerativ aufgeführten gesetzlichen Voraussetzungen vorbehaltlich des inländischen *ordre public* zwingend anzuerkennen ist. Die Voraussetzungen sind im wesentlichen formaler Natur. Nicht als Anerkennungsvoraussetzung genannt ist die internationale Anerkennungszuständigkeit. Dadurch kommt es zu Schwierigkeiten bei der Auslegung des Gesetzes. Gesetzlich definiert sind neben Hauptinsolvenzverfahren am COMI des Schuldners lediglich Nebeninsolvenzverfahren, die die keine Hauptinsolvenzverfahren sind und die in einem Staat eröffnet wurden, in dem der Schuldner eine Niederlassung hat. Nach hier vertretener Auffassung sind – bei Vorliegen der Anerkennungsvoraussetzungen im Übrigen – jedoch auch solche Verfahren als Nebeninsolvenzverfahren anzuerkennen, die keine Hauptinsolvenzverfahren

1037 Section 21 (1) (g) CBIA; Art. 21 Abs. 1 (g) UNCITRAL Modellgesetz. Zu möglichen Rechtsschutzmaßnahmen des südafrikanischen Insolvenzsachrechts siehe MünchKommInsO-*Kupsch*, Bd. 3, Anhang, Länderbericht Südafrika, Rn. 25 ff.

1038 Section 22 (1) CBIA; Art. 22 Abs. 1 UNCITRAL Modellgesetz.

1039 Section 22 (2) und (3) CBIA; Art. 22 Abs. 2 und Abs. 3 UNCITRAL Modellgesetz.

1040 Section 21 (1) (g) CBIA; Art. 21 Abs. 1 (g) UNCITRAL Modellgesetz.

1041 Section 19 (4) CBIA; Art. 19 Abs. 4 UNCITRAL Modellgesetz.

1042 Section 22 (1) CBIA; Art. 22 Abs. 1 UNCITRAL Modellgesetz.

sind und am Vermögensgerichtsstand eröffnet wurden. Der CBIA enthält außerdem ein ausdrückliches Beschleunigungsgebot. Für eine vorläufige Anerkennungsentscheidung in Form einer *rule nisi* wie noch im *common law* ist daher im Anwendungsbereich des CBIA kein Platz mehr. Dies gilt umso mehr, als durch die erhöhten gesetzlichen Veröffentlichungs- und Informationspflichten eine umfassende Interessenwahrung aller Beteiligten gewährleistet ist. Für den Zeitraum zwischen Anerkennungsantrag und der Entscheidung über diesen Antrag sieht der CBIA umfangreiche Sicherungs- und Unterstützungsmaßnahmen vor, die das Gericht auf Antrag des ausländischen Insolvenzverwalters anordnen kann. Insoweit sind dem ausländischen Insolvenzverwalter nunmehr dieselben gesetzlichen Möglichkeiten eingeräumt, wie er sie in einem südafrikanischen Insolvenzverfahren hätte.

B. Rechtsfolgen der Anerkennung

In *sections* 20 ff. CBIA sind die Rechtsfolgen der Anerkennung geregelt. Soweit hier ausdrücklich konkrete Rechtsfolgen angeordnet sind, dürfte kein Raum mehr für abweichende Rechtsfolgen nach *common law* bestehen.[1043] Bei den Rechtsfolgen der Anerkennung unterscheidet der CBIA zwischen solchen, die automatisch eintreten und einzelfallbezogenen Ermessensentscheidungen des Gerichts.

I. Automatische Rechtsfolgen

1. Generell

Einige Rechtsfolgen gehen automatisch mit der Anerkennungsentscheidung einher, unabhängig davon, ob es sich bei dem anerkannten Verfahren um ein Haupt- oder Nebeninsolvenzverfahren handelt. Diese automatischen Rechtsfolgen gelten nach hier vertretener Auffassung also auch für anzuerkennende Verfahren am Vermögensgerichtsstand.[1044]

1043 Allerdings wäre im Einzelfall zu erwägen, statt den Weg der Anerkennung über den CBIA vielmehr insgesamt ein Anerkennungsverfahren nach common law zu durchlaufen. Dies ist nach wie vor möglich, vgl. *Smith/Boraine* ABI Law Review 10 (2002) 135, 186.

1044 Vgl. oben, A.III.2.

(a) Recht zur Anfechtung nach südafrikanischem Insolvenzrecht

Dies umfasst zum einen gemäß *section* 23 (1) CBIA[1045] die Prozessführungsbefugnis („*standing*") des ausländischen Insolvenzverwalters bezüglich der im südafrikanischen Insolvenzrecht für südafrikanische Insolvenzverwalter vorgesehenen Möglichkeiten der Insolvenzanfechtung.[1046] Wenn es sich bei dem anerkannten Verfahren nicht um ein ausländisches Hauptinsolvenzverfahren handelt, muss das Gericht lediglich sicherstellen, dass die von der Anfechtung betroffenen Vermögensgegenstände nach südafrikanischem Recht zur ausländischen Insolvenzmasse gehören.[1047]

Diese Norm regelt keine Selbstverständlichkeit, da die Anerkennung ja nichts daran ändert, dass es sich um ein ausländisches und nicht um ein südafrikanisches Verfahren handelt. Die Anfechtung nach südafrikanischem Insolvenzrecht bleibt aber mangels anderweitiger Anordnung durch Gesetz oder ein Gericht dem in einem südafrikanischen Insolvenzverfahren bestellten Insolvenzverwalter vorbehalten.[1048] *Section* 23 (1) CBIA stellt nunmehr klar, dass auch der in einem ausländischen Verfahren bestellte Insolvenzverwalter wie ein inländischer Insolvenzverwalter zur Anfechtung nach südafrikanischem Insolvenzrecht befugt ist.[1049]

Mit *section* 23 (1) CBIA ist noch keine Aussage darüber getroffen, ob im konkreten Fall südafrikanisches Insolvenzanfechtungsrecht anwendbar ist. Das anwendbare Insolvenzrecht muss erst durch das Insolvenzkollisionsrecht ermittelt werden.[1050]

1045 Art. 23 Abs. 1 UNCITRAL Modellgesetz. Das Insolvenzanfechtungsrecht gehörte zu den umstrittensten Themen bei den Verhandlungen des UNCITRAL-Modellgesetzes und wurde daher auch nur rudimentär geregelt, vgl. KPB-*Adolphsen*, Bd. 2, § 147, Anh. II A, Rn. 19; Bork-*Adolphsen*, Kap. 19 Rn. 19, jeweils m.w.N.;

1046 *Mars*, Anm. 30.29; *Smith/Boraine* ABI Law Review 10 (2002) 135, 200. Siehe zu den Insolvenzanfechtungstatbeständen im südafrikanischen Recht Überblick bei Münch- KommInsO-*Kupsch*, Bd. 3, Anhang, Länderbericht Südafrika, Rn. 63 ff.

1047 Section 23 (2) CBIA. Insoweit kommt es auf die Belegenheit zum Zeitpunkt der Verfahrenseröffnung an, siehe zur Abgrenzung der Insolvenzmassen unten, Kap. 6 A.III.2.

1048 Vgl. in diesem Zusammenhang auch die Rechtslage in den USA vor Übernahme des UNCITRAL Modellgesetzes unten, Kap. 7 C.V.4 (a) (2). So für das südafrikanische Recht scheinbar auch der Supreme Court of Appeal in *Sackstein v Proudfood*, der im Zusammenhang mit einer internationalen Anfechtungsklage betont, dass ein nach südafrikanischem Recht (!) bestellter Insolvenzverwalter befugt sei, vor inländischen Gerichten nach südafrikanischem Insolvenzanfechtungsrecht zu klagen. Siehe zur Sackstein- Entscheidung des Supreme Court of Appeal auch unten, Kap. 7 C.V.2.

1049 Vgl. *Berends* Tulane Journal of Int'l & Comparative Law 6 (1998) 309, 377.

1050 Soweit ersichtlich einhellige Meinung, vgl. nur *Franco* (2003) 15 SA Merc LJ 27, 36 (zum CBIA); Pannen-*Hollander/Graham*, UNCITRAL, Rn. 248 (unter Hinweis

(b) Interventionsrecht in laufende Gerichtsverfahren

Ab dem Zeitpunkt der Anerkennung ist der ausländische Insolvenzverwalter befugt, in jedem südafrikanischen Gerichtsverfahren, in dem der Schuldner Partei ist, zu intervenieren.[1051]

Dadurch soll verhindert werden, dass dem ausländischen Verwalter der Beitritt zu einem Verfahren nur deshalb verwehrt wird, weil das Verfahrensrecht der *lex fori* ein solches Interventionsrecht für den (ausländischen) Insolvenzverwalter nicht vorsieht.[1052] Deshalb müssen zusätzlich die allgemeinen Interventionsvoraussetzungen nach südafrikanischem Recht erfüllt sein.[1053]

2. Anerkennung als Hauptinsolvenzverfahren

(a) Verweisung auf südafrikanisches Insolvenzsachrecht

Mit der Anerkennung als Hauptinsolvenzverfahren gehen zusätzliche, spezielle Rechtsfolgen automatisch einher. Diese sind in *section* 20 (1) CBIA geregelt.

Nach Anerkennung eines Hauptinsolvenzverfahren werden gerichtliche oder außergerichtliche, das Vermögen, die Rechte, Verpflichtungen und Verbindlichkeiten des Schuldners betreffende Einzelrechtsverfolgungsmaßnahmen grundsätzlich automatisch einstweilen eingestellt.[1054] Das Recht eines Gläubiger zur

---

auf Anm. 166 Guide to Enactment); *Berends* Tulane Journal of Int'l & Comparative Law 6 (1998) 309, 377; *Levenson* ABI Law Review 10 (2002) 291, 349 f.; *v. Boehmer*, S. 224; *Westpfahl/Goetker/Wilkens*, Rn. 1526; *Wimmer* ZIP 1997, 2221, 2223 (jeweils zum gleichlautenden UNCITRAL Modellgesetz); *Paulus* NZI 2005, 439, 441; *Rüfner* ZIP 2005, 1859, 1865 (jeweils zum gleichlautenden section 1523 US Bankruptcy Code). Entgegen *Rüfner*, a.a.O., ist insoweit keine Abweichung des US Bankruptcy Code vom UNCITRAL Modellgesetz erkennbar. Siehe zum internationalen Insolvenzanfechtungsrecht unten, Kap. 7 C.V.

1051 Section 24 CBIA.

1052 Vgl. Anm. 168 Guide to Enactment; Pannen-*Hollander/Graham*, UNCITRAL Rn. 252.

1053 Section 24 CBIA.

1054 Section 20 (1) (a) CBIA; Art. 20 Abs. 1 (a) UNCITRAL Modellgesetz. In section 20 (1) (a) CBIA wurde den Begriffen "action" und "proceedings" jeweils das Wort "legal" vorangestellt, sodass es nunmehr heißt: "commencement or continuation of individual legal actions or individual legal proceedings (…) is stayed". Hierdurch soll klargestellt werden, dass damit Rechtsverfolgungsmaßnahmen gemeint sind, siehe SALC, Interim Report, Anm. 4.26; Ho-*Underwood/van Zuylen*, Cross-Border Insolvency, South Africa, section 20.

Einleitung verjährungsunterbrechender Maßnahmen – etwa durch Erhebung der zivilrechtlichen Leistungsklage – bleibt davon allerdings unberührt.[1055] Auch die Zwangsvollstreckung in das Schuldnervermögen wird einstweilen eingestellt.[1056] Das Recht des Schuldners, seine Vermögensgegenstände zu übertragen, zu belasten oder sonst darüber zu verfügen, wird ausgesetzt.[1057]

Hinsichtlich der näheren Ausgestaltung dieser automatischen Anerkennungswirkungen wird auf Einzelnormen des südafrikanischen Insolvenzsachrechts betreffend die Eröffnung eines südafrikanischen Verfahrens verwiesen. Die Reichweite sowie die Änderung oder Aufhebung der einstweiligen Einstellung von Rechtsverfolgungsmaßnahmen und der Aussetzung der Verfügungsbefugnis des Schuldners nach *section* 20 (1) CBIA unterliegen den *sections* 20, 23 und 75 IA und den *sections* 341 und 359 CA 1973.[1058]

Diese Normen regeln in ihrem jeweiligen persönlichen Anwendungsbereich für *companies* und sonstige Schuldner bestimmte Wirkungen der Eröffnung eines Insolvenzverfahrens auf das Vermögen des Schuldners und laufende Zivilverfahren, in die der Schuldner involviert ist. Durch die auch an anderer Stelle[1059] vorgenommene Verweisung auf sich in ihrem Regelungsbereich überschneidende Normen beider Gesetze hat der Gesetzgeber deutlich gemacht, dass er auch für internationale Verfahren an der bisherigen Zweiteilung des südafrikanischen Insolvenzrechts festhalten will.

Daher gelten die *sections* 20, 23 und 75 IA grundsätzlich sowohl für natürliche Personen als auch für ausländische Gesellschaften und juristische Personen. Die *sections* 341 und 359 CA 1973 gehen dagegen als *lex specialis* vor, wenn es sich um ein ausländisches Hauptinsolvenzverfahren über das Vermögen einer südafrikanischen *company* oder einer *external company* handelt.[1060]

Im Detail treten bei der Anwendung der südafrikanischen Insolvenzsachrechtsnormen einige Kompatibilitätsprobleme zutage, die der Gesetzgeber so wohl nicht

1055 Section 20 (3) CBIA; *Smith/Boraine* ABI Law Review 10 (2002) 135, 196.

1056 Section 20 (1) (b) CBIA; Art. 20 Abs. 1 (b) UNCITRAL Modellgesetz.

1057 Section 20 (1) (c) CBIA; Art. 20 Abs. 1 (c) UNCITRAL Modellgesetz.

1058 Section 20 (2) 1. Halbsatz CBIA. Generell zu den verwiesenen Einzelnormen MünchKommInsO-*Kupsch*, Bd. 3, Anhang, Länderbericht Südafrika, Rn. 28 ff.; *Smith/Boraine* ABI Law Review 10 (2002) 135, 147 ff., 154 f. Knappe Zusammenfassung bei Ho- *Underwood/van Zuylen*, Cross-Border Insolvency, South Africa, section 20. Siehe auch *Mars*, § 8.

1059 Siehe section 19 (2) CBIA.

1060 Vgl. oben, Kap. 2 C.I.1.

bedacht hat.[1061] Die verwiesenen Normen des südafrikanischen Insolvenzrechts sind daher unter besonderer Berücksichtigung der Mechanismen des Anerkennungsverfahrens und des CBIA auszulegen.

(b) Dingliche Rechtsänderung

Gemäß *section* 20 (1) (a) IA verliert der Schuldner mit dem Insolvenzeröffnungsbeschluss das Eigentum an seinem Vermögen zunächst an einen beim Gericht ansässigen Offiziellen, den *Master*,[1062] und später nach Bestellung des Insolvenzverwalters an diesen.[1063]

Gemäß *section* 20 (1) (c) CBIA wird dem Schuldner zwar ein Verfügungsverbot auferlegt. Von einem automatischen Eigentumsverlust oder gar -übergang auf einen Amtsträger ist aber nicht die Rede. Man wird den Gesetzgeber hier jedoch so zu verstehen haben, dass mit Anerkennung des ausländischen Insolvenzverfahrens als Hauptinsolvenzverfahren die Mechanismen der aufgezählten insolvenzrechtlichen Vorschriften soweit wie möglich greifen sollen. Daraus folgt, dass mit dem Anerkennungsbeschluss die Verfügungsbefugnis über das Schuldnervermögen zunächst automatisch auf den *Master* übergeht, zumal ansonsten die sachenrechtlichen Zuständigkeiten unklar wären.[1064]

Für *external companies* sowie südafrikanische Tochtergesellschaften ausländischer Konzerne gelten die speziellen Vorschriften in *sections* 341 und 359 CA 1973. Interessanterweise hat der Gesetzgeber nicht auch auf die der *section* 20 IA entsprechende Norm der *section* 361 CA 1973 verwiesen. Diese regelt die sachenrechtliche Zuständigkeit für das Gesellschaftsvermögen mit Eröffnung des Insolvenzverfahrens. Stattdessen wird auf *section* 341 CA 1973 verwiesen.

1061 Auch der Bericht der Reformkommission ist diesbezüglich wenig aufschlussreich, vgl. SALC, Interim Report, Anm. 4.26 ff. In Anm. 4.28 wird lediglich der Inhalt des Gesetzestextes wiedergegeben.

1062 Zu den Funktionen des Master im südafrikanischen Insolvenzrecht siehe MünchKommInsO-*Kupsch*, Bd. 3, Anhang, Länderbericht Südafrika, Rn. 11, m.w.N., und passim.

1063 Der Insolvenzverwalter wird grundsätzlich erst auf Vorschlag der ersten Gläubigerversammlung durch den Master bestellt, vgl. dazu MünchKommInsO-*Kupsch*, Bd. 3, Anhang, Länderbericht Südafrika, Rn. 11 und Rn. 38.

1064 Der Übergang der Verwaltungs- und Verfügungsbefugnis auf den ausländischen Insolvenzverwalter oder einen vom Gericht zu bestimmenden Dritten ist gemäß section 21 (2) CBIA in das Ermessen des Gerichts gestellt. In der Regel wird aber zusammen mit dem Anerkennungsbeschluss gleichzeitig auch eine Anordnung über den Übergang der Verwaltungs- und Verfügungsbefugnis erfolgen. Dazu unten, II.2. (b).

Gemäß *section* 341 (1) CA 1973 ist ab dem Zeitpunkt der Verfahrenseröffnung eine Übertragung der Anteile an der Schuldnergesellschaft sowie eine Veränderung des gesellschaftsrechtlichen Status des Gesellschafters nur noch mit Zustimmung des Insolvenzverwalters möglich. Vermögensdispositionen des Schuldners nach Eröffnung des Insolvenzverfahrens sind gemäß *section* 341 (2) CA 1973 nichtig, soweit das Gericht nichts anderes anordnet. *Section* 341 CA 1973 sagt also nichts über den Übergang der Verwaltungsund Verfü- gungsbefugnis am Schuldnervermögen aus.

Beide Vorschriften – *section* 341 CA 1973 und *section* 361 CA 1973 – müssen jedoch im Zusammenhang gesehen werden. *Section* 341 CA 1973 setzt nach seinem Wortlaut voraus, dass bereits ein Insolvenzverfahren[1065] eröffnet wurde. Zu diesem Zeitpunkt hat die Schuldnergesellschaft aber bereits die Verwaltungs- und Verfügungsbefugnis über ihr Vermögen verloren, auch wenn *companies* nach Eröffnung des Insolvenzverfahrens grundsätzlich Eigentümerin ihres Vermögens bleiben. Die Verwaltungs- und Verfügungsbefugnis geht gemäß *section* 361 (1) CA 1973 mit Verfahrenseröffnung zunächst auf den *Master* und nach Bestellung des Insolvenzverwalters auf diesen über.[1066] Diese Wirkungen treten rückwirkend zum Zeitpunkt der Antragstellung ein.[1067] *Section* 341 (1) CA 1973 dehnt diese Eröffnungswirkungen auf die Gesellschafter aus. *Section* 341 (2) CA 1973 füllt hingegen lediglich die Lücke zwischen Insolvenzantrag und Eröffnungsbeschluss. Einen gutgläubigen Rechtserwerb kennt das südafrikanische Recht nur in eingeschränktem Umfang,[1068] sodass wirksame Vermögensdispositionen grundsätzlich nur in der kurzen Zeit zwischen Antragstellung und Verfahrenseröffnung denkbar sind. *Section* 341 (2) CA 1973 hat deshalb kaum praktische Bedeutung.[1069]

Liest man *section* 20 (2) CBIA vor diesem Hintergrund, dann hatte der Gesetzgeber offenbar genau die eben beschriebene Situation vor Augen, in der *section* 341 CA 1973 einsetzt. Dabei hat er jedoch übersehen, dass dem Schuldner nach Anerkennung zwar die Verfügungsbefugnis über sein Vermögen automatisch entzogen wird, aber kein automatischer Übergang auf den *Master* oder den Insolvenzverwalter

---

1065 Dass section 341 (1) CA 1973 auch in sonstigen Liquidationsverfahren zur Anwendung kommt, wenn die Gesellschaft nicht überschuldet ist (vgl. MünchKommInsO-*Kupsch*, Bd. 3, Anhang, Länderbericht Südafrika, Rn. 31), soll hier außer Betracht bleiben.

1066 Vgl. MünchKommInsO-*Kupsch*, Bd. 3, Anhang, Länderbericht Südafrika, Rn. 29.

1067 Vgl. section 348 CA 1973.

1068 Siehe oben, Kap. 3 B.II.6. (c).

1069 *Galgut/Kunst/Delport/Vorster*, section 341, Anm. zu „unless the Court otherwise orders"; MünchKommInsO-*Kupsch*, Bd. 3, Anhang, Länderbericht Südafrika, Rn. 29.

geregelt ist. Um diese Lücke zu schließen, dürfte das Gesetz ergänzend dahin auszulegen sein, dass bis zum Übergang der Verwaltungs- und Verfügungsbefugnis auf den ausländischen Insolvenzverwalter oder Dritten diese beim *Master* liegt. In der Praxis wird dies jedoch selten problematisch sein, weil das Gericht mit dem Anerkennungsbeschluss gleichzeitig eine Regelung über den Übergang der Verwaltungs- und Verfügungsbefugnis am Schuldnervermögen treffen wird.[1070]

(c) Unterbrechung von Aktiv- und Passivprozessen des Schuldners

Section 20 (1) (b) IA betrifft die Unterbrechung von Aktiv- und Passivzivilprozessen des Schuldners. Die Norm wird ergänzt durch *section* 75 IA, der allerdings nur Passivzivilprozesse betrifft. Ferner trifft *section* 23 (6), (8) bis (10) IA bestimmte Ausnahmeregelungen betreffend Schadensersatzforderungen des Schuldners wegen Verletzung seiner Persönlichkeit oder Gesundheit und Entgeltforderungen des Schuldners für nach Insolvenzeröffnung erbrachte Dienstleistungen.[1071]

Aus der Verweisung auf diese Einzelnormen ergibt sich, dass gemäß *section* 20 (1) CBIA das Zivilverfahren in Bezug auf das Schuldnervermögen unterbrochen werden,[1072] einschließlich laufende Schiedsgerichtsverfahren,[1073] nicht aber laufende Straf- und Verwaltungsverfahren.[1074] Denkbar wäre aber bei Bedarf und auf Antrag des ausländischen Insolvenzverwalters eine Erweiterung der Verfahrensunterbrechung auch auf solche Prozesse.[1075] Sondervorschriften unterliegen darüber hinaus auch streitige Verfahren vor Seegerichten betreffend Seerechtsforderungen einschließlich diesbezüglicher Sicherungs- und Vollstreckungsverfahren. Diese

---

1070 Siehe section 21 (2) CBIA, der diese Rechtsfolge allerdings in das Ermessen des Gerichts stellt, obwohl gemäß section 20 (1) (c) CBIA der Schuldner seine Verfügungsbefugnis bereits unmittelbar mit Anerkennung des ausländischen Hauptinsolvenzverfahrens automatisch verliert.

1071 Vgl. insoweit auch zum deutschen Recht, wo ebenfalls nur Verfahren die Insolvenzmasse betreffend unterbrochen werden, Nachweise bei *Pape*, ZInsO 2008, 1041, 1042 f.

1072 Bereits mit der Vollstreckung in das Schuldnervermögen beauftragte Gerichtsvollzieher müssen ihre Vollstreckungshandlung unmittelbar mit Kenntniserlangung vom Anerkennungsbeschluss einstellen, vgl. section 20 (1) (c) IA.

1073 Vgl. section 5 Arbitration Act 42 of 1965; Ho-*Underwood/van Zuylen*, Cross-Border Insolvency, South Africa, section 20.

1074 Vgl. insoweit zu section 20 (1) (b) IA; *Mars*, § 8.4.

1075 Arg. section 20 (2) 2. Halbsatz CBIA. Dies gilt aber wohl nur insoweit, als eine Unterbrechung nach südafrikanischem Recht möglich ist, vgl. SALC, Interim Report, Anm. 4.19, und section 21 (1) (g) CBIA, wonach "any additional relief that may be available (...) under the laws of the Republic" gewährt werden kann.

werden weder durch die Eröffnung inländischer Insolvenzverfahren noch durch die Anerkennung des ausländischen Hauptinsolvenzverfahrens unterbrochen.[1076]

Gemäß *section* 20 (1) (b) IA dauert die Verfahrensunterbrechung bis zur Bestellung eines Insolvenzverwalters. Auch diese Vorschrift bedarf einer telelogischen Anpassung an die besonderen Umstände im Anerkennungsverfahren. Die Intention von *section* 20 (1) (b) IA ist, dem Insolvenzverwalter selbst die Möglichkeit zu geben, über die Aufnahme und Fortführung von die Insolvenzmasse betreffenden Rechtsstreitigkeiten zu ermöglichen. Dies ist im Zusammenhang damit zu sehen, dass ein Insolvenzverwalter nach südafrikanischem Recht erst in der ersten Gläubigerversammlung bestellt wird.[1077]

Im Anerkennungsverfahren wird man deshalb statt der ersten Gläubigerversammlung auf den Zeitpunkt abzustellen haben, zu dem der ausländische Insolvenzverwalter oder der vom Gericht bestimmte Dritte rechtswirksam für die Insolvenzmasse handeln können. Mithin ist auf den Zeitpunkt des Übergangs der Verwaltungs- und Verfügungsbefugnis über das inländische Schuldnervermögen abzustellen, obwohl der ausländische Insolvenzverwalter die Prozessführungsbefugnis automatisch mit Verfahrensanerkennung erlangt.[1078]

Auf Antrag des ausländischen Insolvenzverwalters oder einer Person, die durch *section* 20 (1) CBIA beschwert ist, kann das Gericht die Reichweite der einstweiligen Einstellung von Rechtsverfolgungsmaßnahmen und der Aussetzung der Verfügungsbefugnis ändern bzw. beenden.[1079] Von dieser Möglichkeit dürfte insbesondere in den Fällen der Eigenverwaltung nach deutschem Recht[1080] Gebrauch zu machen sein, um dem Schuldner hier die Verfügungsbefugnis über sein Vermögen zu belassen und den Umfang der Rechte des Sachwalters in Bezug auf in Südafrika belegene Schuldnervermögen festzulegen.[1081]

(d) Wiederaufnahme von Aktivund Passivprozessen

Gemäß *section* 75 (1) IA muss ein Gläubiger, der das Verfahren fortsetzen will, dies dem Insolvenzverwalter (oder dem vom Gericht bestimmten Dritten) spätestens

---

1076 Vgl. section 10 Admiralty Jurisdiction Act 105 of 1983; *Mars*, S. 173 ff.

1077 Vgl. MünchKommInsO-*Kupsch*, Bd. 3, Anhang, Länderbericht Südafrika, Rn. 38.

1078 Die nach dem Gesetzeswortlaut bereits unmittelbar mit Anerkennung gewährte Prozessführungsbefugnis in section 24 CBIA ist insoweit teleologisch zu reduzieren, dazu näher sogleich unten, (d).

1079 Section 20 (2) 2. Halbsatz CBIA.

1080 Vgl. §§ 270 ff. InsO.

1081 Die Problematik wird bereits von *Wimmer* ZIP 1997, 2220, 2222, angesprochen.

drei Wochen danach schriftlich anzeigen. Ansonsten wird das Verfahren kraft Gesetzes beendet.[1082] Das Gericht kann hiervon Ausnahmen machen, wenn der betroffene Gläubiger sein Fristversäumnis genügend entschuldigt.[1083]

Mit der Anzeige der Verfahrensfortsetzung ist dem Insolvenzverwalter wiederum mindestens drei Wochen Zeit zu geben, bevor das Verfahren fortgesetzt werden kann. Nach Bestätigung der Schlussrechnung des Insolvenzverwalters durch den *Master*[1084] können keine Klagen zur Durchsetzung von vorinsolvenzlich entstandenen Forderungen mehr erhoben werden. Auch hier kann das Gericht bei Vorliegen von Entschuldigungsgründen Ausnahmen bestimmen.[1085] Im Hinblick auf den Zeitpunkt „vorinsolvenzlich" wird man wiederum auf den Zeitpunkt der Anerkennung abzustellen haben, weil vorher nach dem CBIA das ausländische Insolvenzverfahren in Südafrika keine Wirkungen entfaltet und insbesondere der Schuldner solange die Verfügungsbefugnis über sein Vermögen behält.[1086]

Die Verweisung auf *section* 359 CA 1973 hat prinzipiell denselben Effekt wie *section* 75 (1) IA, mit dem Unterschied, dass die Ausschlussfrist zur Anzeige der Wiederaufnahme des Verfahrens für den Gläubiger vier Wochen ab dem Zeitpunkt der Anerkennung beträgt.[1087]

Durch die automatischen Rechtsfolgen gemäß *section* 20 (1) CBIA wird weder das Recht zur Eröffnung eines südafrikanischen Insolvenzverfahrens noch das Recht, in diesem Verfahren Forderungen anzumelden, berührt.[1088]

(e) Erweiterung der Insolvenzmasse auf das Vermögen von Ehepartnern

Section 20 (d) CBIA erklärt darüber hinaus *section* 21 IA in Bezug auf Vermögensgegenstände in Südafrika für ebenso anwendbar, als wäre über das Vermögen des Schuldners ein südafrikanisches Insolvenzverfahren eröffnet worden.

Nach der sehr umstrittenen, vom Verfassungsgericht per Mehrheitsvotum aber mittlerweile bestätigten Regelung in *section* 21 IA wird zugunsten der

---

1082 *Mars*, S. 175 f., m.w.N.

1083 Vgl. *Mars*, S. 175 f., mit Einzelbeispielen aus der Rechtsprechung.

1084 Die Schlussrechnung ist regelmäßig innerhalb von 6 Monaten nach Bestellung des Insolvenzverwalters zu erstellen, dazu MünchKommInsO-*Kupsch*, Bd. 3, Anhang, Länderbericht Südafrika, Rn. 45.

1085 Section 75 (2) IA.

1086 Ein vorheriger Verlust der Verfügungsbefugnis nach common law dürfte insoweit nicht in Betracht kommen, weil der Gesetzgeber hier den Verlust der Verfügungsbefugnis ausdrücklich für den Zeitpunkt der Anerkennung bestimmt hat, siehe oben, (c).

1087 Vgl. MünchKommInsO-*Kupsch*, Bd. 3, Anhang, Länderbericht Südafrika, Rn. 30.

1088 *Section* 20 (4) CBIA; Art. 20 Abs. 4 UNCITRAL Modellgesetz.

Insolvenzmasse vermutet, dass diese grundsätzlich auch das Vermögen des solventen, nicht dauernd getrennt lebenden Ehepartners des Schuldners umfasst.[1089]

Damit wollte der Gesetzgeber der verbreiteten Praxis entgegenwirken, dass Schuldner vor dem Insolvenzantrag erhebliche Vermögensteile auf ihren Ehepartner übertragen, um diese so vor dem Zugriff ihrer Gläubiger zu schützen.[1090]

Im *common law* ist *section* 21 IA auch nach Anerkennung des ausländischen Verfahrens in Südafrika nicht automatisch anwendbar, weil sich die Vorschriften des *Insolvency Act* nur auf südafrikanische Insolvenzverfahren beziehen. Stattdessen wurde gelegentlich auf Antrag im Rahmen des richterlichen Ermessens geprüft, die Vorschrift in der *recognition order* für anwendbar zu erklären.[1091] Auch die Reformkommission hielt es ursprünglich für ausreichend, die Anwendbarkeit von *section* 21 IA in das Ermessen des mit dem Anerkennungsantrag befassten Gerichts zu stellen. Im Rahmen des Konsultationsprozesses zum Gesetzesentwurf des CBIA hat die Reformkommission jedoch nachgegeben und *section* 21 IA als automatische Rechtsfolge der Anerkennung in den Gesetzesentwurf aufgenommen.[1092]

Entsprechend seiner Zielrichtung versteht das Gesetz den Begriff Ehepartner sehr weit und schließt eingetragene Lebenspartner[1093] sowie nichteheliche, mit dem Schuldner in – hetero- oder homosexueller – eheähnlicher Gemeinschaft lebende Lebenspartner ein.[1094] Streitig ist, ob dazu auch solche Lebenspartnerschaften zählen, die trotz formell noch bestehender Ehe mit einer anderen Person in eheähnlicher Gemeinschaft gelebt werden.[1095] Nach der weitgefassten Definition

---

1089 Vgl. *Harksen v Lane NO* (Constitutional Court of South Africa, Case CCT 9/97, 7 October 1997), saflii, Rn. 35; dazu *Evans*, Critical analysis, S. 314 ff.; *Mars*, §§ 11.1 ff.; *Smith/Boraine* ABI Law Review 10 (2002) 135, 163 ff., jeweils m.w.N. Eine ähnliche Regelung enthält das deutsche Recht, vgl. § 1362 Abs. 1 BGB; dazu Gottwald-*Gottwald/Adolphsen*, Insolvenzrechts-Handbuch, § 40 Rn. 102 ff.

1090 *Smith/Boraine* ABI Law Review 10 (2002) 135, 164, m.w.N.

1091 Vgl. *Chaplin NO v Gregory (or Wyld)* 1950 (3) SA 555 (C) 562A–563C. Vgl. auch *Viljoen v Venter NO* 1981 (2) SA 152 (W).

1092 Siehe SALC, Interim Report, Anm. 4.29.

1093 Gemäß dem zur Gleichberechtigung homosexueller Paare geschaffenen Civil Union Act 17 of 2006; *Evans*, Critical analysis, S. 391. Ähnlich das deutsche Recht, vgl. § 8 Abs. 1 LPartG i.V.m. § 1362 Abs. 1 BGB. Siehe aber BGH, Urt. v. 14.12.2006 – IX ZR 92/05, NJW 2007, 992 ff. (keine analoge Anwendbarkeit auf nichteheliche Lebensgemeinschaften, str., vgl. Gottwald-*Gottwald/Adolphsen*, Insolvenzrechts-Handbuch, § 40 Rn. 102).

1094 Siehe section 21 (13) IA.

1095 Ablehnend *Chaplin NO v Gregory (or Wyld)* 1950 (3) SA 555 (566A–B, mit der etwas zynischen Anmerkung, damit werde der Ehebruch im Vergleich zum Konkubinat belohnt.

des Begriffs Ehepartner in *section* 21 (13) IA und dem Willen des Gesetzgebers müssen aber auch solche Lebenspartnerschaften der Norm unterfallen.[1096]

Als maßgeblicher Zeitpunkt ist in *section* 21 (1) IA der Zeitpunkt der Verfahrenseröffnung genannt, zu dem auch das Eigentum am Vermögen des Schuldners auf den *trustee* übergeht.[1097] Dieser Zeitpunkt muss hier im Lichte des CBIA ausgelegt werden. In *section* 20 (1) CBIA ist als Zeitpunkt für den Eintritt der automatischen Anerkennungswirkungen der Zeitpunkt der Anerkennung („*upon recognition*") genannt. Mit Anerkennung geht aber nicht automatisch die Verwaltungs- und Verfügungsbefugnis über das Schuldnervermögen auf den ausländischen Insolvenzverwalter oder eine sonstige, vom Gericht zu bestimmende Person über, sondern erst durch entsprechenden Gerichtsbeschluss.[1098] Mithin ist allein auf den Zeitpunkt des Beschlusses über den Übergang der Verwaltungs- und Verfügungsbefugnis abzustellen.

Ob sich ein Vermögensgegenstand in Südafrika befindet, bestimmt sich nach der *lex fori*.[1099] Dem Ehe- bzw. Lebenspartner obliegt im Anwendungsbereich von *section* 21 IA der Nachweis, dass es sich bei den betreffenden Vermögensgegenständen um sein alleiniges Eigentum handelt.[1100]

3. Zusammenfassung

Mit der Anerkennung des Verfahrens erwirbt der ausländische Insolvenzverwalter automatisch die Prozessführungsbefugnis zur Anfechtung gläubigerbenachteiligender Rechtshandlungen nach südafrikanischem Insolvenzrecht, ohne dass es insoweit noch darauf ankommt, ob es sich um ein Haupt- oder Nebeninsolvenzverfahren handelt. Die Ermittlung des anwendbaren Insolvenzanfechtungsrechts selbst bleibt dem allgemeinen Insolvenzkollisionsrecht vorbehalten. Darüber

---

1096 So auch *Mars*, The law of Insolvency, S. 207 f.; *Meskin*, Insolvency Law, Anm. 5.30.1.1.

1097 Zu dieser südafrikanischen Besonderheit, dass mit Eröffnung des vorläufigen oder endgültigen Insolvenzverfahrens das Eigentum am Schuldnervermögen auf den Insolvenzverwalter übergeht, siehe nochmals oben, Kap. 1 C.II.1.

1098 Siehe section 21 (2) CBIA, der diese Rechtsfolge in das Ermessen des Gerichts stellt, wobei gemäß section 20 (1) (c) CBIA der Schuldner seine Verfügungsbefugnis bereits unmittelbar mit Anerkennung des ausländischen Hauptinsolvenzverfahrens automatisch verliert.

1099 Siehe dazu oben, Kap. 2 C.I.2 (b).

1100 Section 21(2) IA. Zu weiteren Einzelheiten *Mars*, §§ 11.1 ff.; *Smith/Boraine* ABI Law Review 10 (2002) 135, 163 ff., jeweils m.w.N.

hinaus erwirbt der ausländische Insolvenzverwalter mit der Anerkennung des ausländischen Insolvenzverfahrens in Südafrika automatisch das Recht zur Teilnahme an einem südafrikanischen Parallelinsolvenzverfahren sowie das Recht, in laufenden Zivilprozessen des Schuldners zu intervenieren. Besondere automatische Rechtsfolgen sieht der CBIA für ausländische Hauptinsolvenzverfahren vor. Aus der Anerkennung als Hauptinsolvenzverfahren folgt automatisch die einstweilige Einstellung von Einzelrechtsverfolgungsmaßnahmen in Bezug auf die Insolvenzmasse. Der Schuldner verliert automatisch die Verfügungsbefugnis über sein Vermögen. Für die nähere Ausgestaltung dieser Rechtsfolgen verweist der CBIA auf die entsprechenden Normen des südafrikanischen Insolvenzsachrechts.

II. Ermessensabhängiger Rechtsschutz als Folge der Anerkennung

1. Parameter für die Ermessensausübung

(a) Allgemein

Über die automatischen Rechtsfolgen der Anerkennung hinaus ist dem mit der Anerkennung befassten Gericht über *section* 21 CBIA[1101] ein weites Ermessen zur flexiblen Gestaltung der Anerkennungswirkungen eingeräumt, das nach den Umständen des Einzelfalls auszuüben ist.[1102]

Das Gericht kann nach dem ausdrücklichen Wortlaut des Gesetzes jeden geeigneten Rechtsschutz gewähren. Voraussetzung hierfür ist ein Antrag des ausländischen Insolvenzverwalters. Dieser ist nach dem Wortlaut des Gesetzes nicht zwingend auf konkrete Rechtsschutzmaßnahmen zu richten. Der Antrag kann also auch dahingehen, den zu gewährenden Rechtsschutz insgesamt oder teilweise in das Ermessen des Gerichts zu stellen. In der Praxis dürfte sich aber ein solcher allgemeiner Antrag allenfalls ergänzend zu konkret beantragten Rechtsschutzmaßnahmen anbieten, weil nur so das begehrte Mindestmaß an Unterstützungsmaßnahmen sichergestellt werden kann.

Der Gesetzgeber hat wenige Parameter vorgegeben, die das Ermessen des Gerichts beschränken. Zum einen müssen die beantragten Maßnahmen nach Überzeugung des Gerichts zur Sicherung der Insolvenzmasse oder zum Schutz der Interessen der Gläubiger geeignet und geboten sein. Ferner muss auch hier sichergestellt sein,

---

1101 Art. 21 UNCITRAL Modellgesetz.

1102 Anm. 154 Guide to Enactment; Pannen-*Hollander/Graham*, UNCITRAL Rn. 224.

dass die Interessen der Gläubiger und anderer Beteiligter, insbesondere der Schuldner selbst, angemessen geschützt sind.[1103]

Dem Gericht wurde ausdrücklich die Befugnis eingeräumt, die Rechtsschutzmaßnahmen von angemessenen Auflagen und Bedingungen abhängig zu machen.[1104] Das Gericht kann auf Antrag des ausländischen Insolvenzverwalters oder eines Beteiligten oder auch von Amts wegen einmal gewährte Rechtsschutzmaßnahmen jederzeit anpassen oder aufheben, wenn dies der Schutz der Gläubiger oder anderer Beteiligter erfordert.[1105]

Dem Gesetz sind in diesem Zusammenhang keinerlei Anhaltspunkte zu entnehmen, dass mit der Bezeichnung „Gläubiger" nur inländische Gläubiger gemeint seien. Dies entspricht der schon in der Präambel des Gesetzes angekündigten allgemeinen Grundausrichtung des CBIA, inländische und ausländische Gläubiger gleichzubehandeln.[1106] Nur an wenigen Stellen nennt das Gesetz als zu berücksichtigende Adressaten ausdrücklich Gläubiger in Südafrika.[1107] Daraus folgt, dass mangels einschränkender Adressierung im Tatbestand der anzuwendenden Norm mit dem Begriff „Gläubiger" sowohl inländische als auch ausländische Gläubiger gemeint sind.[1108]

(b) Gewährleistung der Massebezogenheit bei Nebeninsolvenzverfahren

Section 20 (3) CBIA weist das Gericht an, sich bei der Anerkennung von ausländischen Nebeninsolvenzverfahren vor der Gewährung einzelner Rechtsschutzmaßnahmen stets davon zu überzeugen, dass sich dieser Rechtsschutz auf solche Vermögensgegenstände beschränkt, die zur ausländischen Insolvenzmasse gehören.

1103 Section 22 (1) CBIA; Art. 22 Abs. 1 UNCITRAL Modellgesetz.

1104 Section 22 (2) CBIA; Art. 22 Abs. 2 UNCITRAL Modellgesetz.

1105 Section 22 (3) CBIA; Art. 22 Abs. 3 UNCITRAL Modellgesetz.

1106 Siehe Preamble zum CBIA: "Whereas there is a need (…) for fair and efficient administration of cross-border insolvencies that protects the interests of *all* creditors (…)"; Pannen-*Hollander/Graham*, UNCITRAL Rn. 225.

1107 So insbesondere in section 21 (2) CBIA betreffend die Befugnis, die Verteilung des inländischen Vermögens in die Hände des ausländischen Insolvenzverwalters oder eine vom Gericht zu bestimmende Person zu geben, dazu unten 2. (b).

1108 Etwas missverständlich insoweit der Leitfaden zum UNCITRAL Modellgesetz, wo in Anm. 157 bemerkt wird, dass Art. 22 UNCITRAL Modellgesetz (section 22 CBIA) die Interessen „inländischer Gläubiger" geschützt werden. Später in Anm. 163 wird aber klargestellt, dass in der Regel zwar vor allem inländische Gläubigerinteressen von der Anerkennung und Rechtsschutzmaßnahmen zugunsten des ausländischen Verfahrens betroffen seien, Art. 22 aber unterschiedslos für alle Gläubiger gelte. Vgl. auch Pannen- *Hollander/Graham*, UNCITRAL Rn. 225. A.A. offenbar *Smith/Boraine* ABI Law Review 10 (2002) 135, 198 Fn. 435.

Diese Norm trägt einerseits dem Umstand Rechnung, dass ausländische Nebeninsolvenzverfahren grundsätzlich nur territoriale Wirkungen innerhalb des jeweiligen Eröffnungsstaats entfalten können. Sie dient daher lediglich dazu, die ursprüngliche Partikularinsolvenzmasse wieder herzustellen.[1109] Andererseits dient sie als Hinweis, dass das Gericht die berechtigten Interessen und Erwartungen derjenigen zu schützen hat, die auf die Durchführung des Hauptinsolvenzverfahrens am COMI des Schuldners vertraut haben.[1110]

Die Massezugehörigkeit richtet sich nach südafrikanischem Recht als *lex fori*.[1111] Hinsichtlich des maßgeblichen Zeitpunktes kann auf *section* 28 CBIA zurückgegriffen werden, der die Eröffnung inländischer Partikularinsolvenzverfahren regelt.[1112] Danach kann ein südafrikanisches Insolvenzverfahren nach Anerkennung eines ausländischen Hauptinsolvenzverfahrens in Südafrika nur noch dann eröffnet werden, wenn sich zum Eröffnungszeitpunkt Vermögen in Südafrika befindet.[1113] Die Wirkungen eines solchen Verfahrens sind grundsätzlich auf das inländische Schuldnervermögen beschränkt.[1114] Entscheidend ist also die Vermögensbelegenheit zum Zeitpunkt der Verfahrenseröffnung. Für den umgekehrten Fall der Anerkennung eines ausländischen Partikularinsolvenzverfahrens nach dem CBIA kann nichts anderes gelten.

Geht es um die Anerkennung eines deutschen Partikularinsolvenzverfahrens in Südafrika, sind im Wesentlichen drei Fallkategorien denkbar. Die erste betrifft die Fälle, in denen ein zum Schuldnervermögen gehörender Vermögensgegenstand aus Deutschland nach Südafrika verbracht wird. War zum Transferzeitpunkt bereits ein deutsches Partikularinsolvenzverfahren eröffnet, gehörte dieser Vermögensgegenstand ursprünglich sowohl nach deutschem als auch nach südafrikanischem Internationalen Insolvenzrecht zur deutschen Partikularinsolvenzmasse.[1115] Aus südafrikanischer Sicht läge es nun im Ermessen des Gerichts, gemäß *section* 21 (3) CBIA auf Antrag des deutschen Insolvenzverwalters die ursprüngliche Partikularinsolvenzmasse wieder herzustellen.

Einem solchen Antrag dürfte regelmäßig zu entsprechen sein, weil berechtigte Interessen und Erwartungen von Beteiligten, dass dieser Vermögensgegenstand

1109 In diesem Sinne auch Pannen-*Hollander/Graham*, UNCITRAL Rn. 229 Fn. 610, mit Hinweis auf die Materialen zum Modellgesetz.

1110 Pannen-*Hollander/Graham*, UNCITRAL Rn. 229.

1111 Section 20 (3) CBIA.

1112 In diesem Sinne auch Pannen-*Hollander/Graham*, UNCITRAL Rn. 229 Fn. 612.

1113 Section 28 (1) CBIA.

1114 Section 28 (2) CBIA.

1115 Vgl. § 354 Abs. 1 InsO.

zur Insolvenzmasse eines ausländischen Hauptinsolvenzverfahrens am COMI des Schuldners gehört, regelmäßig nicht vorhanden sein können. Da sich der Vermögensgegenstand ursprünglich in Deutschland als Ort des Partikularinsolvenzverfahrens befand, durften die Beteiligten auch nicht auf eine anderweitige Massezugehörigkeit vertrauen. Dasselbe muss für den Fall gelten, in dem trotz Anordnung von Sicherungsmaßnahmen in einem Beschluss über die Eröffnung eines vorläufigen Insolvenzverfahrens Vermögensgegenstände rechtswidrig nach Südafrika verbracht wurden. In diesem Fall wurden die Beschlagswirkungen des Insolvenzverfahrens vorgelagert und sind lediglich aufgrund der insolvenzverfahrensrechtlichen Besonderheiten des deutschen Rechts erst später endgültig eingetreten. Eine andere Beurteilung lässt sich lediglich im – praktisch seltenen – Fall des schwachen vorläufigen Insolvenzverwalters rechtfertigen, in dem der Schuldner die volle Verwaltungs- und Verfügungsbefugnis über sein Vermögen behält.[1116]

Die zweite Fallkonstellation betrifft die Rückführung von Vermögensgegenständen, die in anfechtbarer Weise aus dem Schuldnervermögen ausgeschieden sind. Nach den eben herausgearbeiteten Grundsätzen ist auch hier auf die Belegenheit zum Zeitpunkt der Eröffnung des Partikularinsolvenzverfahrens (bzw. der Sicherungsanordnung im Insolvenzantragsverfahren) abzustellen. Auch ohne die anfechtbare Rechtshandlung hätte der betreffende Vermögensgegenstand nur dann zur deutschen Partikularinsolvenzmasse gehört, wenn er sich zu diesem Zeitpunkt in Deutschland befand.

Die dritte Fallkonstellation betrifft die Rechtshilfe des südafrikanischen Gerichts bei der Beschaffung von Informationen betreffend einzelner Vermögensgegenstände, etwa durch die Befragung des Geschäftsführers des Schuldners oder anderer Zeugen. Unproblematisch sind die hier entwickelten Grundsätze noch auf die Fälle anwendbar, in denen sich der Gegenstand noch im Schuldnervermögen befindet. Befindet sich der Gegenstand noch in Deutschland oder wurde er nach dem oben genannten relevanten Zeitpunkt ins Ausland verbracht, bezieht sich die antragsgegenständliche Information im Sinne des Gesetzes auch auf einen massezugehörigen Gegenstand. Dasselbe gilt für Informationen betreffend Vermögensgegenstände, die in anfechtbarer Weise aus dem Schuldnervermögen ausgeschieden sind.

Schwieriger wird es, wenn sich die gewünschten Informationen auf Vermögensgegenstände beziehen, deren Lageort zum relevanten Zeitpunkt ungeklärt ist. In diesen Fällen dient die Informationsbeschaffung ja gerade erst der Feststellung der Massezugehörigkeit. Bei wortgetreuer Auslegung der *section* 21 (3) CBIA

1116 Vgl. § 22 Abs. 2 S. 1 InsO.

müsste ein solches Rechtsschutzersuchen abgelehnt werden, weil sich das Gericht gerade nicht von der Zugehörigkeit des betreffenden Vermö- gensgegenstandes zur ausländischen Partikularinsolvenzmasse vergewissern kann. Allerdings sprechen Sinn und Zweck der Regelung dafür, zumindest dann, wenn noch kein ausländisches Hauptinsolvenzverfahren eröffnet wurde,[1117] dem ausländischen Insolvenzverwalter die beantragte Unterstützung zu gewähren.

Im Umkehrschluss zu den gerade beschriebenen Einschränkungen bezüglich ausländischer Partikularinsolvenzverfahren privilegiert der Gesetzgeber mit *section* 20 (3) CBIA ausländische Hauptinsolvenzverfahren. Für diese ordnet er grundsätzlich keine solche Prüfung der Massezugehörigkeit an. Dies ist Ausdruck des dem Modellgesetz bzw. dem CBIA inhärenten Universalitätsgedankens, wonach ein ausländisches Hauptinsolvenzverfahren grundsätzlich das gesamte Vermögen des Schuldners weltweit umfasst. Dieser Grundsatz wird für den Fall eines (laufenden oder noch zu eröffnenden) südafrikanischen Parallelverfahrens durchbrochen. Zwar muss sich das Gericht nach dem Wortlaut des Gesetzes wiederum nur im Falle eines ausländischen Nebeninsolvenzverfahrens über die Massezugehörigkeit vergewissern.[1118] Dennoch wird das Gericht auch bei parallel stattfindenden, in Südafrika anerkannten ausländischen Hauptinsolvenzverfahren eine Masseabgrenzung vornehmen müssen. Dies ergibt sich aus dem Sinn und Zweck der *section* 29 CBIA. Diese lässt die Er- öffnung eines auf inländisches Vermögen beschränkten südafrikanischen Insolvenzverfahrens auch nach Anerkennung eines ausländischen Hauptinsolvenzverfahrens zu und ordnet zu dem Zwecke eine Anpassung bereits gewährter oder noch zu gewährender Rechtsschutzmaßnahmen an.[1119] Hierzu muss zwingend auch eine Abgrenzung der Massezugehörigkeit zwischen ausländischem Hauptinsolvenzverfahren und südafrikanischem Parallelverfahren vorgenommen werden. Auch diese Abgrenzung unterliegt der *lex fori*.

(c) Inländisches Insolvenzsachrecht als äußerer Rahmen

Bei den beantragten und zu gewährenden Rechtsschutzmaßnahmen muss es sich um solche handeln, die nach südafrikanischem Recht auch inländischen Insolvenzverwaltern gewährt werden können. Dies ergibt sich zwar nicht unmittelbar aus dem Gesetz, dafür sprechen aber Sinn und Zweck sowie Systematik des *section* 21 (1)

1117 Wobei der ausländische Insolvenzverwalter dem Gericht gem. section 15 (3) CBIA alle ihm bekannten ausländischen Insolvenzverfahren betreffend denselben Schuldner mitteilen muss.

1118 Vgl. section 29 (c) CBIA.

1119 Vgl. *section* 29 (a) und (b) CBIA

CBIA. Nach den Materialien zum UNCITRAL Modellgesetz sollten die Gerichte durch *section* 21 (1) CBIA nicht unnötig darin eingeschränkt werden, jedweden Rechtsschutz zu gewähren, der nach dem Recht des Erlassstaates beantragt werden kann und nach den Umständen des Einzelfalls benötigt wird.[1120] Außerdem spricht *section* 21 (1) (g) CBIA von "sonstigen Rechtsschutzmaßnahmen, die für einen *trustee, liquidator, judicial manager, curator of an institution, or receiver*" nach südafrikanischem Recht erhältlich sind. Daraus lässt sich ableiten, dass der Gesetzgeber bei dem Maßnahmenkatalog des *section* 21 (1) CBIA nur diese, auch inländischen Insolvenzverwaltern zugänglichen Rechtsschutzmaßnahmen vor Augen hatte.

(d) Beachtung inländischer Publikationspflichten

Ebenfalls nicht unmittelbar aus dem Gesetz ergibt sich, dass bei der Gewährung von Rechtsschutzmaßnahmen nach Anerkennung des ausländischen Insolvenzverfahrens die nach südafrikanischem Recht maßgeblichen Verfahrensvorschriften über Benachrichtigungs- und Publizitätspflichten zu wahren sind. Dabei war es erklärte Absicht der Verfasser des Modellgesetzes, diese Vorschriften bei der Gewährung von Rechtsschutz zu berücksichtigen.[1121] Anders als für den vorläufigen Rechtsschutz im Anerkennungsverfahren gemäß Art. 19 Abs. 2 UNCITRAL Modellgesetz wurde in Art. 21 UNCITRAL Modellgesetz jedoch kein Raum für eine solche Regelung vorgesehen. Das Modellgesetz enthält auch sonst keine allgemein gültigen Publikationspflichten, deren Regelung gerade dem nationalen Gesetzgeber überlassen werden sollte.[1122]

Der südafrikanische Gesetzgeber hat diese Regelungslücke übersehen. Prinzipiell kann insoweit aber im Zuge der Anerkennung nichts anderes gelten, als für den vorläufigen Rechtsschutz. Diese Lücke ist dadurch zu schließen, dass das Gericht seine in *section* 21 (4) CBIA eingeräumte Befugnis nutzt und entweder die Geltung der maßgeblichen Vorschriften des südafrikanischen Insolvenzsachrechts über die Benachrichtigung und Veröffentlichung anordnet oder entsprechende Maßnahmen unmittelbar festlegt.[1123] Letztlich liegt es auch im Interesse

1120 Anm. 154 Guide to Enactment; Pannen-*Hollander/Graham*, UNCITRAL Rn. 226 Fn. 593.

1121 Anm. 20 (d) Guide to Enactment; Pannen-*Hollander/Graham*, UNCITRAL Rn. 225.

1122 Art. 14 UNCITRAL Modellgesetz und section 14 CBIA gelten nur für inländische Verfahren.

1123 So auch *Smith/Boraine* ABI Law Review 10 (2002) 135, 197, 199. Zu den maßgeblichen Vorschriften des südafrikanischen Rechts MünchKommInsO-*Kupsch*, Bd. 3, Anhang, Länderbericht Südafrika, Rn. 37.

des ausländischen Insolvenzverwalters, im Sinne einer reibungslosen Abwicklung des Verfahrens zu beantragen, dass Grundbuchämter, Gerichte, Gerichtsvollzieher, öffentliche Register und andere Behörden sowie die inländischen Gläubiger über Inhalt und Ausmaß des Anerkennungsbeschlusses benachrichtigt werden.[1124]

Bei der Gewährung von Rechtsschutzmaßnahmen sind wiederum die Interessen sämtlicher Beteiligten angemessen zu berücksichtigen.[1125] Die äußere Grenze des Ermessens bildet schließlich der inländische *ordre public*.[1126]

2. Gesetzlicher Maßnahmenkatalog

(a) Keine abschließende Aufzählung

Section 21 (1) CBIA enthält eine Liste mit möglichen Rechtsschutzmaßnahmen. Diese Liste ist nicht abschließend, wie sich aus der Formulierung „*including*" im Einleitungssatz und der Generalklausel in *section* 21 (1) (g) CBIA ergibt.[1127]

Das Gericht kann die einstweilige Einstellung von Einzelrechtsverfolgungsmaßnahmen in Bezug auf das Schuldnervermögen sowie Rechte, Verpflichtungen und Verbindlichkeiten des Schuldners anordnen, soweit dies nicht schon automatisch gemäß *section* 20 CBIA erfolgt ist.[1128] Dasselbe gilt für Einzelvollstreckungsmaßnahmen in das Schuldnervermögen[1129] und ein Verfügungsverbot des Schuldners über sein Vermögen. [1130]

Das Gericht kann ferner die Vernehmung von Zeugen, Beweiserhebungen oder die Bereitstellung von Informationen über das Vermögen, die Geschäfte, die Rechte, die Verpflichtungen oder die Verbindlichkeiten des Schuldners veranlassen.[1131] Das Gericht kann auch schlicht bereits im Rahmen des Anerkennungsverfahrens gemäß *section* 19 (a) CBIA gewährten vorläufigen Rechtsschutz verlängern.[1132]

1124 Vgl. auch *Smith/Boraine* ABI Law Review 10 (2002) 135, 199.

1125 Siehe section 22 CBIA.

1126 Vgl. section 6 CBIA.

1127 Vgl. Pannen-*Hollander/Graham*, UNCITRAL Rn. 226.

1128 Section 21 (1) (a) CBIA.

1129 Section 21 (1) (b) CBIA.

1130 Section 21 (1) (c) CBIA.

1131 Section 21 (1) (d) CBIA. Für ein praktisches Beispiel, in dem solche Maßnahmen erforderlich waren, siehe die Ausführungen zum *Moolman*-Fall oben, Kap. 4 A.VI.1 (b).

1132 Section 21 (1) (f) CBIA. Zum vorläufigen Rechtsschutz siehe oben, A.VI.

(b) Übertragung der Verwaltungs- und Verfügungsbefugnis

Eine weitere ermessensabhängige Rechtsschutzmaßnahme ist die in *section* 21 (1) (e) CBIA verankerte Befugnis, den ausländischen Insolvenzverwalter oder eine vom Gericht bestimmte Person mit der Verwaltung und Verwertung des Schuldnervermögens zu betrauen. Die Vorschrift wird ergänzt durch *section* 21 (2) CBIA, wonach das Gericht dem ausländischen Insolvenzverwalter oder einer vom Gericht zu bestimmenden Person auch die Verteilung des Verwertungserlöses übertragen kann. Das Gericht muss dabei die anwendbaren Normen des südafrikanischen Insolvenzrechts betreffend die Verwaltung, Verwertung und Verteilung der Insolvenzmasse explizit benennen.[1133]

Für den europäischen und insbesondere den deutschen Juristen mutet es auf den ersten Blick ungewöhnlich an, warum diese beiden Rechtsschutzmaßnahmen nicht automatisch aus der Anerkennung eines ausländischen Hauptinsolvenzverfahrens folgen. Schließlich handelt es sich insoweit um *die* Kernbestandteile des Rechtsschutzes in grenzüberschreitenden Insolvenzverfahren überhaupt. Diese in das Ermessen des anerkennenden Gerichts zu stellen schließt die theoretische Überlegung ein, dass die beiden Rechtsschutzmaß- nahmen im Einzelfall auch insgesamt verweigert werden können. Damit wäre die Pflicht zur Anerkennung des ausländischen Hauptinsolvenzverfahrens zu einer Farce degradiert.

Weder in den Materialien zum Modellgesetz noch in denen zum CBIA findet sich ein ausdrücklicher Hinweis darauf, wie dieses Ermessen zu verstehen ist. Allerdings wird an verschiedenen Stellen erläutert, warum die Gerichte bei der Übertragung der Verwaltungs-, Verfügungs- und Verteilungsbefugnis zwischen dem ausländischen Insolvenzverwalter und einer anderen, von ihnen zu bestimmenden Person auswählen können.

In den Materialien zum Modellgesetz heißt es dazu, dass in manchen Ländern Personen, die als Insolvenzverwalter tätig werden wollen, besondere Qualifikationen und eine Tätigkeitserlaubnis besitzen müssen. Aus diesem Grund sei der Wortlaut der Bestimmungen, die die Erhaltung, Verwaltung oder das Management des Schuldnervermögens regeln, so gewählt, dass die Gerichte auch eine andere Person als den ausländischen Insolvenzverwalter damit betrauen können.[1134]

Auch im Bericht der Reformkommission zum CBIA wird lediglich die Auswahlmöglichkeit, nicht aber das Ermessen hinsichtlich des „ob" der Übertragung

1133 Vgl. Section 21 (4) CBIA, die im UNCITRAL Modellgesetz keine Entsprechung hat. Zum Insolvenzsachrecht insoweit MünchKommInsO-*Kupsch*, Bd. 3, Anhang, Länderbericht Südafrika, Rn. 38 ff.

1134 A/CN.9/433 Nr. 129; Pannen-*Hollander/Graham*, UNCITRAL Rn. 225 Fn. 591.

der Verwaltungs-, Verfügungs- und Verteilungsbefugnis diskutiert. Zwar richten sich nach südafrikanischem Recht die Qualifikationsvoraussetzungen für das Amt des Insolvenzverwalters nach der *lex fori concursus*.[1135] Unter den Kommentatoren des Gesetzesentwurfs der Reformkommission finden sich jedoch Stimmen, die die Benennung eines inländischen Repräsentanten im Gesetz festschreiben wollten.[1136] Nur so könne sichergestellt werden, dass der ausländische Insolvenzverwalter über eine inländische Anschrift für Zustellungsund Vollstreckungshandlungen verfüge. Die Reformkommission nahm einen differenzierten Standpunkt ein. Ein ausländischer Insolvenzverwalter könne ohnehin nur aufgrund eines entsprechenden Gerichtsbeschlusses seiner Tätigkeit in Südafrika nachgehen.[1137] Während es häufig zweckmäßig sei, ihm dabei zusätzlich einen inländischen Repräsentanten an die Seite zu stellen, sei dies manchmal auch entbehrlich. Beide Möglichkeiten sehe das Gesetz vor, und werde zweckmäßigerweise anhand des konkreten Einzelfalls durch das Gericht entschieden.[1138]

Ausgehend von den Materialien soll durch diese beiden Vorschriften also vor allem verhindert werden, dass der ausländische Insolvenzverwalter nach erfolgter Anerkennung automatisch seiner Verwaltertätigkeit im Hinblick auf die inländische Insolvenzmasse nachgehen kann, ohne über die nach inländischem Recht erforderliche Qualifikation zu verfügen und ohne dem inländischen Vollstreckungszugriff zu unterliegen. Dem ist durch das Antragserfordernis und das Auswahlermessen des Gerichts bezüglich der Person, der es die Ausübung der Insolvenzverwaltertätigkeit im Inland überträgt, Genüge getan. Das Gericht ist überdies frei darin, seine Anordnung zusätzlich an bestimmte Auflagen und Bedingungen zu knüpfen und damit den Interessen aller Beteiligten gerecht zu werden.[1139]

Vor diesem Hintergrund handelt es sich also bei dem in *section* 21 (1) (e) CBIA und *section* 21 (2) CBIA eingeräumten Ermessen nicht etwa um ein Entschließungsermessen dahingehend, dass dem Gericht auf einen entsprechenden Antrag des ausländischen Hauptinsolvenzverwalters die Möglichkeit einer umfassenden Ablehnung dieses Antrags eingeräumt sei. Vielmehr betrifft dieses Ermessen lediglich die Auswahl der für die inländische Verwaltertätigkeit geeigneten Person. Das gilt in jedem Fall für ausländische Hauptinsolvenzverfahren. Für ausländische Partikularinsolvenzverfahren gilt dies wegen deren territorial

---

1135 *Ex parte Robinson's Trustee* 1910 TPD 25 f.; SALC, Interim Report, Anm. 4.25. Siehe bereits oben, Kap. 4 A.IV.1.

1136 Siehe SALC, Interim Report, Anm. 4.22.

1137 SALC, Interim Report, Anm. 4.24.

1138 SALC, Interim Report, Anm. 4.26.

1139 Vgl. section 22 (2) CBIA.

begrenzten Wirkungen nur insoweit, als es sich um Vermögensgegenstände handelt, die nach südafrikanischem Recht Bestandteil der ausländischen Partikularinsolvenzmasse sind.[1140]

Gemessen an der bisherigen Praxis im *common law* dürfte es im Übrigen selten vorkommen, dass das Gericht dem ausländischen Insolvenzverwalter ohne einen explizit darauf gerichteten Antrag einen inländischen Verwalter zur Seite stellt.[1141] Für diesen Fall bietet es sich für den ausländischen Verwalter an, beim Gericht konkrete Anordnungen betreffend die Kooperation mit seinem inländischen Kollegen zu beantragen, um möglichen Kompetenzkonflikten zum Nachteil der Gläubiger vorzubeugen.

Gemäß *section* 21 (2) letzter Halbsatz CBIA muss sich das Gericht vor der Übertragung der Verteilungsbefugnis auf den ausländischen Insolvenzverwalter oder eine vom Gericht zu bestimmende Person darüber vergewissern, dass die Interessen der inländischen Gläubiger angemessen gewahrt sind. Bezüglich letzterem dürfte nichts anderes gelten, als im *common law*.[1142]

(c) Generalklausel

Über die bis hierher genannten Unterstützungsmaßnahmen hinaus kann das Gericht gemäß der Generalklausel in *section* 21 (1) (g) CBIA jeden sonstigen Rechtsschutz gewähren, der für einen inländischen Insolvenzverwalter nach südafrikanischem Recht erhältlich ist.

3. Zusammenfassung

Neben den automatischen Rechtsfolgen der Anerkennung eröffnet der CBIA den Gerichten einen weiten Ermessensspielraum, flexible und einzelfallabhängige Rechtsschutzmaßnahmen zu gewähren. Für die Ermessensausübung sind bestimmte gesetzliche Parameter vorgesehen. Insbesondere müssen die Interessen der Beteiligten angemessen gewahrt sein. Außerdem ordnet der CBIA für Nebeninsolvenzverfahren eine vorherige Überprüfung der Massezugehörigkeit der Gegenstände an, auf die sich die Rechtsschutzmaßnahmen beziehen sollen. Den

---

1140 Vgl. section 21 (3) CBIA.

1141 Siehe insoweit auch die Diskussion um den Entwurf des CBIA, wo im Ergebnis davon ausgegangen wird, dass der CBIA das common law hinsichtlich Einzelanordnungen und Sicherungsmaßnahmen zum Schutz inländischer Gläubiger unberührt lässt, vgl. SALC, Interim Report, Anm. 4.30 ff.

1142 Vgl. oben, Kap. 4 B.II.3.

äußeren Rahmen für mögliche Rechtsschutzmaßnahmen zieht der CBIA anhand des südafrikanischen Insolvenzsachrechts. Außerdem sind die Veröffentlichungspflichten nach südafrikanischem Insolvenzsachrecht zu beachten. Schließlich enthält der CBIA eine nichtabschließende Aufzählung konkreter Rechtschutzmaßnahmen, die im Einzelfall gewährt werden können. Bei dem Ermessen, das den Gerichten im Hinblick auf die Übertragung der Verwaltungs- und Verfügungsbefugnis an dem Schuldnervermögen eingeräumt ist, handelt es lediglich um ein Auswahlermessen hinsichtlich der für die Übertragung geeigneten Person. Im Übrigen enthält der CBIA eine Generalklausel, nach der alle nach inländischem Insolvenzsachrecht zulässigen Rechtsschutzmaßnahmen auch dem ausländischen Insolvenzverwalter gewährt werden können.

Kapitel 6: Parallelinsolvenzverfahren

Die effiziente Abwicklung von Insolvenzverfahren mit grenzüberschreitenden Bezügen setzt ein hohes Maß an Kommunikation und Kooperation zwischen ausländischen und inländischen Gerichten und Insolvenzverwaltern voraus. Dies gilt insbesondere dann, wenn in Bezug auf ein und denselben Schuldner in verschiedenen Staaten miteinander konkurrierende Insolvenzverfahren er- öffnet wurden (Parallelinsolvenzverfahren).[1143]

Ausgangsüberlegung ist dabei, wie die effiziente Verfahrensabwicklung mit einem angemessenen Schutz der materiellen und prozessualen Rechte der Parteien optimal in Einklang gebracht werden kann.[1144] Parallelinsolvenzverfahren bergen ein erhebliches Konfliktpotential zwischen den jeweiligen Insolvenzverwaltern und Insolvenzgerichten, das sich effizienzhemmend und damit letztlich zum Nachteil der Gläubigergesamtheit auswirkt.[1145] Diese Konflikte könnten dadurch vermieden werden, dass das Recht nur ein weltweit einheitliches Insolvenzverfahren und keine weiteren Parallelverfahren zulässt.[1146] Bedenken, die etwa

---

1143 Für eine umfassende Darstellung siehe *Flaschen/Silverman*, Texas International Law Journal 33 (1998) 587 ff.; *Kolmann*, S. 452 ff.; *Vallender* KTS 2008, 59 ff.; *Wessels*, Current Topics, Anm. 10277 ff.; *ders.*, International Insolvency Law, Anm. 10325 ff.

1144 *Vallender*, KTS 2008, 59, 61. Siehe auch *Hanisch*, FS Bosch, S. 381, 383 f.; *ders.* ZIP 1994, 1, 2 ff.; *Weller* ZHR 169 (2005) 570, 574 ff.

1145 Vgl. zu besonders konfliktträchtigen parallelen Hauptinsolvenzverfahren *Vallender* KTS 2008, 59, 61 f., m.w.N. Konfliktpotential in Bezug auf die Zugehörigkeit von Vermögensgegenständen zur in- oder ausländischen Insolvenzmasse bergen aber auch parallel geführte Haupt- und Partikularverfahren. Im südafrikanischen Fall *Sackstein v Proudfoot* wurde über vier Jahre lang darüber gestritten, ob eine angefochtene Forderung zur in- oder ausländischen Insolvenzmasse gehört. Der Fall ging mehrmals zwischen Ausgangs- und Revisionsinstanz hin und her. Siehe zum *Sackstein*-Verfahren auch unten, Kap. 7 C.V.2.

1146 Das Einsparpotenzial durch Vermeidung von Parallelverfahren ist je nach Verfahrensgröße und -art enorm. Im englischen Fall *Collins & Aikman* etwa konnte durch Vermeidung von Parallelverfahren im Hauptverfahren ein Mehrerlös in Höhe von 45 Millionen Euro im Vergleich zu den ursprünglich prognostizierten Erlösen erzielt werden, vgl. *Vallender* NZI 2007, 129, 134.

hinsichtlich der Verfahrensdurchführung und der Rechte inländischer Gläubiger in dem ausländischen Verfahren bestehen, könnten durch direkte Kommunikation zwischen allen Beteiligten beseitigt werden.[1147]

Aus verschiedenen Gründen ist es jedoch häufig nicht sinnvoll oder nicht erwünscht, dass das Insolvenzverfahren grenzüberschreitend einheitlich durchgeführt wird.[1148] Bei mehreren Parallelinsolvenzverfahren über das Vermögen desselben Schuldner gilt es, einem „beziehungslosen Partikularismus"[1149] und einem Effizienzverlust zum Nachteil der Gläubiger entgegenzuwirken. Hierzu ist ein umfassender Informationsaustausch unter den Insolvenzverwaltern über Umstände sinnvoll, die für die Durchführung des jeweiligen Verfahrens von Bedeutung sein können. Auch die gegenseitige Konsultation über eine wirtschaftlich zweckmäßige Abwicklung der Gesamtinsolvenz, etwa durch Liquidation oder eine mögliche Reorganisation wird häufig angezeigt sein.[1150] Gegenstand einer Abstimmung zwischen Insolvenzverwaltern kann ferner die Ausübung von Anfechtungsrechten und die Vindikation von Vermögensgegenständen im jeweils anderen Verfahrensstaat oder Drittstaaten sein, gegebenenfalls unter Einbeziehung der sie beaufsichtigenden Gerichte.[1151] Die Überweisung eines etwaigen Überschusses des Verwertungserlöses aus dem einen in das andere Insolvenzverfahren sollte abgesprochen werden, wenn sie nicht ohnehin gesetzlich vorgegeben ist.[1152] Auch die Veröffentlichung des Eröffnungsbeschlusses im jeweils anderen Land, um die Gläubiger zu informieren und ihnen so die Möglichkeit zu geben,

---

1147 Siehe z.B. *Fletcher*, Insolvency in PIL – Supplement, Rn. 8.98 und Fn. 31: Telefonkonferenz (allerdings zur Abstimmung bereits laufender Parallelverfahren) in dem englischen Verfahren *Cenargo International plc.* Beteiligt waren die mit der Sache befassten Richter in London und New York sowie alle Parteien bzw. deren Prozessbevollmächtigte. Vorab verständigt – wenn auch unter anderen Vorzeichen – haben sich auch das Münchener und das Amsterdamer Insolvenzgericht im *BenQ-Holding*-Verfahren, siehe *Paulus* NZI 2008, 1, 6, m.w.N. Weitere Beispiele aus jüngeren Verfahren bei *Wessels*, International Insolvency Law, Anm. 10327.

1148 Zu Vor- und Nachteilen siehe *Hanisch*, FS Bosch, S. 381, 383 f.; *ders.* ZIP 1994, 1, 2 ff.; *Weller* ZHR 169 (2005) 570, 574 ff.

1149 *Hanisch* ZIP 1994, 1, 7.

1150 *Hanisch* ZIP 1994, 1, 7.

1151 Das wäre sicher im oben zitierten Fall *Sackstein v Proudfoot* sinnvoll gewesen, um einen jahrelangen, kostspieligen Rechtsstreit vor Zivilgerichten zu vermeiden. Zum Fall *Sackstein v Proudfoot* unten, Kap. 7 C.V.2.

1152 Für das deutsche Recht ist die Überweisung eines Überschusses bei der Schlussverteilung in § 358 InsO gesetzlich geregelt. Dasselbe gilt im Anwendungsbereich der EuInsVO, siehe Art. 35 EuInsVO.

am jeweils anderen Verfahren zu partizipieren, gehört zu den sinnvollen Kooperationsmöglichkeiten.

Nachfolgend soll untersucht werden, welche Möglichkeiten der Koordination und Kooperation in grenzüberschreitenden Insolvenzverfahren das südafrikanische Recht bietet.

A. Bisherige Rechtslage

I. Internationale Zuständigkeitsverweisung von Amts wegen

Grundsätzlich ist die Eröffnung eines südafrikanischen Insolvenzverfahrens unabhängig von einem bereits laufenden ausländischen Insolvenzverfahren denselben Schuldner betreffend zulässig.[1153] Jedoch hatte der Gesetzgeber schon vor dem Inkrafttreten des CBIA den Gerichten ein Ermessen darüber eingeräumt, die eigene Zuständigkeit von Amts wegen zugunsten eines anderen (ausländischen) Gerichts zu verneinen, wenn dies billig und zweckmäßig erschien (*equitable or convenient*).[1154] Von dieser sogenannten *forum-non-conveniens*-Regelung wurde in der Praxis bereits mehrfach Gebrauch gemacht. Insolvenzverfahren, die in den Anwendungsbereich des CBIA fallen, sind davon jedoch explizit ausgenommen.

1. Gesetzliche Regelung

In section 149 (1) S. 2 IA heißt es wie folgt:

> "*Provided that when it appears to the court <u>equitable</u> or <u>convenient</u> that the estate of a person domiciled in a State which has not been designated in terms of section 2 of the Cross-Border Insolvency Act, 2000 (Act No. 42 of 2000), should be sequestrated by a court outside the Republic, or that the estate of a person over whom it has jurisdiction be sequestrated by another court within the Republic, the court may refuse or postpone the acceptance of the surrender or the sequestration.*"

Ein südafrikanisches Gericht kann den Antrag auf Eröffnung des Insolvenzverfahrens zugunsten eines ausländischen Gerichts ablehnen oder die Eröffnungsentscheidung vertagen, wenn die Durchführung des ausländischen statt eines inländischen

---

1153 St. Rspr., siehe zuletzt *Samsudin v de Villiers Berrange NO* (Supreme Court of Appeal, Case No 170/2005, 31 May 2006), saflii, Rn. 19; *Mars*, S. 662 und Fn. 12

1154 Section 149 (1) S. 2 IA; *Olivier/Boraine* (2005) 38 CILSA 373, 382.

Insolvenzverfahrens billig oder zweckmäßig (*equitable or convenient*) erscheint. Prinzipiell dieselbe Möglichkeit bietet *section* 347 (1) CA 1973 im Anwendungsbereich des *Companies Act*, wenn auch mit weniger eindeutigem Wortlaut und ohne Ausnahmeregelung bezüglich Staaten gemäß *section* 2 (2) CBIA.[1155]

Die Begriffe *equitable* und *convenient* lassen dem mit der Sache befassten Gericht einen weiten Ermessensspielraum. Nach dem Sinn und Zweck des *section* 149 (1) S. 2 IA, ein ausländisches Insolvenzverfahren unter Einbeziehung des inländischen Vermögens zu ermöglichen, muss es sich bei dem (potentiellen) ausländischen Verfahren aber um ein anerkennungsfähiges Verfahren handeln.

Daraus folgt einerseits, dass es sich bei dem vom Gericht konkret in Betracht gezogenen ausländischen Insolvenzverfahren um kein Verfahren handeln darf, das in Südafrika nicht anerkennungsfähig ist oder dessen Anerkennung endgültig abgelehnt wurde. Würde das Gericht ungeachtet dessen seine eigene Zuständigkeit gemäß *section* 149 (1) S. 2 IA verweigern, läge darin ein Verstoß gegen den verfassungsrechtlich verankerten Justizgewährungsanspruchs.[1156] Andererseits muss es sich bei dem ausländischen Insolvenzverfahren um ein Hauptinsolvenzverfahren handeln. Das ergibt sich aus dem Wortlaut des Gesetzes, der ein ausländisches *domicile* voraussetzt. Nach derzeit herrschender Auffassung ist das Gericht am *domicile* des Schuldners für die Eröffnung eines Hauptinsolvenzverfahrens international zuständig.[1157] Außerdem umfasst nur ein Hauptinsolvenzverfahren auch das weltweite Vermögen, sodass jedenfalls bei vorhandenem inländischen Vermögen eine Zuständigkeitsablehnung zugunsten eines (lediglich territorial geltenden) ausländischen Partikularinsolvenzverfahrens niemals "*equitable or convenient*" sein kann.

2. Umsetzung in der Rechtspraxis

In der Praxis prüfen südafrikanische Gerichte regelmäßig trotz formal gegebener eigener Zuständigkeit, ob nicht dennoch aufgrund der konkreten Fallumstände die eigene Zuständigkeit zugunsten eines ausländischen Gerichtsstands zu verneinen ist.

1155 *Pistorius*, S. 129 f. Section 347 (1) CA 1973 räumt dem Gericht lediglich Ermessen ein, ohne die Ermessensausübung zu konkretisieren. Insoweit dürfte deshalb weiterhin common law anwendbar sein, dass ebenfalls equity und convenience als Maßstab nimmt, vgl. *Donaldson v British South African Asphalte and Manufacturing Co Ltd* 1905 TS 753, 756.

1156 Der allgemeine Justizgewährungsanspruch ergibt sich unmittelbar aus dem Rechtsstaatsprinzip. Zum deutschen Recht *Adolphsen*, Zivilprozessrecht, § 2 Rn. 2. Zum europäischen Recht Renzikowski-*Adolphsen*, S. 48 ff. Im insolvenzrechtlichen Zusammenhang MünchKommInsO-*Stürner*, Bd. 1, Einleitung Rn. 77 f., m.w.N.

1157 Siehe oben, Kap. 2 B.I.

Schon vor Inkrafttreten der oben genannten gesetzlichen Regelungen stellte der *Transvaal Supreme Court* in *Leydsdorp & Pietersburg (Transvaal) Estates Limited* klar, dass ein bereits eröffnetes ausländisches Hauptverfahren seine eigene Eröffnungsentscheidung erheblich beeinflusst hätte.[1158] Diese Auffassung bekräftigte dasselbe Gericht wenige Jahre später nochmals im Fall *Donaldson v British South African Asphalte and Manufacturing Co Ltd.* Es sei zwar durchaus zulässig, trotz eines bereits laufenden ausländischen (Haupt-)Verfahrens ein inländisches Insolvenzverfahren zu eröffnen. Ein inländisches Gericht werde diesen Weg aber nicht leichtfertig einschlagen, insbesondere dann nicht, wenn das inländische Vermögen aus beweglichen Gegenständen besteht und es zweckmäßig erscheint, das Insolvenzverfahren einheitlich durchzuführen.[1159] Diese Argumentation setzt sich auch zum entgegengesetzten Sachverhalt fort, wo es um die Aufhebung eines inländischen Insolvenzverfahrens zugunsten eines anzuerkennenden ausländischen Hauptverfahrens geht.[1160]

Im Anwendungsbereich des *section* 149 (1) S. 2 IA sind insbesondere auch die Interessen der Beteiligten an einer effizienten und wirtschaftlichen Verfahrensdurchführung zu berücksichtigen. Im Hinblick auf deren notwendige Mitwirkung wird hier dem Aufenthaltsort des Schuldners und möglicher Zeugen eine wesentliche Bedeutung beigemessen.[1161] Generell scheinen die Gerichte eher geneigt, die Eröffnung eines inländischen Verfahrens zugunsten des ausländischen Hauptinsolvenzverfahrens abzulehnen, wenn der Schuldner (zusätzlich zum ausländischen *domicile*) seinen gewöhnlichen Aufenthaltsort im Ausland hat.[1162]

Daneben hat auch die Belegenheit des Schuldnervermögens Bedeutung für die Frage, ob die inländische Zuständigkeit zugunsten eines ausländischen Verfahrensortes abgelehnt wird. Im Fall *Deutsche Bank AG v Moser* hatte der deutsche Schuldner *Moser* kaum Vermögen in Deutschland, aber ein Grundstück in *Plettenberg Bay* in der *Western Cape Province*. Die Deutsche Bank beantragte

---

1158 *In re the Leydsdorp & Pietersburg (Transvaal) Estates Limited (in Liquidation)* 1903 TS 254, 258 f.

1159 *Donaldson v British South African Asphalte and Manufacturing Co Ltd* 1905 TS 753, 756.

1160 Dazu unten, III.2.

1161 Siehe *Goode, Durrant & Murray (SA) Ltd v Lawrence* 1961 (4) SA 329 (W) 331B–C. Die Entscheidung betraf zwar einen rein inländischen Sachverhalt, wird aber auch für grenzüberschreitende Sachverhalte immer wieder argumentativ herangezogen, vgl. *Deutsche Bank AG v Moser* 1999 (4) S. 216 (C) 219H; *Mars*, SA 35, 673 (§ 30.17); *Sharrock/van der Linde/Smith*, S. 8.

1162 Vgl. *Nahrungsmittel GmbH v Otto* [1991] 4 All SA 860 (C) 866.

die Eröffnung eines südafrikanischen Insolvenzverfahrens. *Moser* wehrte sich dagegen mit dem Argument, dass es weder billig noch zweckmäßig im Sinne von *section* 149 (1) S. 2 IA sei, ein südafrikanisches Insolvenzverfahren durchzuführen. Er argumentierte insoweit unter anderem mit den Mitwirkungspflichten des Schuldners (mithin seine eigenen Pflichten) und den korrespondierenden Ordnungsvorschriften des *Insolvency Act*. Nach Auffassung *Mosers* hätte ein südafrikanischer Insolvenzverwalter Schwierigkeiten, diese Mitwirkungspflichten durchzusetzen. Es sei außerdem umständlich und ungerecht gegen- über dem Insolvenzschuldner und seinen Gläubigern, wenn diese an Gläubigerversammlungen in Südafrika teilnehmen müssten.[1163] Der *Western Cape High Court* entschied dagegen, dass das Grundstück trotz dieser vermeintlichen Nachteile zweckmäßigerweise vor Ort zu verwalten sei. Die Gläubiger hätten schließlich keinen unmittelbaren Vorteil, würde das südafrikanische Verfahren zugunsten eines deutschen (Haupt-)Insolvenzverfahrens nicht eröffnet. Die Verfahrenseröffnung in Deutschland entfalte keine unmittelbaren Wirkungen auf das Grundstück und eine Anerkennung des deutschen Insolvenzverfahrens sei nicht beantragt worden.[1164]

Anders lag der Fall *Lawclaims (Pty) Ltd v Rea Shipping Co SA: Schiffscommerz Aussenhandelsbetrieb der VVB Schiffbau intervening*. Obwohl nahezu das gesamte Vermögen des Schuldners in Südafrika belegen war, erklärte sich das Gericht unter dem Gesichtspunkt des Rechtsmissbrauchs für unzuständig. Bei *Rea Shipping* handelte es sich um eine sogenannte „Ein-Schiff-*company*" aus Liberia, deren Vermögen im Wesentlichen aus einem einzigen Schiff, der „*Condor*" bestand. Die deutsche Werft *Schiffscommerz*[1165] als Verkäuferin der *Condor* hatte ihren Kaufpreisanspruch durch eine in *New York* registrierte Schiffshypothek ersten

---

1163 *Deutsche Bank AG v Moser* 1999 (4) SA 216 (C) 219G.

1164 *Deutsche Bank AG v Moser* 1999 (4) SA 216 (C) 219H–220C; vgl. auch *Nahrungsmittel GmbH v Otto* [1991] 4 All SA 860 (C) 867, ebenfalls mit der Erwägung, dass die Eröffnung eines ausländischen Insolvenzverfahrens im konkreten Fall nicht zweckmäßig sei, weil der ausländische Insolvenzverwalter ohne Anerkennung in Süfafrika nicht auf das inländische Vermögen zugreifen konnte.

1165 Schiffscommerz war ein Betrieb des ehemaligen Schiffskombinats der Deutschen Demokratischen Republik („DDR") und einer von 49 Außenhandelsbetrieben („AHB"), die in der DDR jeglichen Im- und Export der offiziellen Staatswirtschaft regelten. Der AHB Schiffscommerz gehörte bis Januar 1992 zum ehemaligen Kombinat, das zum 1. Juli 1990 in eine Aktiengesellschaft, die Deutsche Maschinenund Schiffbau AG (DMS), umgewandelt und später von der Bremer Vulkan übernommen wurde, vgl. Der Spiegel 18/1996 vom 29.4.1996, S. 118b ff.

Ranges gesichert. Ein zweites Pfandrecht war zugunsten der *Banque l'Indochine et de Suez* eingetragen. *Rea Shipping* schuldete wiederum dem amerikanischen Containerleasingunternehmen *Interpool Ltd* mehrere Millionen Rand. *Interpool Ltd* trat diese Forderung an *Lawclaims*, eine südafrikanische *company* mit Sitz in *Durban*, ab. *Lawclaims* erwirkte daraufhin einen Arrest in die im Hafen von *Durban* ankernde *Condor* und beantragte die Eröffnung des Insolvenzverfahrens über das Vermögen der *Rea Shipping* in Südafrika.[1166]

Die *Natal Provincial Division* stellte zunächst fest, dass sich Vermögen der Schuldnerin in Südafrika befand und damit seine Eröffnungszuständigkeit gemäß *section* 149 (1) S. 1 (a) IA grundsätzlich gegeben sei.[1167] Nach der Überzeugung des Gerichts wollte *Lawclaims* mit dem Insolvenzantrag jedoch lediglich die ausländischen Schiffsgläubigerrechte umgehen.[1168] Die in *New York* registrierte Schiffshypothek wäre nämlich als ausländisches Pfandrecht nach südafrikanischem Recht nicht insolvenzfest gewesen.[1169] Aufgrund der konkreten Umstände sei davon auszugehen, dass *Interpool Ltd* schon vor Abtretung von den eingetragenen Schiffsgläubigerrechten wusste und nur aufgrund der für sie ungünstigen Rechtslage ihre Forderung an *Lawclaims* abgetreten hatte, um so wenigstens einen Teil ihrer Forderung einzutreiben.[1170] Vor diesem Hintergrund hielt es das Gericht für billig und zweckmäßig, die inländische Verfahrenseröffnung abzulehnen und den Antragsteller auf die Einleitung des ausländischen Hauptinsolvenzverfahrens zu verweisen.[1171]

In *Morley v Pederson* lehnte die *Transvaal Provincial Division* die Eröffnung eines inländischen Verfahrens zugunsten eines in Kenia durchzuführenden Hauptinsolvenzverfahrens ab, weil der Schuldner nur verhältnismäßig geringe

---

1166 *Lawclaims (Pty) Ltd v Rea Shipping Co SA: Schiffscommerz Aussenhandelsbetrieb der VVB Schiffbau intervening* 1979 (4) SA 745 (N), 750F–H.

1167 *Lawclaims (Pty) Ltd v Rea Shipping Co SA: Schiffscommerz Aussenhandelsbetrieb der VVB Schiffbau intervening* 1979 (4) SA 745 (N) 753F–755B.

1168 *Lawclaims (Pty) Ltd v Rea Shipping Co SA: Schiffscommerz Aussenhandelsbetrieb der VVB Schiffbau intervening* 1979 (4) SA 745 (N) 748A–F und 755G–H. Insolvenzfest sind in südafrikanischen Insolvenzverfahren nur bestimmte, nach südafrikanischem Recht begründete Sicherheiten, dazu näher unten, Kap. 7 C.III.

1169 Zur Insolvenzfestigkeit von Sicherungsrechten generell siehe MünchKommInsO-*Kupsch*, Bd. 3, Anhang, Länderbericht Südafrika, Rn. 50 ff.

1170 *Lawclaims (Pty) Ltd v Rea Shipping Co SA: Schiffscommerz Aussenhandelsbetrieb der VVB Schiffbau intervening* 1979 (4) SA 745 (N) 756B–F.

1171 *Lawclaims (Pty) Ltd v Rea Shipping Co SA: Schiffscommerz Aussenhandelsbetrieb der VVB Schiffbau intervening* 1979 (4) SA 745 (N) 756H.

Vermögenswerte in Südafrika besaß.[1172] In solchen Fällen dürfte aber ohnehin eine inländische Verfahrenseröffnung regelmäßig auch an der Eröffnungsvoraussetzung „voraussichtlicher Gläubigernutzen" scheitern.[1173]

Allen bisherigen Entscheidungen gemein war, dass die Gerichte die Interessen der Beteiligten an einer effizienten und gerechten Verfahrensabwicklung als Maßstab genommen haben. Geringes Gewicht hat in diesem Zusammenhang die Belegenheit von Geschäftspapieren, weil diese in der Regel problemlos an einen anderen Verfahrensort transferiert werden können.[1174] Art und Umfang des in Südafrika belegenen Vermögens können jedoch für die Zuständigkeitsentscheidung bedeutend seien. Dabei kann die Billigkeit und Zweckmäßigkeit der Zuständigkeitsablehnung zusätzlich davon abhängig gemacht werden, dass die Anerkennung des ausländischen Insolvenzverfahrens bereits absehbar ist.[1175] Ausländische Insolvenzverwalter, die auf massezugehöriges Vermögen in Südafrika zugreifen wollen, tun also gut daran, das zuständige südafrikanische Gericht frühzeitig zu unterrichten oder sogar vorläufige Sicherungsmaßnahmen zu beantragen.[1176] In solchen Fällen kann das südafrikanische Gericht seine eigene Eröffnungsentscheidung zugunsten einer einheitlichen Verfahrensdurchführung auch vertagen, bis über die Anerkennung des ausländischen Insolvenzverfahrens in Südafrika entschieden ist.

3. Ausnahme im Anwendungsbereich des CBIA

(a) Entstehungsgeschichte

Nach dem Wortlaut des *section* 149 (1) S. 2 IA kann ein südafrikanisches Gericht seine Eröffnungszuständigkeit nur dann ablehnen oder die Entscheidung über den Eröffnungsantrag vertagen, wenn der Schuldner sein *domicile* nicht in einem Bestimmungsstaat gemäß *section* 2 (2) CBIA hat.[1177]

Damit soll das Gericht daran gehindert werden, die *forum-non-conveniens*-Regel auf ausländische Antragsteller aus Bestimmungsstaaten gemäß *section* 2 (2)

1172 *Morley v Pederson* 1933 TPD 304, 309, zum nahezu identischen Wortlaut des section 150 Insolvency Act 32 of 1916. Zustimmend *Goode, Durrant & Murray (SA) Ltd v Lawrence* 1961 (4) SA 329 (W), 330H.

1173 Dazu oben, Kap. 3 B.I.3. So auch *Morley v Pederson* 1933 TPD 304, 308.

1174 *Goode, Durrant & Murray (SA) Ltd v Lawrence* 1961 (4) SA 329 (W), 331B–E; *Mars*, S. 35, Fn. 138.

1175 Das war auch in den oben zitierten Entscheidungen der Fall.

1176 Dazu oben, Kap. 4 B.II.6.

1177 *Olivier/Boraine* (2005) 38 CILSA 373, 382.

CBIA anzuwenden.[1178] Vor Übernahme des UNCITRAL Modellgesetzes in den *Cross-Border Insolvency Act* lautete die Norm noch wie folgt:[1179]

„*Provided that when it appears to the court equitable or ient that the estate of a person not domiciled in the Republic be sequestrated elsewhere, or that the estate of a person over whom it has jurisdiction be sequestrated by another court within the Republic, the court may refuse or postpone the acceptance of the surrender or the sequestration.*"

Der Anwendungsbereich war also denkbar weit gefasst und schloss das gesamte Ausland ein. Südafrikanische Gerichte konnten die Eröffnung eines inländischen Verfahrens zugunsten eines beliebigen ausländischen Gerichtes ablehnen, wenn der Insolvenzschuldner ein ausländisches *domicile* hatte und es billig oder zweckmäßig erschien, dass das Insolvenzverfahren von diesem ausländischen Gericht eröffnet wird.

Die Reformkommission hatte in ihrem Gutachten zur Übernahme des UNCITRAL Modellgesetzes vorgeschlagen, die Passage „*that the estate of a person not domiciled in the Republic be sequestrated elsewhere, or*" zu streichen.[1180] Ohne diese Passage las sich die Vorschrift wie folgt:

„*Provided that when it appears to the court equitable or convenient that the estate of a person over whom it has jurisdiction be sequestrated by another court within the Republic, the court may refuse or postpone the acceptance of the surrender or the sequestration.*"

Damit sollte der *Insolvency Act* in Einklang mit dem *Cross-Border Insolvency Act* gebracht werden. Die bisherige Regelung erschien nicht ausdifferenziert genug.[1181] Dahinter stand offenkundig die Überlegung, dass die Eröffnung inländischer Verfahren bei Insolvenzen mit Auslandsbezug nunmehr umfassend und differenzierter im Entwurf des CBIA geregelt sei. Kompetenzkonflikte zwischen inländischen und ausländischen Insolvenzverfahren waren nach der Vorstellung der Reformkommission ausschließlich nach Maßgabe des *Cross-Border Insolvency Act* zu lösen.[1182] Schon die Reformkommission hat dabei jedoch übersehen,

---

1178 Vgl. auch *Smith/Boraine* ABI Law Review 10 (2002), 135, 204, wonach mit der Änderung die Anwendung der bisher in section 149 (1) (Satz 2) IA a.F. enthaltenen *forum non conveniens*-Regel auf ausländische Antragsteller aus Bestimmungsstaaten gemäß section 2 (2) CBIA verhindert werden sollte.

1179 Vgl. *Smith/Boraine* ABI Law Review 10 (2002), 135, 204.

1180 SALC, Interim Report, S. 21 (Anm. 5.3).

1181 SALC, Interim Report, "Summary of Recommendations" (unter Punkt 8) und S. 21. Siehe auch *Smith/Boraine* ABI Law Review 10 (2002) 135, 174.

1182 Vgl. auch *O'Brien/Boraine* in ABLU 2002, S. 87; *Wolfaardt*, S. 11.

dass der CBIA die Eröffnung inländischer Verfahren nur unter der Voraussetzung regelt, dass bereits ein ausländisches Hauptinsolvenzverfahren in Südafrika anerkannt worden ist. Den zweiten Anwendungsfall der *forum-non-convenience*-Regel in *section* 149 (1) S. 2 IA a.F., nämlich dass ein südafrikanisches Gericht die inländische Zuständigkeit ablehnt, ohne dass bereits ein korrespondierendes ausländisches Hauptinsolvenzverfahren in Südafrika anerkannt wurde, regelt der CBIA hingegen nicht. Die Regelung dieses zweiten Anwendungsfalls wäre durch Streichung des Passus in *section* 149 (1) S. 2 IA a.F. also ersatzlos entfallen.

Der südafrikanische Gesetzgeber ließ die ursprüngliche Fassung des *section* 149 (1) S. 2 IA a.F. bei Verabschiedung des CBIA zunächst unverändert.[1183] Erst ein Jahr später, im Dezember 2001, erhielt die Norm ihre jetzige Fassung.[1184] *Section* 149 (1) S. 2 IA gilt jetzt nicht mehr für die Fälle, in denen der Insolvenzschuldner sein *domicile* in einem der gemäß *section* 2 (2) CBIA für die Anwendung des *Cross-Border Insolvency Act* ausgewiesenen Staaten hat. Mit der Beschränkung *forum-non-convenience*-Regel in *section* 149 (1) S. 2 IA auf Staaten im Sinne von *section* 2 (2) CBIA wollte der Gesetzgeber dem Umstand Rechnung tragen, dass der *Cross-Border Insolvency Act* nunmehr in *section* 2 (2) CBIA die von der Reformkommission noch abgelehnte Gegenseitigkeitsklausel enthält.[1185]

1183 Vgl. section 33 CBIA in der ursprünglichen Fassung vom 15.12.2000. Dabei handelte es sich offenbar um ein Versehen. Das vom Parlament verabschiedete und vom Präsidenten unterschriebene Gesetz enthält gleich zu Beginn eine „General Explanatory Note", wonach durch Fettdruck und eckige Klammern solche Wörter gekennzeichnet sind, die in bestehenden Gesetzen durch den Cross-Border Insolvency Act gelöscht werden, vgl. *Government Gazette* Vol 426 No 21899, 15 December 2000. Gemäß section 33 des Gesetzes unter der Überschrift „Änderung von section 149 des (Insolvency) Act 24 of 1936" soll der Wortlaut des section 149 (1) (Satz 2) IA a.F. „wie folgt neu gefasst" werden. Es folgt der Wortlaut der alten Fassung mit der Passage „that the estate of a person not domiciled in the Republic be sequestrated elsewhere" fettgedruckt und in eckigen Klammern. Allerdings scheiterte die Umsetzung, denn der Insolvency Act wurde nie entsprechend geändert. Vgl. auch *Smith/Boraine* ABI Law Review 10 (2002), 135, 204: „The intention with section 33 (…) was to amend the proviso to section 149 (1) of the Insolvency Act (…). But this intention was not matched by the wording of the amendment, which merely repeated the preexisting proviso (…)".

1184 Vgl. Judicial Amendment Act 42 of 2001 (Government Gazette Vol. 438, No. 22912, 7 December 2001), section 47 (Aufhebung section 33 CBIA) und section 2 (Neufassung section 149 (1) (Satz 2) IA). Dazu auch *O'Brien/Boraine* in ABLU 2002, S. 86 f.

1185 *O'Brien/Boraine* in ABLU 2002, S. 87. Vgl. SALC, Interim Report, S. 10 f.

(b) Eigene Stellungnahme

In der südafrikanischen Literatur wird diese Ausnahmeregelung ohne nähere Erläuterung als einer der Vorteile für ausländische Gläubiger und Insolvenzverwalter aus Bestimmungsstaaten gemäß section 2 (2) CBIA gewertet.[1186] Diese Einschätzung überrascht, denn bei genauerer Sicht erweckt die Ausnahmeregelung vor allem den Eindruck einer missglückten Einschränkung der bisherigen Flexibilität der Gerichte.

Nach section 149 (1) S. 2 IA a.F. waren die Gerichte im hohen Maße flexibel, unter Zweckmäßigkeits- und Billigkeitsgesichtspunkten ihre eigene Eröffnungszuständigkeit zugunsten eines ausländischen Insolvenzgerichts abzulehnen. Die Rechtsprechung hat sich im Rahmen ihrer Ermessensentscheidungen von den Interessen der Beteiligten an einer effizienten und wirtschaftlichen Verfahrensdurchführung leiten lassen.[1187] Durch die Neufassung von *section* 149 (1) S. 2 IA wurde den Gerichten diese Flexibilität im persönlichen Anwendungsbereich des CBIA genommen, ohne dass im CBIA für adäquaten Ersatz gesorgt worden wäre.

Der CBIA regelt Kompetenzkonflikte, die durch Parallelinsolvenzverfahren verursacht werden, nur dann explizit, wenn das ausländische Hauptverfahren bereits anerkannt wurde.[1188] Wurde ein bereits eröffnetes ausländisches Hauptverfahren noch nicht anerkannt, könnte sich das Gericht insoweit noch auf seine allgemeine Pflicht gemäß *section* 25 (1) CBIA stützen. Danach ist das Gericht zu einem Maximum an Kooperation und direkter Abstimmung mit ausländischen Gerichten und Insolvenzverwaltern verpflichtet. Schon insoweit bedarf es aber einiger Mühe, daraus die gerichtliche Befugnis zur Ablehnung des Insolvenzantrages eines inländischen Gläubigers abzuleiten. Sie wird letztlich unter Abwägung der Interessen der Gläubigergesamtheit zu bejahen sein.

Unterstützend könnte das Gericht *section* 9 (5) IA heranziehen, der dem Gericht bezüglich der Entscheidung über den Eröffnungsantrag ein Ermessen einräumt.[1189] Es kann den Eröffnungsantrag ablehnen, die Entscheidung darüber vertagen oder eine sonstige Anordnung treffen, die im Einzelfall „gerecht erscheint“. Dadurch wird aber die ursprünglich von der Reformkommission intendierte Exklusivität des CBIA konterkariert. Besser wäre es gewesen, wenn der Gesetzgeber in

---

1186 Vgl. *Boraine* 2008 (14) SADJ 30. Ähnlich euphorisch bereits *Smith/Boraine* ABI Law Review 10 (2002) 135, 204.

1187 Siehe oben, I.2.

1188 Vgl. section 28 (1) CBIA.

1189 Vgl. *Meskin,* Insolvency Law, Anm. 15.1.6.1. Die Norm gilt allerdings nur für Gläubigeranträge. Auf Eigenanträge des Schuldners ist sie nicht anwendbar.

section 27 CBIA neben den dort beispielhaft genannten Kooperationsmöglichkeiten zusätzlich die Möglichkeit aufgeführt hätte, einen inländischen Antragsteller an ein ausländisches Gericht zu verweisen.[1190]

Noch problematischer wird die Verweisung des Antragsstellers auf einen ausländischen Insolvenzgerichtsstand, wenn dort noch gar kein Verfahren eröffnet wurde. Die Kooperations- und Abstimmungspflicht des *Cross-Border Insolvency Act* bezieht sich ausschließlich auf Angelegenheiten gemäß *section* 2 (1) CBIA.[1191] Danach ist der *Cross-Border Insolvency Act* anwendbar, wenn ein inländisches Gericht bei grenzüberschreitenden Insolvenzen von einem ausländischen Gericht oder einem ausländischen Amtsträger im Zusammenhang mit einem ausländischen Verfahren um Unterstützung ersucht wird. Insoweit ist schon zweifelhaft, ob es sich um ein bereits laufendes Verfahren handeln muss oder ob die konkrete Aussicht, dass ein solches Verfahren demnächst durchgeführt wird, ausreicht. Außerdem bedarf es eines Unterstützungsersuchens aus dem genannten Personenkreis. Ohne ein solches Unterstützungsersuchen bliebe auch hier lediglich der nicht ganz überzeugende Behelf mit *section* 9 (5) IA. Der Fall *Lawclaims* etwa hätte unter diesen Bedingungen möglicherweise anders entschieden werden müssen.[1192]

Die Neuregelung des *section* 149 (1) S. 2 IA ist außerdem unvollständig und terminologisch ungenau. *Section* 149 (1) S. 2 IA gilt nur für Verfahren nach dem *Insolvency Act.* Für die in der Praxis wesentlich bedeutsameren internationalen Unternehmensinsolvenzen bleibt es – vorerst[1193] – weitgehend bei der alten Regelung, weil der *Companies Act* nicht angepasst wurde.[1194]

Ferner weist die Neufassung des *section* 149 (1) S. 2 IA eine terminologische Unzulänglichkeit auf. Sie verwendet den Begriff *domicile*, der sich aber im CBIA

1190 Art. 27 (f) UNCITRAL Modellgesetz lädt den nationalen Gesetzgeber ausdrücklich dazu ein, die vorgegebene Liste der Kooperationsmöglichkeiten zu erweitern.

1191 Vgl. section 25 (1) CBIA.

1192 Die Natal Provincial Division lies offen, ob sie die Verfahrenseröffnung auch auf Basis allgemeiner Erwägungen zum missbräuchlichen Insolvenzantrag abgelehnt hätte, *Lawclaims (Pty) Ltd v Rea Shipping Co SA: Schiffscommerz Aussenhandelsbetrieb der VVB Schiffbau intervening* 1979 (4) SA 745 (N) 755H.

1193 Bis zum Abschluss des Gesetzgebungsverfahrens für das neue einheitliche Insolvenzgesetz, dass die Ungleichbehandlung beseitigt, vgl. section 177 des Regierungsentwurfs, abgedruckt bei *Burdette*, S. 693 f. *Burdettes* Entwurf beruht noch auf dem ursprünglichen Vorschlag der Law Reform Commission und berücksichtigt demzufolge noch nicht die Neufassung section 149 (1) (Satz 2) IA durch den Judicial Amendment Act 42 of 2001.

1194 Dies gilt natürlich nur, soweit der CA 1973 anwendbar ist. Zum Anwendungsbereich des CA 1973 siehe dazu oben, Kap. 2 C.I.1.

nicht wiederfindet.[1195] Dieser kennt nur ausländische Hauptverfahren, die am Mittelpunkt der hauptsächlichen Interessen des Schuldners eröffnet wurden, und Verfahren in anderen Staaten, in denen der Schuldner eine Niederlassung unterhält oder sonstiges Vermögen hat.[1196] Der Mittelpunkt der hauptsächlichen Interessen ist nicht notwendigerweise identisch mit dem *domicile* des Schuldners. Es kann daher durchaus vorkommen, dass der Schuldner sein *domicile* in Südafrika oder einem Nichtbestimmungsstaat hat, der Mittelpunkt seiner hauptsächlichen Interessen aber in einem Bestimmungsstaat liegt.

Bis der Gesetzgeber diese missglückte Formulierung selbst korrigiert hat, wird sich die Praxis mit einer speziellen Auslegung des Begriffs *domicile* behelfen müssen. Nach der Intention des Gesetzgebers ist der Begriff *domicile* in *section* 149 (1) S. 2 IA so zu verstehen, dass es sich dabei um den Mittelpunkt der hauptsächlichen Interessen im Sinne des CBIA handelt.

4. Zusammenfassung

Zur Vermeidung miteinander konkurrierendenrParallelinsolvenzverfahren ist nach der im derzeitigen Recht verankerten *forum-non-convenience*-Regel den- Gerichten ein Ermessen eingeräumt, ob sie den Insolvenzantrag ablehnen und stattdessen den Antragsteller unter Billigkeits- oder Zweckmäßigkeitsgesichtspunkten an die Gerichte eines ausländischen Staats verweisen. Hiervon wurde in der bisherigen Rechtspraxis immer wieder Gebrauch gemacht, insbesondere dann, wenn dies den Interessen der Beteiligten an einer effizienten und gerechten Verfahrensabwicklung entsprach und die Zuständigkeit für die Eröffnung des Hauptinsolvenzverfahrens bei einem ausländischen Gericht lag. Die Verweisungsmöglichkeit wurde durch eine handwerklich missglückte Anpassung der bestehenden gesetzlichen Regelungen an den CBIA für solche Fälle eingeschränkt, in denen der Schuldner sein *domicile* in einem Bestimmungsstaat gemäß *section* 2 (2) CBIA hat.

II. Aufhebung bereits eröffneter inländischer Insolvenzverfahren

Treffen ein ausländisches und inländisches Parallelverfahren aufeinander, könnte auch die Beendigung des inländischen Verfahrens zugunsten eines einheitlichen

1195 Auch dies wird in der Literatur zum Cross-Border Insolvency Act bisher nicht problematisiert.

1196 Siehe oben, Kap. 5 A.III.

ausländischen Hauptinsolvenzverfahrens erwogen werden. Aus der Einstellung des inländischen Verfahrens resultieren jedoch Folgeprobleme. Insbesondere muss geklärt werden, was mit den Wirkungen des inländischen Verfahrens vor dessen Einstellung und Rechtshandlungen des inländischen Insolvenzverwalters aus dieser Zeit geschieht.[1197]

1. Zusammentreffen zweier Hauptverfahren

Eine der ältesten Entscheidungen zu dieser Thematik betrifft den Konflikt zweier Hauptverfahren. Im Fall *Trustee of Howse, Sons & Co* hatte die Schuldnerin, eine *partnership*, gleichzeitig ein englisches und ein südafrikanisches *domicile*. Zunächst beantragte die *partnership* beim *London Bankruptcy Court* die Eröffnung eines englischen Vergleichsverfahrens. Kurze Zeit später beantragte die *partnership* auch in Südafrika[1198] die Eröffnung des Insolvenzverfahrens, ohne das Gericht über den englischen Eröffnungsantrag zu informieren. In der Folge wurde zunächst für das südafrikanische Insolvenzverfahren ein Insolvenzverwalter bestellt und erst danach auch für das englische Verfahren.[1199] Anschließend beantragte der englische Insolvenzverwalter die Anerkennung des Verfahrens in Südafrika, die Einstellung des südafrikanischen Verfahrens und die Übergabe des südafrikanischen Vermögens zur einheitlichen Verwaltung in dem englischen Verfahren.

Der *Cape Supreme Court* gab dem Antrag statt, weil das Verfahren in England früher beantragt worden war und die Eröffnungsentscheidung nach englischem Recht auf den Antragszeitpunkt zurückwirke. Wenn zwei Hauptverfahren eröffnet wurden, müsse das Prinzip der Priorität der Verfahrenseröffnung gelten.[1200]

1197 Vgl. hierzu Art. 102 § 4 EGInsO sowie *Reinhart* NZI 2009, 73 ff.

1198 Genauer gesagt in der damals noch autonom verwalteten Cape Colony.

1199 In dem englischen Antragsverfahren war zunächst ein sogenannter receiver bestellt worden. Das war bis zur Einführung des Insolvency Act 1986 die übliche Verfahrensweise. Der receiver hat aber andere Funktionen und Befugnisse, als der spätere Insolvenzverwalter. Zum alten englischen Insolvenzrecht und insbesondere zum receivership-Verfahren *Frackenpohl*, S. 12 ff.; *Richard*, S. 50 ff.

1200 *Trustee of Howse, Sons & Co v Trustees of Howse, Sons & Co; Jocelyne v Shearer & Hine* (1884) 3 SC 14, 23 f. Ähnlich die heutige Regelung im deutschen Recht zur Durchführung der EuInsVO in Art. 102 § 4 Abs. 1 EGInsO, wonach das zeitlich früher eröffnete Hauptinsolvenzverfahren zwingend anzuerkennen ist, obwohl bereits ein inländisches Hauptinsolvenzverfahren eröffnet wurde. Dazu *Reinhart* NZI 2009, 201 ff. Anders zum deutschen autonomen Internationalen Insolvenzrecht, wonach die Prioritätsregel in § 3 Abs. 2 in solchen Fällen nicht analog anzuwenden sei, MünchKommInsO-*Ganter*, Bd. 1, § 3 Rn. 26.

Das Gericht berücksichtigte zusätzlich, dass das südafrikanische Gericht seine Entscheidung in Unkenntnis des Antrags beim *London Bankruptcy Court* getroffen hatte und dass sich in Südafrika lediglich bewegliches Vermögen befand.[1201] Ob anders zu entscheiden wäre, wenn inländisches Immobiliarvermögen vorhanden ist, ließ der *Cape Supreme Court* letztlich offen.[1202] Grundsätzlich sollte insoweit aber das Gleiche gelten.[1203]

2. Zusammentreffen von Haupt- und Partikularverfahren

Anders ist die Rechtslage, wenn neben einem ausländischen Hauptverfahren bereits ein inländisches (Partikular-)Insolvenzverfahren eröffnet wurde.

Grundsätzlich hindert die Eröffnung eines ausländischen Hauptinsolvenzverfahrens bis zu dessen Anerkennung in Südafrika nicht die Eröffnung eines inländischen (Partikular-)insolvenzverfahrens.[1204] Ein solches inländisches Insolvenzverfahren kann jedoch auf Antrag zugunsten des ausländischen Hauptinsolvenzverfahrens aufgehoben und das inländische Vermögen an den ausländischen Insolvenzverwalter übergeben werden. Diese Möglichkeit gab es bereits im *common law*.[1205] Sie ist nunmehr auch gesetzlich eröffnet. Für Insolvenzverfahren nach dem *Companies Act* heißt es in *section* 354 (1) CA 1973 wie folgt:

1201 *Trustee of Howse, Sons & Co v Trustees of Howse, Sons & Co; Jocelyne v Shearer & Hine* (1884) 3 SC 14, 24.

1202 Vgl. *Franco* (2003) 15 SA Merc LJ 27, 40.

1203 So wohl auch *Mars*, S. 677 (§ 30.18). In diese Richtung wohl auch der Transvaal Supreme Court in *Re the Leydsdorp & Pietersburg (Transvaal) Estates Limited (in Liquidation)* 1903 TS 254. Leydsdorp war eine company nach dem Recht der Kolonie Transvaal, aber auch in England eingetragen. Der Transvaal Supreme Court ging ersichtlich von einem doppelten domicile aus. Dass das Gericht dem zuerst eröffneten englischen Verfahren Priorität einräumte, ergibt sich aus dem Zusammenhang. Das südafrikanische Verfahren wurde eingestellt, weil der Antragsteller nicht offengelegt hatte, dass bereits ein englisches Verfahren eröffnet war. Hätte das Gericht Kenntnis vom englischen Verfahren gehabt, hätte es ein lokales Verfahren gar nicht erst eröffnet, a.a.O. 258 f. Dabei lässt der Sachverhalt vermuten, dass Leydsdorp Grundstückseigentümer in Südafrika war. A.a.O., 255, heißt es, dass Leydsdorp dem Antragsteller eine Grundschuld (mortgage bond) in Höhe von 25.000 Pfund gewährt hatte.

1204 *Donaldson v British South African Asphalte and Manufacturing Co Ltd* 1905 TS 753, 756.

1205 *National Bank v Ross* (1903) 13 CTR 225, zit. nach *Nathan*, Insolvency Law 1936, S. 442 unten. Siehe auch *Donaldson v British South African Asphalte and Manufacturing Co Ltd* 1905 TS 753, der allerdings die Aufhebung eines vorläufigen Insolvenzverfahrens betraf. Insoweit galten die (restriktiveren) allgemeinen

„The Court may at any time after the commencement of a winding-up, on the application of any liquidator, creditor or member, and on proof to the satisfaction of the Court that all proceedings in relation to the winding-up ought to be stayed or set aside, make an order staying or setting aside the proceedings or for the continuance of any voluntary winding-up on such terms and conditions as the Court may deem fit.“

Die gleichen Möglichkeiten bietet *section* 149 (2) IA. Beide Vorschriften räumen dem Gericht ein Ermessen zur Aufhebung einer Eröffnungsentscheidung ein, und zwar sowohl in Fällen, in denen von vornherein kein Insolvenzverfahren hätte eröffnet werden dürfen, als auch in Fällen, in denen nachträglich Aufhebungsgründe eintreten. Die Darlegungs- und Beweislast trägt der Antragsteller.[1206]

Aufgrund des öffentlichen Interesses an der Rechtskraft von Gerichtsentscheidungen muss der Antragsteller besondere Umstände darlegen, die ausnahmsweise eine nachträgliche Aufhebung rechtfertigen.[1207] Ferner berücksichtigt das Gericht bei seiner Entscheidung über einen solchen Aufhebungsantrag auch die Dauer der Verspätung des Antrags und den Umfang, in dem das inländische Insolvenzverfahren bereits fortgeschritten ist.[1208] Das Argument der Zweckmä- ßigkeit einer einheitlichen Durchführung des Insolvenzverfahrens zur gleichmäßigen Befriedigung aller Gläubiger weltweit scheint vor südafrikanischen Gerichten nach wie vor Gewicht zu haben.[1209] Es dürfte aber mit zunehmender Verfahrensdauer und Fortschritt des Verfahrens rapide an Gewicht verlieren.[1210] Wenn das

---

Voraussetzungen für die Aufhebung gerichtlicher Entscheidungen, vgl. *Ward v Smit: In re Gurr v Zambia Airways Corp Ltd* 1998 (3) SA 175 (A) 181A–D.

1206 *Ward v Smit: In re Gurr v Zambia Airways Corporation Ltd* 1998 (3) SA 175 (A) 180H; *Mars*, S. 24 (§ 2.4), m.w.N.

1207 *Ward v Smit: In re Gurr v Zambia Airways Corporation Ltd* 1998 (3) SA 175 (A) 181D.

1208 *Ward v Smit: In re Gurr v Zambia Airways Corporation Ltd* 1998 (3) SA 175 (A) 181D.

1209 Vgl. *Ward v Smit: In re Gurr v Zambia Airways Corporation Ltd* 1998 (3) SA 175 (A) 179G–I: "Indeed, quite apart from principles of international comity, the advantages of having one *concursus creditorum* are obvious. The object of a creditors' winding-up is to ensure a fair division of the company's property among the creditors according to their legal rights. Where there is both a local *concursus* and a foreign *concursus* it may well be that one group of creditors will be either favoured or disadvantaged depending on the location of the company's assets".

1210 Vgl. *Ward v Smit: In re Gurr v Zambia Airways Corporation Ltd* 1998 (3) SA 175 (A) 181G. Dort war das Verfahren über 8 Monate bereits erheblich fortgeschritten. Es waren bereits zwei Gläubigerversammlungen abgehalten und ein erster Verteilungsplan bestätigt worden, der etwa 25 Prozent des voraussichtlichen Gesamtverwertungserlöses ausmachte.

inländische Verfahren zeitlich nach dem ausländischen Verfahren eröffnet wurde, muss zusätzlich genügend entschuldigt sein, dass der ausländische Insolvenzverwalter nicht bereits der Eröffnungsentscheidung entgegengetreten ist bzw. dagegen Rechtsmittel eingelegt hat.[1211] Hier ließ der *Supreme Court of Appeal* in seiner *Ward*-Entscheidung das Argument hoher Arbeitsbelastung aufseiten der ausländischen Insolvenzverwalter genauso wenig gelten, wie deren Unkenntnis des südafrikanischen Rechts.[1212]

Antragsberechtigt sind im Falle einer *company* der Insolvenzverwalter, ein Gläubiger oder ein Gesellschafter. Der Wortlaut *„any" liquidator* schließt den ausländischen Insolvenzverwalter ein.[1213] Dafür spricht auch die durch Benennung gerade dieses Personenkreises zutage tretende Absicht des Gesetzgebers, allen Parteien mit einem berechtigten Interesse ein Antragsrecht einzuräumen. Der (in- oder ausländische) Insolvenzverwalter nimmt die Interessen hinsichtlich des Schuldnervermögens war, weil die Verwaltungs- und Verfügungsbefugnis darüber auf ihn übergegangen ist. Ein solches Antragsrecht dürfte allerdings nach formeller Anerkennung bestehen.[1214]

Im Anwendungsbereich des *Insolvency Act* ist nicht ausdrücklich geregelt, wer antragsberechtigt ist.[1215] Insoweit dürften deshalb die allgemeinen Regeln gelten, dass nur derjenige vor Gericht als Partei auftreten (und damit Anträge stellen) kann, der ein direktes und substanzielles Interesse am Prozessgegenstand und am Ausgang des Prozesses hat.[1216] Dies schließt jedenfalls auch den ausländischen Insolvenzverwalter ein, der das inländische Schuldnervermögen zur Insolvenzmasse ziehen möchte.

3. Zusammenfassung

Wenn in mehreren Staaten Hauptinsolvenzverfahren in Bezug auf dasselbe Vermögen eröffnet wurden, gilt im *common law* grundsätzlich das Prioritätsprinzip.

1211 *Ward v Smit: In re Gurr v Zambia Airways Corporation Ltd* 1998 (3) SA 175 (A) 181D.

1212 *Ward v Smit: In re Gurr v Zambia Airways Corporation Ltd* 1998 (3) SA 175 (A) 181E–F.

1213 Rechtsprechung dazu ist nicht bekannt. Ausdrücklich offen gelassen in *Ward v Smit: In re Gurr v Zambia Airways Corporation Ltd* 1998 (3) SA 175 (A) 180F. Die einschlägige Literatur schweigt ebenfalls zu dem Thema.

1214 Vgl. *Zinn NO Appellant v Westminster Bank Ltd Respondent* 1936 AD 89, 99. Vgl. auch oben,

1215 Auch hier sind weder einschlägige Rechtsprechungs- noch Literaturnachweise bekannt.

1216 Vgl. insoweit *Harms*, Civil Procedure, A6.1, m.w.N.

Damit ist das Verfahren als Hauptinsolvenzverfahren anzuerkennen oder – im Falle eines inländischen Hauptinsolvenzverfahrens – fortzuführen, dass zeitlich früher eröffnet wurde. Auf Antrag des ausländischen Insolvenzverwalters kann zudem auch ein bereits eröffnetes inländisches Partikularinsolvenzverfahren zugunsten eines ausländischen Hauptinsolvenzverfahrens aufgehoben werden.

III. Koordination von Parallelverfahren im *common law*

1. Kooperation mit ausländischem Insolvenzverwalter

Die Koordination miteinander konkurrierender Parallelinsolvenzverfahren wird im *common law* bisher kaum thematisiert. Insbesondere ist die Zusammenarbeit zwischen den Insolvenzgerichten oder Insolvenzverwaltern kaum geregelt.[1217]

In *Deutsche Bank v Moser* ordnete das Gericht die zusätzliche Veröffentlichung des eigenen Eröffnungsbeschlusses in einer deutschen Tageszeitung an. Dabei war streitig, ob bereits ein deutsches Parallelverfahren lief, sodass die Veröffentlichung auch der Information eines eventuell bereits bestellten deutschen Insolvenzverwalters diente.[1218] In einem anderen Fall wurden auf übereinstimmenden Antrag des ausländischen Insolvenzverwalters und lokaler Sicherungsgläubiger besondere Verwertungsabsprachen in Bezug auf inländisches Sicherungsgut getroffen und vom Gericht sanktioniert.[1219] In *Re Estate A and N Cohen* erlaubte das Insolvenzgericht auf Antrag des inländischen Insolvenzverwalters und mit Zustimmung der Gläubiger, den verbleibenden Verwertungserlös aus dem südafrikanischen Verfahren an den ausländischen Insolvenzverwalter zu übergeben, ohne dass dieser seine Anerkennung in Südafrika beantragen musste.[1220]

Der *Supreme Court of Appeal* hat darüber hinaus seine *Ward*-Entscheidung mit der Feststellung beendet, dass die Anerkennung als solche dem ausländischen Insolvenzverwalter generell die Möglichkeit eröffne, die Arbeit des inländischen Insolvenzverwalters zu beobachten und gegebenenfalls rechtliche Schritte zur

1217 Zu Möglichkeiten einer Kooperation bei Parallelinsolvenzverfahren *Vallender* KTS 2008, 59 ff., m.w.N.

1218 *Deutsche Bank v Moser and another* 1999 (4) SA 216 (C) 220F. Zur Informationsweitergabe als Form von Kooperation auch *Vallender* KTS 2008, 59, 63 f.

1219 *Allan and Shaw Limited (in Liquidation) v King* 1912 CPD 115, 119 f.

1220 *In re Estate A and M Cohen* (1909) 19 CTR 1067. Dazu auch *Nathan*, SA Insolvency Law 1936, S. 442, diese Lösung als im Einzelfall wirtschaftlich sinnvoll begrüßend.

Wahrung seiner Amtsinteressen einzuleiten.[1221] Daraus könnte man das Recht des ausländischen Insolvenzverwalters ableiten, interessenwahrend wie die inländischen Gläubiger an den Gläubigerversammlungen teilnehmen zu dürfen und über wesentliche Schritte des inländischen Insolvenzverwalters informiert zu werden. Damit wäre dem ausländischen Verwalter wenigstens etwas Einflussmöglichkeit eingeräumt, wenn auch im Zweifel erst über den zeitaufwendigen und kostspieligen Gerichtsweg.[1222]

Explizit ausgeschlossen ist die Zusammenarbeit mit dem ausländischen Insolvenzverwalter auch im Übrigen nicht. Deshalb ist zu erwarten, dass sich die südafrikanische Rechtsprechung auch für das *common law* an den mit dem CBIA geschaffenen Kooperationsmöglichkeiten orientieren wird.[1223]

2. Abgrenzung der Insolvenzmassen

(a) Der Fall Sackstein NO v Proudfoot

Noch nicht abschließend geklärt ist die Abgrenzung der Insolvenzmassen paralleler Insolvenzverfahren.

Die Frage tauchte in dem bereits mehrfach zitierten *Sackstein*-Fall auf, der jeweils zweimal die Ausgangsinstanz, den *South Gauteng High Court*, und die Rechtsmittelinstanz, den *Supreme Court of Appeal*, durchlief.[1224] Insolvenzschuldnerin war in dem Fall die namibische *Tsumeb Corporation Ltd.*[1225] Diese war vor Eröffnung des Insolvenzverfahrens einen Dienstleistungsvertrag mit der südafrikanischen *Proudfoot (Pty) Ltd* eingegangen und zahlte für die Serviceleistungen

---

1221 *Ward v Smit: In re Gurr v Zambia Airways Corporation Ltd* 1998 (3) SA 175 (A) 184A–B.

1222 Vgl. dazu auch die weitergehenden Kooperationspflichten im deutschen Recht gem. § 357 InsO.

1223 Vgl. insoweit auch das englische common law, wo seit langem nach der Maxime „what is not expressly forbidden may, if reasonable, be done“ gehandelt wird, *Fletcher*, Insolvency in PIL, Rn. 3.103. Wegen seiner historischen Einflüsse in Verfahrensfragen dürfte das englische Recht auch in dieser Frage erhebliche Überzeugungskraft vor südafrikanischen Gerichten genießen.

1224 Zum *Sackstein*-Fall, mit dem die Instanz- und Revisionsgerichtsbarkeit in mehrerer Hinsicht internationalinsolvenzrechtliches Neuland betrat, siehe *Mars*, S. 674 ff.; *Smith/Boraine* (2004) 16 SA Merc LJ 495 ff.

1225 Bei der Pleite der Tsumeb Corporation Ltd handelte es sich um die wohl größte Unternehmensinsolvenz in der Geschichte Namibias. Tsumeb erwirtschaftete seinerzeit allein 8 Prozent des namibischen Bruttoinlandsprodukts, *Smith/Boraine* (2004) 16 SA Merc LJ 495, 504, m.w.N.

an *Proudfoot* 5,7 Millionen Rand direkt aus Namibia auf deren südafrikanisches Bankkonto.[1226]

Die Anerkennung des namibischen Verfahrens in Südafrika wurde nie beantragt. Stattdessen wurde nachträglich ein südafrikanisches Insolvenzverfahren über das Vermögen der südafrikanischen Niederlassung der *Tsumeb* eröffnet und *Sackstein* zum Insolvenzverwalter bestellt. Anschließend wurde im namibischen Insolvenzverfahren eine Einigung zwischen der Insolvenzschuldnerin und ihren Gläubigern erzielt und das Insolvenzverfahren aufgehoben.

Der südafrikanische Insolvenzverwalter *Sackstein* focht daraufhin vor dem *South Gauteng High Court* die Zahlungen für die Serviceleistungen an *Proudfoot* an und forderte die Rückzahlung an die südafrikanische Masse. Auf die damit verbundenen internationalanfechtungsrechtlichen Fragen soll zu einem späteren Zeitpunkt eingegangen werden.[1227] Hier von Relevanz ist die Abweisung der Anfechtungsklage durch den *South Gauteng High Court* mit der Begründung, die Rückzahlungsansprüche gehörten zur namibischen Insolvenzmasse. Dies sei deshalb der Fall, weil die Zahlungen aus Namibia für Dienstleistungen in Namibia getätigt wurden.[1228]

Der daraufhin angerufene *Supreme Court of Appeal* hob die Entscheidung aus anderen, an dieser Stelle nicht relevanten, Gründen auf, ließ die Frage der Abgrenzung der Insolvenzmassen aber ausdrücklich offen. Zwar müsse im Falle parallel stattfindender Insolvenzverfahren denselben Schuldner betreffend eine Kompetenz- und Masseabgrenzung vorgenommen werden. Diese Frage stelle sich vorliegend aber deshalb nicht, weil das namibische Verfahren bereits beendet sei.[1229]

In der erneuten Verhandlung sah sich *der South Gauteng High Court* daher auch nicht daran gehindert, an seiner Auffassung festzuhalten.[1230] Der erneut angerufene *Supreme Court of Appeal* wies die Anfechtungsklage dann aus anderen Gründen ab.[1231]

1226 Seinerzeit (1998) etwa 840.000 EUR bei einem Umrechnungskurs von ca. 1:6,8. Im Prozesszeitraum zwischen 2002 und 2006 bei einem durchschnittlichen Umrechnungskurs von ca. 1:9 immerhin noch ca. 633.000 EUR. Quelle: http://indexmundi.com/xrates/graph.aspx?c1=ZAR&c2=EUR&days=3650&lastday=20080806 (letzter Zugriff 8.7.2012).

1227 Siehe unten, Kap. 7 C.V.2.

1228 *Sackstein NO v Proudfoot SA (Pty) Ltd* [2002] JOL 10115 (W) Rn. 26 ff.

1229 *Sackstein NO v Proudfoot SA (Pty) Ltd* 2003 (4) SA 348 (A) 357H–I.

1230 *Sackstein NO v Proudfoot SA (Pty) Ltd* [2005] JOL 14088 (W) Rn. 25.

1231 *Sackstein NO v Proudfoot SA (Pty) Ltd* 2006 (6) SA 358 (A) 362A–C.

(b) Eigene Stellungnahme

Einerseits ist dem *Supreme Court of Appeal* darin zuzustimmen, dass es vorliegend nicht auf die Abgrenzung der Kompetenzen mehrerer Insolvenzverwalter in Bezug auf das Insolvenzvermögen desselben Schuldners ankam, weil das namibische Verfahren bereits beendet war.

Andererseits hat der *Supreme Court of Appeal* jedoch zu Recht auf die Notwendigkeit hingewiesen, dass bei parallel laufenden Insolvenzverfahren über das Vermögen desselben Schuldners die Insolvenzmassen der Parallelverfahren voneinander abgegrenzt werden müssen. Für den Fall, dass das namibische Verfahren noch angedauert hätte, wäre nach hier vertretener Ansicht dem *South Gauteng High Court* im Hinblick auf die Masseabgrenzung zuzustimmen. Zur Insolvenzmasse gehört grundsätzlich das Vermögen des Schuldners zum Zeitpunkt der Verfahrenseröffnung.[1232] Anfechtungsansprüche sind zwar kein Bestandteil des Schuldnervermögens in diesem Sinne. Sie müssen diesem jedoch für Zuständigkeitszwecke zugerechnet werden, weil sie letztlich nur der Wiederherstellung des ursprünglichen Schuldnervermögens als Haftungsmasse dienen. Da die Zahlungen von einem namibischen Bankkonto aus erfolgten, gehörten sie in jedem Fall zur ursprünglichen namibischen Insolvenzmasse.

Im Übrigen ist für die Abgrenzung der Insolvenzmassen richtigerweise danach zu unterscheiden, ob es sich um die Abgrenzung einer Hauptinsolvenzmasse und einer Partikularinsolvenzmasse oder um die zweier Partikularinsolvenzmassen handelt. Ein Hauptinsolvenzverfahren umfasst grundsätzlich das weltweite Vermögen zum Zeitpunkt der Verfahrenseröffnung, ausgenommen solche Vermögensgegenstände, die nach den im vorangegangenen Absatz dargestellten Grundsätzen einer Partikularinsolvenzmasse zuzurechnen sind. Partikularinsolvenzmassen umfassen grundsätzlich nur das jeweilige Vermögen in dem Staat der Verfahrenseröffnung.[1233]

3. Auswirkungen der Eröffnung oder Beendigung eines Parallelverfahrens

Im Übrigen verwaltet jeder Insolvenzverwalter grundsätzlich unabhängig von dem anderen Parallelverfahren die Insolvenzmasse, für die er bestellt wurde.[1234]

1232 Siehe zu den Auslandswirkungen südafrikanischer Verfahren unten, Kap. 3.

1233 Vgl. oben, Kap. 2 A.I., sowie die Ausführungen zum Spiegelbildprinzip oben, Kap. 2 A.III.

1234 *Sackstein NO v Proudfoot SA (Pty) Ltd* 2003 (4) SA 348 (A) 357E.

Ein südafrikanisches Insolvenzverfahren wird durch die Eröffnung oder Beendigung eines ausländischen Parallelinsolvenzverfahrens als solches grundsätzlich nicht beeinflusst.[1235] Eine Ausnahme besteht für juristische Personen. Die Beendigung des ausländischen Hauptinsolvenzverfahrens über das Vermögen einer juristischen Person durch Vergleich kann Auswirkungen auf das Parallelinsolvenzverfahren über die Niederlassung in Südafrika haben. Zwar ist die Niederlassung in Südafrika als *external company* eintragungspflichtig und kann deshalb in der Folge unabhängig von dem ausländischen Insolvenzverfahren nach den Vorschriften des *Companies Act* abgewickelt werden. Das führt jedoch nicht dazu, dass aus der juristischen Person und ihrer südafrikanischen Niederlassung zwei verschiedene juristische Personen werden. Es bleibt bei einer juristischen Person, die lediglich in zwei verschiedenen Ländern eingetragen ist.[1236] Wird das ausländische Insolvenzverfahren durch Vergleich beendet, hat das unmittelbare Auswirkungen auf die Zahlungsfähigkeit der juristischen Person beziehungsweise ihrer Niederlassung in Südafrika.[1237] Die Einstellung des ausländischen Insolvenzverfahrens aufgrund einer vergleichsweise Einigung mit den Gläubigern indiziert zumindest *prima facie*, dass der Schuldner seine (Rest-)Verbindlichkeiten wieder erfüllen kann. In der Folge sind regelmäßig die Normen des *Companies Act* nicht mehr anwendbar, die in ihrem Tatbestand die Zahlungsunfähigkeit voraussetzen.[1238] Das trifft insbesondere auch auf das Insolvenzanfechtungsrecht zu.[1239]

Eine vergleichsweise Beendigung eines ausländischen Parallelinsolvenzverfahrens kann daher auch die vorzeitige Aufhebung des Insolvenzverfahrens über die südafrikanische Niederlassung rechtfertigen. Gemäß *section* 354 (1)

1235 *Sackstein NO v Proudfoot SA (Pty) Ltd* 2003 (4) S. 348 (A) 357E; *Mars*, S. 674. Über das Vermögen von external companies kann allerdings gemäß section 344 CA 1973 ein Insolvenzverfahren eröffnet werden, wenn die company an ihrem Gründungsort aufgelöst wird oder ihren Unternehmensbetrieb eingestellt hat bzw. das Unternehmen nur noch für Liquidationszwecke betreibt, siehe oben, Kap. 3 B.II.2.

1236 *Sackstein NO v Proudfoot SA (Pty) Ltd* 2003 (4) S. 348 (A) 357G.

1237 *Sackstein NO v Proudfoot SA (Pty) Ltd* (Supreme Court of Appeal, Case No 141/2005, 10 March 2006), saflii, Rn. 6.

1238 Zur Systematik der Anwendbarkeit des allgemeinen Insolvenzrechts in Insolvenzverfahren nach dem Companies Act und dem Tatbestandsmerkmal der aktuellen Zahlungsunfähigkeit (die eher dem deutschen Überschuldungsbegriff gleicht) siehe MünchKommInsO-*Kupsch*, Bd. 3, Anhang, Länderbericht Südafrika, Rn. 5 a.E. und Rn. 32.

1239 *Sackstein NO v Proudfoot SA (Pty) Ltd (*Supreme Court of Appeal, Case No 141/2005, 10 March 2006), saflii, Rn. 9.

CA 1973 kann auf Antrag der Beschluss über die Eröffnung eines Insolvenzverfahrens nach dem *Companies Act* aufgehoben werden, wenn nachträglich eingetretene Umstände die Aufhebung rechtfertigen.[1240] Die durch den Vergleich im ausländischen Hauptverfahren wieder hergestellte Zahlungsfähigkeit lässt möglicherweise den Eröffnungsgrund der Zahlungsunfähigkeit gemäß *section* 344 (f) CA 1973 entfallen. Außerdem ist möglicherweise der Eröffnungsgrund gemäß *section* 344 (g) CA 1973 nicht mehr gegeben, wenn die juristische Person im Zuge des Vergleichs ihren normalen Unternehmensbetrieb wieder aufnimmt.[1241]

Die eben dargestellten Grundsätze lassen sich auch auf Sanierungsvereinbarungen übertragen, durch die das ausländische Insolvenzverfahren aufgehoben wird und die den Erhalt des Unternehmens ermöglichen, wie etwa das deutsche Insolvenzplanverfahren.[1242] Damit könnte zumindest teilweise kompensiert werden, dass das mit Inkrafttreten des CA 2008 vorgesehene neue Unternehmenssanierungsverfahren ausländischen Gesellschaften nicht zur Verfügung steht.[1243]

4. Zusammenfassung

Zur Koordination miteinander konkurrierender Parallelinsolvenzverfahren lässt sich im *common law* wenig finden. Bei gleichzeitiger Durchführung eines in Südafrika anerkannten ausländischen Haupt- und eines inländischen Partikularinsolvenzverfahrens kann der ausländische Insolvenzverwalter gegebenenfalls mit gerichtlicher Hilfe interessenwahrend Einfluss auf die inländische Verfahrensdurchführung nehmen. Außerdem kann er die Überweisung eines eventuell verbleibenden Vermögens nach Beendigung des inländischen Verfahrens zur ausländischen Insolvenzmasse verlangen. Darüber hinaus indizieren die wenigen bisher veröffentlichten Entscheidungen eine generelle Offenheit für sonstige Koordinationsmaßnahmen. Insoweit dürfte der Rechtsprechung zum UNCITRAL Modellgesetz und zu dessen südafrikanischen Adaption, dem CBIA, die Tür ins *common law* weit geöffnet sein.

1240 Vgl. *Ward v Smit: In re Gurr v Zambia Airways Corp Ltd* 1998 (3) SA 175 (A) 180H.

1241 Zu beiden Eröffnungsgründen oben, Kap. 3 B.II.2.

1242 Vgl. §§ 217 ff. InsO. Mit Rechtskraft der Bestätigung des Insolvenzplans beschließt das Insolvenzgericht die Aufhebung des Insolvenzverfahrens, § 258 InsO.

1243 Vgl. oben, Kap. 1 B.I.

B. Neuerungen durch den *Cross-Border Insolvency Act*

I. Generell

Es gehört zu den zentralen Anliegen des UNCITRAL Modellgesetzes, die justizielle Zusammenarbeit bei grenzüberschreitenden Insolvenzverfahren zu verbessern.[1244] Die mit dem oben beschriebenen Minimalkonsens einhergehenden Regelungsdefizite sollen durch ein Maximum an Kooperation und direkter Kommunikation sowohl zwischen Insolvenzverwaltern als auch zwischen den Gerichten ausgeglichen werden.[1245] Entsprechend umfangreich sind die darauf bezogenen Vorschriften im Modellgesetz,[1246] die UNCITRAL selbst als Kernelement des Modellgesetzes bezeichnet[1247]. Südafrika hat die Vorschriften des Modellgesetzes über die Kooperation und Koordination unverändert in den CBIA übernommen.[1248]

Gemessen an dem, was das bisherige Recht aufzubieten hatte, sind die neuen Regeln in der Tat geradezu revolutionär.[1249] Generell besteht im Anwendungsbereich des *Cross-Border Insolvency Act* eine Pflicht zur Zusammenarbeit.[1250] Die *sections* 25–27 CBIA verpflichten[1251] Gerichte und ausländische Verwalter generell, „so eng wie möglich" zusammenzuarbeiten, entweder unmittelbar oder mittelbar über einen zu ernennenden Bevollmächtigten.[1252] Damit kann die in manchen Rechtskulturen sonst notwendige Einschaltung diplomatischer Kanäle umgangen werden.[1253] Auch eine formelle Anerkennung der Verfahren ist keine

---

1244 Siehe Präambel (a) UNCITRAL Modellgesetz; FK-*Wenner-Schuster*, Anhang 5 nach § 358 Rn. 3; *Israël*, S. 69 ff.; *Fletcher*, Insolvency in PIL, Rn. 8.16.

1245 Duursma-Kepplinger/Duursma/Chalupsky-*Duursma*, S. 15 Rn. 35. Art. 25 (1) UNCITRAL Modellgesetz schreibt explizit eine „maximal mögliche" Kooperation vor.

1246 Siehe Kapitel IV–V UNCITRAL Modellgesetz.

1247 Siehe UNCITRAL Model Law on Cross-Border Insolvency with Guide to Enactment, (hiernach „Guide to Enactment"), Part Two, Anm. 173.

1248 Siehe Chapters 4–5 CBIA.

1249 Mit dieser enthusiastischen Formulierung wird der US-amerikanische Insolvenzrechtsexperte *Felsenfeld* zu den gleichlautenden Bestimmungen des UNCITRAL Modellgesetz zitiert von *Wessels*, Current Topics, Anm. 10276.

1250 Siehe section 30 CBIA; *Smith/Boraine* ABI Law Review 10 (2002) 135, 203.

1251 So besonders deutlich *Obank* (2002) 4 JIBFL 169.

1252 Vgl. sections 25 (1), 27 (a) CBIA; Duursma-Kepplinger/Duursma/Chalupsky-*Duursma*, S. 15 Rn. 35; *Wessels*, Current Topics, Anm. 10277.

1253 *Wimmer* ZIP 1997, 2220, 2223.

Voraussetzung für die Kooperationspflicht.[1254] Der CBIA unterscheidet insoweit grundsätzlich nicht zwischen Haupt- und Partikularinsolvenzverfahren. Geht es um die Ordnung mehrerer Verfahren denselben Schuldner betreffend im In- und Ausland, sind bei der Kooperation zusätzlich die *sections* 29, 30, 32 CBIA zu beachten. Die Abstimmungspflichten gelten vorbehaltlich der zu respektierenden Verfahrensrechte und Berufsgeheimnisse im ersuchten Staat.[1255]

Ein südafrikanisches Gericht ist befugt, mit ausländischen Gerichten und Verwaltern unmittelbar zu kommunizieren oder direkt Informationen oder Unterstützung von ihnen einzuholen.[1256] Inländische Insolvenzverwalter sind befugt, in Wahrnehmung ihrer Aufgaben und unter Aufsicht des verfahrensleitenden Gerichts mit ausländischen Gerichten oder Verwaltern unmittelbar zu kommunizieren.[1257]

Die Kooperation kann auf jede geeignete Weise erfolgen, beispielsweise[1258]

- durch Bestellung einer Person oder Stelle, die auf Anweisung des Gerichts tätig wird
- durch die Übermittlung von Informationen auf jedem von dem Gericht für zweckmäßig erachteten Weg
- durch die Koordinierung der Verwaltung und Überwachung des Vermögens und der Geschäfte des Schuldners
- durch gerichtliche Billigung oder Umsetzung von Vereinbarungen über die Abstimmung von Verfahren
- durch Abstimmung gleichzeitig anhängiger Verfahren gegen denselben Schuldner

Der südafrikanische Gesetzgeber hat das Angebot des UNCITRAL Modellgesetzes, die Liste zu erweitern, nicht angenommen.[1259] Allerdings handelt es sich

---

1254 *Garašić*, S. 296; *Kolmann*, S. 454; *Mars*, S. 689 (§ 30.34); *Obank* (2002) 4 JIBFL 169; UNCITRAL Model Law on Cross-Border Insolvency with Guide to Enactment, Part Two, Anm. 177; *Wessels*, International Insolvency Law, Anm. 10326; wohl auch *Benning/Wehling* EuZW 1997, 618, 622. A.A.: *Wimmer* ZIP 1997, 2220, 2222; FK- *Wenner-Schuster*, Anhang 5 nach § 358 Rn. 8; *Stander* (2002) 27 (2) TR 72, 84.

1255 Duursma-Kepplinger/Duursma/Chalupsky-*Duursma*, S. 15 Rn. 35.

1256 Siehe section 25 (2) CBIA.

1257 Siehe section 26 (2) CBIA.

1258 Siehe section 27 CBIA.

1259 Vgl. Art. 27 (f) UNCITRAL Modellgesetz; *Smith/Boraine* ABI Law Review 10 (2002) 135, 201 Fn. 459. Siehe auch UNCITRAL Model Law on Cross-Border Insolvency with Guide to Enactment, Part Two, Anm. 183, wo als weitere mögliche konzeptionell gesehen um keine abschließende Aufzählung. Im Einzelfall bleibt dem Gericht oder dem Verwalter ein weiter Ermessensspielraum, sowohl bei der Wahl der Maßnahmen als auch bei der Wahl der Mittel.[1260] Die Bandbreite reicht vom Informationsaustausch unter Einsatz moderner elektronischer Kommunikationsmittel[1261] bis hin zur gerichtlichen Billigung von Insolvenzvereinbarungen (*concordats* oder *protocols*).[1262] Mittlerweile haben sowohl UNCITRAL als auch weitere nationale und internationale Institutionen jeweils unverbindliche Richtlinien veröffentlicht, die Hilfestellung bei der zwischengerichtlichen Kommunikation und Kooperation leisten sollen.[1263]

In welchem Umfang die Gerichte hiervon Gebrauch machen werden, wird die Praxis noch zeigen müssen.[1264]

II. Koordination und Kooperation nach Anerkennung

Mit der Anerkennung eines ausländischen Verfahrens wird eine Reihe von Regelungen aktiviert, die die bereits besprochenen allgemeinen Vorschriften über die

---

Form der Zusammenarbeit die Unterbrechung oder Aufhebung laufender Insolvenzverfahren in dem Staat, der das Modellgesetz übernimmt, vorgeschlagen wird. Sinnvoll wäre auch die Möglichkeit einer Zuständigkeitsverweisung an ausländische Gerichte gewesen, siehe oben, A.I. Siehe ferner Sixth Multinational Judicial Colloquium-*Farley*.

1260 Vgl. *Mars*, S. 688 (§ 30.33); *Smith/Boraine* ABI Law Review 10 (2002) 135, 201; *Wolfaardt*, S. 20. Zur Wichtigkeit dieser Flexibilität *Wessels*, Current Topics, Anm. 10278.

1261 *Smith/Boraine* ABI Law Review 10 (2002) 135, 201 f. bringen hier Videokonferenzen als Beispiel.

1262 Ausführlich zu solchen Möglichkeiten *Flaschen/Silverman* Texas International Law Journal 33 (1998) 587 ff.; *Kolman*, Kooperationsmodelle, S. 452 ff.; 455 ff.; Pannen-*Taylor*, Protokolle, passim; *Vallender* KTS 2008, 59, 74 ff.; *Wessels*, Current Topics, Anm. 10277 ff. Auch schon *Hanisch*, FS Bosch, S. 381, 388 ff. Siehe auch Sixth Multinational Judicial Colloquium-*Farley*, wonach im *Everfresh*-Verfahren der Gebrauch eines Concordat basierend auf dem Muster der International Bar Association einen Massezuwachs in Höhe von 40% gebracht habe.

1263 Siehe UNCITRAL Practice Guide on Cross-border Insolvency Co-operation, von UNCITRAL am 1.7.2009 verabschiedet und unter http://www.uncitral.org veröffentlicht. Zu erwähnen wären u.a. auch entsprechende Richtlinien des American Law Institute und von INSOL Europe, vgl. *Vallender* KTS 2008, 59, 75 ff. Siehe auch Sixth Multinational Judicial Colloquium-*Farley*.

1264 Siehe etwa zur Kooperationspflicht gem. Art. 31 EuInsVO High Court of Justice London, Beschl. v. 11.2.2009 („Nortel Group"), ZIP 2009, 578 = [2009] EWHC 206 (Ch).

Koordination von Parallelverfahren und die grenzüberschreitende Zusammenarbeit ergänzen. Diese betreffen die Koordination und Abstimmung parallel stattfindender inländischer und ausländischer Insolvenzverfahren. Soweit die Eröffnung von Parallelverfahren im Rahmen der Anerkennungsentscheidung dem Gericht noch nicht bekannt war, besteht bei nachträglicher Kenntniserlangung des ausländischen Insolvenzverwalters über die Existenz solcher Verfahren eine Mitteilungspflicht.[1265]

1. Wirkungen auf ein laufendes südafrikanisches Parallelverfahren

Wird ein ausländisches Hauptinsolvenzverfahren in Südafrika anerkannt und wurde vor dem Zeitpunkt der Anerkennung bereits ein inländisches Verfahren eröffnet, treten die automatischen Rechtsfolgen des *section* 20 CBIA nicht ein.[1266] Stattdessen gilt insoweit für alle ausländischen Insolvenzverfahren dasselbe, nämlich dass sämtliche – auch die vorläufigen – Rechtsschutzmaßnahmen mit dem laufenden inländischen Insolvenzverfahren vereinbar sein müssen.[1267]

Des Weiteren hat der ausländische Insolvenzverwalter ab dem Zeitpunkt der Anerkennung das Recht zur Teilnahme an einem bereits laufenden südafrikanischen Insolvenzverfahren.[1268] Daraus ergeben sich allerdings keine konkreten Teilnahmerechte,[1269] sodass die Ausgestaltung dieses Rechts durch die Rechtsprechung abzuwarten bleibt. Das Teilnahmerecht dürfte sich an den berechtigten Interessen des ausländischen Insolvenzverwalters ausrichten. Denkbar wäre hier insbesondere das Recht, an Gläubigerversammlungen teilzunehmen sowie Unterlagen des inländischen Insolvenzverwalters einzusehen, soweit diese auch den Gläubigern zugänglich sind.[1270]

2. Nachträgliche Eröffnung eines südafrikanischen Parallelverfahrens

Nach Anerkennung eines ausländischen Hauptinsolvenzverfahrens schränkt *section* 28 CBIA die Möglichkeit der Eröffnung eines inländischen Insolvenzverfahrens dahin ein, dass ein solches nur noch in Bezug auf inländisches Vermögen zulässig ist.

1265 Section 18 (b) CBIA; Art. 18 (b) UNCITRAL Modellgesetz. Die Unterrichtungspflicht besteht bereits im Zuge des Anerkennungsverfahrens, siehe section 15 (3) CBIA; Art. 15 Abs. 3 UNCITRAL Modellgesetz.

1266 Vgl. section 29 (a) (ii) CBIA. Siehe dazu oben, Kap. 5 B.I.2.

1267 Vgl. section 29 (a) (i) CBIA.

1268 Section 12 CBIA.

1269 *Smith/Boraine* ABI Law Review 10 (2002) 135, 199.

1270 Siehe insoweit schon zur bisherigen Rechtslage oben, A.III.1.

Aufgrund der Anerkennung eines ausländischen Hauptinsolvenzverfahrens wird zum Zwecke der Eröffnung des inländischen Insolvenzverfahrens gemäß *section* 31 CBIA widerleglich vermutet, dass der Schuldner insolvent sei. Ziel dieser Regelung ist es, die Eröffnung inländischer Insolvenzverfahren schneller und effizienter zu gestalten.[1271] Sie gilt nicht für ausländische Nebeninsolvenzverfahren. Der Grund hierfür dürfte in der Funktion des *section* 28 CBIA liegen, die inländischen Gläubigerinteressen zu schützen. Ein solcher Schutz ist nur bei ausländischen Hauptinsolvenzverfahren erforderlich, die auch das inländische Vermögen umfassen. Ausländische Partikularinsolvenzverfahren entfalten grundsätzlich keine Wirkungen auf inländisches Vermögen. Dennoch wäre auch hier eine terminologische Anpassung der *section* 31 CBIA an das südafrikanische Insolvenzrecht wünschenswert gewesen. Die Eröffnungsvoraussetzung „Insolvenz" findet sich mit diesem Wortlaut nämlich lediglich im *Insolvency Act*, nicht auch im *Companies Act*.[1272] Man wird den in *section* 31 CBIA verkörperten Willen des Gesetzgebers aber dahin auszulegen haben, dass die widerlegliche Vermutung bei Anerkennung eines ausländischen Hauptinsolvenzverfahrens auch die gesetzlichen Voraussetzungen für die Eröffnung eines *winding-up*-Verfahrens umfassen soll.

Antragsberechtigt für ein solches inländisches Verfahren ist auch der ausländische Insolvenzverwalter.[1273] An diesem inländischen Partikularinsolvenzverfahren dürfen auch ausländische Gläubiger prinzipiell gleichberechtigt teilnehmen.[1274]

Wird ein inländisches Verfahren nachträglich eröffnet, müssen bereits gewährte – auch vorläufige – Rechtsschutzmaßnahmen zugunsten des ausländischen Insolvenzverfahrens überprüft und in Einklang mit dem inländischen Insolvenzverfahren gebracht werden.[1275] Erneut gilt hier das Gebot, dass sich das Gericht bei Anpassung der Rechtsschutzmaßnahmen zugunsten eines ausländischen Nebeninsolvenzverfahrens davon überzeugen muss, dass sich diese auf Vermögensgegenstände oder Informationen beziehen, die nach südafrikanischem Recht in das ausländische Nebeninsolvenzverfahren gehören.[1276]

1271 Vgl. Anm. 43, 197 Guide to Enactment; Pannen-*Hollander/Graham*, UNCITRAL, Rn. 299.

1272 Vgl. die Ausführungen zu den Eröffnungsgründen eines südafrikanischen Verfahrens oben, Kap. 3.

1273 Section 11 CBIA; Art. 11 UNCITRAL Modellgesetz.

1274 Vgl. *section* 13 CBIA.

1275 Section 29 lit. b) (i) CBIA.

1276 Section 29 lit. c) CBIA.

3. Koordination mehrerer ausländischer Parallelverfahren

In *section* 30 CBIA finden sich schließlich entsprechende Regelungen zur Koordination und Abstimmung von ausländischen Haupt- und Nebeninsolvenzverfahren, die ohne ein zusätzliches südafrikanisches Insolvenzverfahren in Südafrika anerkannt wurden.

Wie dies im Einzelfall auszusehen hat, wird die Rechtspraxis zeigen müssen. Der CBIA enthält auch hier keine Detailregelungen. Zu beachten ist auch in diesem Zusammenhang wieder, dass der ausländische Insolvenzverwalter das Gericht unverzüglich über jede Änderung seines eigenen Status und des Status des ausländischen Verfahrens informieren muss. Diese Verpflichtung erstreckt sich auch auf etwaige weitere, denselben Schuldner betreffende Insolvenzverfahren, von denen der ausländische Insolvenzverwalter nach Anerkennung Kenntnis erlangt.[1277] Durch die Unterrichtungspflichten wird die Koordination der Verfahren gefördert.[1278]

Auch ohne eine entsprechende Regelung dürfte im Rahmen der allgemeinen Pflicht zur Zusammenarbeit ein bei Beendigung des inländischen Partikularinsolvenzverfahrens etwaig verbleibender Resterlös an den ausländischen Hauptinsolvenzverwalter zu übergeben sein.[1279]

III. Zusammenfassung

Es gehört zu den Kernanliegen des CBIA, die Koordination und Kooperation zwischen in- und ausländischen Insolvenzgerichten und Insolvenzverwaltern zu optimieren. Entsprechend weitgehend sind die Kooperationspflichten für die inländischen Gerichte, die über den gesetzlichen Maßnahmenkatalog hinaus grundsätzlich jede geeignete Maßnahme umfasst. Es ist zu erwarten, dass sich die südafrikanischen Gerichte dabei an den dazu veröffentlichten Richtlinien von UNCITRAL und internationalen Insolvenzrechtsorganisationen orientieren werden. Mit der Anerkennung des ausländischen Insolvenzverfahrens werden zusätzliche Regeln der Zusammenarbeit und Koordination aktiviert. Wenn bereits ein inländisches Parallelinsolvenzverfahren eröffnet wurde, treten die sonst für

1277 Section 18 CBIA; Art. 18 UNCITRAL Modellgesetz.

1278 Pannen-*Hollander/Graham*, UNCITRAL, Rn. 288.

1279 Im europäischen Insolvenzrecht und deutschen autonomen Internationalen Insolvenzrecht hat dies der Gesetzgeber ausdrücklich festgelegt, vgl. Art. 35 EuInsVO, § 358 InsO.

Hauptinsolvenzverfahren vorgesehenen Rechtswirkungen nicht mehr automatisch ein. Vielmehr sind die Rechtshilfemaßnahmen im Einzelnen vom Gericht anzuordnen und müssen mit dem inländischen Insolvenzverfahren vereinbar sein. Wenn noch kein inländisches Parallelinsolvenzverfahren eröffnet wurde, ist die Eröffnung eines solchen nur noch in Bezug auf das inländische Vermögen des Schuldners zulässig. Im Hinblick auf die Eröffnungsgründe wird bei Anerkennung des ausländischen Insolvenzverfahrens als Hauptinsolvenzverfahren widerleglich vermutet, dass ein inländischer Insolvenzgrund gegeben ist. Insolvenzantragsberechtigt ist ausdrücklich auch der ausländische Insolvenzverwalter. Wird ein inländisches Parallelinsolvenzverfahren nachträglich eröffnet, müssen bereits gewährte Rechtshilfemaßnahmen für das ausländische Insolvenzverfahren in Einklang mit dem inländischen Verfahren gebracht werden.

Kapitel 7: Insolvenzkollisionsrecht

A. Überblick über die derzeitige Rechtslage

I. Entwicklungsstand

Das südafrikanische Insolvenzkollisionsrecht ist bis dato gänzlich unterentwickelt. Gesetzliche Regelungen sind quasi nicht existent, sieht man von den oben bereits erläuterten Verweisungen im *Cross-Border Insolvency Act* auf das südafrikanische Recht ab.[1280] In den veröffentlichten Entscheidungen wurden insolvenzkollisionsrechtliche Problematiken bisher kaum explizit aufgegriffen und diskutiert. Im südafrikanischen Schrifttum macht sich das bisher fehlende Interesse, sich insgesamt systematisch in die komplexe Spezialmaterie des Internationalen Insolvenzrechts einzuarbeiten, ganz besonders im Insolvenzkollisionsrecht bemerkbar. Das heißt nicht, dass kollisionsrechtlich relevante Sachverhaltskonstellationen im südafrikanischen Insolvenzrecht nie aufgetreten wä- ren oder keine Bedeutung hätten. Nur wurde ihre Existenz bisher kaum als allgemeines Problem grenzüberschreitender Insolvenzverfahren wahrgenommen. So kam es nach Auffassung des *Transvaal Supreme Court* in *Re African Farms* im Zusammenhang mit der Anerkennung eines englischen Insolvenzverfahrens nicht auf die Insolvenzfähigkeit der betroffenen *company* nach südafrikanischem Recht sondern auf die Insolvenzfähigkeit nach englischem Recht an.[1281] Genauso handelt es sich bei der Entscheidung in *Ex Parte Robinson* zur Frage, ob ein nach südafrikanischem Recht nicht qualifizierter Insolvenzverwalter anerkannt werden könne,[1282] um eine insolvenzkollisionsrechtliche Entscheidung. Insgesamt blieb es jedoch bei einigen wenigen Einzelentscheidungen, aus denen bisher keine allgemein gültigen Prinzipien abgeleitet wurden.

1280 Vgl. zur Anwendung ausländischen Rechts unter der Ägide des UNCITRAL Modellgesetzes auch *Ho* Applying foreign law under the UNCITRAL Model Law on Cross-Border Insolvency.

1281 Siehe *Re African Farms Ltd* 1906 TS 373, 379 ff. Siehe auch *In re Greatrex & Son Ltd* 1906 TS 530, 531 ff. Siehe bereits oben, Kap. 4 A.IV.2.

1282 *Ex Parte Robinson's Trustee* 1910 TPD 25 f. Siehe bereits oben, Kap. 4 A.IV.1.

Eine der wesentlichen Ursachen für den unterentwickelten Zustand ist die bereits erläuterte Tatsache, dass das Gros der zum Internationalen Insolvenzrecht veröffentlichten Entscheidungen aus der Kolonialzeit und den frühen Jahren der Südafrikanischen Union stammt. Die den damaligen Entscheidungen zugrundeliegenden Sachverhalte betrafen fast ausschließlich die südafrikanischen Staaten und das Vereinigte Königreich, mithin also sehr ähnliche (Insolvenz-) Rechtsordnungen. In der internationalinsolvenzrechtlichen Praxis bestand daher nur selten Anlass, über die Anwendbarkeit des einen oder des anderen materiellen Rechts zu streiten. In jüngerer Zeit musste sich die Rechtsprechung hingegen immer seltener mit der Anerkennung ausländischer Insolvenzverfahren und ihren Wirkungen in Südafrika auseinandersetzen. Hinzu kommt die traditionell umfangreiche Verweisung in der *recognition order*, mit der aus Gründen des Schutzes inländischer Gläubigerrechte viele Fragen zum anwendbaren Recht von vornherein zugunsten des südafrikanischen Insolvenzsachrechts entschieden werden. Die jüngere Rechtsprechung hat diese von den Kolonialgerichten überlieferte Praxis unkritisch als Bestandteil des *common law* übernommen und schablonenartig zur Grundlage der eigenen Anerkennungsentscheidungen gemacht.

II. Wachsende Bedeutung

Gemessen an dem zunehmend auch von der angloamerikanischen Rechtsliteratur aktiv begleiteten internationalen Trend, der traditionell auch auf die südafrikanische Rechtsprechung abfärben dürfte, ist zukünftig eine stärkere Differenzierung zu erwarten.[1283] Bereits jetzt besteht praktischer Bedarf an einer systematischen Erfassung und Diskussion des Themas, wie mindestens zwei große Insolvenzverfahren der letzten Jahre mit grenzüberschreitenden Bezügen und die dazu ergangenen Entscheidungen belegen.

Dies vorangestellt soll hier ein erster Versuch einer systematischen Darstellung des Insolvenzkollisionsrechts in Südafrika unternommen werden. Angesichts der gemeinsamen Wurzeln und der systematischen Verortung des Internationalen Insolvenzrechts im Internationalen Privatrecht liegt es nahe,

1283 Siehe etwa aus der angloamerikanischen Rechtsliteratur *Buxbaum* (2000) 36 Stanford Journal of International Law 23 ff.; *Levenson* ABI Law Review 10 (2002) 291 ff.; *Westbrook* Brooklyn Journal of International Law 17 (1991) 499 ff. Im südafrikanischen Schrifttum fanden einzelne angloamerikanische Beiträge bereits Anklang, siehe *Smith/Boraine* (2004) 16 SA Merc LJ 495 ff.

dessen allgemeine Prinzipien auch für das Internationale Insolvenzrecht nutzbar zu machen. Dabei müssen jedoch die Besonderheiten des Insolvenzrechts berücksichtigt werden.[1284]

B. Regelanknüpfung

I. Regelanknüpfung an die *lex fori concursus* als international anerkanntes allgemeines Prinzip

Im Internationalen Privatrecht gilt seit langem – um nicht zu sagen seit jeher – auch rechtsvergleichend der Grundsatz, dass das mit der Sache befasste Gericht Verfahrensfragen nach den Verfahrensnormen seines eigenen nationalen Rechts (*lex fori*) entscheidet, während das auf die zu entscheidende materielle Rechtsfrage anwendbare Recht (*lex causae*) noch anhand der Kollisionsnormen der *lex fori* zu bestimmen ist.[1285]

Eine strikte Abgrenzung zwischen Verfahrens- und Entscheidungsrecht ist gerade im Insolvenzrecht nicht durchgängig möglich. In keinem anderen Rechtsgebiet greifen verfahrens- und materiellrechtliche Fragen so eng ineinander, weil materiellrechtliche Ordnungsziele aufgrund des vollstreckungsrechtlichen Charakters des Insolvenzrechts vielfach auch mit verfahrensrechtlichen Mitteln erreicht werden.[1286]

Hinzu kommt die spezielle Situation des Konkurses als Gesamtvollstreckungsverfahren. Hier gilt es, eine Vielzahl von Interessen unter Wahrung des Grundsatzes *par conditio creditorum* in Ausgleich zu bringen, was grundsätzlich nur durch Anwendung eines einheitlichen Maßstabes möglich ist.[1287] Die beteiligten Interessen

---

1284 Wie hier für das englische Recht *Florian*, S. 76. Siehe auch *Hanisch*, FS Jahr, S. 455 ff.; ferner MünchKommInsO-*Reinhart*, Bd. 3, Vor §§ 335 ff., Rn. 43 ff., m.w.N., jeweils zu Grundfragen der Anknüpfung im Internationalen Insolvenzrecht.

1285 Joubert-*Edwards/Kahn*, Anm. 342; *Forsyth*, S. 23 ff. Für das englische Recht: *Collins*, Dicey, Morris and Collins on the Conflict of Laws, Vol 1, Chapter 2; *Fletcher*, Insolvency in PIL, Rn. 2.77 ff. Für das deutsche Recht *Adolphsen*, Internationales Zivilprozessrecht in Patentsachen, § 7 Rn. 202 ff. ff.; *ders.*, Zivilprozessrecht, § 6 Rn. 5; *Nagel/Gottwald*, IZPR, § 1 Rn. 41 ff.

1286 MünchKommInsO-*Reinhart*, Bd. 3, Vor §§ 335 ff., Rn. 32. Vgl. auch *Boraine/Evans*, The Law of Insolvency and the Bill of Rights, 4A1.

1287 Vgl. Gottwald-*GottwaldKolmann*, Insolvenzrechts-Handbuch, § 129 Rn. 5 ff.; *Trunk*, S. 88 f.

gebieten grundsätzlich auch eine einheitliche materiellrechtliche Anknüpfung.[1288] Hervorzuheben ist insoweit vor allem das Ordnungsinteresse im internationalen Insolvenzrecht. Das Insolvenzrecht bildet so etwas wie den Fluchtpunkt des gesamten Wirtschaftsrechts, vor dessen allgegenwärtigem Hintergrund sich alles Wirtschaften und sein Recht abspielt.[1289] Als solcher ist das Insolvenzrecht in ein in sich kohärentes Rechtssystem eingebettet und regelt die privatrechtliche Haftung in Bezug auf eine Vielzahl privatrechtlich vorausgesetzter Rechtsverhältnisse unter den besonderen Bedingungen der Vermögensinsuffizienz des Schuldners.[1290] Die Anwendung ausländischen Rechts kann aufgrund teilweiser erheblicher Divergenzen der nationalen Rechtsordnungen zu einer Störung dieser Kohärenz durch Normhäufungen, Normwidersprüche oder auch Normmangel führen. Die einheitliche Anwendung eines Insolvenzsachrechts auf alle Rechtsverhältnisse des Schuldners stellt den inneren und äußeren Entscheidungseinklang der Insolvenzabwicklung sicher.[1291]

Letztlich beruht die jahrhundertealte Diskussion um Universalität und Territorialität sowie Einheit und Pluralität eines grenzüberschreitenden Insolvenzverfahrens[1292] genau auf dieser engen Verknüpfung zwischen Verfahrensort und anwendbarem Recht: Ein Gericht wird das von ihm eröffnete Insolvenzverfahren im Zweifel allein nach seiner eigenen *lex fori* durchführen und dabei möglicherweise die nach ausländischem Recht bestehenden Rechte der Gläubiger nicht beachten.[1293]

Aus dieser Erkenntnis, dass die Gläubigergleichbehandlung auch auf internationaler Ebene nur unter einer Ägide erfolgen kann und das verfahrenseröffnende Gericht deshalb alle in- und ausländischen Gläubiger gleichermaßen nach seinem eigenen Insolvenzrecht behandelt, leitet sich im Internationalen Insolvenzrecht die Regelanknüpfung an die *lex fori concursus* ab.[1294]

1288 Dazu im Einzelnen MünchKommInsO-*Reinhart*, Bd. 3, Vor §§ 335 ff., Rn. 45 ff., m.w.N.

1289 *Paulus* ZIP 2000, 2189.

1290 *Hanisch* ZIP1994, 1, 2.

1291 MünchKommInsO-*Reinhart*, Bd. 3, vor §§ 335 ff., Rn. 47. Vgl. auch *Hanisch* ZIP 1994, 1, 2;

1292 Dazu nur MünchKommInsO-*Reinhart*, Bd. 3, Vor §§ 335 ff., Rn. 19 ff., m.w.N.

1293 So sehr schön herausgearbeitet von *Buxbaum* (2000) 36 Stanford Journal of International Law 23, 30 ff.

1294 Vgl. *v. Savigny*, S. 283 ff.; *Buxbaum* (2000) 36 Stanford Journal of International Law 23, 59 ff. *Fletcher*, Insolvency in PIL, Rn. 2.78 ff.; *Trunk*, S. 88 f.

Vor diesem Hintergrund sollen aus der bisherigen südafrikanischen Rechtsprechung zunächst die grundlegenden Prinzipien des südafrikanischen Internationalen Insolvenzrechts herausgearbeitet und anhand derer dann bisher noch ungeklärte Fragen des anwendbaren Rechts einer Lösung zugeführt werden.

II. Die *lex fori concursus* als Regelanknüpfung im südafrikanischen Recht

1. Inländische Verfahren

Diese Regelanknüpfung an die *lex fori concursus* ist für inländische Insolvenzverfahren offenbar so selbstverständlich, dass sich dazu kaum ausdrückliche Stellungnahmen in den südafrikanischen Entscheidungssammlungen oder im Schrifttum finden.[1295]

Für verfahrensrechtlich zu qualifizierende Fragen ergibt sich das ohne weiteres aus dem oben genannten *lex fori*-Prinzip. Die Regelanknüpfung an die *lex fori concursus* gilt aber auch für die materiellrechtlichen Fragen, die sich aus dem inländischen Insolvenzverfahren und dessen Wirkungen ergeben. Die relevanten Vorschriften des südafrikanischen Insolvenzrechts (sowohl des *Insolvency Act* als auch des *Companies Act 1973*) sind in ihrem Anwendungsbereich regelmäßig nicht ausdrücklich territorial beschränkt. Sie können so ausgelegt werden, dass sie für alle Situationen und gegenüber allen Beteiligten gelten – unabhängig von eventuellen Verbindungen zu anderen Jurisdiktionen und Rechtsräumen.[1296]

1295 Siehe allerdings *Sackstein NO v Proudfoot SA (Pty) Ltd* 2003 (4) SA 348 (A) 360D, wo der Supreme Court of Appeal für die Frage der Insolvenzanfechtung in grenzüberschreitenden Fällen offenbar von dem Gedanken an diese Regelanknüpfung geleitet wurde. Dazu *Smith/Boraine* (2004) 16 SA Merc LJ 495, 514 ff. So bereits der Privy Council auf eine Revision vom Cape Supreme Court im Jahre 1871 in *Thurburn v Steward* Taitz 520 (PC) 570 = (1871) LR 3 PC 478 (PC). Die Regelanknüpfung an die lex fori concursus gilt prinzipiell auch im autonomen englischen Internationalen Insolvenzrecht, siehe *Fletcher*, Insolvency in PIL, Rn. 2.78 ff.

1296 Siehe dazu auch die Ausführungen oben, Kap. 3.

2. Ausländische Verfahren

(a) Keine expliziten Stellungnahmen der Rechtsprechung

Auch für den umgekehrten Fall der Anerkennung eines ausländischen Insolvenzverfahrens in Südafrika finden sich bisher lediglich Andeutungen zur Regelanknüpfung.

So ist beispielsweise unbestritten, dass die Rangfolge bei der Verteilung des Verwertungserlöses verfahrensrechtlich zu qualifizieren ist und sich deshalb internationalzivilverfahrensrechtlich nach der *lex fori* richtet.[1297] In *Re Greatrex & Son Ltd* argumentierte der englische Insolvenzverwalter, dass sich nach römisch-holländischem Internationalen Privatrecht Verteilungsfragen an den im *Transvaal* belegenen Vermögensgegenständen nach dem englischen Recht am „*locus concursus creditorum*“ richten müssten.[1298] Der *Transvaal Supreme Court* erkannte dennoch auf die Anwendbarkeit südafrikanischen Rechts, weil dies so in der *recognition order* vorgegeben war:

> „*The expression 'laws of this colony'* [Anm. d. Verf.: *in the recognition order*] *does not include the principles of international law under which it was argued that the question of priority must be decided by the law of the locus concursus creditorum. It would have been unnecessary to insert the condition if that interpretation were to be placed upon the language.*“[1299]

Im Umkehrschluss lässt sich daraus folgern, dass der *Transvaal Supreme Court* eine Anwendung der *lex fori concursus* über die allgemeinen Kollisionsnormen auf Verteilungsfragen für denkbar hielt, wenn in der *recognition order* nicht ausdrücklich auf lokales Insolvenzsachrecht verwiesen worden wäre. Aufgrund der Verweisung in der *recognition order* konnte der *Transvaal Supreme Court* die Frage letztlich offen lassen.[1300]

In *Ex Parte Steyn* begründete die *Orange Free State Provincial Division* unter anderem die Anordnung der Verteilungsregeln des südafrikanischen Insolvenzsachrechts in der *recognition order* damit, dass Verteilungsfragen nach südafrikanischem Kollisionsrecht möglicherweise über die *lex fori* zu lösen seien.[1301]

1297 *Thurburn v Steward* Taitz 520 (PC) 570 = (1871) LR 3 PC 478 (PC); *Smith* (2002) 14 SA Merc LJ 17, 32; *Smith/Boraine* ABI Law Review 10 (2002) 135, 182. Vgl. auch *Fletcher*, Insolvency in PIL, Rn. 2.78.

1298 *Re Greatrex & Son Ltd* 1907 TS 538, 540 f.

1299 *Re Greatrex & Son Ltd* 1907 TS 538, 546.

1300 *Re Greatrex & Son Ltd* 1907 TS 538, 546.

1301 *Ex Parte Steyn* 1979 (2) SA 309 (O) 311B–D.

Damit war ersichtlich die *lex fori concursus* gemeint. Das ergibt sich zum einen aus der in Bezug genommenen Textstelle in *Cheshire's Private International Law*, in der für den Fall eines englischen Insolvenzverfahrens diese Ansicht vertreten wird.[1302]

Auch dem Zusammenhang nach kann hier nur die *lex fori concursus* gemeint gewesen sein. Das Gericht führt nämlich weiter aus, dass im vorliegenden Fall das inländische Vermögen lediglich aus unbelasteten Grundstücken bestehe und deshalb allenfalls gesetzliche Vorzugsrechte zur Anwendung kämen. Sachstatut für Rechte am Immobiliarvermögen ist eigentlich seit jeher die *lex rei sitae*. Offenbar ging das Gericht aber davon aus, dass für die Verteilung des Verwertungserlöses möglicherweise nicht das Sach-, sondern das Insolvenzstatut als Bestandteil der *lex fori concursus* zur Anwendung käme.[1303] Wäre mit *lex fori* das Recht des erkennenden Gerichts, nämlich südafrikanisches Recht, gemeint gewesen, wäre diese Begründung genauso überflüssig gewesen, wie die Anordnung südafrikanischen Rechts in der *recognition order*.

Dass die südafrikanische Rechtsprechung im Grundsatz von der Regelanknüpfung an die *lex fori concursus* ausgeht, zeigt sich schließlich auch an bestimmten verfahrensrechtlichen Fragen. So werden insbesondere sämtliche Fragen der Insolvenzfähigkeit, der Eröffnungsvoraussetzungen und der Voraussetzungen für die Bestellung des Insolvenzverwalters wie selbstverständlich der *lex fori concursus* unterstellt.[1304]

(b) Herleitung aus dem Universalitäts- und Einheitsprinzip

Dass die südafrikanischen Gerichte und insbesondere auch der *Supreme Court of Appeal* in ständiger Rechtsprechung von einer Regelanknüpfung an die *lex fori concursus* ausgehen, ergibt sich zudem unmittelbar aus ihrem Bekenntnis zum Universalitäts- und Einheitsprinzip.

Im Rahmen der Untersuchung der Anerkennungsvoraussetzungen wurde bereits festgestellt, dass die südafrikanischen Gerichte prinzipiell ein weltweit einheitliches Insolvenzverfahren in dem Staat befürworten, in dem das Insolvenzverfahren eröffnet wurde. Deshalb hängt es auch im Anerkennungsverfahren nach *common*

1302 Vgl. *Cheshire*, S. 455.

1303 Vgl. *Ex Parte Steyn* 1979 (2) SA 309 (O) 311B–D. So wohl auch SALC, Interim Report, Anm. 4.13 f. Der südafrikanische Gesetzgeber hat deshalb in section 13 (2) CBIA bezüglich der Rangfolge der Rechte am Verwertungserlös ausdrücklich auf südafrikanisches Insolvenzsachrecht verwiesen.

1304 Dazu generell *Smith* (2002) 14 SA Merc LJ 17, 19 ff., m.w.N.

law nur vordergründig vom Ermessen des Gerichts ab, „ob“ ein ausländisches Verfahren anzuerkennen ist. Vielmehr gebieten internationales Entgegenkommen, Zweckmäßigkeits- und Billigkeitserwägungen (*comity*, *convenience* und *equity*) grundsätzlich immer dann eine Anerkennung, wenn die von der Rechtsprechung entwickelten Anerkennungsvoraussetzungen vorliegen. Zu diesen Anerkennungsvoraussetzungen gehört insbesondere, dass die Gerichte des Verfahrensstaates nach südafrikanischem Recht für die Eröffnung eines Hauptinsolvenzverfahrens zuständig sind.[1305] Die Prüfung der internationalen Zuständigkeit für die Eröffnung des Hauptinsolvenzverfahrens dient letztlich der Ermittlung des für die einheitliche Verfahrensdurchführung maß- gebenden Rechts. Dies ergibt sich besonders deutlich aus einer jüngeren Entscheidung des *Supreme Court of Appeal*, der rekurrierend auf die Kolonialrechtsprechung ausführt:

> „*When an external company is being wound up in the country of its incorporation a competent South African court will (...) on application and in the exercise of its discretion, grant an order recognising the foreign appointed liquidator and ordinarily by so doing declare the liquidator to be entitled to deal with local assets (subject, of course, to local law) as if those assets were situated in the country in question.*“[1306]

Mit Anerkennung eines ausländischen Verfahrens wird dem ausländischen Insolvenzverwalter also regelmäßig die Befugnis übertragen, über das inländische Vermögen so zu verfügen, als befänden sich die Vermögensgegenstände im Staat der Verfahrenseröffnung.[1307] Dadurch wird ein einheitliches *concursus creditorum*, eine Zusammenkunft aller Gläubiger vor dem Insolvenzgericht des Verfahrensstaats, fingiert, auch wenn dies jedenfalls in der heutigen Zeit nicht mehr die physische Anwesenheit aller Gläubiger an einem Gerichtsstand erfordert. Inzidenter wird damit zugestanden, dass das Verfahren in dem betreffenden Staat grundsätzlich nach der ausländischen *lex fori concursus* abgewickelt wird. Das gilt gleichermaßen für verfahrensrechtliche wie für kollisionsrechtliche Fragen.

Der Vorbehalt „*subject to local law*“ erinnert lediglich daran, dass die Anerkennung und ihre Wirkungen in Südafrika den Schranken des inländischen Rechts unterliegen. Dabei handelt es sich um eine Selbstverständlichkeit, die unmittelbar

---

1305 Siehe oben, Kap. 4 A.IV.2.

1306 *Ward v Smit: In re Gurr v Zambia Airways Coporation Ltd* 1998 (3) SA 175 (A) 179E–F. In diesem Sinne bereits *Re African Farms* 1906 TS 373, 377; *Moolman v Builders & Developers (Pty) Ltd (in Liquidation): Jooste intervening* 1990 (1) S. 954 (A) 960E–F. *Mars*, S. 665 f.

1307 Auch hier blitzt die uralte Überzeugung durch, dass das mit der Sache befasste Gericht wegen der Schwierigkeiten bei der Ermittlung ausländischen Rechts im Zweifel sein eigenes Recht (lex fori) anwenden wird.

auf dem Prinzip der staatlichen Souveränität beruht. Grundsätzlich liegen nach Auffassung des *Supreme Court of Appeal* die Vorteile eines einheitlichen *concursus creditorum* auf der Hand:

> „*The object of a creditors' winding-up is to ensure a fair division of the company's property among the creditors according to their legal rights. Where there is both a local concursus and a foreign concursus it may well be that one group of creditors will be either favoured or disadvantaged depending on the location of the company's assets.*"[1308]

Der *Supreme Court of Appeal* erkennt also an, dass der *par conditio creditorum* prinzipiell am besten mit einem weltweit einheitlichen Insolvenzverfahren gedient ist. und befindet sich damit in der Tradition des klassischen römischholländischen Rechts.[1309]

3. Zusammenfassung

Das Insolvenzverfahren und seine Wirkungen unterliegen nach südafrikanischem Internationalen Insolvenzrecht grundsätzlich der *lex fori concursus*. Diese Regelanknüpfung gilt allseitig sowohl für südafrikanische als auch für ausländische Insolvenzverfahren und unabhängig davon, ob die betreffende Rechtsfrage verfahrens- oder materiellrechtlich zu qualifizieren ist.

C. Schranken und Durchbrechung der Regelanknüpfung

I. Schutz inländischer Gläubiger

Die Reichweite der Anerkennung und der damit verbundenen Rechtswirkungen bestimmt sich nach südafrikanischem Recht. Als Maßstab werden *comity*, *convenience* und *equity* sowie ein angemessener Schutz inländischer Gläubigerrechte herangezogen.[1310] Das gilt somit auch für den Umfang der Regelanknüpfung an die *lex fori concursus*.

1308 *Ward v Smit: In re Gurr v Zambia Airways Coporation Ltd* 1998 (3) SA 175 (A) 179G–H.

1309 Vgl. zum römisch-holländischen Internationalen Insolvenzrecht nochmals oben, Kap. 1 B.III.2.

1310 Siehe oben, Kap. 1 D.II.

1. Vorgaben zum anwendbaren Recht in der *recognition order*

Die Regelanknüpfung an die *lex fori concursus* wird im Falle ausländischer Insolvenzverfahren in Südafrika üblicherweise dadurch beschränkt, dass südafrikanische Gerichte in der *recognition order* zahlreiche einseitige Kollisionsnormen zugunsten des südafrikanischen Insolvenzsachrechts festlegen. Typischerweise werden die im *Insolvency Act* beziehungsweise *Companies Act* enthaltenen Vorschriften betreffend die Erstellung der Vermögensübersicht,[1311] Gläubigerversammlungen,[1312] die Anmeldung, Zulassung und Ablehnung von Forderungen,[1313] die Verwertung der

1311 *Re African Farms* 1906 TS 373, 384 (order (1 b)); *Re Greatrex & Son Ltd* 1906 TS 530, 532 (order (b)); *In re Melliar, Smith & Co: Ex Parte Hooper* 1922 CPD 116, 120 (order (3 b)); *Ex Parte White's South African Portland Cement Company Ltd* 1948 (1) SA 169 (T) 173 (order (1 ii g)); *Ex Parte Meinke* 1954 (4) SA 391 (T) 395G (order F (g)); *Ex Parte Gettliffe and another NNO: In re Dominion Reefs (Klerksdorp) Ltd (in Liquidation)* 1965 (4) SA 75 (T) 78C (order (a iii). Bei den drei vorgenannten Entscheidungen ergibt sich dies über die Verweisung auf die Vorschriften des Transvaal Foreign Trustees and Foreign Liquidators Recognition Act 1907, dort section 5. Ferner *Ex Parte Steyn* 1979 (2) SA 309 (O) 311H (order 3). Vgl. aber *Moolman v Builders & Developers (Pty) Ltd (in provisional Liquidation): Jooste intervening* 1990 (1) SA 954 (A) 958A (order (d ii), wo die Pflicht zum Erstellen einer Vermögensübersicht ausdrücklich ausgenommen wurde.

1312 *Moolman v Builders & Developers (Pty) Ltd (in provisional Liquidation): Jooste intervening* 1990 (1) SA 954 (A) 957I–J (order (d)); *Ex Parte Steyn* 1979 (2) SA 309 (O) 311H (order 3). In früheren Entscheidungen wurde dem ausländischen Insolvenzverwalter unmittelbar aufgegeben, durch Veröffentlichung im Amtsblatt und verschiedenen Tageszeitungen eine Gläubigerversammlung einzuberufen und die Gläubiger zur Anmeldung ihrer Forderungen aufzufordern, vgl. *Re Greatrex & Son Ltd* 1906 TS 530, 532 (order (c)); In *re Melliar, Smith & Co: Ex Parte Hooper* 1922 CPD 116, 121 (order (3 c)); *Ex Parte White's South African Portland Cement Company Ltd* 1948 (1) SA 169 (T) 173 (order (1 ii a)); *Ex Parte Meinke* 1954 (4) SA 391 (T) 395B (order F (a)); *Ex Parte Gettliffe and another NNO: In re Dominion Reefs (Klerksdorp) Ltd (in Liquidation)* 1965 (4) SA 75 (T) 77H–78A (order (a i).

1313 *Moolman v Builders & Developers (Pty) Ltd (in provisional Liquidation): Jooste intervening* 1990 (1) SA 954 (A) 957I–J (order (d)); Ex Parte Link's Trustee 1904 TS 251, 252 f. (order (b)); *Re African Farms* 1906 TS 373, 384 (order (1 d)); *Re Greatrex & Son Ltd* 1906 TS 530, 532 (order (d)); *In re Melliar, Smith & Co: Ex Parte Hooper* 1922 CPD 116, 121 (order (3 d)); *Ex Parte White's South African Portland Cement Company Ltd* 1948 (1) SA 169 (T) 173 (order (1 ii b)); *Ex Parte Meinke* 1954 (4) SA 391 (T) 395C (order F (b)); *Ex Parte Gettliffe and another NNO: In re Dominion Reefs (Klerksdorp) Ltd (in Liquidation)* 1965 (4) SA 75 (T) 78A (order (a ii A); *Ex Parte Steyn* 1979 (2) SA 309 (O) 311H (order 3).

Insolvenzmasse,[1314] das Verteilungsverzeichnis,[1315] die Rechnungslegung des Insolvenzverwalters[1316] und die Verteilung des Verwertungserlöses[1317] sowie die auf die vorgenannten Punkte bezogenen Rechte und Pflichten des Insolvenzverwalters[1318] für anwendbar erklärt.[1319] Gelegentlich wurde sogar die analoge Anwendbarkeit

---

1314 *Moolman v Builders & Developers (Pty) Ltd (in provisional Liquidation): Jooste intervening* 1990 (1) SA 954 (A) 957I–J (order (d)); *Ex Parte Steyn* 1979 (2) SA 309 (O) 311H (order 3).

1315 *Moolman v Builders & Developers (Pty) Ltd (in provisional Liquidation): Jooste intervening* 1990 (1) SA 954 (A) 957I–J (order (d)); *Re African Farms* 1906 TS 373, 385 (order (1 f)); *Re Greatrex & Son Ltd* 1906 TS 530, 533 (order (f)); *In re Melliar, Smith & Co: Ex Parte Hooper* 1922 CPD 116, 121 (order (f)); *Ex Parte White's South African Portland Cement Company Ltd* 1948 (1) SA 169 (T) 173 (order (1 ii g)); *Ex Parte Meinke* 1954 (4) SA 391 (T) 395G (order F (g)); *Ex Parte Gettliffe and another NNO: In re Dominion Reefs (Klerksdorp) Ltd (in Liquidation)* 1965 (4) SA 75 (T) 78C (order (a iii). Bei den drei vorgenannten Entscheidungen ergibt sich dies über die Verweisung auf die Vorschriften des Transvaal Foreign Trustees and Foreign Liquidators Recognition Act 1907, dort section 7. Ferner *Ex Parte Steyn* 1979 (2) SA 309 (O) 311H (order 3).

1316 *Re African Farms* 1906 TS 373, 384 (order (1 e)); *Re Greatrex & Son Ltd* 1906 TS 530, 533 (order (e)); *In re Melliar, Smith & Co: Ex Parte Hooper* 1922 CPD 116, 121 (order (3 e)); *Ex Parte White's South African Portland Cement Company Ltd* 1948 (1) S. 169 (T) 173 (order (1 ii g)); *Ex Parte Meinke* 1954 (4) S. 391 (T) 395G (order F (g)); *Ex Parte Gettliffe and another NNO: In re Dominion Reefs (Klerksdorp) Ltd (in Liquidation)* 1965 (4) S. 75 (T) 78C (order (a iii). Bei den drei vorgenannten Entscheidungen ergibt sich dies über die Verweisung auf die Vorschriften des Transvaal Foreign Trustees and Foreign Liquidators Recognition Act 1907, dort section 6. Ferner *Ex Parte Steyn* 1979 (2) S. 309 (O) 311H (order 3).

1317 *Ex Parte Link's Trustee* 1904 TS 251, 253 (order (c)); *Re African Farms* 1906 TS 373, 384 (order (1 d)); *Re Greatrex & Son Ltd* 1906 TS 530, 532 (order (d)); *In re Melliar, Smith & Co: Ex Parte Hooper* 1922 CPD 116, 121 (order (3 d)); *Ex Parte White's South African Portland Cement Company Ltd* 1948 (1) SA 169 (T) 173 (order (1 ii g)); *Ex Parte Meinke* 1954 (4) SA 391 (T) 395G (order F (g)). Bei den beiden vorgenannten Entscheidungen ergibt sich dies über die Verweisung auf die Vorschriften des Transvaal Foreign Trustees and Foreign Liquidators Recognition Act 1907, dort section 5. Ferner *Ex Parte Gettliffe and another NNO: In re Dominion Reefs (Klerksdorp) Ltd (in Liquidation)* 1965 (4) SA 75 (T) 78C (order (a iii); *Ex Parte Steyn* 1979 (2) SA 309 (O) 311H (order 3).

1318 *Moolman v Builders & Developers (Pty) Ltd (in provisional Liquidation): Jooste intervening* 1990 (1) SA 954 (A) 957I–J (order (d)); *Ex Parte Steyn* 1979 (2) SA 309 (O) 311H–312A (order 3).

1319 Zum Insolvenzsachrecht insoweit Collier-*Smith/Boraine*, 39–20 ff.; MünchKommInsO-*Kupsch*, Bd. 3, Anhang, Länderbericht Südafrika, Rn. 38 ff.; *Smith/Boraine* ABI Law Review 10 (2002) 135, 150 f., 161 ff., 166 ff.

des gesamten *Insolvency Act* angeordnet, ausgenommen lediglich Vorschriften wie die über die Wahl des Insolvenzverwalters, die ihrer Natur nach von vornherein nicht anwendbar waren.[1320] Nur selten wurde ganz auf entsprechende Anordnungen verzichtet, wenn keine inländischen Gläubiger vorhanden waren.[1321]

Im Anwendungsbereich des *Cross-Border Insolvency Act* ist die Durchbrechung der Regelanknüpfung an die *lex fori concursus* durch gerichtliche Bestimmung des anwendbaren südafrikanischen Insolvenzsachrechts in der *recognition order* nunmehr verbindlich vorgegeben. Gemäß *section* 21 (4) CBIA muss das mit der Anerkennung befasste Gericht die anwendbaren inländischen Normen betreffend die Verwaltung, Verwertung und Verteilung des Schuldnervermögens in dem Beschluss über ermessensabhängige Rechtsschutzmaßnahmen bestimmen.

Soweit in der *recognition order* auf südafrikanisches Recht verwiesen wird, handelt es sich um eine Sachnormverweisung unter Ausschluss des internationalen Privatrechts.[1322]

2. Bewertung

Hintergrund der Verweisung auf inländisches Insolvenzsachrecht in der *recognition order* ist nicht etwa, dass es sich insoweit um verfahrensrechtliche Fragen handelt, die sich nach der Anerkennung ohnehin nach südafrikanischem Recht richteten.[1323] In Südafrika findet nach der Anerkennung kein südafrikanisches, sondern ein ausländisches Insolvenzverfahren statt. *Lex fori* ist also in dem Fall gleichbedeutend mit *lex fori concursus*, das Recht des Staates, dessen Verfahren anerkannt wurde.

Wie bereits festgestellt, dienen die Einschränkungen in der *recognition order* zum anwendbaren Recht primär dem Schutz inländischer Gläubiger.[1324] Die in ständiger Rechtsprechung angeordneten Vorschriften lassen sich dabei prinzipiell in zwei Gruppen aufteilen. Zum einen handelt es sich um Vorschriften, die die Teilnahmerechte inländischer Gläubiger an dem ausländischen Insolvenzverfahren sicherstellen sollen. Hierunter fallen insbesondere die inländischen

1320 *Clegg v Priestley* 1985 (3) SA 950 (W) 951J–952D.

1321 *Ex Parte United African Lands Ltd* 1925 TPD 268, 269.

1322 *Re Greatrex & Son Ltd* 1907 TS 538, 546 f. In der Regel ergibt sich dies bereits daraus, dass auf den IA oder den CA 1973 verwiesen wird, die kein Kollisionsrecht enthalten.

1323 So aber wohl *Smith* (2002) 14 SA Merc LJ 17, 32; *Smith/Boraine* ABI Law Review 10 (2002) 135, 182.

1324 Siehe oben, Kap. 4 B.II.3.

Vorschriften über die Erstellung der Vermögensübersicht, Gläubigerversammlungen, die Anmeldung, Zulassung und Ablehnung von Forderungen sowie die Rechnungslegung des Insolvenzverwalters. Diese Vorschriften dienen letztlich der Transparenz und Kontrolle der Tätigkeit des ausländischen Insolvenzverwalters und der Durchsetzung der Beteiligungsrechte inländischer Gläubiger in dem ausländischen Verfahren.

Zum anderen geht es darum, Gläubigern mit besonderen Rechten an der Insolvenzmasse nach südafrikanischem Recht diese Rechte auch in dem ausländischen Verfahren zu erhalten. So ist die Verweisung auf die südafrikanischen Insolvenzsachrechtsnormen über die Verwertung der Insolvenzmasse, des Verteilungsverzeichnisses und die Verteilung des Verwertungserlöses zu erklären.

Ziel dieser Einzelverweisungen ist es nicht, inländische Gläubiger generell gegenüber ausländischen zu bevorzugen. Das haben südafrikanische Gerichte immer wieder ausdrücklich betont,[1325] auch wenn jüngere Entscheidungen einzelner Regionalgerichte eine andere Sichtweise nahelegen.[1326] Dabei handelt es sich nicht um bloße Lippenbekenntnisse, wie Beispiele aus der Rechtsprechung immer wieder belegen. So musste in *Re African Farms Ltd* die südafrikanische Bank, die vor Anerkennung aber in Kenntnis der Eröffnung des ausländischen Verfahrens in ein südafrikanisches Grundstück des Schuldners vollstreckt hat, nach Anerkennung des ausländischen Insolvenzverfahrens den Verwertungserlös an den ausländischen Insolvenzverwalter herausgeben.[1327] Auch die oben beschriebene Verteilungspraxis, wonach aus- und inländische ungesicherte

1325 Siehe etwa *Cape Government v Liquidators of the Balmoral Diamond Co Ltd* 1908 TS 681, 686: "We are always anxious to protect the just rights of our own local creditors, and we have always done so. But it is one thing to protect local creditors, and it is quite another thing to aggrandise them at the expense of extra-territorial creditors." Im Zusammenhang mit der Anwendung inländischer Verteilungsregeln auf das ausländische Verfahren heißt es in *Ex Parte Liquidator of Mcarthur, Atkins & Co* 1909 TS 753, 754: "The position taken by this Court is, not that the Transvaal creditors are to have any preference over others, but that the assets here shall not be allowed to go out of the country until the dividend which the local creditors are to receive has been provided for. (…)" Und weiter a.a.O., 756: "When the Transvaal creditors have received the full dividend which the estate as a whole will pay, then let the balance of the local assets go out of the country to satisfy the claims of foreign creditors". Siehe ferner *In re Testate Estate of Edwin Allan Skeen* (1906) 27 NLR 127, 129 f.; *Re Greatrex & Son Ltd* 1908 TS 201, 203 ff.; *Ex Parte Steyn* 1979 (2) SA 309 (O) 311 B-C.

1326 Siehe nochmals oben, Kap. 4 B.II.3. (b).

1327 *Re African Farms Ltd* 1906 TS 373, 383.

Gläubiger grundsätzlich gleichberechtigt sind, bestätigt die unvoreingenommene Einstellung südafrikanischer Gerichte.

Die gläubigerschützenden Anordnungen in der *recognition order* dienen vielmehr dem Schutz solcher Rechte, die vor Verfahrenseröffnung oder in unverschuldeter Unkenntnis von der ausländischen Verfahrenseröffnung nach inländischem Recht wirksam erworben wurden. Dagegen sind insbesondere dingliche Rechte, die nach inländischem Recht in Kenntnis der ausländischen Verfahrenseröffnung erworben wurden, regelmäßig nicht geschützt.[1328]

Verallgemeinernd lässt sich also festhalten, dass die südafrikanische Rechtsprechung eine Einschränkung oder Durchbrechung der Regelanknüpfung nur unter dem Gesichtspunkt des inländischen Verkehrsschutzes vornimmt. Bösgläubige inländische Gläubiger werden dabei nicht geschützt. Inländische Gläubiger genießen als solche keinen Vorrang vor ausländischen Gläubigern.

3. Zusammenfassung

Umfang und Reichweite der Regelanknüpfung an die *lex fori concursus* bestimmen sich nach südafrikanischem Recht. Als Maßstab werden *comity*, *convenience* und *equity* sowie ein angemessener Schutz lokaler Gläubiger herangezogen.

„Angemessener Schutz“ für inländische Gläubiger ist nicht gleichbedeutend mit einer generellen Bevorzugung gegenüber ausländischen Gläubigern. Vielmehr erfolgt eine Einschränkung oder Durchbrechung der Regelanknüpfung nur unter dem Gesichtspunkt des inländischen Verkehrsschutzes. Bösgläubige inländische Gläubiger werden dabei nicht geschützt.

Abseits der Einschränkungen in der *recognition order* besteht in Fällen mit grenzüberschreitendem Bezug grundsätzlich Raum für die Anwendung ausländischen Insolvenzrechts. Ob im Einzelfall auch ohne konkrete Anordnung in der *recognition order* eine Durchbrechung der *lex fori concursus* durch Sonderanknüpfungen erfolgen muss, soll nun anhand der eben erarbeiteten allgemeinen Grundsätze untersucht werden.

1328 Vgl. *Trustee of Howse, Sons & Co. v Trustees of Howse, Sons & Co* (1884) 3 SC 14, 24; *Duncan NO, Manson's Creditors* (1906) 10 HCG 59, 62 ff.; *Re African Farms Ltd* 1906 TS 373, 383; *Allan & Shaw Limited (in Liquidation) v King* 1912 CPD 115, 120.

II. Wirkung der Verfahrenseröffnung auf Verträge

1. Generell

Wie im deutschen Insolvenzrecht beendet auch im südafrikanischen Insolvenzrecht die Eröffnung des Insolvenzverfahrens bestehende Verträge des Schuldners grundsätzlich nicht.[1329]

Hat der Gläubiger bereits erfüllt, kann er seine noch nicht erfüllte Forderung auf die Gegenleistung nur noch als Schadensersatz wegen Nichterfüllung zur Insolvenzmasse anmelden. Umgekehrt fallen noch nicht erfüllte Forderungen des Schuldners mit Verfahrenseröffnung in die Insolvenzmasse.

Bei beiderseitig noch nicht vollständig erfüllten Verträgen hat der Insolvenzverwalter grundsätzlich ein Wahlrecht, ob er im Interesse der Gläubigergesamtheit den Vertrag erfüllt oder beendet.[1330] Wählt er die Erfüllung, muss der Vertrag aus der Insolvenzmasse erfüllt werden. Wählt er die Beendigung des Vertrags, kann der Gläubiger diese akzeptieren und Schadensersatz wegen Vertragsbruch zur Insolventabelle anmelden. Akzeptiert der Gläubiger die Beendigung nicht, muss er die von ihm geschuldete Vertragsleistung erbringen und kann im Gegenzug Schadensersatz wegen Nichterfüllung zur Tabelle anmelden.[1331]

Diese, für inländische Verfahren geltenden Grundsätze sind in einem internationalen Insolvenzverfahren möglicherweise nach einem anderen Recht anders zu beurteilen. Für die Wirkungen der Eröffnung des Insolvenzverfahrens über das Vermögen eines Vertragspartners auf Verträge kommen neben der *lex fori concursus* mehrere Alternativanknüpfungen in Betracht.

(a) Vertragsstatut

Denkbar wäre zum einen die Anwendung des auf den Vertrag anwendbaren Rechts (*lex contractus*).

Dafür spricht, dass sich grundsätzlich alle materiellrechtlichen Fragen nach dem Vertragsstatut richten, also insbesondere auch die Behandlung von Leistungsstörungen.[1332] Die Insolvenz einer Vertragspartei kommt zumindest bei beiderseitig

---

1329 Zu Ausnahmen siehe MünchKommInsO-*Kupsch*, Bd. 3, Anhang, Länderbericht Südafrika, Rn. 58.

1330 Johnston/Werlen-*Lancaster/Richter/Monteiro*, Rn. 26.18 ff.; MünchKommInsO-*Kupsch*, Bd. 3, Anhang, Länderbericht Südafrika, Rn. 61.

1331 Johnston/Werlen-*Lancaster/Richter/Monteiro*, Rn. 26.21.

1332 Vgl. *Forsyth*, S. 336 ff.; Joubert-*Edwards/Kahn*, Anm. 328, 338; *Schoeman/Roodt*, Anm. 117. Siehe auch *Edwards*, FS Warmelo, S. 38 ff., aus historischer Sicht.

nicht erfüllten Verträgen einer wenigstens vorübergehenden Leistungsstörung gleich. Ein inländischer Vertragsgläubiger darf nur auf die Durchsetzbarkeit des Vertrages nach der *lex contractus* vertrauen, sodass damit auch dem Schutz inländischer Gläubigerinteressen Genüge getan wäre.

Allerdings ist das Vertragsstatut frei zwischen den Parteien wählbar und im Übrigen eher zufällig. Möglicherweise würden sich die Wirkungen des ausländischen Insolvenzverfahrens auf einen Vertrag des Insolvenzschuldners mit einem südafrikanischen Geschäftspartner dann nach dem Recht eines Drittstaates richten. Wenn man bedenkt, dass der Insolvenzschuldner möglicherweise eine Vielzahl von Verträgen nach jeweils unterschiedlichem Recht abgeschlossen hat, würden sich die Wirkungen des Insolvenzverfahrens auf die Vertragsbeziehungen nach zahlreichen Rechtsordnungen mit ganz unterschiedlichen Folgen für die Rechte der solventen Vertragspartei richten, obwohl die Vertragsparteien möglicherweise ausschließlich im Verfahrensstaat und in Südafrika sitzen. Eine Gläubigergleichbehandlung wäre so nicht mehr gewährleistet.[1333]

Die *lex contractus* als abweichende Anknüpfung für die Wirkungen der Eröffnung des Insolvenzverfahrens auf Verträge ist somit abzulehnen.

(b) Domicile *oder* ordinary residence *des Schuldners*

Denkbar wäre ferner eine Anknüpfung an das *domicile* oder die *ordinary residence* des Schuldners der vertraglichen Leistung.

Dafür spricht, dass der Gläubiger von vornherein damit rechnen musste, seine Rechte letztlich am gewöhnlichen Aufenthaltsort des Schuldners vollstrecken zu müssen.[1334] Auch diese Anknüpfung würde jedoch zu erheblichen Schwierigkeiten bei der Abwicklung des Verfahrens und zu einer Störung des Grundsatzes der Gläubigergleichbehandlung führen. In diesem Fall würden sich die Wirkungen des Insolvenzverfahrens auf einen Vertrag nach unterschiedlichen Insolvenzstatuten richten, je nachdem, ob es um die Rechte der insolventen oder die der solventen Vertragspartei geht.[1335]

1333 Vgl. bereits *J. Voet* 20.4.38 (Gane Vol 3), der mit der gleichen Argumentation die Anwendbarkeit des Vertragsstatuts auf die Verteilung des Erlöses aus der Verwertung beweglichen Vermögens ablehnt.

1334 Siehe oben die Ausführungen zur Belegenheit von Forderungen, Kap. 2 C.I.2. (b).

1335 Vgl. auch MünchKommInsO-*Reinhart* (1. Auflage), Bd. 3, Art. 102 EGInsO Rn. 117, zur Kritik an der noch im Vorentwurf zum neuen deutschen autonomen Internationalen Insolvenzrecht enthaltenen Lösung, die ebenfalls eine Anknüpfung an den allgemeinen Gerichtsstand des Schuldners bei Abschluss des Vertrages vorsah.

Auch die Anknüpfung der Wirkungen des Insolvenzverfahrens auf Verträge an das *domicile* oder die *ordinary residence* des Schuldners ist deshalb abzulehnen.

(c) Sach- und interessengerechte Anknüpfung an die lex fori concursus

Sach- und interessengerecht scheint daher eine grundsätzliche Anknüpfung der Wirkungen der Eröffnung eines ausländischen Insolvenzverfahrens auf Verträge in Südafrika an die *lex fori concursus*.

Durch eine solche einheitliche Anknüpfung wäre der Grundsatz der Gläubigergleichbehandlung gewährleistet. Inländische Gläubiger mussten nach südafrikanischem Recht vor der Eröffnung des Insolvenzverfahrens damit rechnen, ihre Interessen letztlich nur am gewöhnlichen Aufenthalt oder Sitz des Schuldners gerichtlich durchsetzen zu können. Bereits bei Vertragsschluss bestand die Notwendigkeit, die Durchführung des Hauptinsolvenzverfahrens an dem Ort einzukalkulieren, der nach südafrikanischem Recht international für die Eröffnung eines Insolvenzverfahrens über das Vermögen des Schuldners zuständig ist. Mit der grundsätzlichen Anwendbarkeit der *lex fori concursus* auf die Wirkungen des Insolvenzverfahrens auf Verträge ist also auch dem von der südafrikanischen Rechtsprechung aufgestellten Erfordernis des Schutzes berechtigter inländischer Gläubigerinteressen genüge getan.

Zwar sind diesbezüglich noch keine Entscheidungen bekannt. Dennoch ist anhand der bisherigen Rechtsprechung und daraus abgeleiteter allgemeiner Grundsätze davon auszugehen, dass sich nach *common law* die Wirkungen ausländischer Hauptinsolvenzverfahren in Südafrika nach der *lex fori concursus* richten.

2. Sonderanknüpfungen für bestimmte Verträge

Fraglich ist, ob die Wirkungen des ausländischen Insolvenzverfahrens auf bestimmte Verträge des Insolvenzschuldners möglicherweise gesondert anzuknüpfen sind. Hierfür könnte im Einzelfall das Bedürfnis des Schutzes inländischer Verkehrsinteressen sprechen.

Auch das deutsche Recht sieht solche Sonderanknüpfungen für Verträge über bestimmte Sachen,[1336] Arbeitsverhältnisse[1337] und bestimmte Finanzgeschäfte[1338] vor. Entsprechend dieser vom deutschen Gesetzgeber vorgenommenen

---

1336 Vgl. § 336 InsO.
1337 Vgl. § 337 InsO.
1338 Vgl. § 340 InsO.

Sonderanknüpfungen soll hier auch zwischen möglichen Sonderanknüpfungen des südafrikanischen Rechts unterschieden werden.

(a) Verträge über Rechte an Sachen

Für die Wirkungen des ausländischen Insolvenzverfahrens auf Verträge, die ein dingliches Recht oder das Recht zur Nutzung an einem in Südafrika belegenen körperlichen Vermögensgegenstand betreffen, kommt alternativ zur *lex fori concursus* die Anknüpfung an das Vertragsstatut (*lex contractus*) oder die Anknüpfung an das Recht des Belegenheitsortes (*lex rei sitae*) in Betracht.

Der deutsche Gesetzgeber hat sich für Verträge über dingliche Rechte oder Nutzungsrechte an unbeweglichen Gegenständen für eine abweichende Anknüpfung an die *lex rei sitae* entschieden.[1339] Die Abweichung dient rechtspolitisch dem sozialen Schutz der Mieter und Pächter,[1340] reicht aber aufgrund europarechtlicher Vorgaben deutlich darüber hinaus.[1341] Bei einem im Schiffsregister, Schiffsbauregister oder Register für Pfandrechte an Luftfahrzeugen eingetragenen Gegenstand ist das Recht des Registerortes (*lex libri siti*) ausschlaggebend.[1342] Die Anknüpfung an den Registerort statt an die *lex rei sitae* soll einen häufigen Statutenwechsel verhindern.[1343]

Inwieweit nach südafrikanischem *common law* diesbezüglich ebenfalls eine Sonderanknüpfung vorzunehmen ist, ist bis dato weitgehend ungeklärt. Grundsätzlich dürfte hier aber wegen des auch in Südafrika geltenden Abstraktionsprinzips[1344] zwischen schuldrechtlichen und dinglichen Verträgen zu unterscheiden sein.

(1) Schuldrechtliche Verträge

Das südafrikanische Insolvenzrecht sieht abweichend von den allgemeinen Regeln besondere Vorschriften über die Wirkungen des Insolvenzverfahrens auf Mietverträge vor.

Soweit ersichtlich gibt es bisher nur eine internationalinsolvenzrechtliche Entscheidung, die einen grenzüberschreitenden Mietvertrag zum Gegenstand hatte.

1339 Siehe § 336 S. 1 InsO.

1340 BT-Drucks. 15/16, S. 18.

1341 Vgl. MünchKommInsO-*Reinhart*, Bd. 3, § 336 Rn. 2, m.w.N.

1342 Siehe § 336 S. 2 InsO.

1343 BT-Drucks. 15/16, S. 18.

1344 Collier-*Smith/Boraine*, 39–12; *Petersenn*, S. 182 ff., m.w.N.;

In *Midgley's Trustees v Ballance & Letchford*[1345] ging es um den Bestand eines Untermietvertrages an einer Liegenschaft. Der Insolvenzschuldner *Midgley* war sowohl Mieter als auch Vermieter an einen Dritten. Der *Natal Supreme Court* sah die gegenseitigen Forderungen der Vertragsparteien als bewegliches Vermögen an. Über die Regelung *mobilia personam sequuntur* beurteilte das Gericht die Wirkungen auf den inländischen Mietvertrag daher nach der ausländischen *lex fori concursus*.[1346]

Es muss jedoch bezweifelt werden, dass diese Entscheidung so auch heute noch bestätigt werden würde. Nach der seinerzeit anwendbaren *lex fori concursus*, der *Cape Insolvency Ordinance 6 of 1843*, endete der Hauptmietvertrag grundsätzlich mit Verfahrenseröffnung.[1347] Das Gericht erkannte nur aufgrund der besonderen, nicht zu verallgemeinernden Fallumstände auf Nichtbeendigung.[1348]

Ein heute mit einem ähnlichen Sachverhalt befasstes südafrikanisches Gericht könnte dagegen unter dem Gesichtspunkt der Rechte des Vermieters und des Mieterschutzes zu einer anderen Beurteilung kommen. Der *Insolvency Act* regelt allerdings nur die Insolvenz des Mieters, nicht des Vermieters.[1349] Der Vermieter kann in der Insolvenz des Mieters den mangels Kündigung des Mietvertrags durch den Insolvenzverwalter nach Verfahrenseröffnung entstehenden Mietzins als Masseforderung geltend machen.[1350] In der Insolvenz des Vermieters wären Mietverträge nach den allgemeinen Regeln im Falle der Vermieterinsolvenz grundsätzlich vom Insolvenzverwalter kündbar, etwa um einen höheren Erlös für eine Immobilie zu

---

1345 (1884) 5 NLR 309.

1346 *Midgley's Trustees v Ballance & Letchford* (1884) 5 NLR 309, 313. Aufgrund der besonderen Fallkonstellation ging das Gericht allerdings von einer „Freigabe" des Untermietvertrags aus, sodass der Insolvenzschuldner diesen durch Aufhebungsvereinbarung mit seinen Mietern wirksam beenden konnte.

1347 Vgl. section 104 Cape Insolvency Ordinance 6 of 1843, abgedruckt in Buchanan's Decision in Insolvency.

1348 Aufgrund der besonderen Fallkonstellation ging das Gericht allerdings von einer „Freigabe" des Untermietvertrags durch den ausländischen Insolvenzverwalter aus, sodass der Insolvenzschuldner diesen später durch Aufhebungsvereinbarung mit seinen Mietern wirksam beenden konnte.

1349 Vgl. section 37 IA. Dazu MünchKommInsO-*Kupsch*, Bd. 3, Anhang, Länderbericht Südafrika, Rn. 59.

1350 Mietzinsforderungen, die mangels Beendigung des Mietvertrags nach Eröffnung des Insolvenzverfahrens entstehen, sind vorab zu befriedigende Verfahrenskosten, vgl. section 37 (3) IA; MünchKommInsO-*Kupsch*, Bd. 3, Anhang, Länderbericht Südafrika, Rn. 59 Fn. 206, Rn. 57.

erzielen.[1351] Auch in Südafrika gilt aber zumindest im Grundsatz, dass der Kauf einer Liegenschaft die Rechte aus einem bestehenden Mietverhältnis unberührt lässt.[1352] Im Falle der Insolvenz des Vermieters wird daraus abgeleitet, dass ein Insolvenzverwalter den Mietvertrag grundsätzlich nicht aufgrund der Insolvenz kündigen kann, sondern die Immobilie mit dem bestehenden Mietvertrag veräußern muss.[1353]

Die durch das südafrikanische Insolvenzrecht garantierten Vorzugsrechte des Vermieters und der Mieterschutz stünden im Falle der Regelanknüpfung vollständig zur Disposition der ausländischen *lex fori concursus*. Gemessen an den oben herausgearbeiteten Maßstäben dürfte ein südafrikanisches Gericht daher auch hier auf eine Durchbrechung dieser Regelanknüpfung erkennen. Der inländische Vermieter darf auf sein Recht auf bevorzugte Befriedigung für nach Verfahrenseröffnung entstehende Mietforderungen vertrauen, solange der ausländische Insolvenzverwalter den Mietvertrag nicht kündigt. Umgekehrt darf der Mieter einer Liegenschaft als Gläubiger zumindest den Schutz seiner Rechtsposition durch das inländische Insolvenzrecht in Anspruch nehmen. Dies gilt umso mehr, als zum Vertragszeitpunkt möglicherweise noch gar nicht feststeht, wo im Falle der Insolvenz des Vermieters ein Insolvenzverfahren durchzuführen wäre, etwa wenn der Vermieter erst später ins Ausland zieht. Da es auch insoweit einer einheitlichen Anknüpfung bedarf, werden sich die Wirkungen des Insolvenzverfahrens auf den Mietvertrag über eine Immobilie nach der südafrikanischen *lex rei sitae* richten.

Eine weitergehende Notwendigkeit für eine Sonderanknüpfung der Wirkungen des Insolvenzverfahrens auf schuldrechtliche Verträge über Rechte an Sachen an die *lex rei sitae* oder das Recht am Registerort ist mangels besonderer Schutzrechte im *Insolvency Act* nicht ersichtlich.

(2) Dingliche Verträge

Bei der Wirkung des Insolvenzverfahrens auf dingliche Rechtsgeschäfte geht es zum Beispiel um die Frage, ob der ausländische Insolvenzverwalter an eine

1351 *Mars*, S. 235.

1352 *Timm v Kay* [1954] 4 All SA 336 (T) 338 f.; *Schell Rhodesia (Pty) Ltd v Eliasov NO* [1979] 4 All SA 520 (R) 523 f.; *Badenhorst/Pienaar/Mostert*, S. 406 ff.; *Petersenn*, S. 73, m.w.N., auch zu der Unterscheidung zwischen Langzeit- und Kurzzeitmietvertrag.

1353 Collier-*Smith/Boraine*, 39–33; *Mars*, S. 235. Ausnahmsweise darf der Insolvenzverwalter des Vermögens des Vermieters und Eigentümers den Mietvertrag kündigen, wenn ohne die Kündigung der Verwertungsserlös nicht ausreichen würde, eine dem Mietvertrag vorrangige Grundsicherheit vollständig zu befriedigen.

vom Schuldner bereits abgegebene Einigungserklärung gebunden ist und unter welchen Voraussetzungen ein noch nicht vollzogenes dingliches Rechtsgeschäft erfüllt oder verhindert werden kann. So knüpfen zahlreiche dingliche Rechtsgeschäfte trotz negativer Registerpublizität in Südafrika ihre Wirksamkeit an die erstmalige Eintragung in ein öffentliches Register.[1354]

Fragen der Wirksamkeit des Eigentumsübergangs und anderer dinglicher Rechtsgeschäfte richten sich in Südafrika traditionell nach der *lex rei sitae*.[1355] Dieser Grundsatz ist dann zweckmäßigerweise auch auf die Wirkungen des Insolvenzverfahrens auf dingliche Verträge zu übertragen.[1356]

Eine andere Sonderanknüpfung dürfte für bestimmte Sicherungsrechte an Schiffen und Luftfahrzeugen gelten. Hier ist Südafrika weitgehend durch multilaterale Verträge gebunden, die Wirksamkeit von registrierten Sicherheiten in anderen Vertragsstaaten anzuerkennen.[1357] Im Interesse einer Gläubigergleichbehandlung und zur Vermeidung eines häufigen Statutenwechsels wäre insoweit generell auf das Recht am Registerort abzustellen (*lex libri siti*).[1358]

(b) Arbeitsverträge

Arbeitsverträge unterliegen wegen ihrer sozialpolitischen Bedeutung in den meisten Ländern besonderem Schutz.

Der deutsche Gesetzgeber hat die Wirkungen des Insolvenzverfahrens auf ein Arbeitsverhältnis gemäß § 337 InsO abweichend von der *lex fori concursus* dem

---

1354 Vgl. *Badenhorst/Pienaar/Mostert*, S. 67 f.; *Petersenn*, S. 187 ff., zur Eigentumsübertragung an Grundstücken.

1355 *Forsyth*, S. 346; *Hahlo/Kahn*, Union, S. 752; Joubert-*Edwards/Kahn*, Anm. 324; *Steinmeyer*, Real Rights, S. 87. Das gilt außer bei den Wirkungen der Anerkennung des Insolvenzverfahrens auch für Mobilien.

1356 So auch zum deutschen Recht, wo diese Frage streitig ist MünchKommInsO-*Reinhart*, Bd. 3, § 336 Rn. 10, m.w.N.

1357 Siehe insbesondere Convention on the International Recognition of Rights in Aircraft Act No. 59 of 1993 (in Kraft seit Januar 1998); Cape Town Convention on International Interests in Mobile Equipment einschließlich des dazugehörigen Protocol, in Südafrika in Kraft seit 1.5.2007. Die Cape Town Convention und das Protocol sind abrufbar unter http://www.unidroit.org/english/conventions/mobile-equipment/main.htm (letzter Zugriff 11.12.2008). Dazu im insolvenzrechtlichen Zusammenhang *Mooney* IIR 13 (2004) 27 ff.

1358 Siehe aber den bereits mehrfach angesprochenen Fall *Lawclaims (Pty) Ltd v Rea Shipping Co SA: Schiffscommerz Aussenhandelsbetrieb der VVB Schiffbau intervening* 1979 (4) SA 745 (N), wo eine in New York eingetragene Schiffshypothek nicht als insolvenzfest anerkannt wurde.

Recht unterstellt, das nach der europäischen Verordnung über das auf vertragliche Schuldverhältnisse anwendbare Recht für das Arbeitsverhältnis maßgeblich ist.[1359] Für den Arbeitnehmer soll überschaubar sein, wie sich die Insolvenz des Arbeitgebers auf seinen Arbeitsplatz auswirkt.[1360] Eine im Ergebnis identische Regelung findet sich in Art. 10 EuInsVO.[1361]

Auch der südafrikanische Gesetzgeber hat Arbeitsverträge durch besondere Vorschriften im *Insolvency Act* geschützt. Dieser Schutz wird komplementiert durch bevorzugte Befriedigungsrechte der Arbeitnehmer und der Sozialkassen mit ihren Forderungen.[1362] Während die Rechte inländischer Arbeitnehmer und der Sozialkassen auf bevorzugte Befriedigung aus der Insolvenzmasse bereits über die Verweisung auf die Verteilungsvorschriften des südafrikanischen Insolvenzsachrechts in der *recognition order* geschützt sind,[1363] ist die Frage der Anknüpfung der Wirkungen des Insolvenzverfahrens auf ein Arbeitsverhältnis noch ungeklärt. Eine Anknüpfung der Wirkungen des Insolvenzverfahrens auf ein Arbeitsverhältnis an die *lex fori concursus* würde diesem Schutzgedanken des Gesetzgebers nicht in jedem Fall gerecht. Andererseits scheint es zweckmäßig und gerechtfertigt, jedenfalls bei einem kollisionsrechtlich ermittelten ausländischen Arbeitsstatut wegen der dann anderweitigen sozial- und insolvenzrechtlichen Einbettung das betreffende ausländische Insolvenzrecht anzuwenden.[1364] Es ging dem Gesetzgeber ersichtlich nur um den Schutz südafrikanischer Arbeitsrechtsverhältnisse.

Vor diesem Hintergrund dürfte auch in Südafrika eine Durchbrechung der Regelanknüpfung an die *lex fori concursus* für die Wirkungen des Insolvenzverfahrens auf ein Arbeitsverhältnis zugunsten des Arbeitsstatuts vorzunehmen sein.

(c) Verträge über Finanzgeschäfte

Die internationalen Finanzmärkte haben sich in den letzten Jahrzehnten zum Motor des Welthandels entwickelt, wie die gerade ausklingende Finanzmarktkrise

---

1359 Verordnung (EG) Nr. 593/2008 des Europäischen Parlaments und des Rates vom 17. Juni 2008 über das auf vertragliche Schuldverhältnisse anwendbare Recht (Rom I), ABl L 177 vom 4.7.2008, S. 6.

1360 BT-Drucks. 15/16 S. 18.

1361 Dazu ArbG Frankfurt a. M., Urt. v. 23.2.2010 – 18 Ca 7714/09 („Nortel Group"), ZIP 2010, 1313, 1315, mit Anm. *Undritz* EWiR 2010, 637 f.

1362 Vgl. section 38 IA; Collier-*Smith/Boraine*, 39–33 f.; MünchKommInsO-*Kupsch*, Bd. 3, Anhang, Länderbericht Südafrika, Rn. 60.

1363 Vgl. oben, I.1.

1364 Zum südafrikanischen Arbeitskollisionsrecht *Fredericks* (2006) 18 SA Merc LJ 75 ff.; *Schoeman/Roodt*, Anm. 127, m.w.N.

der Allgemeinheit bewusst gemacht hat. Auf der Anbieterseite solcher Finanzgeschäfte agiert weltweit eine kleine Gruppe von professionellen Finanzdienstleistungsunternehmen. Auf der Abnehmerseite befinden sich neben Finanzdienstleistungsunternehmen auch institutionelle Anleger, Industrie-, Handels- und Dienstleistungsunternehmen, Gemeinwesen sowie vereinzelt vermögende Privatpersonen.

Angesichts der systemischen Bedeutung internationaler Finanzgeschäfte für den internationalen Handel und die nationalen Volkswirtschaften haben seit Ende der 80er Jahre zahlreiche Staaten besondere Vorschriften für die Behandlung diesbezüglicher Verträge in der Insolvenz einer Vertragspartei eingeführt.[1365] Südafrika bildet hier keine Ausnahme. Unmittelbar nach dem Ende des Apartheidregimes hat der erste demokratisch gewählte Gesetzgeber die *sections* 35A und 35B neu in den *Insolvency Act* eingefügt.[1366] Die beiden Normen sollten die Finanzmärkte und Teilnehmer an diesen Märkten im Insolvenzfall eines Marktteilnehmers sichern.[1367] Anhaltende Kritik in Bezug auf erhebliche Interpretationsschwierigkeiten der neuen Regelung führte dann im Jahre 2003 zur Neufassung von *section* 35B IA.[1368]

Section 35A IA bezieht sich auf von den südafrikanischen Behörden nach dem *Securities Services Act 2004* genehmigte und geregelte Börsengeschäfte.[1369]

1365 Siehe z.B. § 104 InsO und die Kollisionsnorm in § 340 InsO, dazu etwa die Kommentierung von MünchKommInsO-*Jahn*, Bd. 2, § 104 InsO und MünchKommInsO-*Jahn*, Bd. 3, § 340 InsO. Auf europäischer Ebene siehe Art. 9 EuInsVO sowie die einschlägige Kommentierung.

1366 Eingefügt durch section 1 Insolvency Amendment Act 32 of 1995.

1367 Vgl. *van Loggerenberg/Barnett*, South Africa: Post-Insolvency Set-Off: South Africa Moves Towards International Best Practice, 01 December 2003, abrufbar unter http://www.mondaq.com (letzter Zugriff 20.3.2009) = Journal of Int'l Banking Law and Regulation, Vol 18, Issue 11 (Nov 2003).

1368 Siehe section 2 Judicial Matters Second Amendment Act 55 of 2003, *van Loggerenberg/Barnett*, South Africa: Post-Insolvency Set-Off: South Africa Moves Towards International Best Practice, 01 December 2003, abrufbar unter http://www.mondaq.com (letzter Zugriff 20.3.2009) = Journal of Int'l Banking Law and Regulation, Vol 18, Issue 11 (Nov 2003); Johnston/Werlen-*Lancaster/Richter/Monteiro*, Rn. 26.33 ff. *Hutchison/Reid* (2003) 120 SALJ 776, 783 (zu section 35A IA).

1369 Siehe section 35 A, der "exchange" als solchen im Sinne des Securities Services Act 2004 definiert. Section 1 Securities Services Act 2004 definiert "exchange" wiederum als "a person who constitutes, maintains and provides an infrastructure (a) for bringing together buyers and sellers of securities; (b) for matching the orders for securities of multiple buyers and sellers; and (c) whereby a matched order for securities constitutes a transaction".

Abweichend von den allgemeinen Regeln bleibt dem Vertragspartner eines insolventen Teilnehmers eines solchen Marktes das nach den börslichen Regeln bestehende Recht zur Beendigung des Vertrages erhalten, wenn der insolvente Vertragspartner noch nicht erfüllt hat.[1370] Die beiderseitigen Forderungen aus der Beendigung des Finanzgeschäfts richten sich ebenfalls nach dem Börsenstatut,[1371] genauso wie die Möglichkeit der Aufrechnung (*set-off*) und der Verrechnung (*Netting*).[1372]

Section 35B IA regelt abweichend von den allgemeinen Regeln die Beendigung von im internationalen Finanzgeschäft üblichen Rahmenvereinbarungen (*master agreements*) und die Verrechnung der darauf beruhenden gegenseigen Forderungen auf den Tag der Insolvenzeröffnung.[1373]

Eine Kollisionsnorm für Finanzverträge in der Insolvenz eines Markteilnehmers haben weder der Gesetzgeber noch die Rechtsprechung bisher geschaffen. Dass der Gesetzgeber insoweit noch nicht tätig geworden ist, dürfte nicht zuletzt mit dem Fehlen eines kodifizierten Insolvenzkollisionsrechts insgesamt zu erklären sein.

Angesichts der Bedeutung der *sections* 35A und 35B IA für das Funktionieren der Finanzmärkte, die der Gesetzgeber durch sein Tätigwerden noch unterstrichen hat, ist jedenfalls für ausländische Insolvenzverfahren in Südafrika nicht davon auszugehen, dass die Rechtsprechung es bei der Regelanknüpfung an die *lex fori concursus* belassen wird. Damit würde die Intention des Gesetzgebers, im Interesse der Gesamtwirtschaft Südafrikas das Vertrauen in die Regelungsmechanismen der Finanzmärkte zu schützen, zur Disposition der ausländischen *lex fori concursus* gestellt.

Andererseits wird das schützenswerte Vertrauen durch Risiken beschränkt, die ein Markteilnehmer durch Teilnahme an ausländischen Märkten oder durch Vereinbarung ausländischen Rechts selbstverantwortlich eingegangen ist. *Section* 35A IA bezieht sich ausdrücklich nur auf Geschäfte, die der südafrikanischen Börsenaufsicht unterliegen. Davon abgesehen unterliegen Verträge an ausländischen börslichen oder außerbörslichen Märkten möglicherweise besonderen Vorschriften, die mit den *sections* 35A, 35B IA ganz oder teilweise nicht kompatibel sind. Deshalb ist auch eine generelle Verweisung auf die südafrikanische *lex fori* weder angemessen noch zweckmäßig.

1370 Section 35 A (2) IA.

1371 Section 35 A (3) IA.

1372 Section 35 A (4) IA.

1373 Vgl. zur Behandlung der ISDA master agreements in der Insolvenz aus internationaler Sicht *Kilgus* ZIP 2010, 613 ff.

Um der gesetzgeberischen Intention auch kollisionsrechtlich gerecht zu werden, bietet sich deshalb eine Zweiteilung analog den Vorschriften der Insolvenzordnung und der Europäischen Insolvenzverordnung an. Grundsätzlich wäre danach das Recht anwendbar, das für den organisierten Markt gilt, an dem die Parteien teilnehmen, es sei denn, die Parteien haben ausdrücklich ein anderes Recht vereinbart.

Wie sich die südafrikanischen Gerichte in der Praxis entscheiden werden, bleibt freilich abzuwarten.

3. Zusammenfassung

Die Wirkung der Verfahrenseröffnung auf bestehende Verträge des Schuldners knüpft generell an die *lex fori concursus* an. Für bestimmte Verträge bestehen zum Schutz inländischer Verkehrsinteressen abweichende Sonderanknüpfungen.

Die Wirkung des Insolvenzverfahrens auf bestehende Immobilienmietverträge des Schuldners richten sich nach der *lex rei sitae*. Die Wirkungen des Insolvenzverfahrens auf dingliche Verträge knüpfen ebenfalls an die *lex rei sitae* an. Für Sicherungsrechte an Schiffen gilt insoweit die *lex libri siti*. Die Wirkungen des Insolvenzverfahrens auf Arbeitsverträge richten sich wiederum nach der *lex contractus* des Arbeitsvertrags. Für Finanzgeschäfte, die an einem organisierten Markt getätigt werden, dürfte grundsätzlich das Recht am organisierten Markt gelten, es sei denn, dass die Parteien ein anderes Recht gewählt haben.

III. Dingliche Rechte

Bestimmte dingliche Rechte an beweglichen oder unbeweglichen Gegenständen bleiben nach südafrikanischem Insolvenzrecht auch nach Eröffnung des Insolvenzverfahrens erhalten und gewähren dem Rechtsinhaber entweder ein Aussonderungsrecht oder ein Recht auf abgesonderte Befriedigung.[1374]

Dabei kann es nicht darauf ankommen, dass der mit dem dinglichen Recht belastete Gegenstand zum Zeitpunkt der Verfahrenseröffnung in Südafrika belegen ist. Vielmehr muss allein entscheidend sein, dass das Recht selbst zum Zeitpunkt der Verfahrenseröffnung nach südafrikanischem Recht wirksam begründet worden ist.

1374 Zu Einzelheiten vgl. *Mars*, S. 432 ff. Siehe auch Überblick von MünchKommInsO-*Kupsch*, Bd. 3, Anhang, Länderbericht Südafrika, Rn. 48 ff. Zur Rechtsstellung dinglich gesicherter Gläubiger im deutschen Insolvenzrecht sowie allgemein zur wirtschaftlichen Bedeutung der Insolvenzfestigkeit dinglicher Sicherheiten Kölner Schrift-*Adolphsen*, Kap. 41 Rn. 1 ff.

Solche dinglichen Rechte, die nach südafrikanischem Insolvenzrecht ein Vorzugsrecht einräumen, bleiben seit jeher auch von der Anerkennung eines ausländischen Insolvenzverfahrens unberührt. Die *recognition order* stellt regelmäßig durch entsprechende Anordnungen sicher, dass der Inhaber solcher dinglicher Rechte diese in Bezug auf die inländische Masse auch gegenüber dem ausländischen Insolvenzverwalter durchsetzen kann.[1375] Ausnahmen gelten für dingliche Rechte, die vor Anerkennung in positiver Kenntnis der ausländischen Verfahrenseröffnung begründet worden sind.[1376]

Die Rechtsprechung hat diese Durchbrechung der Anknüpfung an die *lex fori concursus* zugunsten einer Anknüpfung an die *lex rei sitae* schon frühzeitig als allseitige Kollisionsnorm anerkannt.[1377]

IV. Aufrechnung

1. Rechtslage im südafrikanischen Sachrecht

Die Aufrechnung (*set-off*) bringt nach südafrikanischem Rechtsverständnis eine Forderung in Höhe des Aufrechnungsbetrags zum Erlöschen.[1378]

1375 Siehe oben, I.1. Südafrika hat im Januar 1998 das internationale Übereinkommen über die Anerkennung von Rechten an Luftfahrzeugen vom 19. Juni 1948 in nationales Recht umgesetzt, siehe Convention on the International Recognition of Rights in Aircraft Act 59 of 1993. Dieses Abkommen ermöglicht die Eintragung einer Hypothek an einem Luftfahrzeug oder Luftfahrzeugteilen sowie Rechten daran bei der zuständigen Registerbehörde CAA. Diese Hypothek gewährt ebenfalls ein Recht auf abgesonderte Befriedigung nach dem Insolvency Act. Ferner hat Südafrika am 1.5.2007 die Cape Town Convention on International Interests in Mobile Equipment on Matters Specific to Aircraft Equipment and the Aircraft Equipment Protocol vom 16. November 2001 in nationales Recht umgesetzt. Dieses Übereinkommen ermöglicht den Vertragsparteien eines Kaufs, der Finanzierung und eines Leasinggeschäfts betreffend die im Protokoll aufgeführten Luftfahrzeuge und Luftfahrzeugbestandteile bestimmte Sicherungsrechte an den Vertragsgegenständen in ein dafür geschaffenes internationales elektronisches Internetregister eintragen zu lassen. Diese internationalen Sicherungsrechte sind dann in den Vertragsstaaten insolvenzfest, vgl. dazu *Mooney* (2004) 13 IIR 27 ff.

1376 Siehe oben, I.2.

1377 Siehe *Cape Government v Liquidators of the Balmoral Diamond Co Ltd* 1908 TS 681.

1378 Johnston/Werlen-*Lancaster/Richter/Monteiro*, Rn. 26.02.

Sie ist im südafrikanischen Recht nicht allgemein gesetzlich geregelt.[1379] Nach *common law* können zwei Forderungen gegeneinander aufgerechnet werden, wenn sie gegenseitig, gleichartig, fällig und durchsetzbar sind.[1380] Die Aufrechnung erfolgt bei Vorliegen der Aufrechnungslage ohne formale Aufrechnungserklärung *ipso iure*.[1381] Nach Eröffnung des Insolvenzverfahrens ist die Aufrechnung mit den oben genannten Ausnahmen für bestimmte Finanzgeschäfte nicht mehr möglich.[1382] Darüber hinaus können sogar Aufrechnungen, die innerhalb eines Zeitraums von sechs Monaten oder – bei Aufrechnung mit einer durch Abtretung erworbenen Forderung – innerhalb eines Jahres vor Verfahrenseröffnung vorgenommen wurden, vom Insolvenzverwalter unter bestimmten Voraussetzungen rückgängig gemacht werden.[1383]

1379 Die einzige Ausnahme ist in den zum Banks Act 94 of 1990 ergangenen Regulations enthalten, dazu mit Gesetzestext Johnston/Werlen-*Lancaster/Richter/Monteiro*, Rn. 26.08 ff.

1380 Collier-*Smith/Boraine*, S. 39–36; *Mars*, S. 405 (§ 18.22); MünchKommInsO-*Kupsch*, Bd. 3, Anhang, Länderbericht Südafrika, Rn. 62.

1381 Vgl. Johnston/Werlen-*Lancaster/Richter/Monteiro*, Rn. 26.02. Siehe aber *Siltek Holdings (Pty) Ltd (in Liquidation) t/a Workgroup v Business Connexion Solutions (Pty) Ltd* (Supreme Court of Appeal, Case No 081/08, 26 November 2008), saflii, Rn. 10 ff., wo der Beklagte unter Berufung auf eine Literaturmeinung geltend machte, er könne auch gegen eine noch nicht fällige Hauptforderung durch Erklärung aufrechnen, wenn die Aufrechnungsvoraussetzungen im Übrigen jedenfalls gegeben sind. Der Supreme Court of Appeal, a.a.O. Rn. 11, hat die Frage ausdrücklich offen gelassen.

1382 Vgl. *Siltek Holdings (Pty) Ltd (in Liquidation) t/a Workgroup v Business Connexion Solutions (Pty) Ltd* (Supreme Court of Appeal, Case No 081/08, 26 November 2008), saflii, Rn. 11; MünchKommInsO-*Kupsch*, Bd. 3, Anhang, Länderbericht Südafrika, Rn. 62; Johnston/Werlen-*Lancaster/Richter/Monteiro*, Rn. 26.23 f. A.A. offenbar *Mars*, 405 ff., wonach vorbehaltlich der Beseitigungsbefugnis des Insolvenzverwalters gemäß section 46 IA bei vor Verfahrenseröffnung bestehender Aufrechnungslage eine Aufrechnung auch in der Insolvenz möglich sein soll. Solche Sachverhaltskonstellationen erscheinen aber nicht einmal theoretisch denkbar. Section 46 IA greift immer dann, wenn die Aufrechnung aufgrund bestehender oder vermuteter Insolvenz des Schuldners der Hauptforderung erfolgt, siehe MünchKommInsO-*Kupsch*, Bd. 3, Anhang, Länderbericht Südafrika, Rn. 62, m.w.N. Vgl. auch *Mohammed Abdulmohsin Al-Kharafi & Sons for General Trading, General Contracting and Industrial Structures WLL and another v Pema, Jayant Daji NO and others* (South Gauteng High Court, Case No 2008/12359, 27 August 2008), saflii, Rn. 25 ff.

1383 Vgl. section 46 IA.

2. Kollisionsrechtliche Behandlung bisher ungeklärt

Soweit ersichtlich gibt es bisher keine expliziten Stellungnahmen zur kollisionsrechtlichen Behandlung der Aufrechnung.

Im allgemeinen Internationalen Privatrecht dürfte insoweit die *lex causae* der Hauptforderung maßgeblich sein, da es bei der Aufrechnung letztlich um die (zumindest teilweise) Erfüllung der Hauptforderung geht.[1384]

Mit der Behandlung der Aufrechnung in einem grenzüberschreitenden Insolvenzverfahren musste sich jüngst der *South Gauteng High Court* auseinandersetzen.[1385] Der Fall betraf ein südafrikanisches Insolvenzverfahren über das Vermögen eines als südafrikanische *company* organisierten Bauunternehmens. Diese hatte als Subunternehmerin für ein kuwaitisches Bauunternehmen einen Bauvertrag in Äthiopien ausgeführt und hieraus noch eine Forderung über 1,9 Millionen US Dollar (Hauptforderung). Das kuwaitische Bauunternehmen wiederum hatte sich knapp ein Jahr vor der Eröffnung des südafrikanischen Insolvenzverfahrens die Forderung eines befreundeten Unternehmens in gleicher Höhe abtreten lassen (Gegenforderung), um damit gegen die Hauptforderung der späteren Insolvenzschuldnerin aufzurechnen.

Die südafrikanischen Insolvenzverwalter erklärten die Aufrechnung gemäß *section* 46 IA für unbeachtlich, weil die Aufrechnung nicht im gewöhnlichen Geschäftsverlauf erfolgt sei. Der *South Gauteng High Court* bestätigte die Auffassung der Insolvenzverwalter und verurteilte das kuwaitische Bauunternehmen zur Zahlung der 1,9 Millionen US Dollar in die Insolvenzmasse.

Kollisionsrechtliche Fragen wurden in dem Fall von keiner Seite aufgeworfen. Dies mag daran liegen, dass sowohl die Haupt- als auch die Gegenforderung südafrikanischem Recht unterlegen haben. Allerdings lässt sich dies an keiner Stelle der veröffentlichten Entscheidung belegen. Dabei hätte zumindest ein kurzer Hinweis auf das auf die jeweilige Forderung anwendbare Recht angesichts der starken Auslandsbezogenheit der zugrundeliegenden Rechtsverhältnisse nahegelegen.[1386]

1384 Vgl. Joubert-*Edwards/Kahn*, Anm. 338 f.; *Schoeman/Roodt*, Anm. 116.

1385 Siehe *Mohammed Abdulmohsin Al-Kharafi & Sons for General Trading, General Contracting and Industrial Structures WLL and another v Pema, Jayant Daji NO and others* (South Gauteng High Court, Case No 2008/12359, 27 August 2008), saflii.

1386 Südafrikanische Gerichte sind grundsätzlich nicht von Amts wegen verpflichtet, ausländisches Recht zu berücksichtigen. Dass die Hauptforderung nicht südafrikanischem Recht unterlag, ergibt sich zwar nicht ausdrücklich aus dem Sachverhalt. Die besonderen Fallumstände (Subunternehmereigenschaft des südafrikanischen Unternehmens für ein kuwaitisches Unternehmen in Äthiopien, Titulierung der Hauptforderung durch ein Londoner Schiedsgericht) legen dies allerdings nahe.

3. Eigener Vorschlag: Anknüpfung an *lex fori concursus*

Geht man davon aus, dass zumindest die Hauptforderung ausländischem Recht unterlag, hätte das Gericht vor Anwendung des *section* 46 IA zunächst klären müssen, nach welchem Recht die Aufrechnung in der Insolvenz zu beurteilen ist. In Betracht kommen insbesondere die (ausländische) *lex causae* der Hauptforderung und die – letztlich vom Gericht angewandte – (südafrikanische) *lex fori concursus*.

Für die Anwendbarkeit der *lex causae* der Hauptforderung spricht, dass ein Gläubiger in seinem Vertrauen auf die Erhaltung der Aufrechnungsmöglichkeit nach der *lex causae* der Hauptforderung geschützt werden soll und sich die Frage der Aufrechenbarkeit deshalb abweichend von der *lex fori concursus* nach dem für die Hauptforderung maßgeblichen Insolvenzstatut richten soll.[1387] Allerdings ist die Aufrechnung sach- und kollisionsrechtlich international sehr unterschiedlich ausgestaltet.[1388] Vor diesem Hintergrund ist der Vertrauensschutz ein schwaches Argument. Gegen einen besonderen Schutz der Aufrechnungslage spricht insbesondere der Grundsatz der Gläubigergleichbehandlung. Grundsätzlich kann das Vertragsstatut einem Gläubiger in der Insolvenz keine vom Recht des Verfahrensstaates abweichende Vorrangstellung einräumen. Die Möglichkeit einer Insolvenzaufrechnung regelt auf schuldrechtlicher Ebene die Möglichkeit einer besonderen Befriedigungsbefugnis im Insolvenzverfahren.

Im Sinne der internationalen Gläubigergleichbehandlung ist daher auch hier die Anwendung der *lex fori concursus* gerechtfertigt.[1389]

4. Zusammenfassung

Die kollisionsrechtliche Behandlung der Aufrechnung in grenzüberschreitenden Insolvenzverfahren nach südafrikanischem Recht ist bisher ungeklärt. Nach hier vertretener Auffassung verstößt eine Abweichung von der *lex fori concursus* gegen den Grundsatz der Gläubigergleichbehandlung. Ein solcher Verstoß lässt sich

---

1387 In diese Richtung ging eine Mindermeinung zum deutschen Recht vor der Reform des autonomen internationalen Insolvenzrechts, siehe MünchKommInsO-*Reinhart* (1. Auflage), Bd. 3, Art. 102 EGInsO Rn. 115 m.w.N. Auch der deutsche Gesetzgeber hat sich in § 338 InsO für eine Berücksichtigung der *lex causae* der Hauptforderung entschieden.

1388 Siehe rechtsvergleichend zur Aufrechnung *Jud* IPrax 2005, 104, 105 ff.; *Jeremias*, S. 34 ff., 142 ff.; *Bucher*, FS Geimer, S. 97, 111 ff.

1389 So auch MünchKommInsO-*Reinhart* (1. Auflage), Bd. 3, Art. 102 EGInsO Rn. 115, zur Rechtslage vor Inkrafttreten des § 338 InsO n.F. Vgl. zum englischen Recht *Fletcher*, Insolvency in PIL, Rn. 2.88 ff.; *Florian*, S. 84 ff.

auch nicht unter Vertrauensschutzgesichtspunkten rechtfertigen. Für die Möglichkeit der Aufrechnung in der Insolvenz bleibt daher auch in grenzüberschreitenden Fällen die lex fori concursus maßgeblich.

V. Insolvenzanfechtung

1. Besondere Problematik bei der Insolvenzanfechtung

In keinem anderen Bereich seiner Tätigkeit ist der Insolvenzverwalter so deutlich auf die Mitwirkung von Gerichten angewiesen, wie bei der Durchsetzung von Anfechtungsansprüchen.[1390]

Einerseits ist der Insolvenzverwalter zugunsten der Gläubigergesamtheit grundsätzlich dazu verpflichtet, Vermögensgegenstände, die durch anfechtbare Rechtshandlungen aus dem Vermögen des Schuldners entfernt wurden, wieder zur Insolvenzmasse zurückzuführen.[1391] Andererseits wird ein Gläubiger nicht ohne weiteres an die Insolvenzmasse herausgeben, was er einmal zu seiner Sicherung oder Befriedigung seiner rechtmäßigen Forderung erlangt hat. Als Ersatz für die Herausgabe nimmt er nämlich regelmäßig gemeinsam mit allen anderen ungesicherten Gläubigern gleichberechtigt an der Verteilung des Verwertungserlöses teil und wird so voraussichtlich nur hinsichtlich eines geringen Bruchteils seiner Forderung befriedigt.

Somit kann der Insolvenzverwalter zwar versuchen, die Ansprüche der Insolvenzmasse außergerichtlich durchzusetzen, jedoch wird der Anspruchsgegner auch in Fällen außergerichtlicher Verhandlungen seine Entscheidung über die Herausgabe letztlich von seinen prozessualen Risiken abhängig machen. Wenn der Anspruchsgegner im Ausland sitzt oder der anfechtbare Vermögensgegenstand im Ausland belegen ist, ist die Frage des anwendbaren Rechts daher eng mit der Frage verknüpft, vor welchem Gericht der Anspruch der Insolvenzmasse

---

1390 Siehe z.B. zur Swissair-Insolvenz, wo der Insolvenzverwalter für die Obergesellschaft SAirGroup AG 22 Anfechtungsklagen mit einer Klagesumme in Höhe von insgesamt 1,3 Mrd. CHF und für die operativ tätige Swissair Schweizerische Luftverkehr- Aktiengesellschaft 17 Anfechtungsklagen mit einer Klagesumme in Höhe von insgesamt 65 Mio. CHF erhoben hatte, *H. Schmidt*, ZInsO 2010, 1214, 1217 ff. Siehe aus Sicht der Insolvenzrechtspraxis auch *Kolmann*, FS Spiegelberger, S. 796, 803: „Als rechtlich diffizil, wirtschaftlich bedeutsam und daher streitanfällig erweist sich die Zuordnung von Insolvenzanfechtungsansprüchen.".

1391 Vgl. MünchKommInsO-*Brandes*, Bd. 1, §§ 60, 61 Rn. 13.

durchgesetzt werden kann. Dies wiederum hängt sowohl von rechtlichen (Gerichtszuständigkeit)[1392] als auch von prozesstaktischen und wirtschaftlichen Erwägungen (Verfügbarkeit von Zeugen, Prozesskosten, Belegenheit von Vermögen für die Vollstreckung des Titels, etc.) ab.

Ist z.B. die Vollstreckbarkeit eines deutschen Titels in Südafrika von vornherein zu verneinen,[1393] muss der Insolvenzverwalter wegen der voraussichtlich nicht ersatzfähigen Kosten für die Masse von einer Klage vor deutschen Gerichten absehen.[1394] In diesen Fällen ist eine Rechtsverfolgung vor südafrikanischen Gerichten in Erwägung zu ziehen. Ein ausländischer Insolvenzverwalter kann nach Anerkennung in Südafrika vor südafrikanischen Gerichten Insolvenzanfechtungsansprüche durchsetzen.[1395] Da das südafrikanische Recht keine Allzuständigkeit des Insolvenzgerichts (*vis attractiva concursus*)[1396] kennt, richtet sich die örtliche

---

1392 Vgl. KPB-*Adolphsen*, Bd. 2, § 147, Anh. II A, Rn. 3, der die Gerichtszuständigkeit wegen der Bindung des Gerichts an die Kollisionsnormen der *lex fori* als „Schlüssel für das anwendbare (Insolvenzanfechtungs-)Sachrecht"bezeichnet.

1393 Die Anerkennung und Vollstreckung von Urteilen, die Ansprüche der Insolvenzmasse gegen einzelne Dritte zum Gegenstand haben, richtet sich nach dem allgemeinen Recht über die Anerkennung und Vollstreckung von Zivilurteilen in Südafrika. siehe oben, Kap. 4 C.III.

1394 MünchKommInsO-*Brandes*, Bd. 1, §§ 60, 61 Rn. 11.

1395 Im common law ergibt sich das aus seiner allgemeinen Befugnis, nach Anerkennung für die Insolvenzmasse vor südafrikanischen Gerichten Prozesse zu führen, vgl. oben, Kap. 4 B.I.1. Im Anwendungsbereich des Cross-Border Insolvency Act ist dies nun gesetzlich geregelt, vgl. section 23 (1) CBIA. Zum südafrikanischen Insolvenzanfechtungsrecht *Boraine* (2000) 9 IIR 65 ff.; *ders.*, Towards Codifying the Actio Pauliana, passim; *Mars*, S. 248 ff.; Siehe auch Überblick von MünchKommInsO-*Kupsch*, Bd. 3, Anhang, Länderbericht Südafrika, Rn. 63 ff.

1396 Auch für das deutsche Recht hat sich der BGH vor kurzem gegen eine Allzuständigkeit des Insolvenzgerichts (vis attractiva concursus) ausgesprochen, siehe BGH, Urt. v. 27.5.2003 – IX ZR 203/02, NZI 2003, 545 (mit Anm. *Mankowski*). Insoweit gelten also die allgemeinen Regeln über die internationale Zuständigkeit, vgl. insgesamt KPB-*Adolphsen*, Bd. 2, § 147, Anh. II C, Rn. 5 ff.; Bork-*Adolphsen*, Kap. 21 Rn. 6 ff. Im Anwendungsbereich der EuInsVO gilt nach einer aktuellen Entscheidung des EuGH hingegen die Allzuständigkeit des Staates, in dem das Hauptinsolvenzverfahren eröffnet wurde, vgl. EuGH, Urt. v. 12.2.2009, Rs C-339/07 („*Deko Marty Belgium*"), ZInsO 2009, 493 ff.; dazu *Oberhammer*, FS Koziol, S. 1239 ff. Wie der EuGH schon mit guten Gründen KPB-*Adolphsen*, Bd. 2, § 147, Anh. II B, Rn. 77 ff.; Bork-*Adolphsen*, Kap. 20 Rn. 63 ff. Auch nach Schweizer Recht ist das Insolvenzgericht für die Insolvenzanfechtungsklagen zuständig, vgl. *H. Schmidt* ZInsO 2010, 1214, 1221.

Zuständigkeit der inländischen Gerichte für Ansprüche der Insolvenzmasse nach den allgemeinen Zuständigkeitsregeln.[1397]

Das Insolvenzanfechtungskollisionsrecht ist weder im CBIA noch sonst gesetzlich geregelt.[1398] Mithin muss auch insoweit auf das *common law* zurückgegriffen werden.

2. Der Fall *Sackstein NO v Proudfoot SA (Pty) Ltd*

(a) Sachverhalt

Mit dem Problem der Insolvenzanfechtung hatte sich die südafrikanische Rechtsprechung erstmals vor kurzem im *Tsumeb*-Verfahren zu beschäftigen.[1399]

Tsumeb Corporation Ltd („*Tsumeb Namibia*") war einer der bedeutendsten namibischen Rohstoffproduzenten.[1400] Die Niederlassungen des Unternehmens befanden sich unter anderem auch in Südafrika, sodass die Gesellschaft dort als *external company* eingetragen war („*Tsumeb SA*"). Im Oktober 1997 schloss *Tsumeb* mit der südafrikanischen *Proudfoot SA (Pty) Ltd* einen Dienstleistungsvertrag über insgesamt 10.000.000 Rand, zahlbar wöchentlich in fixen Raten.

Bis zum 29. Juli 1998 hatte *Proudfoot* so insgesamt 5.708.957 Rand aus Namibia erhalten. An diesem Tag wurde vom *High Court of Namibia* ein vorläufiges Insolvenzverfahren über das Vermögen der *Tsumeb* eröffnet.

Ebenfalls am 29. Juli 1998 eröffnete der *South Gauteng High Court* ein vorläufiges südafrikanisches Insolvenzverfahren über *Tsumeb SA*. In Namibia wurde dann das endgültige Insolvenzverfahren am 12. März 1999 eröffnet. Kurze Zeit später wurde das endgültige südafrikanische Insolvenzverfahren eröffnet und in der Folge ein *Mr. Sackstein* als Insolvenzverwalter bestellt.

Proudfoot meldete seine Restforderung gegen *Tsumeb* in dem namibischen Verfahren an, das am 10. März 2000 mit einem Vergleich und der Übernahme des restlichen Aktivvermögens der *Tsumeb* durch *Ongopolo Mining and Processing Limited* endete.

1397 *Spendiff NO v Kolektor (Pty) Ltd* (Supreme Court of Appeal, Case No 267/91, 12 March 1992), saflii, S. 12 f. = 1992 (2) SA 537 (A); *Mars*, S. 19; *Meskin,* Insolvency Law, Anm. 15.1.6.1, Anm. 15.2.7.1 Fn. 1.

1398 Section 23 (1) CBIA ist keine Kollisionsnorm, siehe oben, Kap. 5 B.I.1. (a).

1399 Dazu *Boraine/Smith* (2002) 14 SA Merc LJ 566 ff.; *dies.* (2004) 16 SA Merc LJ 495 ff.

1400 Tsumeb Corporation Ltd soll alleine acht Prozent zum namibischen Bruttoinlandsprodukt beigetragen haben, *Boraine/Smith* (2004) 16 SA Merc LJ 495, 504 f., mit Nachweisen.

Nunmehr forderte der südafrikanische Insolvenzverwalter *Sackstein* von *Proudfoot* im Wege der Insolvenzanfechtung die Zahlung der 5.708.957 Rand zur südafrikanischen Insolvenzmasse.

(b) Ausgangsentscheidung des South Gauteng High Court *vom 4.12.2001*

Der *South Gauteng High Court* wies die Klage des Insolvenzverwalters in erster Instanz ab. Begründend führte das Gericht an, dass die vertraglichen Leistungen in Namibia erbracht und auch die anfechtbaren Zahlungen in Namibia getätigt worden seien. Die anfechtbaren Zahlungen gehörten daher zur namibischen Insolvenzmasse. Die Tatbestandsvoraussetzungen der einschlägigen Insolvenzanfechtungsnormen des südafrikanischen Rechts bezögen sich dagegen allein auf *property* im Sinne des *Insolvency Act*. Der Begriff *property* beinhalte nach der Legaldefinition in *section* 2 IA lediglich Vermögensgegenstände innerhalb der Republik Südafrika.[1401] Folglich lehnte der *South Gauteng High Court* die Aktivlegitimation des südafrikanischen Insolvenzverwalters zur Insolvenzanfechtung ab. Dessen Befugnisse seien auf Vermögen innerhalb der Republik Südafrika beschränkt.[1402]

(c) Rechtsmittelentscheidung des Supreme Court of Appeal *vom 7.3.2003*

Gegen das Urteil legte der Insolvenzverwalter Rechtsmittel beim *Supreme Court of Appeal* ein.

Angesichts der Entscheidungsgründe des *South Gauteng High Court* für die Abweisung der Klage hatte der *Supreme Court of Appeal* allein über die Frage zu befinden, ob der südafrikanische Insolvenzverwalter die Befugnis habe, seine Anfechtungsklage auf südafrikanisches Anfechtungsrecht zu stützen.[1403] Es ging also lediglich um die Frage der Aktivlegitimation, die der *South Gauteng High Court* aufgrund der vermeintlichen Zugehörigkeit der angefochtenen Zahlungen zur namibischen Insolvenzmasse abgelehnt hatte.

Unter Hinweis auf *section* 337 CA 1973, wonach für Zwecke des *winding-up*-Verfahrens unter den Begriff *company* auch *external companies* subsumiert werden,[1404] führte der *Supreme Court of Appeal* zunächst aus, dass *Tsumeb SA* als *external company* in Südafrika wie eine südafrikanische *company* abzuwickeln

---

1401 Die Legaldefinition des Begriffs "property" in section 2 IA beginnt mit "movable or immovable property *wherever situate within the Republic*".

1402 *Sackstein NO v Proudfoot SA (Pty) Ltd* [2002] JOL 10115 (W) 8 ff.

1403 *Sackstein NO v Proudfoot SA (Pty) Ltd* 2003 (4) SA 348 (A) 357C–G.

1404 Vgl. dazu oben, Kap. 3 B.II.2.

sei.[1405] Dennoch handele es sich bei *Tsumeb* um eine einzige juristische Person, die lediglich in verschiedenen Jurisdiktionen eingetragen sei. Aufgrund dessen sei die parallele Durchführung mehrerer voneinander unabhängiger Insolvenzverfahren möglich, die sich *per se* wechselseitig nicht beeinflussten. Im Zuge dieser parallel durchgeführten Insolvenzverfahren könne es zwischen den Insolvenzverwaltern zu Kompetenzkonflikten kommen, die schwierige rechtliche und wirtschaftliche Probleme aufwürfen. Im Konfliktfalle zwischen den Insolvenzverwaltern bedürfe es daher einer Abgrenzung der jeweiligen Kompetenzen. Vorliegend habe das Gericht aber nicht über eine Kompetenzstreitigkeit zwischen Insolvenzverwaltern zu befinden. Vielmehr gehe es allein um die Frage, ob der südafrikanische Insolvenzverwalter die nötige Sachbefugnis zur Anfechtung nach südafrikanischem Recht besitze.[1406]

Proudfoot vertrat insoweit die Auffassung des *South Gauteng High Court*, dass sich nach dem Wortlaut des Gesetzes die Aktivlegitimation des Insolvenzverwalters auf Vermögen innerhalb der Republik Südafrika beschränke. Der *Supreme Court of Appeal* war anderer Meinung. Der Gesetzgeber habe mit der Formulierung „*property wherever situated in the Republic*" in *section* 2 IA den räumlichen Anwendungsbereich des *Insolvency Act* nicht verengen, sondern eher erweitern wollen. Der Umfang des von einem südafrikanischen Insolvenzfahren erfassten Vermögens richte sich daher weiterhin nach dem *common law*.[1407] Folglich könne der Passus „*wherever situated in the Republic*" für Insolvenzanfechtungszwecke ignoriert werden.[1408] *Section* 391 CA 1973 wiederum verpflichte den Insolvenzverwalter ausdrücklich, solche angefochtenen Vermögensgegenstände des Schuldners zur Masse zu ziehen.[1409] Bei der Ausübung des Insolvenzanfechtungsrechts handele es sich um einen rein administrativen Akt, der strikt von der Vindikation des mit der angefochtenen Rechtshandlung aus der Masse entfernten Vermögensgegenstandes zu trennen sei. Die Vindikation unterliege den allgemeinen zivilrechtlichen Regeln.[1410]

1405 *Sackstein NO v Proudfoot SA (Pty) Ltd* 2003 (4) SA 348 (A) 357A–B.

1406 *Sackstein NO v Proudfoot SA (Pty) Ltd* 2003 (4) SA 348 (A) 357G–I.

1407 *Sackstein NO v Proudfoot SA (Pty) Ltd* 2003 (4) SA 348 (A) 358H–J. Insoweit schloss sich der *Supreme Court of Appeal* ausdrücklich der Auffassung an von *Mars*, 8. ed., S. 176, jetzt S. 252, 662 (§ 30.4).

1408 *Sackstein NO v Proudfoot SA (Pty) Ltd* 2003 (4) SA 348 (A) 359B.

1409 *Sackstein NO v Proudfoot SA (Pty) Ltd* 2003 (4) SA 348 (A) 359C–D.

1410 *Sackstein NO v Proudfoot SA (Pty) Ltd* 2003 (4) SA 348 (A) 360C–D. Der Supreme Court of Appeal berief sich insoweit auf die englische Entscheidung *In re Leslie Engineers Co Ltd (in Liquidation)* [1976] 1 WLR 292. So auch die Lösung des

Im Ergebnis bejahte der *Supreme Court of Appeal* also die Anfechtungsbefugnis nach südafrikanischem Insolvenzrecht, ohne über das anwendbare Anfechtungsrecht oder das Vorliegen der Anfechtungsvoraussetzungen im konkreten Fall zu entscheiden.[1411]

(d) Erneute Entscheidung des South Gauteng High Court *vom 4.2.2005*

In der Folge hatte sich der *South Gauteng High Court* daher erneut mit dem Vorliegen der Anfechtungsvoraussetzungen im konkreten Fall auseinanderzusetzen, diesmal unter Berücksichtigung des Diktums des *Supreme Court of Appeal*.[1412]

Das Gericht sah sich insoweit in seinem erstinstanzlichen Diktum bestätigt, als es zwischen der namibischen und der südafrikanischen Insolvenzmasse zu unterscheiden habe.[1413] Da das namibische Verfahren zum Zeitpunkt der Anfechtung mit einem Vergleich beendet worden war, sei *Tsumeb* im Hinblick auf die namibische Insolvenzmasse solvent und zahlungsfähig gewesen. Eine Anfechtung scheide deshalb aus, weil die angefochtenen Zahlungen in die namibische Insolvenzmasse fielen.[1414]

(e) Abschließende Rechtsmittelentscheidung des Supreme Court of Appeal *vom 10.3.2006*

Sackstein legte gegen die klageabweisende Entscheidung des *South Gauteng High Court* erneut Rechtsmittel beim *Supreme Court of Appeal* ein.

Dieser entschied den Fall auf Basis der Tatbestandsvoraussetzungen des südafrikanischen Insolvenzsachrechts. Die insoweit anwendbare *section* 340 (1) CA 1973 setzt voraus, dass das liquidierbare und nicht zur Deckung der Verfahrenskosten dienende Gesellschaftsvermögen zum Zeitpunkt der Anfechtung nicht ausreicht, um sämtliche Gläubiger zu befriedigen („Überschuldung").[1415]

Wegen der Beendigung des namibischen Verfahrens durch einen Vergleich sei nicht mehr ohne weiteres von der Überschuldung der Gesellschaft in Südafrika

---

deutschen Rechts, vgl. § 143 Abs. 1 InsO, wo bezüglich der Vindikation auf die Vorschriften des Bereicherungsrechts verwiesen wird.

1411 So auch das Verständnis des South Gauteng High Court, vgl. *Sackstein NO v Proudfoot SA (Pty) Ltd* [2005] JOL 14088 (W) Rn. 7, 15.

1412 *Sackstein NO v Proudfoot SA (Pty) Ltd* [2005] JOL 14088 (W).

1413 *Sackstein NO v Proudfoot SA (Pty) Ltd* [2005] JOL 14088 (W) Rn. 21. Vgl. auch *Smith/Boraine* (2004) 16 SA Merc LJ 495, 510 f.

1414 *Sackstein NO v Proudfoot SA (Pty) Ltd* [2005] JOL 14088 (W) Rn. 25 ff.

1415 Vgl. MünchKommInsO-*Kupsch*, Bd. 3, Anhang, Länderbericht Südafrika, Rn. 32 f., m.w.N.

auszugehen. Den Beweis für die Überschuldung habe der Antragssteller nicht geführt.

Im Ergebnis wies der *Supreme Court of Appeal* daher die Anfechtungsklage ab.[1416]

3. Stellungnahme

(a) Problemkomplexe des Internationalen Insolvenzanfechtungsrechts

Der Fall *Sackstein* zeigt anschaulich, warum das Internationale Insolvenzanfechtungsrecht zu den schwierigsten und gleichzeitig umstrittensten Materien des Internationalen Insolvenzrechts gehört.[1417]

Neben prozessrechtlichen Fragen wie der Gerichtszuständigkeit und der internationalen Anerkennung und Vollstreckung von Insolvenzanfechtungsurteilen treten dabei auch insolvenzkollisionsrechtliche Probleme auf. Bei Letzteren lassen sich wiederum zwei Komplexe unterscheiden. Der erste Problemkomplex betrifft die Kompetenzabgrenzung bzw. die Aktivlegitimation, der zweite das auf die anfechtbare Rechtshandlung anwendbare Recht.

Die Notwendigkeit der Kompetenzabgrenzung kann zum einen zwischen den Insolvenzverwaltern der in verschiedenen Staaten über das Vermögen desselben Schuldners parallel durchgeführten Insolvenzverfahren bestehen.[1418] Hier droht ein positiver Kompetenzkonflikt in Form eines Wettlaufs der Insolvenzverwalter, der schlimmstenfalls in jahrelangen gerichtlichen Auseinandersetzungen zwischen den Insolvenzverwaltern mündete. Erhebliche zeitliche Verzögerungen bei der Verfahrensdurchführung und eine enorme Kostenlast für die Insolvenzmasse wegen auflaufender Anwalts- und Gerichtsgebühren wären mögliche weitere Folgen – letztlich zum Nachteil der Gläubigergesamtheit.

Auch ein negativer Kompetenzkonflikt ist denkbar. So kann der Fall auftreten, dass sich keiner der Insolvenzverwalter zur Anfechtung aktivlegitimiert sieht. Oder aber ein Insolvenzverwalter verzichtet zugunsten eines anderen Insolvenzverwalters auf die Geltendmachung von Anfechtungsansprüchen und der andere scheitert mit der Anfechtungsklage, da das Gericht die Aktivlegitimation anders beurteilt. Solche Szenarien gilt es im Interesse der Gläubigergesamtheit zu verhindern.[1419]

1416 Siehe *Sackstein NO v Proudfoot SA (Pty) Ltd* 2006 (6) SA 358 (A) 362A–C.

1417 Vgl. KPB-*Adolphsen*, Bd. 2, § 147, Anh. II A, Rn. 19; Bork-*Adolphsen*, Kap. 19 Rn. 19 ff. Deshalb hat auch UNCITRAL wohlweislich von dem Versuch Abstand genommen, diese Problematik im Modellgesetz zu regeln, vgl. *Wimmer* ZIP 1997, 2220, 2223.

1418 Dazu *Oberhammer* KTS 2008, 271 ff.

1419 Vgl. *Oberhammer* KTS 2008, 271, 275 f.

Ähnliche Probleme drohen für den Fall eines territorial beschränkt durchgeführten Partikularinsolvenzverfahren, ohne dass weitere Parallelinsolvenzverfahren durchgeführt werden. Auch hier wäre daran zu denken, die Anfechtungszuständigkeit eines Partikularinsolvenzverwalters zu beschränken. Anderenfalls müssten Gläubiger in Drittstaaten neben dem eigenen Anfechtungsrecht möglicherweise eine Vielzahl ausländischer Insolvenzanfechtungsnormen berücksichtigen, um sich gerade in wirtschaftlich schwierigen Zeiten gegen die Anfechtung der an sie geleisteten Zahlungen oder Sicherheiten des Schuldners abzusichern. Dies wäre praktisch kaum durchführbar, mit der möglichen Folge einer erheblichen Rechtsunsicherheit und dem sonst vermeidbaren schnellen wirtschaftlichen Ende des Schuldners. Im Übrigen ist zu Beginn des Anfechtungsprozesses häufig noch gar nicht absehbar, ob weitere Parallelinsolvenzverfahren eröffnet werden.

Bei der Wahl des anwendbaren Insolvenzanfechtungsrechts gilt es verschiedene Interessen miteinander in Ausgleich zu bringen. Einerseits fördert die Rückführung von anfechtbar weggegebenen Vermögensgegenständen die Interessen der Insolvenzgläubiger an einer gleichmäßigen Befriedigung. Andererseits hat der Anfechtungsgegner ein Interesse an der Bestandskraft des vorinsolvenzlichen Erwerbs.[1420]

(b) Kritische Analyse der Sackstein-*Entscheidungen*

Der Fall *Sackstein* betrifft im Kern den Problemkomplex der Kompetenzabgrenzung, während der Problemkomplex des Insolvenzanfechtungskollisionsrechts völlig ausgeblendet wird.

Der *South Gauteng High Court* grenzt in beiden Entscheidungen die Anfechtungskompetenzen des Insolvenzverwalters nach der Massezugehörigkeit des durch die angefochtene Rechtshandlung aus dem Schuldnervermögen entfernten Vermögensgegenstandes ab. In der Ausgangsentscheidung begründet das Gericht die Entscheidung mit dem Wortlaut des *Insolvency Act*, der nur das Vermögen innerhalb der Republik Südafrika umfasse. In der erneuten Entscheidung vertritt der *South Gauteng High Court* die Ansicht, dass die angefochtenen Zahlungen die namibische Insolvenzmasse geschmälert hätten und deshalb keine für die Anfechtbarkeit erforderliche Benachteiligung der Gläubiger in dem südafrikanischen Insolvenzverfahren vorliege.

Der *Supreme Court of Appeal* vertritt die Ansicht, dass sich der Vermögensbegriff des *Insolvency Act* nach der Intention des Gesetzgebers nicht auf Vermögen

---

1420 KPB-*Adolphsen*, Bd. 2, § 147, Anh. II A, Rn. 56; Bork-*Adolphsen*, Kap. 19 Rn. 56.

in Südafrika beschränke und sich die Wirkungen des südafrikanischen Insolvenzverfahrens auf das weltweite Vermögen des Schuldners deshalb nach *common law* richteten. Folglich könne der Wortlaut des *Insolvency Act* insoweit ignoriert werden. Im Ergebnis sei der südafrikanische Insolvenzverwalter zur Anfechtung nach südafrikanischem Insolvenzrecht aktivlegitimiert.

Dem *Supreme Court of Appeal* ist insoweit zuzustimmen, als er die weltweiten Wirkungen des südafrikanischen Insolvenzverfahrens nach dem *common law* bestimmt. Allerdings erweckt die weitere Lektüre des Urteils den Anschein, dass der *Supreme Court of Appeal* die grenzüberschreitenden Wirkungen eines Insolvenzverfahrens nach *common law* verkennt.

Die Ansicht des *Supreme Court of Appeal* wäre nur dann folgerichtig, wenn nach *common law* die Eröffnung des Insolvenzverfahrens über eine als *external company* in Südafrika eingetragene ausländische Gesellschaft weltweite Wirkungen entfaltete. Das hängt wiederum von der internationalen Eröffnungszuständigkeit für Hauptinsolvenzverfahren ab. Auch wenn die Rechtsprechung im Hinblick auf die internationale Eröffnungszuständigkeit für Hauptinsolvenzverfahren, die Gesellschaften und juristische Personen betreffen, bisher uneinheitlich ist, lässt sich doch auch in der Rechtsprechung des *Supreme Court of Appeal* eine deutliche Tendenz zur Gründungstheorie erkennen. Nach der Gründungstheorie könnte ein südafrikanisches Insolvenzverfahren über das Vermögen einer *external company* niemals extraterritoriale Wirkungen entfalten, weil die internationaler Zuständigkeit für Hauptinsolvenzverfahren bei den Gerichten am Satzungssitz der Gesellschaft liegt. Wenn der *Supreme Court of Appeal* dies in seiner *Sackstein*-Entscheidung anders gesehen hätte, wäre zumindest eine ausführliche Auseinandersetzung mit dem bisherigen Meinungsstand zu erwarten gewesen.[1421]

Der Eindruck, dass der *Supreme Court of Appeal* in der *Sackstein*- Entscheidung das *common law* zum Internationalen Insolvenzrecht verkannt haben könnte, wird zusätzlich durch die in dem Urteil zitierte Rechtsprechung bestärkt. Obwohl es sich bei der Insolvenzschuldnerin um eine juristische Person handelte, rekurriert das Gericht in Bezug auf die Auslandswirkungen eines südafrikanischen Insolvenzverfahrens auf zwei Entscheidungen, die Individualinsolvenzverfahren zum

1421 Vgl. dazu oben, Kap. 2 B.I. Der *Supreme Court of Appeal* hat insoweit ausdrücklich seine eigenen Ausführungen in *Ward v Smit: In re Gurr v Zambia Airways Corporation Ltd* 1998 (3) SA 175 (A) 183H–I, bestätigt, vgl. *Sackstein NO v Proudfoot SA (Pty) Ltd* 2003 (4) SA 348 (A) 357 C-D.

Gegenstand hatten.[1422] Dieser Widerspruch wird auch in der Literatur verwundert zur Kenntnis genommen.[1423]

Vor diesem Hintergrund bekommt auch eine eher beiläufige Bemerkung in der Einleitung der Entscheidungsgründe der abschließenden Rechtsmittelentscheidung einen besonderen Klang. Die diesmal nahezu komplett neubesetzte *bench* hob ausdrücklich hervor, dass die Richtigkeit ihrer früheren Entscheidung in der Sache seitens der Parteien nicht in Abrede gestellt werde.[1424] Daraus könnte man schließen, dass das Gericht anderenfalls möglicherweise noch einmal neue Überlegungen angestellt hätte.

Nach hier vertretener Auffassung ist die erste Rechtsmittelentscheidung des *Supreme Court of Appeal* jedenfalls so nicht haltbar. Hätte das Gericht das *common law* richtig angewandt, hätte es möglicherweise die Ausgangsentscheidung im Ergebnis bestätigen müssen.

Es geht bei der internationalen Insolvenzanfechtung darum, den Grundsatz der Gläubigergleichbehandlung auch bei grenzüberschreitender Insolvenz durchzusetzen. Vermögensgegenstände, die ein späterer Insolvenzschuldner in einer Krise ins Ausland weggegeben hat, sollen zur Anreicherung der Masse zurückgeführt werden.[1425] Entsprechend dürfte auch die Aktivlegitimation der Insolvenzverwalter zur Insolvenzanfechtung zu begrenzen sein, denn diese ist den

---

1422 Der *Supreme Court of Appeal* zitiert insoweit *Re Estate Morris* 1907 TS 657, 666 (hinsichtlich movables) und *Ex parte BZ Stegmann* 1902 TS 40, 52 (hinsichtlich unbeweglichen Vermögens), vgl. *Sackstein NO v Proudfoot SA (Pty) Ltd* 2003 (4) SA 348 (A) 359 D-E.

1423 Vgl. *Smith/Boraine* (2004) 16 SA Merc LJ 495, 515 f.

1424 Sackstein NO v Proudfoot SA (Pty) Ltd 2006 (6) SA 358 (A) 360H–I.

1425 Bork-*Adolphsen*, Kap. 19 Rn. 1, m.w.N. In diesem Sinne wohl auch *Sackstein NO v Proudfoot SA (Pty) Ltd* [2005] JOL 14088 (W) Rn. 26 ff.; *Boraine* (2000) 9 IIR 65, 68. Die Sicherstellung der Gläubigergleichbehandlung als alleiniger Zweck der Insolvenzanfechtung ergibt sich mittelbar auch aus den gesetzlichen Tatbestandsvoraussetzungen der Anfechtungsnormen. So setzt die für companies einschlägige Norm section 340 (1) CA 1973 voraus, dass die im Insolvenzverfahren befindliche Gesellschaft nicht in der Lage ist, ihre Gläubiger zu befriedigen. Die einschlägigen Normen des Insolvency Act (sections 26, 29 ff. IA) setzen ebenfalls eine Gläubigerbenachteilung durch Verkürzung der für die Verteilung zur Verfügung stehenden Masse voraus. Demzufolge ist auch die Anfechtbarkeit nicht mehr gegeben, wenn das Schuldnervermögen zur Befriedigung aller Gläubiger ausreicht, siehe *Taylor and Steyn NNO v Koekemoer* 1982 (1) SA 374 (T) 377H–378A; *Sackstein NO v Proudfoot SA (Pty) Ltd* 2006 (6) SA 358 (A) 361F–362C.

Insolvenzverwaltern nur zum Zwecke der Anreicherung „ihrer" Insolvenzmasse erteilt.[1426]

Dem *South Gauteng High Court* ist deshalb insoweit zu folgen, als nach der (ursprünglichen) Massezugehörigkeit der angefochtenen Zahlungen zu unterscheiden ist. Wenn die angefochtene Zahlung die Insolvenzmasse des südafrikanischen Insolvenzverfahrens nicht geschmälert hat, schiede also auch eine Anfechtungsbefugnis des südafrikanischen Insolvenzverwalters aus.[1427]

Richtigerweise hätte der *South Gauteng High Court* dann allerdings die Massezugehörigkeit nach dem südafrikanischen *common law* zum Internationalen Insolvenzrecht bestimmen müssen. Insofern wäre zunächst einmal die internationale Zuständigkeit für das Hauptinsolvenzverfahren zu prüfen gewesen. Nach derzeit wohl herrschender Meinung lag diese in Namibia als Gründungsort der Gesellschaft. Das südafrikanische Insolvenzverfahren entfaltete danach also nur territoriale Wirkungen. Zur gleichen Lösung wäre man unter den konkreten Fallumständen wohl auch bei Anwendung des COMI-Konzepts gekommen, obwohl dies in anderen Sachverhalten bei *external companies* nicht zwingend so sein muss.[1428] Im Ergebnis ist also dem *South Gauteng High Court* zuzustimmen.[1429]

Hätte die internationale Zuständigkeit für die Durchführung des Hauptinsolvenzverfahrens hingegen in Südafrika gelegen, wäre der Fall wohl anders zu beurteilen gewesen. Da dann das südafrikanische Insolvenzverfahren weltweite Wirkungen entfaltet hätte, wäre durch die Zahlungen grundsätzlich auch die südafrikanische Insolvenzmasse geschmälert worden und die Anfechtungsbefugnis hätte beim südafrikanischen Insolvenzverwalter gelegen.

Fraglich ist allerdings, wie sich im konkreten Fall die Beendigung des namibischen (dann Partikular-)Insolvenzverfahrens durch Vergleich ausgewirkt hätte. Hier wird es wohl darauf ankommen, ob die angefochtenen Zahlungen bei Rückführung in das namibische Verfahren vollständig „aufgebraucht" worden wären oder ob dadurch ein Restbetrag für das Hauptinsolvenzverfahren übrig geblieben

---

1426 So auch *Oberhammer* KTS 2008, 271, 278 ff.

1427 So wohl auch zum deutschen Recht MünchKommInsO-*Reinhart*, Bd. 3, § 354 Rn. 20.

1428 Etwa bei einer namibischen Briefkastengesellschaft, die ihren COMI in Südafrika hat.

1429 Als Fingerzeig des Gesetzgebers in diese Richtung dürfte auch section 23 (2) CBIA anzusehen sein, der die Anfechtungsbefugnis nach südafrikanischem Recht des ausländischen Insolvenzverwalters eines Nebeninsolvenzverfahrens von der Massezugehörigkeit des Anfechtungsgegenstands abhängig macht, siehe dazu bereits oben, siehe oben, Kap. 5 B.I.1. (a).

wäre. Nur für letzteren Fall wäre wohl wegen der dann gegebenen Benachteiligung der Gläubiger im südafrikanischen Hauptinsolvenzverfahren auch die Anfechtbarkeit selbst zu bejahen gewesen.[1430]

4. Überlegungen zu einem südafrikanischen Insolvenzanfechtungskollisionsrecht

(a) Rechtsvergleichender Meinungsstand

Mit der Frage, welches Recht auf Insolvenzanfechtungen mit grenzüberschreitenden Bezug anwendbar ist, hat sich die südafrikanische Rechtsprechung soweit ersichtlich noch nicht auseinandergesetzt. Auch das südafrikanische Schrifttum beschränkt sich derzeit noch auf rechtsvergleichende Untersuchungen, weitgehend ohne hieraus eine südafrikanische Lösung zu entwickeln.[1431] Rechtvergleichend zeigt sich eine Vielzahl von Lösungsansätzen.

(1) Deutsches und europäisches Insolvenzrecht

In der deutschen Rechtswissenschaft werden traditionell drei unterschiedliche Lösungsansätze diskutiert.[1432] Nach einer Ansicht soll sich die Insolvenzanfechtung auch international immer nach der *lex fori concursus* richten.[1433] Diese Sichtweise gewährleistet eine einheitliche Behandlung aller Gläubiger nach einem Insolvenzanfechtungsstatut, [1434] blendet aber das Interesse des Rechtsverkehrs am Bestand des anfechtbaren Rechtsgeschäfts völlig aus.

Der Gesichtspunkt des Verkehrsschutzes wird von der Gegenauffassung besonders betont, die ausschließlich das Recht anwenden will, dem der Erwerbsvorgang

---

1430 Auch der Supreme Court of Appeal betonte, dass der namibische Vergleich im Rahmen der Anfechtbarkeit zu berücksichtigen gewesen wäre, ohne sich hierzu allerdings näher auszulassen, vgl. *Sackstein NO v Proudfoot SA (Pty) Ltd* 2003 (4) SA 348 (A) 358H–J.

1431 Siehe jüngst *Boraine* Avoidance Provisions in a Local and Cross-border Context: A comparative Overview; ferner *Smith/Boraine* (2004) 16 SA Merc LJ 495.

1432 Überblick bei KPB-*Adolphsen*, Bd. 2, § 147, Anh. II A, Rn. 56 ff.; Bork-*Adolphsen*, Kap. 19 Rn. 56 ff.; MünchKommInsO-*Reinhart* (1. Auflage), Bd. 3, Art. 102 EGInsO Rn. 138 ff.

1433 Siehe *Hanisch*, FS Stoll, S. 503, 506 f.; *Trunk*, S. 184 ff.

1434 KPB-*Adolphsen*, Bd. 2, § 147, Anh. II A Rn. 56 f.; Bork-*Adolphsen*, Kap. 19 Rn. 56 f.

selbst unterliegt (*lex causae*, Wirkungsstatut).[1435] Dies führt zu einem Gleichlauf der materiell- und haftungsrechtlichen Wirksamkeitsprüfung.[1436]

Eine vermittelnde Ansicht versucht, die Interessen der Beteiligten dadurch in Ausgleich zu bringen, dass sie beide Ansätze zu einer Kumulationslösung verbindet. Danach soll primär an die *lex fori concursus* angeknüpft werden. Nur dann, wenn der betroffene Gläubiger nachweist, dass für die Rechtshandlung das Recht eines anderen Staates maßgeblich ist (Wirkungsstatut, *lex causae* der Rechtshandlung) und die Rechtshandlung nach diesem Recht in keiner Weise angreifbar ist, soll auf die *lex causae* ausgewichen werden.[1437] Dieser Lösung haben sich auch der EU-Verordnungsgeber und der deutsche Gesetzgeber angeschlossen.[1438] Sie muss sich allerdings aus deutscher Sicht die Kritik der Systemwidrigkeit gefallen lassen, weil sie dem Anfechtungsgegner objektiv die Beweislast für fremdes Recht aufbürdet, während nach deutschem Zivilprozessrecht insoweit der Amtsermittlungsgrundsatz gilt.[1439] Teilweise herrscht zudem Uneinigkeit darüber, wie das Wirkungsstatut zu bestimmen ist.[1440]

Das englische Recht befindet sich im Hinblick auf das internationale Insolvenzanfechtungsrecht in einem ähnlich unterentwickelten Zustand wie das südafrikanische Recht.[1441]

(2) US-amerikanisches Insolvenzrecht

Die US-amerikanische Rechtsprechung sprach sich vor Übernahme des UNCITRAL Modellgesetzes tendenziell für die Anwendung des Wirkungsstatuts aus, wobei dieses anhand objektiver Kriterien nach dem Prinzip der engsten Verbindung zu bestimmen war. Das ging damit einher, dass sich U.S. Gerichte für unzuständig erklärten, wenn auf Basis dieser Prüfung ausländisches Insolvenzanfechtungsrecht anwendbar war.[1442] Auf US-Insolvenzanfechtungsrecht konnte

---

1435 So insbesondere *Henckel*, FS Nagel, S. 93, 106 ff., 109.

1436 KPB-*Adolphsen*, Bd. 2, § 147, Anh. II A, Rn. 58; Bork-*Adolphsen*, Kap. 19 Rn. 58.

1437 So bereits *Fragistas* RabelsZ 12 (1938/39) 452, 458 ff. Dafür auch *Habscheid* ZZP 114 (2001) 167, 170 f.

1438 Vgl. Art. 4 Abs. 2 lit. m) i.V.m. Art. 13 EuInsVO; § 339 InsO. So bereits auch Art. 13 Europäisches Insolvenzübereinkommen.

1439 Ausführlich zu diesem Kritikpunkt KPB-*Adolphsen*, Bd. 2, § 147, Anh. II B, Rn. 98 ff.; Bork-*Adolphsen*, Kap. 20 Rn. 91 ff., jeweils m.w.N.

1440 Dargestellt im Detail von *Huber*, FS Heldrich, S. 695, 700 ff.

1441 Vgl. *Fletcher*, Insolvency in PIL, Rn. 2.82, 2.84.

1442 Vgl. *Fletcher*, Insolvency in PIL, Rn. 2.83; *Levenson* ABI Law Review 10 (2002) 291, 336 ff., zum Fall *Maxwell Communications*.

sich der ausländische Insolvenzverwalter nur dann stützen, wenn ein Parallelinsolvenzverfahren über das Schuldnervermögen in den USA eröffnet wurde (*full bankruptcy case*), nicht aber bei einem US-Hilfsverfahren zum ausländischen Insolvenzverfahren (*ancillary case*).[1443]

Nach Übernahme des UNCITRAL Modellgesetzes ist nunmehr in *section* 1523 (1) *US Bankruptcy Code* die Anfechtungslegitimation des ausländischen Insolvenzverwalters nach US Insolvenzanfechtungsrecht verankert. Ob dies allerdings dazu führt, dass die US Gerichte ihre bisherige Rechtsprechung ändern und gegebenenfalls auch ausländisches Insolvenzanfechtungsrecht anwenden, bleibt abzuwarten.[1444]

(3) Meinungsstand im südafrikanischen Schrifttum

In Anlehnung an den US-Amerikaner *Westbrook* wird im südafrikanischen Schrifttum die Ansicht vertreten, dass das Anfechtungsrecht letztlich Bestandteil der Regeln über die Verteilung der Insolvenzmasse sei, weil es den Verteilungsregeln in der Insolvenz zur Durchsetzung verhelfe.[1445] Folgte man dieser Auffassung, so würden südafrikanische Gerichte auch bei ausländischen Verfahren aufgrund der Verweisung auf die Verteilungsregeln des südafrikanischen Rechts in der *recognition order* unabhängig von der *lex causae* der Rechtshandlung praktisch immer südafrikanisches Insolvenzanfechtungsrecht anwenden.[1446]

(b) Eigene Schlussfolgerungen für das südafrikanische Recht

Fraglich ist, welcher der verschiedenen Ansätze sich am besten in das System des südafrikanischen Internationalen Insolvenzrechts einpasst.

1443 Siehe *Levenson* ABI Law Review 10 (2002) 291, 312 ff.; *Rüfner*, ZIP 2005, 1859, 1865.

1444 *Levenson* ABI Law Review 10 (2002) 291, 360 f., schlägt vor, dass der US-Gesetzgeber section 1523 US Bankruptcy Code um eine Insolvenzanfechtungskollisionsnorm nach dem Vorbild des Europäischen Insolvenzübereinkommens bzw. der EuInsVO erweitert.

1445 *Smith/Boraine* (2004) 16 SA Merc LJ 495, 513. Vgl. auch *Westbrook* (1991) 17 Brook J Int'l L 506, 508 ff.

1446 So im Ergebnis auch *Smith/Boraine* (2004) 16 SA Merc LJ 495, 513, die dies aber mit der Anwendung des lex fori-Prinzips auf Fragen der Verteilung begründen. Dieses Argument ist für die Fälle, in denen ein ausländisches Hauptverfahren in Südafrika anerkannt und kein südafrikanisches Insolvenzverfahren eröffnet wurde, unzutreffend. Lex fori bedeutet in dem Falle lex fori concursus.

(1) Ausschließlichkeit einer Anknüpfung ungerecht

Ein Verbleib bei der Regelanknüpfung an die *lex fori concursus* wäre zwar im Sinne des auch von der südafrikanischen Rechtsprechung favorisierten einheitlichen *concursus creditorum*. Allerdings sieht das hier anwendbare allgemeine südafrikanische Zuständigkeitsrecht keine *forum-non-convenience*-Regelung wie das US-Recht vor, die im Streitfalle eine Zuständigkeitsverweisung an ein sachnäheres ausländisches Gericht ermöglichen würde.[1447] Südafrikanische Gerichte müssten daher gegebenenfalls einer auf ausländisches Insolvenzanfechtungsrecht gestützten Klage stattgeben, obwohl auf die anfechtbare Rechtshandlung südafrikanisches Recht anwendbar ist und der beklagte Gläubiger auf die Unangreifbarkeit der Rechtshandlung nach südafrikanischem Recht vertrauen durfte. Dies wäre unvereinbar mit dem *comitas*-Gedanken, wonach bei der Anwendung ausländischen Rechts das schützenswerte Vertrauen in den Bestand „wohlbestellter" inländischer Rechte zu beachten ist.[1448]

Bei einer ausschließlichen Anwendung des Wirkungsstatuts wiederum würde der Grundsatz der Gläubigergleichbehandlung und der einheitlichen Verfahrensdurchführung völlig außer Betracht gelassen. Eine solche Lösung stieße auch auf praktische Schwierigkeiten, weil der Insolvenzverwalter (und das Gericht) gegebenenfalls die ohnehin komplexen Insolvenzanfechtungsnormen einer Vielzahl von Rechtsordnungen prüfen müsste. Die Kosten für den dadurch erforderlichen ausländischen Rechtsrat gingen zu Lasten der Masse und damit der Gläubigergesamtheit. Für den Insolvenzverwalter ist es nicht immer ohne weiteres prüfbar, nach welchem Recht sich die anfechtbare Rechtshandlung richtet. Einzelne Gläubiger könnten diese Schwierigkeiten im Vorfeld der Insolvenz ausnutzen, um die spätere Anfechtbarkeit zu erschweren.

Darüber hinaus erscheint es unbillig, dass sich einzelne Gläubiger allein durch die Wahl eines anfechtungsfeindlichen Vertragsstatuts einen Vorteil zu Lasten der Gläubigergesamtheit verschaffen können. Das gilt umso mehr, als dies in der Regel wirtschaftlich besonders starke Gläubiger sein werden, die sich vor Vertragsschluss entsprechend teuren Rechtsrat einkaufen und ihre Vertragskonditionen dann gegenüber dem Schuldner durchsetzen können. Die ausschließliche Anwendung des Wirkungsstatuts würde also letztlich zu Lasten der Gläubigergesamtheit unverhältnismäßig stark den Rechtsverkehr schützen.

1447 Vgl. *Forsyth*, S. 184 ff. Zur gesetzlichen forum-non-convenience-Regel in section 149 (2) IA siehe oben, Kap. 6 A.I.

1448 Vgl. zur comitas nochmals oben, Kap. 1 D.I.

(2) Anknüpfung an das Verteilungsstatut mit comitas unvereinbar

Das Argument, dass wegen des engen Zusammenhangs mit den Zielen der Verteilungsordnung das Recht zur Anwendung kommen solle, dem auch die Verteilung des Schuldnervermögens unterliegt, vermag ebenfalls nicht zu überzeugen.

Aus südafrikanischer Sicht führt diese Ansicht im Status Quo zu einer erheblichen Rechtsunsicherheit. Ob die südafrikanischen Gerichte dieser Auslegung folgen und aufgrund der Verweisung in der *recognition order* auf südafrikanisches Verteilungsrecht auch das südafrikanische Insolvenzanfechtungsrecht anwenden, ist höchst zweifelhaft. Es bedarf schon einiger systematischer „Dehnübungen", die Insolvenzanfechtung allein aufgrund ihrer Zweckrichtung unter die Regeln über die Verteilung der Insolvenzmasse zu subsumieren. Letztlich dienen sämtliche Normen des Insolvenzrechts dem Zweck, eine gleichmäßige Verteilung des insuffizienten Insolvenzvermögens unter den Gläubigern zu gewährleisten.

Davon abgesehen würde diese Auslegung eine erneute Durchbrechung des Grundsatzes der einheitlichen Verfahrensdurchführung und der Gläubigergleichbehandlung bedeuten. Nach dem anwendbaren südafrikanischen Insolvenzanfechtungsrecht wäre dann möglicherweise keine Anfechtbarkeit gegeben, obwohl die angefochtene Rechtshandlung einer ausländischen *lex causae* unterliegt und insoweit nicht notwendigerweise ein schützenswertes Vertrauen des inländischen Gläubigers bestand. Eine solche Insolvenzanfechtungskollisionsnorm ließe sich ebenfalls nicht durch den *comitas*-Gedanken rechtfertigen.

(3) Kumulationslösung interessengerecht

Als ausgewogenste Lösung erscheint noch die Kumulativlösung, wie sie auch das europäische und das deutsche Internationale Insolvenzrecht vorsehen. Der Gläubigergleichbehandlung ist dadurch gedient, dass es bei der Regelanknüpfung an die *lex fori concursus* bleibt. Gleichzeitig wird das berechtigte Vertrauen des Gläubigers in den Bestand seines Rechts nach der *lex causae* der angefochtenen Rechtshandlung angemessen geschützt, indem der Gläubiger der Anfechtung die nachweisliche Unangreifbarkeit der Rechtshandlung nach der *lex causae* entgegen halten kann. Damit sind die beteiligten Interessen in einen angemessenen – wenn auch nicht optimalen[1449] Ausgleich gebracht.[1450]

1449 Die damit verbundene Beweislastverteilung stellt eine erhebliche zivilprozessuale Hürde für den Anfechtungsgegner dar, siehe dazu KPB-*Adolphsen*, Bd. 2, § 147, Anh. II A, Rn. 59 und Anh II B Rn. 98 ff.; Bork-*Adolphsen*, Kap. 19 Rn. 59 und Kap. 20 Rn. 98 ff.

1450 So für das US-Insolvenzrecht auch *Levenson* ABI Law Review 10 (2002) 291, 360 f. Interessant im vorliegenden Zusammenhang auch der Vergleich zu den

Anders als im deutschen Recht kollidiert die Nachweislast des Anfechtungsgegners auch nicht mit den allgemeinen Prinzipien der zivilprozessualen Darlegungs- und Beweislast Südafrikas. Ausländisches Recht wird hier – wie etwa auch im angloamerikanischen Rechtsraum[1451] – traditionell als Tatsache behandelt, die von der beibringungspflichtigen Partei dargelegt und gegebenenfalls bewiesen werden muss.[1452]

Diese Lösung lässt sich jedenfalls in ihrer groben gedanklichen Struktur – Grundsatz der Anfechtbarkeit nach der *lex fori concursus* und gleichzeitiger Vertrauensschutz durch Erhalt der Einrede des wirksamen Rechtserwerbs nach der *lex causae* – sogar schon in der oben zitieren Rechtsmittelentscheidung des *Supreme Court of Appeal* nachvollziehen.[1453]

5. Zusammenfassung

Die kollisionsrechtliche Behandlung der Insolvenzanfechtung hat der südafrikanische Gesetzgeber auch im CBIA nicht gesetzlich geregelt. Auch im *common law* ist die Frage auch nach der Rechtsprechung im Fall *Sackstein NO v Proudfoot SA (Pty) Ltd* weiterhin offen. Die bisher veröffentlichten Entscheidungen weisen noch erheblichen Klärungsbedarf auf und können daher nur als Ausgangspunkt für die Entwicklung eines südafrikanischen Insolvenzanfechtungskollisionsrecht dienen. Nach hier vertretener Auffassung ist dabei die Kumulationslösung des deutschen und europäischen Internationalen Insolvenzrechts auch für südafrikanische Rechtsverhältnisse vorzugswürdig. Danach ist für die Frage der Insolvenzanfechtung primär die *lex fori concursus* maßgeblich, es sei denn der Gläubiger weist nach, dass nach der (ausländischen) *lex causae* der Rechtshandlung diese in keiner Weise angreifbar ist.

Überlegungen über die Rolle des comitas-Gedanken im Internationalen Insolvenzanfechtungsrecht der USA, siehe ders., a.a.O., 307 ff.

1451 KPB-*Adolphsen*, Bd. 2, § 147, Anh. II B, Rn. 102, m.w.N.

1452 *Schlesinger v Commissioner for Inland Revenue* [1964] 3 All SA 572 (A) 575; *Standard Bank of SA Ltd v Ocean Commodities Inc* [1983] 1 All SA 145 (A) 158; *Laurens NO v von Höhne* [1993] 3 All SA 322 (W) 334 f. Der Beibringungsgrundsatz wurde vom Gesetzgeber etwas aufgeweicht, aber grundsätzlich erhalten, siehe section 1 (1) Law of Evidence Amendment Act 45 of 1988, Joubert-*Edwards/Kahn*, Anm. 288.

1453 Siehe *Sackstein NO v Proudfoot SA (Pty) Ltd* 2003 (4) SA 348 (A) 358H–J, wonach die Anfechtungsgegnerin *Proudfoot* den Rückzahlungsforderungen im weiteren Verlauf des Prozesses den in Namibia geschlossenen Vergleich entgegenhalten könne.

VI. Leistungen an Schuldner nach Verfahrenseröffnung

1. Rechtslage im südafrikanischen Sachrecht

Bis dato ungeklärt ist schließlich auch, ob eine Leistung zur Erfüllung einer Verbindlichkeit an den Schuldner nach Eröffnung eines ausländischen Insolvenzverfahrens schuldbefreiend wirkt, obwohl die Verbindlichkeit zur Insolvenzmasse zu erfüllen war.

Im südafrikanischen Zivilrecht wird der gute Glaube des Schuldners an die Empfangszuständigkeit des Gläubigers geschützt. Tritt der Gläubiger seine Forderung ab und leistet der Schuldner dennoch an den bisherigen Gläubiger, so muss der neue Gläubiger diese Leistung gegen sich gelten lassen, es sei denn, der Schuldner kennt zum Zeitpunkt der Leistung die Abtretung.[1454] Das südafrikanische Insolvenzrecht setzt diesen Gutglaubensschutz fort. Leistungen an den Insolvenzschuldner zur ganz oder teilweisen Erfüllung einer Verbindlichkeit nach Insolvenzeröffnung sind zwar grundsätzlich nichtig. Dies gilt jedoch dann nicht, wenn der Drittschuldner nachweist, dass er im guten Glauben und in Unkenntnis der Eröffnung des Insolvenzverfahrens geleistet hat.[1455] Der Umkehr der Beweislast im Insolvenzfall rechtfertigt sich aus dem Grundsatz der Gläubigergleichbehandlung einerseits und der Veröffentlichung des verfahrenseröffnenden Beschlusses, die eine Kenntnis des Schuldners vermuten lässt, andererseits.[1456]

2. Anknüpfung an Konkursstatut oder *lex causae* nicht interessengerecht

Für grenzüberschreitende Sachverhalte könnte man generell auf die *lex fori concursus* abstellen. Dafür spricht, dass schuldrechtliche Forderungen grundsätzlich als *movables* behandelt werden, die nach der Regel *mobilia personam sequuntur* unmittelbar auf den (ausländischen) Insolvenzverwalter übergehen.[1457] Dagegen sprechen jedoch Verkehrsschutzgesichtspunkte. Abgesehen davon, dass die Regel nach bisher herrschender Meinung nur für Individualinsolvenzverfahren gilt, ist sie aber auch durch den Schutz des berechtigten Vertrauens inländischer

---

1454 *Zimmermann*, S. 125. Vgl. auch zum deutschen Recht § 407 BGB.

1455 Vgl. section 22 IA; *Mars*, S. 179. Ähnlich auch im deutschen Recht § 82 InsO.

1456 Zu den Veröffentlichungspflichten im südafrikanischen Insolvenzrecht siehe MünchKommInsO-*Kupsch*, Bd. 3, Anhang, Länderbericht Südafrika, Rn. 37.

1457 Vgl. *J. Voet*, 1.8.21 (Gane Vol 1); *Badenhorst*, S. 41, m.w.N.; *Forsyth*, S. 351; *Hahlo/Kahn*, Union, S. 752.

Gläubiger begrenzt.[1458] Der Gutglaubensschutz des Schuldners bei Abtretung der Forderung an andere Gläubiger betrifft materiellrechtliche Fragen der Durchsetzbarkeit der Forderung und unterliegt deshalb der *lex causae* der Forderung. Soweit es sich bei der *lex causae* um südafrikanisches Recht handelt, darf der Schuldner grundsätzlich auch auf den Gutglaubensschutz vertrauen, soweit dieser vom südafrikanischen Souverän gewährt wird. Mit einer generellen Anknüpfung der verfahrensrechtlichen Wirkungen auf die Empfangszuständigkeit des Schuldners würde man in erheblichem Maße in diesen Vertrauensschutz eingreifen. Alternativ könnte man auch auf die *lex causae* der Forderung abstellen. Dies stünde jedoch im Widerspruch zum südafrikanischen Insolvenzsachrecht, das den guten Glauben des Schuldners unabhängig vom Forderungsstatut schützt. Warum ausländische Insolvenzverfahren insoweit anders behandelt werden sollten, ist nicht ersichtlich.

3. Eigener Vorschlag: Maßgeblichkeit südafrikanischen Rechts

Stattdessen spricht vieles dafür, aus dem südafrikanischen Insolvenzsachrecht eine Wertung des südafrikanischen Souveräns abzuleiten, die auch für ausländische Insolvenzverfahren in Südafrika gelten soll. Dafür spricht insbesondere der *comitas*-Gedanke, wonach die Gerichte Regelungslücken im Internationalen Privatrecht durch Antizipation des mutmaßlichen Willens des Souveräns zu schließen haben.[1459] Außerdem geht es aufgrund der Besonderheiten des südafrikanischen Internationalen Insolvenzrechts zunächst einmal um die Anreicherung der inländischen Insolvenzmasse, die nach inländischem Insolvenzrecht zu verteilen ist. Insoweit ist die Situation also mit einem südafrikanischen Insolvenzverfahren vergleichbar.

Überträgt man die Wertung des südafrikanischen Gesetzgebers auf das internationale Insolvenzrecht, so kommt es zunächst auf die Massezugehörigkeit der Forderung an. Bei inländischen Sachverhalten gelten die eingangs genannten Grundsätze für den Gutglaubensschutz. Gehört die Forderung zur ausländischen Insolvenzmasse, so wäre die maßgebliche Zäsur für den Gutglaubensschutz und die Umkehr der Beweislast der Zeitpunkt der *recognition order* beziehungsweise gegebenenfalls eine *rule nisi*.[1460] Ab diesem Zeitpunkt ist der Rechtsverkehr in Südafrika durch Veröffentlichung von der Existenz des ausländischen

1458 Siehe oben, Kap. 4 B.II.3.

1459 Vgl. oben, Kap. 1 D.I.2.

1460 Vgl. oben, Kap. 4 B.II.3. (c).

Insolvenzverfahrens in Kenntnis gesetzt. Insoweit obliegt dem Schuldner der Nachweis seines guten Glaubens und seiner Unkenntnis von der Eröffnung des ausländischen Insolvenzverfahrens. Vor diesem Zeitpunkt richtet sich der Gutglaubensschutz des Schuldners nach den Regeln des allgemeinen Zivilrechts, sodass er nur bei nachgewiesener Bösgläubigkeit erneut zur ausländischen Insolvenzmasse leisten muss.[1461]

4. Zusammenfassung

Die im südafrikanischen Sachrecht geltenden Grundsätze für Leistungen eines Drittschuldners an den Insolvenzschuldner gelten nach hier vertretener Auffassung unabhängig von der *lex fori consursus* auch für grenzüberschreitende Sachverhalte. Während der Drittschuldner vor Verfahrenseröffnung nur bei nachgewiesener Bösgläubigkeit nochmals zur Leistung verpflichtet ist, dreht sich die Beweislast nach Verfahrenseröffnung. Ab diesem Zeitpunkt ist der Drittschuldner grundsätzlich zu einer erneuten Leistung an die Insolvenzmasse verpflichtet, wenn er nicht seine Gutgläubigkeit hinsichtlich der Verfahrenser- öffnung nachweisen kann. Für ausländische Insolvenzverfahren bildet insoweit der Zeitpunkt der *recognition order* bzw. einer *rule nisi* die maßgebliche Zäsur für die Umkehr der Beweislast.

1461 So auch Art. 24 EuInsVO. Ähnlich auch das deutsche autonome Internationale Insolvenzrecht in § 350 InsO, der allerdings den Gutglaubensschutz von einem inländischen Leistungsort abhängig macht, vgl. MünchKommInsO-*Reinhart*, Bd. 3, § 350 Rn. 6, m.w.N.

Schluss

Mehr, als das nach dem Eingangszitat des südafrikanischen Richters *Zulman* vielleicht zu erwarten war, hat sich das südafrikanische Internationale Insolvenzrecht im Rahmen dieser Untersuchung bereits heute als funktionsfähig erwiesen. Seine größte Stärke liegt in dem historisch tief verwurzelten Willen, grenzüberschreitende Insolvenzverfahren effizient und interessengerecht zu gestalten und dabei den Grundsatz der weltweiten Gläubigergleichbehandlung zu wahren. Die historische Kontinuität des südafrikanischen Internationalen Insolvenzrechtsrechts erweist sich jedoch gleichzeitig als seine größte Schwäche. Seit Beginn des letzten Jahrhunderts ist die Entwicklung quasi zum Erliegen gekommen. Seine Rechtsquellen und seine Systematik sind selbst für Spezialisten nicht immer leicht zugänglich. Das Schrifttum hat sich bisher nur unzureichend der Thematik angenommen. Für viele Probleme, denen sich ein modernes Internationales Insolvenzrecht heute stellen muss, gibt es bislang keine oder nur unbefriedigende Lösungsansätze. Hervorzuheben ist dabei insbesondere das südafrikanische Insolvenzkollisionsrecht, dass als solches quasi nicht existent ist. Anders als von *Zulman* erhofft wird auch der *Cross-Border Insolvency Act* diesen Missstand nicht umfassend beheben. Die vorliegende Arbeit hat versucht, basierend auf den geltenden Grundprinzipien und mit Unterstützung der Rechtsvergleichung die Defizite der derzeitigen Rechtslage zu kompensieren. Dabei wurden Lösungsvorschläge entwickelt, die sich in die bestehende Systematik des südafrikanischen Internationalen Insolvenzrechts einpassen.

Schriften zum Verfahrensrecht

Herausgegeben von Jens Adolphsen, Peter Gottwald und Ulrich Haas

Band 1 Matthias Rauscher: Die neue Berufung in Zivilsachen. 2002.

Band 2 Jörn-Christian Schulze: Grenzen der objektiven Schiedsfähigkeit im Rahmen des § 1030 ZPO. Eine Betrachtung des Rechts der Schiedsfähigkeit nach der Schiedsverfahrensrechtsform. 2003.

Band 3 Roman Rodloff: Das vereinfachte Verfahren zur Festsetzung von Kindesunterhalt nach §§ 654 ff. ZPO. Zugleich ein Beitrag zur Unterhaltsannexklage nach § 653 ZPO und zum vereinfachten Abänderungsverfahren nach § 656 ZPO. 2003.

Band 4 Helia-Verena Daubach: Kammer oder Einzelrichter? Ist die Kammer ein Qualitätselement des Zivilprozesses? 2003.

Band 5 Thomas Gemmeke: Beweisverwertungsverbote im arbeitsgerichtlichen Verfahren. 2003.

Band 6 Wolfgang Kreißig: Der Sportverein in Krise und Insolvenz. 2004.

Band 7 Alexander M. Krämer: Leasingverträge in der Insolvenz. 2005.

Band 8 Timo Christian Walther: Das Verfahren bei Masseunzulänglichkeit nach den §§ 208 ff. InsO. 2005.

Band 9 Henning Müller: Die Lebensversicherung in der Zwangsvollstreckung. 2005.

Band 10 Oliver Hilsbos: Die Mitwirkungspflicht von Personenstandsbehörden in Nachlassverfahren. 2006.

Band 11 Matthias Holla: Der Einsatz von Schiedsgerichten im organisierten Sport. 2006.

Band 12 Matthias Hofmann: Die Eigenverwaltung in der Insolvenz. Darstellung eines Rechtsinstituts unter besonderer Berücksichtigung der Gesellschaftsinsolvenz. 2006.

Band 13 Christian Schindler: Rechtskraft und Innenbindung von Beschlüssen nach der ZPO-Reform. 2006.

Band 14 Carola Reimann-Dittrich: Die Finanzierungsfolgenverantwortung des Gesellschafters. 2006.

Band 15 Viktoria Kress: Internationale Zuständigkeit für elterliche Verantwortung in der Europäischen Union. Das neue europäische Familienverfahrensrecht in Fragen der elterlichen Verantwortung im Kontext der Haager Abkommen. 2006.

Band 16 Frank Martin Herget: Die internationale Zuständigkeit im Electronic Commerce in der Europäischen Union. 2006.

Band 17 Cornelia Drenckhahn: Urkundsvorlagepflichten im Zivilprozess und im arbeitsgerichtlichen Verfahren nach der ZPO-Reform unter besonderer Berücksichtigung der Neufassung des § 142 ZPO. 2007.

Band 18 Walter Boeckh: Beschwerde und Rechtsbeschwerde im Zivilverfahren. 2007.

Band 19 Gökçe Nazar Uzar: Rechtsmittel gegen Schiedssprüche nach dem neuen deutschen und türkischen Schiedsverfahrensrecht. 2007.

Band 20 Christa Kraemer: Eigenkapitalersatz und Insolvenz. Klassische und moderne Fallgruppen. 2007.

Band 21 Martin Beckmann: Statutarische Schiedsklauseln im deutschen Recht und internationalen Kontext. 2008.

Band 22 Ulf Pechartscheck: Entgeltansprüche aus Altersteilzeitarbeit in der Arbeitgeberinsolvenz. Analyse gegenwärtiger Sicherungsmodelle in Deutschland. 2008.

Band 23 Thomas Baumann: Patentstreitigkeiten vor Schiedsgerichten. Eine rechtsvergleichende Betrachtung ausgewählter Probleme nach deutschem und schweizerischem Recht. 2008.

Band 24 Désirée Cimmino: Das UNCITRAL-Modellgesetz über internationale ADR-Verfahren in Wirtschaftsstreitigkeiten. 2008.

Band 25 Ralf Burkhard: Der Einfluss der Schuldrechtsreform auf von § 103 InsO erfasste Kaufverträge. 2010.

Band 26 Stefan Roßkopf: Die Aufrechnung im deutschen und englischen Insolvenzrecht. Eine rechtsvergleichende Untersuchung. 2008.

Band 27 Thomas Rothammer: Die insolvenzrechtliche Restschuldbefreiung – Probleme und Lösungen. 2008.

Band 28 Franziska Schmalenberg: Anerkennung von Patenten in Europa. 2009.

Band 29 Michael Schaumann: Reform des Eigenkapitalersatzrechts im System der Gesellschafterhaftung. Unter Berücksichtigung der Änderungen durch das MoMiG. 2009.

Band 30 Hengliang Shen: Das Absonderungsrecht in der Insolvenz. Erfahrungen aus Deutschland und die Praxis in China. 2009.

Band 31 Alexander Panier: Der Grundsatz der Schadenseinheit. 2009.

Band 32 Ming-Sheng Liu: Die richterliche Hinweispflicht. Dogmatik und Rechtskultur. 2009.

Band 33 Lothar Czaja: Umsetzung der Kooperationsvorgaben durch die Europäische Insolvenzverordnung im deutschen Insolvenzverfahren. 2009.

Band 34 Stefanie Reiche: Die prozessualen Folgen eines Betriebsübergangs nach § 613a BGB. 2009.

Band 35 Christoph Stieber: Der gesicherte Geld- und Warenkredit in der Insolvenz. Das Insolvenzverwalterwahlrecht nach § 103 InsO und dessen Wirkungen auf die Sicherungsübereignung und den Eigentumsvorbehalt. 2009.

Band 36 Miguel Teixeira de Sousa: Die Zulässigkeitsprüfung im Zivilprozess. 2010.

Band 37 Michael Schulze: Das Besteuerungsverfahren der Personengesellschaft bei Insolvenz. 2010.

Band 38 Ulrich Hönle: Die deliktische Grundanknüpfung im IPR und IZVR. Auswirkungen der Kollisionsrechtsvereinheitlichung auf europäischer Ebene. 2011.

Band 39 Hilke Schapp: Die Präklusion von Gestaltungsrechten nach § 767 Abs. 2 ZPO. Eine kritische Untersuchung der Rechtsprechung unter besonderer Berücksichtigung der Rechtskraft und der materiellen Rechtslage. 2011.

Band 40 Moritz Büchele: Eingriff in Gesellschafterrechte im Insolvenzplan. 2011.

Band 41 Markus Wimmer: Unternehmenssanierung mittels Transfergesellschaften. 2011.

Band 42 Christoffer Bortz: Urheberrechtliche Lizenzen in nationaler und internationaler Insolvenz. 2012.

Band 43 Martin Wigand: Verzicht, Vergleich und sonstige Haftungsbeschränkungen im Gesellschaftsrecht. 2012.

Band 44 Michael Schick: Die Zwischenfeststellungsklage des § 256 Abs. 2 ZPO. 2013.

Band 45 Olaf Benning: Internationale Prinzipien für grenzüberschreitende Insolvenzverfahren. 2013.

Band 46 Gero von Jhering: Die Wirkung von Schiedsvereinbarungen, Schiedsklauseln und Schiedssprüchen im Gesellschaftsrecht. Eine Zusammenführung von Schiedsverfahrens- und Gesellschaftsrecht. 2013.

Band 47 Anne Hoßfeld: Die Abtretung schieds- und gerichtsstandsgebundener Forderungen. 2013.

Band 48 Fabian Camek: Das Schutzschirmverfahren nach § 270b InsO und seine Funktionalität im internationalen Rechtsvergleich. 2014.

Band 49 Silvio Kupsch: Grenzüberschreitende Insolvenzverfahren in Südafrika. 2014.

www.peterlang.com